사회적경제의 힘: 통계 방법론과 해외 사례들

The Weight of the Social Economy : An International Perspective
by CIRIEC, Marie J. Bouchard, Damien Rousselìere (eds.)

CIRIEC
마리 J. 부샤
다미앙 루슬리에
엮음

이상윤
윤길순
옮김

The Weight of the Social Economy

사회적 경제의

힘

An International Perspective

통계 방법론과
해외 사례들

책을
펴내며

김형미
아이쿱협동조합연구소 소장

이 책이 독자들의 눈과 마주치는 2019년 5월은, 세계사에 유래 없는 촛불혁명을 통해 새로운 정부가 탄생한 지 만 2년이 지나는 시점이다. 민주공화국으로서 주권자가 선출직 대통령을 탄핵시킨 힘은 대단했지만, 사회·경제의 방향 전환과 체질 개선에는 시간이 오래 걸린다는 것을 많은 이들이 실감하고 있는 시기가 아닐까 싶다.

'사람중심경제', '사회적경제', '사회적가치'는 이 정부 들어서서 비로소 시민권을 얻은 개념이라 할 수 있다. 이중에서도 사회적경제는 사람중심경제와 사회적가치를 가장 직접적으로 추구하고 실현하고자 하는 경제 실체다. 우리는 척박한 시장 환경 속에서도 절실하고도 감동적인 그리고 지속가능성이 있는 사회적경제기업들의 다양한 사례를 알고 있으며, 사회적경제가 지역 주민의 삶에 뿌리내리기를 바란다. 이를 위해 더 적극적인 정부 정책을 주문하고 다양한 부문과 협력하기를 또한 바란다.

이때 사회적경제가 실제 지역 주민의 삶과 공동체에, 그동안 무시되었던 한 사람 한 사람의 자유와 역량 향상에 얼마나 기여하는지, 사회적 가치를 생산하는지를 사회적경제 통계를 통해서 보여주지 못한다면 우리는 현 단계에서 쳇바퀴 돌게 될 뿐, 도약하지는 못할 것이다. 이 책의 대표 필자들이 강조한 것처럼 사회적경제 통계는 "정부가 경제 행위자들에게 갈수록 사회적 유용성이 있는 제품과 서비스 생산에 참여하도록 요청한다는 점에서 더욱 중요해지고 있다".(「결론: 사회적경제 통계 연구 의제」에서. 이 책의 마지막 장을 먼저 읽는 것도 좋다) 우리가 시장의 자율 기능에 따라 생산되고 있다고 믿는 제품과 서비스도 통계라는 안경을 통해 그것이 소비자들의 생활에 명확한 효용과 편익을 생산한다고 명시되는 덕택에 이에 근거한 산업·규제 정책이라는 '안전하게 닦인 길 위에서' 유통되고 있다.

하지만 사회적경제 통계는 국제적으로도 시도된 지 30년이 채 되지 않았고, 통일적인 방법이 확립되지도 않았다. 사회적경제의 실제 모습은 각 나라마다 역사적 경험에 따라 다르고 새로운 유형이 계속 등장하며 역동적으로 복잡하게 엮이면서 자라나는 생태계이기 때문에 그 실체를 파악하기 쉽지 않다. 더욱이 사회적경제는 기존에 관습적으로 측정하던 시장 가치뿐만 아니라 비시장적 가치를 포함하여 측정해야 한다는 어려움이 있다. 그렇다고 언제까지 손 놓고 있을 것인가.

이 책은 2015년에 사회적경제 통계의 방법론 구축을 위해 연구에 나섰던 CIRIEC 인터내셔널 연구팀의 성과를 번역 출간한 것이다. 세계 여러 곳에서 연구자와 통계 전문가, 정책 입안자, 실천가들은 사회적경제의 통계라는, 그동안 없었던 길을 내기 위해 방법론을 설계하고 사례를 만들었다. 사회적경제 통계에 관심이 있는 독자가 얼마나 될까, 필요로 하는 사람들이 원서를 찾아 읽고 활용하면 되지 않을까, 펴내는 입장에서 이런 생각을 잠시 하지 않았던 것은 아니다. 하지만 현 단계 한국의 사회적경제에는 사회적경제 통계 작업이 꼭 필요하며 이를 위해서는 현장과 정책 관여자, 연구자들이 공통으로 참고할 수 있는 교재가 우선 있어야겠다고 보았다. 특히, 협동조합 연구자로서 아이쿱협동조합연구소의 〈해외 협동조합 연구 동향〉 부문도 맡아주었던 윤길순 번역가, 이상윤 성공회대 사회적경제대학원 교수가 공동 번역하겠다고 나섰기 때문에 이 어려운 번역 작업이 결실을 맺을 수 있었다는 말을 꼭 전하고 싶다.

니콜라 사르코지 전 프랑스 대통령의 말처럼 "우리가 무엇을 측정하는가가 행동에 영향을 미친다". 사회적경제 통계 작성을 검토함으로써 우리는 사회적경제가 어디에서 어디까지이고, 무엇을 생산하며, 어떤 사회적 가치를 창출하는지에 대한 지도를 그릴 수 있다. 그 지도는 사회적경제를 탐험하고자 하는 이들에게 유용한 도구가 될 것이다.

통계를 반영한 사회적경제가 정책 입안자와 시민들에게 확장되어야 대한민국의 사회·경제의 방향 전환과 체질 개선에도 기여할 수 있다. 이 책이 그러한 길을 가는 데 작은 도움이 되기를 기대한다.

김재구
명지대학교 교수, 전 한국사회적기업진흥원 원장

사회적 행동을 하거나 정책을 만들고 학문을 할 때 가장 중요한 것은 사실(fact)에 기반해야 한다는 것이다. 사실에 기초하지 않은 이론은 허구이며, 사실에 기초하지 않은 정책은 깜깜이 행정이 될 것이다. 당연히 사실에 기초하지 않은 실천은 무모하며 사회를 잘못된 길로 이끌게 될 것이다. 시장의 실패와 정부 실패를 딛고 새롭게 부상하고 있는 사회적경제 같은 영역은 특히 사실에 기초한 연구와 정책이 필요하다.

한국사회적기업진흥원에 재직할 당시에도 사회적기업과 협동조합을 비롯한 사회적경제가 발전하기 위해서는 현장의 사실에 대한 정확한 통계와 자료가 만들어지고 이에 기반을 둔 연구와 정책이 이루어져야 한다고 주장했다. 가구 조사인 노동 패널이나 기업을 대상으로 한 조사인 사업체 패널과 같이 사회적경제조직에 대해서도 장기간 이어져 지속적으로 관찰할 수 있는 종단적 연구를 시행해야 한다는 것이다. 이를 위해 예산을 투입하여 공신력 있는 조직이나 연구기관이 자료의 조사와 수집, 분석을 위한 기초를 만들 수 있도록 해야 한다는 것이 주장의 요지였다.

이러한 조사 자료의 기반이 이루어지기 위해 각계의 연구자와 전문가 그리고 현장의 실천가들이 모여 먼저 무엇을 조사할 것인지, 조사 결과를 어떤 목적으로 활용할 것인지 등을 논의해야 한다. 그리고 조사 항목으로 무엇을 포함할지, 어떤 방식으로 조사할지 등을 정하여 과학적 방법을 통해 자료를 구축해야 한다. 이러한 자료가 구비되면, 이를 공적인 자산으로 생각하고 공유하여 누구나 다양한 목적으로 분석하고 활용할 수 있도록 해야 한다. 그러면 정책 담당자는 물론 대학 등의 연구자들이 다양한 관점으로 연구함으로써 그 결과를 실천이나 정책 구축을 위해 활용할 수 있게 될 것이다.

최근 들어 정부도 사회적경제 통계의 중요성을 강조하고, 이를 위해 각 부처와 공공기관 등을 통해 자료를 수집, 조사하고 있다. 그리고 경영학, 회계학, 경제학, 사회학, 사회복지학 등 각 분야에서 사회적경제와 관련된 연구 조사가 활발하고 또 통계 등 자료 구축에 대한 관심이 커지고 있다. 경제적 가치뿐만 아니라 사회적 가치에 대해 측정하고 평가하려는 노력들이 이어지고 있다.

하지만 국제적으로도 사회적경제 통계에 대한 역사가 짧고, 또한 통일적인 방법이 아직 확립되지 않은 것도 사실이다. 게다가 사회적경제에 대한 통계는 경제적 가치만이 아니라 사회적 가치를 포함하여 측정해야 한다는 어려움이 있다. 조사의 주체와 관심에 따라서도 상이한 점이 있는데, 정부 정책담당자, 사회적 금융과 관련된 임팩트 투자, 대학 등 연구기관, 현장 활동가 등은 목표로 하는 성과와 임팩트 설정이 다를 수 있다. 따라서 변화시키려는 대상과 과정, 방법 등에 대한 다른 관점 등이 조사 방법이나 통계 자료 구축에서도 상이하게 나타날 수 있다.

이러한 상이함을 사회적경제의 동태성을 보여주는 다양성으로 이해하고, 이를 조정하여 각 나라의 상황에 맞게 생태계 조성에 도움이 되고 또한 국제적으로 일반화하는 데도 도움이 되는 방식으로 통계를 구축하는 일이 반드시 필요하다. 이 책은 2015년에 사회적경제 통계 방법론 구축을 위한 연구에 나섰던 CIRIEC 인터내셔널 연구팀의 성과를 보여주고 있다. 우리가 가야 할 사회적경제의 통계를 만들기 위해 조사하고 연구하는 데 큰 도움을 줄 것이다. 연구자들이나 정책담당자, 현장 활동가들도 함께 고민할 수 있도록 안내해줄 것이다.

지금 우리에게 필요한 것은 사회를 혁신하기 위한 올바른 행동과 이론, 정책이다. 그리고 이는 책상머리에서만이 아니라 현장에서 살아 움직이는 현상들을 과학적으로 포착할 수 있을 때 가능하다. 한국에 필요한 현장에 기초한 연구, 즉 현상학이 필요하고, 이를 기대하고 있다. 사회적경제에서 이루어지는 행동과 성과를 조사하고, 측정하고, 평가하는 사회적경제의 통계 구축은 한국 사회의 발전을 위해 더할 나위 없이 값진 기회를 제공해줄 것이다. 이 책이 사회적경제의 통계 구축은 물론 이론과 실천을 위한 귀한 디딤돌이 되길 소망한다.

한국어판에
부쳐

마리 J. 부샤, 다미앙 루슬리에

사회적경제의 비중과 규모, 범위를 평가하는 일이 다양한 나라와 지방에서 갈수록 큰 관심거리다. 우리 연구가 한국어로 번역되는 것도 이를 보여주는 증거일 것이다. 그리고 아마 현재 상황이 경제의 지배적 주체들에 대항할 수 있는 힘을 주는 경제 운영자들에 대한 관심이 커지는 것을 설명해줄 것이다. 경제의 지배적 주체들이 현재 나라 안에서나 나라들 사이에서나 불평등을 심화시키고 있는 탓이다.

통계가 사회적경제 부문이 경제 전체에서 차지하는 비중이 결코 무시할 수 없을뿐더러 계속 커지고 있다는 것을 보여준다면, 연구와 이론은 사회적경제가 경제를 조절하는 효율적 메커니즘의 역할도 해 경세 선체에서 차지하는 비중을 넘어 경제에 기여하는 바가 훨씬 크다고 주장한다. 사회적경제가 경제에서 중요한 역할을 한다고 말하는 것은 시장 실패를 해결하고 집중된 시장의 힘에 대항하

11

고 사회적 비용을 내부화하고 정보 비대칭을 줄이고 집합재와 신뢰재를 생산하고 다른 기업보다 경제 위기를 잘 견딜 수 있기 때문이다. 사회적경제는 사회에도 중요한 존재로 여겨지는데, 이는 사회적경제가 민주주의를 강화해 시민사회가 경제적인 일이나 사회적인 일, 정치적인 일에 적극 참여하도록 하기 때문이다. 사회적경제는 사회 혁신의 원천으로도 여겨지는데, 이는 사회적경제가 충족되지 않는 필요와 열망에 대응할 수 있는 새로운 중요한 틈새시장을 만들어내 지속 가능한 발전을 할 수 있게 하기 때문이다. 나아가 사회적경제가 자본주의에 대한 대안을 낳는 데 기여할 수 있다고 말하는 사람도 있고, 그렇게까지는 아니라도 적어도 신자유주의에 대한 방어벽 역할은 할 수 있다고 말하는 사람도 있다.

그러나 지금까지는 그때그때 필요에 따라 몇몇 나라의 몇몇 산업을 다룬 연구를 바탕으로 해서만 그런 말을 할 수 있었다. 그러나 더 큰 규모에서 이를 증명하려면 많은 나라에서 경제 전체를 다룬 양적 증거가 필요할 것이다. 그래서 통계 측정과 비교할 수 있는 큰 자료집합에 대한 관심도 커지는 것이리라.

이 책이 처음 출판된 후에 많은 나라와 지방에서 전국 수준에서 사회적경제를 매핑하거나 매핑한 것을 업데이트했고, 이는 사회적경제가 일자리를 창출하고 유지하는 데 갈수록 중요하다는 것을 보여주었다. 국제기관에서도 통계 생산자들에게 새로운 가이드라인과 안내서를 제공해 사회적경제나 사회적경제의 일부에 관해 생산되는 자료의 질을 높이려고 노력했다.*

이런 것들은 그동안 이루어진 주요 진전을 보여주지만, 그래도 아직 도전해야 할 과제들이 있다. 그 가운데 하나가 사회적경제 통계를 낼 때 다루어야 하는 것이 무엇인가에 대한 일관된 정의다. 예를 들면 우리는 혼성화한 조직 형태가 등장하고 그것을 지칭하는 개념(사회적 비즈니스, 사회적기업, 사회적기업가정신, 사회목적기업 등)이 빠르게 확산되는 것을 본다. 세계의 많은 부분에서는 사회적경제가 다행히 공통된 제도적 인정을 받았지만, 새로운 혼성 개념들은 아직 명확히 정의되지 않고 나라와 지방에 따라 다르게 쓰이고 있다. 이는 통계에서 사회적경제를 일관되게 다루는 데 많은 어려움을 낳는다.

이런 개념들이 포착하려는 현실도 사회적경제의 현실과 비슷한 것 같고, 많은 부분 겹친다. 하지만 이런 개념들은 사회적경제에서 "사회적"인 것을 사회적 사명을 추구하고 이익 분배를 제한하는 것으로 좁게 해석하는 잘못된 견해를 전달할 수 있다. 사회적인 것을 확대 해석해 그 안에 조직과 관련 없는 자원봉사활동까지 포함하면 더욱 헷갈릴 수 있다. 제3부문에 대한 비영리 부문의 경제적 접근 방식에 크게 영향 받은 그런 견해는 사회적경제에서 큰 부분을 차지하는 협동조합을 간과한다. 협동조합의 기본 기능은 경제적 목적밖에 없는 소유자나 주주를 위해 이익을 낳는 것이 아니라 조합원-이용자에게 혜택을 공평하게 재분배하는 것이다(따라서 사회적경제 용어로 말하면, 그것은 이익이라기보다 "혜택"이고, 배당이라기보다 "이용 실적에 따른 환불"이다). 협동조합은 주요 특징이 투자 자본에 참여한 정도에 따라 이

---

* 국제노동기구의 『협동조합 통계 지침』(*Guidelines Concerning Statistics of Cooperatives*, ILO, 2018)과 『UN 비영리단체와 관련 단체 및 비영리활동 위성계정』(*UN Satellite Account of Non-profit and Related Institutions and Volunteer Work*, New York, United Nations, 2018)을 보라. 두 출판물은 『사회적경제기업 위성계정 작성 매뉴얼: 협동조합과 상호조합』(*Manual for Drawing up the Satellite Accounts of Companies in the Social Economy: Co-operatives and Mutual Societies*, Brussels, CIRIEC and European Commission, 2006)을 따랐다.

익을 분배하는 것이 아니라 노동과 생산, 소비에 참여한 정도에 따라 혜택을 분배하는 것이다. 종합하면, 이것은 전통적 영리기업에서 분배하는 방식과 다른 분배 방식이다.

그런데 헷갈리면 "사회적경제"라는 말을 잘못 사용해, 사회적경제조직이 부를 생산하고 분배하는 방식에 대한 오해를 드러낼 뿐이다. 소비자 소유 기업에서 이용 실적에 따라 환불을 하면 가격이 인하되어 제품과 서비스에 대한 접근성이 강화된다. 노동자 소유 기업에서는 노동에 대한 보상이 강화된다. 생산자 소유 기업에서는 기업의 공급자들에게 판매로 생기는 이익을 공정하게 분배하게 된다. "사회적경제"라는 말을 무분별하게 사용하면 과학적 연구는 물론 잘 확립된 개념을 뒤흔들어 거의 200년 동안 사회적으로 구성된 개념을 침해하는 결과를 낳을 것이다.

이 책이 한국어로 번역된다니 이는 사회적경제가 완전히 성숙된 경제 주체이자 독특한 경제 모델임을 다시 한 번 보여줄 수 있는 기회다. 이 모델에서는 사회적인 것과 경제적인 것이 서로 분리되지 않고, 한층 공정하고 공평하게 부를 생산하고 분배한다는 점에서, 달리 말하면 "더욱 사회적인" 경제라는 점에서 두 가지가 서로 배태되어 있다.

이 기회를 빌려 이 책의 한국어판 출간을 기꺼이 수락한 아이쿱협동조합연구소 김형미 소장과 이 프로젝트를 추진하고 코디네이트한 성공회대학교 이상윤 교수, 그리고 이상윤 교수와 함께 이 책을 번역한 윤길순 씨에게 진심으로 감사드린다. 피터랭 출판사와 함께 이 책의 초판을 내도록 지원해준 CIRIEC 인터내셔널에도 다시 한 번 감사드린다.

감사의
말

이 책은 "사회적경제의 비중과 크기, 범위"("The Weight, Size and Scope of the Social Economy")라는 CIRIEC 인터내셔널 연구 팀에서 나온 결과물이다. 우리는 이 책을 마치면서 연구 팀에 참여해 함께 연구하며 질 높은 대화를 나눈 모든 이에게 감사한다. 이 연구 팀의 창립 모임을 주최한 에디트 아르샹보 교수와 파리1대학 팡테옹-소르본대학은 물론 이 모임에 참석한 국제식품정책연구소(세네갈)의 지안 니콜라 프란체스코니와 퀘벡통계청(캐나다)의 카린 라튤리프, 그리고 이 책에 소중한 글을 기고해준 모든 이에게도 감사한다.

이 책은 CIRIEC 인터내셔널에서 일하는 사람들의 지원이 없었다면 나오지 못했을 것이다. 특히 크리스틴 뒤사르와 카르멜라 드 치코에게 감사한다. 2015년까지 CIRIEC의 "사회적경제와 협동조합 경제" 과학위원회 위원장이었던 라파엘 차베스와 P.I.E. 피터랭 출판사의 "사회적경제와 공공경제" 시리즈 편집자인 브누아 레베크(캐나다 퀘벡대학 몬트리올 캠퍼스)와 베르나르 티리(벨기에의 리에주대학 교수이며 CIRIEC 인터내셔널 센터장)에게도 고마움을 전하고 싶다. 마지막으로 이 책을 마무리하는 동안 줄곧 전문가로서 뛰어난 기량을 펼치며 통찰력 있는 제안을 해준 우리의 번역자이며 편집자인 캐스린 폴러에게도 감사한다.

마리 J. 부샤, 다미앙 루슬리에

차례

제2부 구체적 사례에서 무엇을 배울 수 있을까?

머리
말 ＿＿＿＿＿＿＿＿＿＿＿

마리 J. 부샤
캐나다 퀘벡대학 몬트리올 캠퍼스 정교수

다미앙 루슬리에
프랑스 아그로캉퓌스웨스트 대학 정교수

사회적경제의
비중과 규모,
범위

1. 목표

사회적경제 통계에 대한 관심이 높아지고 있다. 사회적경제는 전 세계에서 일자리 창출과 유지, 사회 결속, 사회 혁신, 농촌과 지방 개발, 환경 보호에서 중요한 역할을 한다. 그동안 많은 나라에서 국가 통계기관과 연구자들(학계와 기관의)이 국가 수준에서나 전 세계 수준에서 자료를 모으기 위해 상당히 노력했다. 결과들은 대개 사회적경제가 주로 경제 위기에 경기 변동에 따른 충격을 완화하는 방식으로 경제의 균형을 맞추는 데 기여할 수 있음을 확인해준다(Stiglitz, 2009; European Parliament and European Commission, 2014). 사회적경제는 회복된 경제에서도 전 세계가 직면한 문제들을 해결할 수 있는 강력한 잠재력을 지닌 것으로 보인다(Utting, van Dijk and Matheï, 2014).

그래도 아직 사회적경제에 관한 정보가 부족한 나라와 지역이 많다. 국제 수준에서 사회적경제를 비교할 수 있는 자료도 없다. 공공 영역에서 사회적경제가 중요함을 널리 알리는 데 필요한 지식도 아직 체계적으로 정리되지 않았다. 어떤 현상을 측정하는 것은 이를 통해 그것이 사회적으로나 정치적으로 인정을 받는 데, 그래서 그것에 대한 정부의 지원을 정당화하는 데 목적이 있다(Anheier, Kanpp and Salamon, 1993). 그래서 그동안 사회적경제가 기여하는 바를 측정하고 평가해달라고 요청한 것도 공공 당국과 사회적경제의 핵심 행위자들이었다. 요구는 이러한 유형의 경제가 규모는 얼마나 되고 범위는 어떤지 확인해달라는 것이었고, 특히 다른 지배적 시스템이 많은 사회적 경제적 필요에 부응하지 못하는 듯 보일 때 그랬다(Stiglitz,

Sen and Fitoussi, 2009). 하지만 로마에서 열린 2014년 사회적경제학회의 연구자 집단(Research Working Group)이 지적한 대로,[1]

체계적 자료 수집이 공통된 문제인 것 같고, 그래서 다양한 통계기관들이 서로 조정할 필요가 있다. 통계의 질과 관련하여 거듭 문제가 제기되고, 질 높은 자료가 없는 경우도 많다. 이는 훨씬 폭넓은 자료집합 안에서 모집단을 정의하려면 사회적경제에 대한 분명한 정의가 필요한데 그런 정의가 없는 것과 관계 있는 것 같다. 사회적경제의 의미가 폭넓고 서로 충돌하는 경우도 많아, 이것이 양적인 문제도 일으킨다(Roy, 2014).

그래서 CIRIEC(Centre International de Recherches et d'Information sur l'Économie Publique, Sociale et Coopérative: 공공경제와 사회적경제, 협동조합경제에 관한 국제연구 정보센터)은 사회적경제 통계 생산을 연구하는 국제 프로젝트를 추진하기로 했다.[2] 목표는 사회적경제 통계 생산에 관한 지식을 전반적으로 검토하는 기고문을 모으는 것이었다. "사회적경제의 비중과 규모, 범위: 사회적경제 통계 생산에 대한 국제적 시각"이라는 이름으로 추진된 이 프로젝트는 사회적경제에 대한 관심을 불러일으키고

---

[1] 2014년 11월 17~18일에 로마에서 유럽 25개 나라에서 온 190명 이상의 발표자들이 유럽연합 집행위원회와 유럽의회의 후원으로 열린 "EU의 성장을 위해 사회적경제의 잠재력을 발휘하자"라는 학회에서 만났다. 여기서 기관 대표자들과 사회적경제 실천가들, 이해관계자들, 정책입안자들, 학자들, 전문가들이 만나 유럽에서 사회적경제의 발전에 영향을 끼치는 핵심 이슈들을 논의했다. 참고: http://www.socialeconomyrome.it/.
[2] 이 프로젝트는 앞서 CIRIEC 연구 집단에서 사회적경제를 평가하는 방법과 지표에 관해 연구한 것과 연결되어 있다. 이전 연구 결과는 피터랭(Peter Lang) 출판사에서 펴낸 『사회적경제의 가치: 국제적 시각』(The Worth of the Social Economy: An International Perspective, Bouchard, 2009)으로 나왔다.

국가 통계기관들이 사회적경제를 장기적으로 "나머지 경제"와 비교하여 조사해야 할 중요한 분야로 인식하게 하는 데 목적을 두었다. 이 책에서는 이 CIRIEC 프로젝트와 관련하여 사회적경제 통계 방법과 지표를 둘러싸고 제기된 핵심 쟁점들에 대한 전문가들의 견해와 조언을 모았다. 우리는 특히 왜 사회적경제 통계를 내는 것이 중요한지, 사회적경제 통계는 어떻게 내는지, 어떻게 해야 우리가 사회적경제를 더 잘 이해할 수 있을지 알고 싶었다. 목표는 이런 문제들에 대한 현재 지식 상태를 전반적으로 개관하는 것이었고, 그래서 방법이나 도구의 기술적 측면을 기술하기보다는 그것이 기여하는 바와 지닌 한계를 논하고 통계 생산 분야 연구가 앞으로 나아가야 할 길을 확인하고자 했다. 전반적으로는 이 책을 통해 연구자와 정책입안자들이 사회적경제 통계 생산이라는 문제를 기꺼이 받아들이고 무엇이 중요한지를 더 잘 이해하도록 돕고자 한다.

2. 맥락

최근 몇 년 동안 사회적경제를 매핑하려는 노력이 상당히 이루어졌다. 하지만 이러한 노력은 이 유형의 경제에 대한 아주 다양한 개념을 낳고, 그것의 비중과 규모, 범위를 측정하는 방법론도 아주 다양한 모습을 드러냈다. 이는 사회적경제가 존재하는 경제적 정치적 맥락이 다양한 탓이지만, 발전 모델에 따라 사회적경제에 요청하는 역할이 다르고 사회적경제가 제도화하는 길이 서로 다른 탓이기도 하다. 하지만 최근 많은 나라에서 사회적경제에 관한 법률이 통과되어, 앞으로 이 분야에서 진전을 기대할 수 있다.

1990년대 초에 CIRIEC과 관련하여 이루어진 선구적 연구에서는 다양한 국가적 맥락에서 존재하는 사회적경제의 개념과 그것의 타당성을 밝히고 그것의 핵심 정체성을 개괄했다(Defourny and Monzón, 1992). 1997년에는 유럽연합 통계국이 『유럽연합의 협동조합과 상호조합, 결사체 부문에 관한 보고서』(Eurostat, 1997)를 내고, 2006년에는 CIRIEC이 유럽경제사회위원회의 의뢰로 『유럽연합 사회적경제』를 매핑한 결과물을 내고, 2011년 이것을 다시 업데이트했다(Monzón and Chaves, 2008 and 2012).[3] 1990년대 말에 존스홉킨스대학에서 추진한 비영리와 자원 부문에 관한 일련의 연구는 2003년에 국제연합에서 『비영리단체 위성계정 핸드북』(*Handbook on Nonprofit Institutions in the System of National Accounts*)을 펴내는 결과를 낳았다(Salamon, 2010). 유럽연합 집행위원회는 이 핸드북을 토대로 하되 이것을 보완하기 위해 CIRIEC에 협동조합과 상호조합의 위성계정 작성 매뉴얼을 만드는 일을 맡겼다. 이 매뉴얼은 2006년에 출판되어(Barea and Mozón, 2006), 지금까지 유럽에서 다섯 개 나라(벨기에와 불가리아, 마케도니아, 세르비아, 스페인)에서 이용되었다. 마지막으로, 유럽연합 집행위원회의 의뢰로 이루어진 최근 연구에서는 유럽 29개국의 맥락에서 사회적기업을 매핑한 결과를 내놓았다(Wilkinson, 2014).

이 모든 출판물은 사회적경제 부문과 이 부문을 측정하는 방법에

---

3 이 연구는 2006년과 2011년에 유럽경제사회위원회의 의뢰로 이루어져, 유럽연합의 모든 공식 언어로 출판되었다. 첫 번째 연구에서는 유럽연합의 25개 회원국을 대상으로 했고, 2011년에 업데이트된 것에는 새 회원국이 된 불가리아와 루마니아 두 나라와 가입 후보국이 된 크로아티아와 아이슬란드 두 나라가 연구 대상에 포함되었다.

대해 상당히 많은 지식을 제공하며 저마다 이 분야의 특정한 측면을 다룬다. 그래서 어떤 것은 사회적경제 안에서도 비영리 부문(모두 비영리 자원조직)에 초점을 맞추고, 어떤 것은 시장에 기반을 둔 부문(영리 활동을 하는 비정부기구와 협동조합, 상호조합)에 초점을 맞춘다. 또 어떤 것은 사회적경제에서 핵심을 이루던 요소들을 배제하고 새로운 사회적경제나 연대경제에 초점을 맞추거나, 주로 사회적 목적을 추구하는 영리기업까지 포함한 아주 폭넓은 스펙트럼의 법인격을 다룬다. 연구마다 사용하는 방법론과 지표도 달라, 연구에 따라 위성계정과 전국 조사, 영향 평가(사회나 경제, 환경에 미치는 영향 평가), 장기간에 걸친 종단 연구, 인구통계조사 등 다양한 방법을 쓴다. 따라서 국제적 관점에서 보면 사회적경제는 여전히 매우 폭넓은 실천과 개념을 지닌 다의적 현상이다(Lévesque and Mendell, 2005; Chaves and Monzón, 2008, 2011). 한 예로, 1990년대에 쓰이기 시작한 사회적기업과 사회적 비즈니스, 사회적기업가정신이라는 개념도 여전히 다양한 의미를 지니고 있다(Defourny and Nyssens, 2010; Wilkinson, 2014).

그래서 통계를 내기 위해 사회적경제 전체의 진화 과정을 측정하고 이를 국제 비교를 할 수 있는 방식으로 설명하고 추적하기가 어렵다. 다양한 도구와 방법론은 저마다 효용도 있지만 한계도 있다. 정의를 둘러싼 논란은 이 분야의 선명성을 흐려 사회적경제에 대한 사회적 정치적 인정마저 위태롭게 할 수 있다. 이런 상황에서는 다양한 방법과 그것이 사회적경제의 표상에 끼치는 영향을 검토하는 것이 중요해 보이며, 무엇보다도 이 분야를 정의하는 방식이나 활동을 명명하는 방식, 적절한 지표와 관련해서는 특히 그렇다. 우리는 이런 경험들에서 얻을 수 있는 교훈을 분석해야 하고, 일관되면서도 엄격하고 측정 가능한 사회적경제 전체에 관한 정보를 개발할 수 있는 역량을 강화하고 이 분야에 대한 서로 다른 개념이나 이 분야를 이루는 서로 다른 부문들 간의 미묘한 차이를 드러내려면 특히 그럴 필요가 있다.

3. 개념 틀

이 프로젝트에서는 개방적이면서도 엄밀한 개념을 지향한다. 그래서 첫째, 우리는 사회적경제를 폭넓게 정의한다. 그래야 우리가 연구자들이 사회적경제라는 현상을 이루는 서로 다른 요소에 초점을 맞추어 기고한 학문적 경험적 탐구 결과들을 모두 포괄할 수 있기 때문이다. 둘째, 일반적인 경제지표들이 국가 통계 시스템 안에서 사회적경제를 측정하고 비교하는 데 유용함을 인정하지만, 사회적경제가 사회와 지역공동체의 복리에 끼치는 영향을 온전히 평가하는 데는 한계가 있음도 인정한다. 셋째, 우리는 이 두 가지 쟁점, 즉 정의와 방법론이 서로 밀접한 관계에 있어 폭넓고 개방적인 정의는 다양한 방법론을 낳고 표준화된 방법론은 명확한 정의를 낳는다는 데 동의한다. 중요한 것은 선명성과 타당성은 서로 트레이드오프(trade off) 관계에 있다는 것이다. 그래서 통계 처리를 하는 데 필요한 요건을 충족시키려다 보면 집계했을 때 사회적 현실이 부풀려지거나 축소되어 보일 수도 있고, 거꾸로 사회적경제를 서로 관계 없는 일련의 현상으로 보면 사회적 현실을 잘못 해석하거나 무시하는 결과를 낳을 수도 있다. 이런 문제들은 당연히 사회적경제를 계

머리말

량하는 데 적절한 방법론과 지표가 필요함을 보여줄 뿐 아니라 왜 그것을 둘러싸고 논쟁이 일어나는지도 설명해준다.

3.1. 정의

어떤 현상을 양적으로 측정하려면 측정의 기술적 측면도 필요하지만 계량하려는 대상이 무엇인가에 대한 개념적 합의도 필요하고, 그것을 인식하고 다른 경험적 현상과 구분할 수 있게 해주는 지표도 필요하고, 저마다 지리적 제도적 시간적 환경이 달라도 그것들을 서로 비교할 수 있게 해주는 견고한 방법론도 필요하다.

사회적경제는 경제의 한 "부문" 또는 영역을 이룰 수 있을 정도로 독특하고(Defourny and Monzón, 1992; Evers and Laville, 2004), 조직의 특성과 제도적 규칙, 국가나 시장과의 특수한 관계 덕분에 충분히 그렇게 인식될 수 있다. 사회적경제란 자본보다 사람이 우선인 활동과 조직을 말한다. 사회적경제는 자본주의경제와 공공경제를 차용하지만, 민간에서 조직을 만들고 운영하는 방식(자율성과 경제적 위험 감수)과 집합적으로 조직을 만들고 운영하는 방식(사람들의 결사체)을 결합해 자본주의경제나 공공경제와 뚜렷이 구분되고, 최종 목적이 이익이 아니라 이익의 극대화보다 사회적 사명(상호이익이나 일반이익)을 우선시한다. 사회적경제조직의 생성과 발전에는 두 가지 조건이 따르는데, 하나는 충족되지 않은 상당한 경제적 필요나 사회적 열망에 대응할 필요성이고 또 하나는 집합적 정체성을 공유하거나 공동운명체인 사회 집단에 속하는 것이다(Lévesque, 2006; Vienney, 1994; Defourny and Develtere, 1999). 사회적경제에 대한 일반적 합의는 유럽사회적경제헌장(European Social Economy Charter)[4]이나 유럽의회 같은 국제 네트워크에서 채택한 정의(European Parliament, 2009)에 반영되고, 국가 수준에서는 최근에 유럽(벨기에의 왈롱 지방, 프랑스, 포르투갈, 스페인, 그리스)과 라틴아메리카(에콰도르), 북아메리카(퀘벡), 아프리카와 아시아의 여러 나라에서 채택하거나 곧 채택할 사회적경제에 관한 법률 체계에 반영되었다. 사회적경제에 협동조합과 상호조합, 결사체가 포함된다는 것은 널리 합의되었고, 점차 여기에 재단도 포함되고 있는데, 이것들은 모두 다음과 같이 요약할 수 있는 몇 가지 원칙을 공유하고 있다 (Mónzon and Chaves, 2012:19).

- 자본에 앞서는 개인적, 사회적 목표
- 자발적이고 개방적인 조합원 제도
- 조합원에 의한 민주적 통제 (재단은 조합원이 없으므로 제외)
- 조합원/이용자의 이익과 일반 이익 모두 고려
- 연대와 책임의 원칙 옹호와 적용
- 자율적 운영과 공공 당국으로부터의 독립
- 잉여의 대부분을 지속가능한 발전 목표와 조합원에 대한 봉사, 일반 이익을 추구하는 데 사용

하지만 주로 라틴유럽과 라틴아메리카, 북아메리카 일부 지역에서 사용되는 용어와 그것의 학문적 개념에서 연상되는 것은 모든 나

---

4 http://www.socialeconomy.eu.org/spip.php?article263. 현재 새로운 사이트가 준비 중이다.

라에서 동질적이지 않으며, 이 부문을 개괄하고 측정할 때는 특히 그렇다. 이런 현상은 유럽연합 회원국들 사이에서도 발견되지만 (Monzón and Chaves, 2012: 38; Wilkinson, 2014) 한 나라 안에서도 발견되며, 이때는 사회적경제라는 용어와 개념이 흔히 다른 용어나 비슷한 개념과 호환될 수 있는 것으로 쓰인다. 연대경제와 민중경제, 제3부문, 비영리 부문, 자원 부문, 시민사회 부문 등이 그런 것들이다. 사회적 경제가 한 부문이 아니라 "기업 운영과 경제 발전 방식"으로 정의되는 경우도 있다.[5] 지난 10년 동안 "사회적기업"과 "사회적기업가", "사회적 비즈니스"라는 개념이 갈수록 많이 거론되면서 사회적경제의 정체성과 토대에 관한 물음도 새롭게 제기되었다.

이는 사회적경제를 정의할 때 접근하는 방식에도 반영되었다. 그래서 사회적경제를 다양한 시각에서 정의해, 예를 들면 어떤 것은 사회적경제를 명확하거나 불명확한(혼성인) 법률적 구성 요소(Desroche, 1983)로 정의하고, 어떤 것은 공공경제나 민간경제 조직과 유사성도 있고 차별성도 있는 사회적경제조직의 작동 방식으로 정의하고(Vienney, 1980, 1994), 어떤 것은 혼합경제 안에서 그것의 상호성과 연대성이 작동하는 방식(Eme and Laville, 1994; Evers and laville, 2004)이나 영리를 추구하지 않는 자원조직 성격(Hansmann, 1987), 사회적이고 기업가적인

---

5 한 예가 2014년 7월에 프랑스에서 채택된 사회연대경제 관련 법(LOI n° 2014-856 du 31 juillet 2014 relative á l'économie sociale et solidaire)이다. 이 법에서는 "사회연대경제"라는 크고 포괄적인 정의를 사용해, 여기에 전통적인 법률적 형태(협동조합, 결사체, 상호조합, 재단)뿐 아니라 내부 규약에 따라 사회연대경제의 원칙(이 법에 규정되어 있다)을 준수하고 사회적 유용성을 추구하며 이익과 자산 분배 제한과 관련된 세 가지 운영 원칙(역시 이 법에 정의되어 있다)을 따르는 영리기업의 활동도 포함된다. https://www.legifrance.gouv.fr/affichTexte.do?cidTexte=JORFTEXT000029313296&categorieLien=id에서 검색.

성격(Dees, 1998; Borzaga and Defourny, 2004; Nyssens, 2006), 혁신적 기능(Lévesque, 2006; Mulgan, 2006; Caulier-Grice *et al*., 2010)으로 정의했다. 이런 접근 방식들은 사회적경제가 아직 일관되고 통일된 이론이 없거나 패러다임이 확립되지 않은 분야임을 말해준다(Nicholls, 2010). 그래서 어떤 것들은 서로 겹치지만, 어떤 것들은 본질적으로 지향하는 바가 서로 엇갈리기도 한다(Evers and Laville, 2004; Bouchard and Lévesque, 2015).

　이 프로젝트의 한 가지 가정은 정의를 둘러싼 쟁점이 제도적으로나 학문적으로 중요하지만 다른 중요한 문제, 즉 갈수록 우리 경제의 미래에 중요해지고 있는 현실을 통계를 통해 포괄적으로 개관할 수 있는 역량이라는 문제에 관심을 기울이지 못하게 할 수도 있다는 것이다. 그래서 우리는 어떤 정의나 이론이 다른 정의나 이론보다 좋다고 제안하기보다 사회적경제를 다양한 렌즈를 통해 볼 수 있다고 주장한다. 관찰자가 이 그림의 어떤 부분에 관심을 기울이는가에 따라 이 분야의 깊이가 다르게 나타나겠지만 말이다. 그래서 우리는 "사회적경제"를 결사체(비영리조직이나 단체)와 협동조합, 상호조합뿐 아니라 이익보다 사명을 중시하는 재단과 지역경제개발조직, 노동자결사체(예를 들면, 스페인의 노동자소유기업 Sociedad Laboral, 브라질의 비공식 노동자소유기업) 등처럼 사회적경제에 속한다고 인정받은 조직들도 포함하는 넓은 의미로 쓴다. 따라서 이 프로젝트는 폭넓은 시각에서 시장 부문과 비시장 부문의 사회적경제 조직과 활동을 모두 포괄하는 접근 방식을 채택한다. 그러면 현재 국가 수준에서 폭넓게 쓰는 사회적경제의 정의에 따라 사회적경제의 부분집합도 확인할 수 있을 것이다.

3.2. 통계 지표와 도구

사회적경제는 풍부한 역사를 가지고 있다. 그 형태도 다양하여 나라마다(Monzón and Chaves, 2012) 학문마다(Bouchard *et al.*, 2011) 그것을 다양한 방식으로 측정한다. 따라서 사회적경제를 측정하고 평가하는 것은 당연히 복잡한 과정이고, 이는 몇 가지 난제를 제기한다.

첫 번째 난제는 표준이 되는 일반적 측정 기법들도 사회적경제를 일부 파악하지만 사회적경제에는 그것으로 파악하기 어려운 부분도 있다는 것이다. 사회적경제는 아주 독특한 방식으로 사회와 경제에 기여한다. 하지만 대개 새롭거나 아직 충분히 발달되지 않은 활동 부문에 참여하여 사회적경제가 기여하는 바가 관찰되지 않을 수도 있다. 또한 사회적경제는 경제활동을 사회적 목적과 결부시키고 공정과 평등, 사회정의 같은 가치에 따라 혁신적으로 일하는 방식을 제안하여 일반적 기준에 따라 분류하기도 어렵다. 따라서 일반적 통계 도구로는 사회적경제의 정체성과 운영 방식이 쉽게 설명되지 않는다. 사회적경제는 다양한 형태를 띠어 다른 부문에 쉽게 스며들 수도 있고(새롭게 떠오르는 혼성 조직 형태로) 복합적이다(사회적 사명과 경제활동을 결합하여). 사회적경제는 일자리 창출과 국민총생산(GNP), 경제적 부가가치에 기여하는 데 그치지 않고 그보다 훨씬 폭넓게 기여한다. 사회적경제는 많은 파급 효과와 외부 효과를 낳을 뿐 아니라 그것이 생산하는 것 가운데는 계량할 수 있는 합의된 척도가 없는 것이 많다.

또 하나 난제는 사회적경제 통계 생산도 이보다 훨씬 폭넓은 국민계정과 이것의 진화, 이것이 정책 수립 과정에서 하는 역할에 대한 관심과 대개 연결되어 있다는 것이다. 역사적으로 통계는 언제나 주로 수학적 형식주의를 토대로 증명하는 장치의 특성과 행정 자료와 전국조사를 통해 조정하는 장치의 특성을 가지고 있었다(Chiapello and Desrosiéres, 2006). 통계(statistiks)라는 말의 어원에서 드러나듯이 (Desrosières, 2008), 통계를 통한 추론 과정은 과학과 통치 사이에 있다. 통계의 사회적 정당성은 통계를 내는 형식적 방법론보다, 통계가 더 폭넓은 사회정치적 프로젝트에서 의사결정의 전제조건으로 여겨지느냐에 달려 있었다. 정부가 통계를 조작하여 제멋대로 이용한다는 비판이나 경제지표가 경제 성과를 제대로 반영하지 못한다는 비판도 제기되었지만 말이다(Gadrey and Jany-Catrice, 2012).

사회적경제 통계 생산도 관심사가 된 지 이삼십 년밖에 되지 않아, 아마 실업(Salais, Baverez and Reynaud, 1986)이나 이민(Fassmann et al., 2009), 출신 인종(Fassin and Simon, 2008), 눈에 보이는 소수집단(Beaud and Prèvost, 2009) 같은 다른 주제나 현상과 비슷한 단계에 있을 것이다. 이런 것들도 최근에야 관심사로 떠올라, 어떤 관할권에서는 인식되고 어떤 관할권에서는 인식되지 않는다. 아마 "중소기업"의 통계적 정의가 떠오르는 사람도 있을 텐데, 이것도 나라마다 다르고 시간에 따라 진화하고 있다. 통계의 범주도 사실은 논란과 논쟁거리다. 숫자의 설명력을 과대평가할 경우 경제정책에 오류가 생길 수 있다는 일반적 경고도 있다(La Documentation franèaise, 2014; Ogien, 2013). 나아가 계량화의 일반화를 신공공관리의 통제 방식으로 보고 이에 저항하는 움직임도 커지고 있다(Desrosières, 2014: 34).

사회적경제도 여느 사회 현상과 마찬가지로 사회적 구성물이다. 따라서 사회적경제를 계량화하여 측정하면 그것에 대한 정의가 분명해져 그것을 둘러싼 모호함도 사라지고, 이는 다시 사회적경제의 정당화에 기여할 것이다. 하지만 같은 과정이 사회적경제의 복잡성과 풍부함을 줄이고 단순화하여 정의와 방법론이 적절한지에 대한 성찰도 불러일으킬 것이다. 따라서 어떤 사회 현상이든 그에 대한 통계 생산은 쟁점이 될 수 있다. 그것이 그 분야를 정당화하는 기회가 될 수도 있지만 정당성을 위협할 수도 있기 때문이다. 따라서 사회적으로나 과학적으로 신뢰할 수 있는 견고한 사회적경제 구성개념이 필요하다. 그리고 그러한 개념이 높은 수준의 사회적 정당성을 얻으려면 엄격하면서도 투명하고 사회적 행위자들의 참여에 개방적일 필요가 있다. 그러나 독자들은 이 책을 읽으면서 사회적경제만 이런 환경이나 도전에 처한 것은 아니라는 사실을 염두에 두어야 한다.

4. 이 책의 개요

이 책은 두 부분으로 이루어졌다. 제1부에서는 신뢰할 만한 사회적경제 통계를 내려면 다룰 필요가 있고 분명히 할 필요가 있는 방법론적 문제들과 이론적 문제들을 검토한다. 그래서 제1부에 있는 장들에서는 사회적경제의 통계 지표와 사회적경제조직의 선별 기준, 분류 체계, 방법론의 국제적 표준화를 살펴본다. 제2부에서는 구체적 연구들에서 무엇을 배울 수 있는지를 탐구한다. 따라서 제2부에 있는 장들에서는 특정한 방법론(위성계정, 영향평가, 전국조사)과 서로 다른 국가적 환경(벨기에와 브라질, 캐나다, 프랑스, 일본, 영국)에서 제기된 쟁점들(공동 조사, 비공식 조직, 혼성 조직)을 검토한다. 이런 사례들은 지금까지 나온 사회적경제 통계를 모두 포괄하지는 않지만, 사회적경제 통계를 낼 때 사용되는 가장 중요한 방법 가운데 몇 가지와 제기되는 문제들을 잘 개관해준다.

4.1. 사회적경제 통계를 낼 때 다루어야 할 방법론적 문제들

이 책의 제1부에서는 먼저 사회적경제가 현재 어떻게 측정되고 있는지를 자세히 들여다본다. 그래서 다양한 방법론에서 어떤 표상들이 나오는지 탐구하고, 사회적경제조직을 식별하고 선별하고 분류하는 문제를 검토한다. 사회적경제가 생산하는 것을 적절하게 측정하는 문제와 국제적으로 비교하는 문제도 논의한다.

먼저 이 책의 첫 장(Monzón)에서는 CIRIEC 연구자들이 사회적경제를 개념적 통계적으로 나타내는 데 중요하게 기여한 데 경의를 표한다. 이런 선구적 작업은 많은 부분 CIRIEC 스페인 지부인 CIRIEC-스페인의 연구자들, 즉 호세 바레아와 호세 루이스 몬손, 라파엘 차베스 덕분이다. 이 장에서는 스페인과 유럽에서 사회적경제 통계를 내고 분석하는 데 아주 유용한 도구들을 낳은 작업을 개괄한다.

다음 장(Artis, Bouchard and Rousselière)에서는 전 세계에서 사회적경제 통계에 쓰이는 서로 다른 지표들이 어떻게 사회적경제에 관한 특정한 개념이나 표상을 낳는지를 검토한다. 그래서 먼저 통계 지표에 대한 저자들의 관점을 제시하는데, 그것은 통계 지표도 사회적 구성물이라는 것이다. 그리고 5개 대륙에서 이루어진 사회적경제에 대한 연구를 비교 분석하여 사용된 자료의 주요 원천을 열거하고, 그것들이 지닌 장점과 한계를 모두 보여준다. 나아가 그런 지표들에 의해 어느 정도 명확하게 제시된 사회적경제의 표상에는 어떤 것들이 있는지 본다. 또한 사회적경제의 방법론과 사회적경제를 그리는 방식에서 발견되는 주요 흐름을 확인하고, 그것을 사회적경제의 이론적 틀에 비추어 분석한다. 여기서 초점은 가장 혁신적인 방법과 결과에 있다. 마지막으로 저자들은 결과를 통합하여 통계 생산 분야에서 벌어지는 한층 분석적이고 이론적인 논쟁으로 나아간다.

사회적경제의 규모를 개괄하려면 사회적경제에 참여하는 주체들과 그렇지 않은 주체들을 식별할 필요가 있다. 3장(Bouchard, Cruz Filho and St-Martin)에서는 이 문제를 들여다보기 위해 세계 여러 곳에서 학계와 기관 연구자, 공공기관과 통계기관에서 실시한 가장 중요한 사회적경제 통계 연구 가운데 몇 가지를 분석한다. 그런 연구에서는 대개 사회적경제 통계 생산에 필요한 개념 틀을 확립하고 이를 토대로 어떤 유형의 주체와 법률적 지위, 활동 부문이 배제되는지를 결정하고, 사회적경제조직을 식별할 때 기준이 되는 자격 조건에는 어떤 것들이 있고 사회적경제조직의 통계 지표에는 어떤 것들이 있는지 확인한다. 조직의 유형 분류는 목적과 사명이나 자금 조달 방식 같은 다른 기준에 따라 이루어질 수도 있다. 사회적경제조직을 일정한 자격 기준에 따라 식별할 때 사용되는 개념적 틀은 이 분야의 주변에서 나타나는 현상이나 흐름을 평가하고 그것이 장차 어떻게 전개될지 예측할 수도 있게 해준다.

사회적경제 주체도 시장 생산자든 비시장 생산자든 표준 분류 체계에 포함되어야 하는데, 그것이 완벽하게 이루어지는 것은 아니다.

4장(Archambault)에서는 이런 사회적경제 주체들이 국민계정에서 어떻게 분류되는지를 검토하고, 그런 분류 체계의 장점과 단점은 무엇인지 살펴본다. 난제는 주로 표준 분류 체계가 서비스보다 제품을 더 상세히 분석하도록 되어 있다는 사실과 관계가 있다. 집합적 서비스나 분할 가능한 서비스의 비시장 산출과 관련해서도 표준 분류 체계는 비영리단체 부문보다 정부 부문을 반영한다. 통계학자들은 여러 나라의 사회적경제를 비교할 때 표준 분류 체계에 의지할 수밖에 없다. 하지만 사회적경제의 특수성이나 가치, 자원봉사, 대안적 거버넌스 방식을 보고할 때처럼 다른 행동 분야를 분석하고자 할 때는 기존 분류 체계를 혁신하여 그에 맞게 고쳐야 한다.

합의를 토대로 국제 비교가 가능한 준거 틀을 만들어낸다는 목표는 2003년에 『비영리단체 위성계정 핸드북』이 나오면서 어느 정도 달성되었다. 이것은 국민경제 통계에서 비영리조직이 하는 일을 포착하는 절차를 확립하여 공식 승인을 받았고, 뒤이어 2011년에 나온 『ILO 자원봉사활동 측정 매뉴얼』(*ILO Manual on the Measurement of Volunteer Work*)은 자원봉사활동의 규모와 성격, 가치에 대한 공식 자료를 수집하는 도구로 국제 승인을 받았다. 두 매뉴얼은 존스홉킨스대학 시민사회연구소에서 이끈 연구 결과를 말한다. 5장(Salamon, Sokolowski and Haddock)에서는 이 집단의 주요 연구자들이 이러한 경험을 돌이키며 이러한 분석을 사회적경제라는 더 넓은 부문으로 확장하려는 사람들이 그로부터 얻을 수 있는 교훈을 공유한다.

경영 지표(수익률과 구성비 등)를 내기 위해서든 거시경제 수준의 통계를 내기 위해서든 관습적 측정 방법은 대개 사회적경제기업이 생산하는 것을 양적으로 정확히 이해하는 데 적절하지 않은 것으로 드러난다. 6장(Mertens and Marée)의 저자들은 사회적경제기업이 생산하는 것을 현재 국민계정체계에서는 어떻게 고려하는지 검토한다. 이어 사회적경제기업이 실제로 생산하는 것을 모든 차원에서 고려하기 위해 "넓은 의미의 생산"이라는 개념을 도입하고, 마지막으로 "넓은 의미의 생산"은 화폐가치로만 측정할 수 없다는 결론을 내린다. 저자들은 대신 사회적경제기업의 생산 활동이 단순하지 않고 복잡하다는 것을 인정해야 한다고 주장하며, 이런 생산을 또 다른 틀에서 측정하는 것을 뒷받침하는 명제들을 제시한다.

4.2. 구체적 연구에서 배울 수 있는 것들

이 책의 제2부에서 처음 네 장은 유럽(프랑스와 벨기에)과 라틴아메리카(브라질), 아시아(일본)에서 사용하는 방법론을 개괄하여 보여준다. 이를 통해 우리는 위성계정을 작성할 때 어떤 쟁점들이 제기되고 실제 통계를 낼 때 민간의 사회적 행위자들이나 이들과의 공동 연구가 어떤 역할을 하는지 배운다. 나아가 제도적 구분과 개별 조직을 아우르는 상부 조직의 부재가 전국 수준에서 사회적경제를 나타내는 데 어떻게 영향을 미칠 수 있는지도 배운다. 이후 두 장에서는 첫째로 캐나다에서 협동조합의 경제적 영향을 평가할 때 제기되는 쟁점들을 논하고, 둘째로 영국에서 사회적기업을 매핑할 때 개념이나 방법론의 혼성을 고려할 경우 제기되는 문제들을 논한다.

어떤 경제 현상의 규모와 범위를 파악하는 중요한 방법론 가운데 하나가 위성계정이다. 위성계정은 거시경제 분석을 위해서도 쓸 수 있는 일관된 체계의 통계 정보를 제공함으로써 국민계정체계 안에서 특정한 연구 분야에 관한 양적 정보를 구조적으로 보여준다. 국제연합은 2003년에 국민경제 통계에서 비영리조직이 하는 일을 파악하는 절차를 처음 확립했다. 벨기에는 일찍이 2004년에 이 방법론을 이용해 통계를 낸 첫 번째 나라 가운데 하나다. 유럽연합 집행위원회는 이 『비영리단체 위성계정 핸드북』을 보완하기 위해 CIRIEC에 협동조합과 상호조합의 위성계정 작성 매뉴얼을 만드는 일을 맡겼고, 그것이 2006년에 나왔다(Barea and Monzón, 2006). 그것의 목적은 위성계정에서 조사할 사회적경제기업의 범위를 개념적으로 엄격하게 획정하는 데 있었다. 2010년에는 유럽연합의 자금 지원으로 벨기에와 불가리아, 마케도니아, 세르비아, 스페인 다섯 나라에서 협동조합과 상호조합의 위성계정을 작성하는 프로젝트가 시작되었다. 이 책의 7장(Fecher and Ben Sedrine-Lejeune)에서는 벨기에의 2011년 보고서를 요약하여 보여준다.

프랑스는 사회적경제라는 개념이 탄생한 중요한 곳 가운데 하나라고 할 수 있다. 프랑스에서는 1980년대에 벌써 사회연대경제가 국내 행위자들과 정부의 인정을 받았다. 프랑스에는 전국사회연대경제연구소(Observatoire National de l'Économie Sociale et Solidaire: ONESS)도 있다. 하지만 국가 통계기관인 국립경제통계연구소(Institut national de la statistique et des études économiques: INSEE)가 이 연구소의 창설을 도왔는데도 이 부문에 관한 자료는 여전히 다수의 민간 행위자들에 의해 생산된다. 게다가 갈수록 사회연대경제가 경제 전체에서 차지하는 비중에 대한 합의도 이루어져 장관이 임명되고 법률까지 채택되었건만 장기간에 걸친 모니터링과 많은 양의 자료에도 불구하고 사회연대경제의 범위와 범주, 지표와 관련해 여전히 많은 문제가 있다. 8장(Demoustier *et al.*)에서는 먼저 프랑스에서 사회연대경제의 통계를 내는 데 발판이 된 것들을 개괄한다. 그러고는 저자들이 그 과정에 참여한 다양한 이해관계자들과 사회연대경제 통계에 대한 그들의 견해를 드러낸다. 마지막으로, 생산되는 자료의 질을 높이려면 핵심 사회적 행위자들이 중요하며 이들이 사회연대경제에 대한 일반의 인식을 높이고 사회연대경제를 제도적으로 인정하는 데도 기여한다는 것을 보여준다.

라틴아메리카에서는 가장 많이 쓰이는 개념이 연대경제 개념이다. 연대경제는 협동조합은행과 상호성에 기초한 서비스와 제품의 교환, 비즈니스 네트워크, 자기들 사이에서든 사회 전체에서든 경제활동을 펼쳐 일자리를 창출하고 연대에 기초한 관계에 참여하려는 사람들의 수많은 공식 비공식 결사체를 포함하는 다수의 사회적 부문과 주체, 기관을 아우르는 말이다. 브라질에서는 최근 몇 십 년 동안 연대경제가 크게 번성했다. 9장(Gaiger)에서는 브라질에서 3년 이상 노력한 끝에 2013년에 마무리된 "전국 연대경제 매핑" 결과를 보여준다. 이 매핑은 연대경제 행위자들이 연구기관과 정부의 지원을 받아 함께 수행한 연구 조사를 통해 이루어졌다. 이 놀라운 공동 노력은 독특한 방법론(눈덩이 효과)을 시험하고, 이 부문에 관한 지식이 부족한 것을 극복할 수 있는 소중한 경험적 자료를 제공했다.

사회적경제는 일본에서도 갈수록 커지는 현실이다. 일본에서는 사회적경제가 많은 활동 부문에서 중요한 역할을 한다. 하지만 이 나라의 강력한 기업 부문과 꽤 큰 공공 부문에 가려 사회적경제는 여전히 빛을 발하지 못하고 있다. 게다가 한 부문으로서의 정체성이나 관련 조직들 간 결속력도 부족하고, 사회적경제에 대한 정부와 언론, 학계의 인식도 낮다. 이렇게 일반의 인식이 낮으니 포괄적인 통계도 부족하다. 10장(Kurimoto)에서는 일본에서 사회적경제가 눈에 잘 보이지 않는 가장 중요한 이유가 제도적 구분에 있다고 설명한다. 사회적경제 부문이 법률과 부처, 산업 정책, 세금 규정에 따라 서로 구분되어 있는 것이다. 일본에는 사회적경제에 많은 개별 조직을 아우르는 상부 조직이 없는 것도 문제다. 게다가 연구자들 사이에 사회적경제 개념에 대한 합의도 이루어지지 않아, 북아메리카의 비영리조직 개념과 유럽의 사회적경제 개념이 서로 각축을 벌인다. 이 장에서는 현재 존재하는 통계에 대해 짧게 이야기하고, 일본의 맥락에서 사회적경제에 대한 포괄적인 통계를 내라는 권고로 마무리한다.

2008년부터 사회적경제조직, 그 중에서도 주로 협동조합이 경제와 지역사회에 미치는 영향에 대한 관심이 커졌다. 11장(Uzea and Duguid)에서는 협동조합이 경제에 미치는 영향을 다룬 문헌을 검토하여 경제적 영향을 평가할 때 제기될 수 있는 난제들을 확인하고, 이를 해결할 수 있는 방법에 대한 잠정적 통찰을 제공한다. 잠재적 난제들은 세 범주로 분류되는데, 이는 영향 평가의 세 단계에 대응한다. 첫째는 자료 수집 단계에서 생길 수 있는 문제로, 기존 미시 자료에 접근하는 문제와 다양한 자료집합에 있는 경제활동 자료를 표준화하는 문제 등이다. 둘째는 자료 분석 단계에서 생길 수 있는 문제로, 분석 단위를 확인하고, 일반적인 영향 평가 방법을 협동조합의 특수성에 맞게 고치고, 협동조합의 독특한 성과를 고려하고, 영향의 분포를 검토하는 문제 등이다. 셋째는 결과를 해석하는 단계에서 제기되는 문제로, 협동조합이 존재하지 않았을 경우를 상정하고 협동조합의 영향과 협동조합이 아닌 부문의 영향을 비교하거나 시간의 추이에 따라 협동조합의 영향을 비교하는 문제 등이다. 이 장의 결론에서는 앞으로 생각해볼 몇 가지 연구 아이디어를 제시한다.

사회적기업이라는 개념은 지역에 따라 다양한 의미를 지니지만, 영리 활동을 하는 비영리조직이나 주로 사회적 목적을 추구하는 협동조합, 사회적 가치를 추구하는 영리기업처럼 일반적으로 약간 혼성인 조직 형태를 가진 것으로 이해된다. 12장(Spear)에서는 사회적기업이 혼성 조직이라서 그것을 매핑할 때 개념적으로나 방법론적으로 부딪히는 문제들을 검토한다. 예를 들면 사회적기업의 조작적 기준(operational criteria)을 정하는 문제와 서로 다른 표집틀에 맞추는 문제, 경계 사례에 대해 판단을 내리는 문제 등이다. 이 장에서는 비영리단체와 사회적경제를 매핑한 다른 경험들에도 의지해 사회적기업을 매핑하는 것을 더 잘 이해하려고 한다. 그래서 혼성과 경계 사례라는 두 가지 개념을 도입하여 영국에서 자원/비영리 부문과 사회적기업 부문을 매핑하는 문제를 논의한다. 마지막으로 어떻게 하면 영국에서 지배적인 사회적기업의 정의에 대한 조작화를 개선하여 이 부문을 더 잘 매핑할 수 있는지를 말하고 이 장을 마무리한다.

마지막으로, 결론에서는 이 책의 핵심 연구 결과를 정리하고, 정책 설계자와 학계와 기관의 연구자, 사회적경제 행위자들에게 숙고해볼 문제들을 제안한다.

참고 문헌

Anheier, H. K., Knapp, M. R. J. and Salamon, L. M., *"No Numbers, no Policy-Can Eurostat Count the Nonprofit Sector?,"* in S. Saxon-Harrold and J. Kendall (eds.), *Researching the Voluntary Sector*, Tonbridge and London, Charities Aid Foundation, 1993, pp. 195-205.

Barea, J. and Monzón, J. L. (eds.), *Manual for Drawing up the Satellite Accounts of Companies in the Social Economy: Co-operatives and Mutual Societies*, Brussels, European Commission, D.G. for Enterprise and Industry and CIRIEC, 2006.

Beaud, J.-P. and Prévost, J.-G., *L'ancrage statistique des identités: les minorités visibles dans le recensement canadien*, Montréal, Université du Québec à Montréal, Centre de recherche sur les innovations, la science et la technologie (CIRST), No. 99-06, 2009.

Bouchard, M. J., *The Worth of the Social Economy, An International Perspective*, Brussels, Peter Lang, CIRIEC collection Social Economy and Public Economy, 2009.

Bouchard, M. J., Cruz Filho, P. and St-Denis, M., *Cadre conceptuel pour définir la population statistique de l'économie sociale au Québec*, Cahiers de la Chaire de Recherche du Canada en économie Sociale, R-2011-01, Montréal, Canada Research Chair on the Social Economy / CRISES, 2011.

Bouchard, M. J. and Lévesque, B., "Les innovations sociales et l'économie sociale: nouveaux enjeux de transformation sociale," in J. Defourny and M. Nyssens, *Analyse socioéconomique du tiers secteur*, Brussels, De Boeck, forthcoming 2015.

Borzaga, C. and Defourny, J. (eds.), *The Emergence of Social Entreprise*, London, Routledge, 2004.

Caulier-Grice, J., Kahn, L., Mulgan, G., Pulford, L. and Vasconcelos, D., *Study on Social Innovation*, London, Young Foundation, Social Innovation eXchange (SIX) and Bureau of European Policy Advisors, 2010.

Chaves, R. and Monzón, J. L., "Beyond the Crisis: the Social Economy, Prop of a New Model of Sustainable Economic Development," *Service Business*, Vol. 6, No. 1, 2012.

Chiapello E. and Desrosières A., "La quantification de l'économie et la recherche en sciences sociales: paradoxes, contradictions et omissions. Le cas exemplaire de la positive accounting theory," in F. Eymard-Duvernay (ed.), *L'économie des conventions. Méthodes et résultats*, Paris, La Découverte, Coll. Recherches, Tome 1, 2006, pp. 297-310.

Data, L., *Le grand truquage. Comment le gouvernement manipule les statistiques*, Paris, La Découverte, Coll. Cahiers Libres, 2009.

Dees, J. G., "Enterprizing Nonprofits," *Harvard Business Review,* Vol. 76, No. 1, 1998, pp. 54-67.

Defourny, J. and Develtere, P., "The Social Economy: The Worldwide Making of a Third Sector," in J. Defourny, P. Develtere, B. Fonteneau *et al.* (eds.), *The Worldwide Making of the Social Economy. Innovations and Changes,* Leuven, Acco, 2009, pp. 15-40.

Defourny, J. and Monzón, J. L. (eds.), *The Third Sector. Cooperative, Mutual and Nonprofit Organizations,* Brussels, De Boeck-Université/CIRIEC, 1992.

Defourny, J. and Nyssens, M., "Conceptions of Social Enterprise and Social Entrepreneurship in Europe and the United States: Convergences and Divergences," *Journal of Social Entrepreneurship,* Vol. 1, No. 1, 2010, pp. 32-53.

Desroche, H., *Pour un traité d'économie sociale,* Paris, Coopérative d'information et d'édition mutualiste, 1983.

Desrosières, A., *Gouverner par les nombres. L'Argument statistique II,* Paris, Les Presses de l'École des Mines, 2008.

———, *Prouver et gouverner. Une analyse politique des statistiques publiques,* Paris, La Découverte, 2014.

Documentation (La) française, *Le culte des chiffres,* Problèmes économiques, No. 3090, 2014.

Eme, B. and Laville, J.-L. (eds.), *Cohésion sociale et emploi,* Paris, Desclée de Brouwer, 1994.

Evers, A. and Laville, J.-L., "Defining the Third Sector in Europe," in A. Evers and J.-L. Laville, *The Third Sector in Europe,* Cheltenham, UK/Northampton, MA, USA, Edward Elgar, 2004, pp. 11-42.

European Parliament, *European Parliament Resolution of 19 February 2009 on Social Economy (2008/2250 (INI)),* 2009.

European Parliament and European Commission, *Social Economy Conference: Unlocking the Potential of the Social Economy for EU Growth,* Rome, November 17-18, 2014. http://www.socialeconomyrome.it/.

Eurostat, *Report on the Cooperative, Mutualist and Associative Sector in the European Union,* Luxembourg, European Commission, 1997.

Fassin, D. and Simon, P., "Un objet sans nom. L'introduction de la discrimination raciale dans la statistique française," *L'Homme,* No. 187-188, 2008, pp. 271-294.

Fassmann, H., Reeger, U. and Sievers, W. (eds.), *Statistics and Reality. Concepts and Measurement of Migration in Europe,* IMISCOE Reports, Amsterdam University Press, 2009.

Hansmann, H., "Economic Theories of Nonprofit Organizations," in W.W. Powell (ed.),

The Nonprofit Sector: A Research Handbook, New Haven, CT, Yale University Press, 1987, pp. 27-42.

Lévesque, B., "Le potentiel d'innovation et de transformation de l'économie sociale: quelques éléments de problématique," *Économie et solidarités,* Vol. 37, No. 2, 2006, pp. 13-48.

Lévesque, B. and Mendell, M., "L'économie sociale, diversité des définitions et des constructions théoriques," *Interventions économiques,* No. 32, 2005. http:// interventionseconomiques.revues.org/852.

Monzón, J. L. and Chaves, R., "The European Social Economy: Concept and Dimensions of the Third Sector," *Annals of Public and Cooperative Economics,* Vol. 79, No. 3-4, 2008, pp. 549-577.

——, *The Social Economy in the European Union,* Brussels, European Economic and Social Committee, 2012.

Mulgan, G., "The Process of Social Innovation," *Innovations: Technology, Governance, Globalization,* Vol. 1, No. 2, 2006, pp. 145-162.

Nicchols, A., "The Legitimacy of Social Entrepreneurship: Reflexive Isomorphism in a Pre-Paradigmatic Field," *Entrepreneurship Theory and Practice,* Vol. 34, No. 4, 2010, pp. 611-633.

Nyssens, M. (ed.), *Social Enterprise,* London, Routledge, 2006.

Ogien, A., *Désacraliser le chiffre dans l'évaluation du secteur public,* Versailles, éditions Quae, 2013.

Rousselière, D. and Bouchard, M. J., "À propos de l'hètèrogènèitè des formes organisationnelles de l'èconomie sociale: isomorphisme vs ècologie des organisations en èconomie sociale," *Revue canadienne de sociologie,* Vol. 48, No. 4, 2011, pp. 414-453.

Roy, M., "Working Group 7: The Contribution of Research, Education and Statistics," in European Commission and European Parliament, *Social Economy Conference: Unlocking the Potential of the Social Economy for EU Growth,* Rome, November 17-18, 2014. http://www.socialeconomyrome.it/.

Salais, R., Bavarez, N. and Reynaud B., *L'invention du chômage,* Paris, Presses Universitaires de France, 1986.

Salamon, L. M., "Putting the Civil Society Sector on the Economic Map of the World," *Annals of Public and Cooperative Economics,* Vol. 81, No. 2, 2010, pp. 167-210.

Stiglitz, J., "Moving Beyond Market Fundamentalism to a More Balanced Economy," *Annals of Public and Cooperative Economics,* Vol. 80, No. 3, 2009, pp. 345-360.

Stiglitz, J., Sen, A. and Fitoussi, J.-P., *Report by the Commission on the Measurement of*

Economic Performance and Social Progress, France, Commission on the Measurement of Economic Performance and Social Progress, 2009.

Utting, P., van Dijk, N. and Matheï, M.-A., *Social and Solidarity Economy. Is There a New Economy in the Making?,* Geneva, United Nations Research Institute for Social Development, Occasional Paper No. 10, 2014.

Vienney, C., *Socio-économie des organisations coopératives. Formation et transformations des institutions du secteur coopératif franÇais,* Paris, Coopérative d'information et d'édition mutualiste, 1980.

——, *L'économie sociale,* Paris, La Découverte, 1994.

Wilkinson, C., *A Map of Social Enterprises and their Eco-Systems in Europe. Executive Summary,* Report submitted by ICF Consulting Services, Brussels, European Union, 2014.

사회적경제 통계를 낼 때
다루어야 할 방법론적 문제들

The Weight of
the Social Economy

An International Perspective

**Methodological concerns
in producing statistics
on the social economy**

CIRIEC-스페인의 선구적 작업

호세 루이스 몬손
발렌시아대학 교수, CIRIEC-스페인 과학위원회 위원장

CIRIEC(Centre International de Recherches et d'Information sur l'Économie Publique, Sociale et Coopérative: 공공경제와 사회적경제, 협동조합경제에 관한 국제연구정보센터) 연구자들은 그동안 사회적경제 연구 분야에 중요한 기여를 했다. 특히 유럽에서 사회적경제의 개념적 정의와 통계적 정의를 찾은 것이 그것이다. 이 장에서는 CIRIEC의 스페인 지부인 CIRIEC-스페인 연구자들이 한 선구적 작업을 간략히 개괄한다. 먼저 1절에서는 스페인에서 사회적경제연구소가 만들어지는 데 발판이 된 것들을 설명하고, 2절과 3절에서는 스페인에서 사회적경제의 초상을 그리는 데 적용된 방법론을 제시한다. 스페인에서 먼저 사용된 이 방법론은 나중에 유럽 여러 나라에 적용되었다. 4절에서는 유럽에서 사회

적경제를 매핑할 때 어떻게 이러한 강력한 전문지식은 물론 유럽 전역에 있는 연구자들의 국제적 네트워크인 CIRIEC의 기여로부터 혜택을 받았는지를 설명한다.

1. 사회적경제연구소의 설립[1]

CIRIEC-스페인과 연계된 학자들은 사회적경제를 연구한 오랜 전통을 가지고 있다. 그들은 사회적경제가 추구하는 일반 이익에는 어떤 것들이 있는지 확인하고, 주도권(풀뿌리운동)과 거버넌스(민주적), 소유(집합적), 잉여의 분배(제한적) 측면에서 사회적경제가 지닌 독특한 특징을 규명하고, 사회적경제의 투과성 높은 경계를 분석하는 데 기여했다(Monzón, 1987; 1992; 1997; 2006). 이러한 개념화는 CIRIEC 인터내셔널에서 처음으로 서로 다른 국가적 환경에서 사회적경제를 확인하고 이를 비교하고자 한 연구 팀의 준거 틀이 되었다(Defourny and Monzón, 1992). 1990년대에는 CIRIEC-스페인의 연구가 『사회적경제 백서』(Barea and Monzón, *White Paper on the Social Economy*, 1992)로 결실을 맺었고, 1995년에는 유럽연합 집행위원회의 지시에 따라 스페인에서 사회적경제 위성계정을 작성하기에 이르렀다(Barea and Monzón, 1995). 2005년에는 스페인에서 몇 십 년 동안 이루어진 사회적경제

---

1 이 부분은 스페인사회적경제연구소(Observatorio español de la economia social) 웹사이트 http://www.observatorioeconomiasocial.es/와 이베로아메리카 고용과 사회적/협동조합경제 연구소(Observatorio Iberoamericano del Empleo y la Economia Social y Cooperativa) 웹사이트 http://www.oibescoop.org/presentacion.php에서 발췌했다.

에 관한 연구를 기반으로 하여 CIRIEC-스페인이 스페인사회적경제연구소를 세웠다. 이것은 호세 바레아 교수와 호세 루이스 몬손 교수가 공동으로 이끌고, 스페인의 고용/사회보장부(Ministerio de Empleo y Seguridad Social)와 발렌시아대학에 있는 '사회적경제와 협동조합 경제 대학 연구소'(Instituto Universitario de Economia Social y Cooperativa: IUDE-SCOOP), 여러 사회적경제조직과 연합회, 스페인 사회적경제 대학 연구소 네트워크인 Red ENUIES(Red Española Interuniversitaria de Institutos y Centros de Investigación en Economía Social)가 창립을 도왔다. 연구소는 창립 이래 줄곧 스페인에서 사회적경제를 연구하고 사회적경제에 관한 자료를 널리 퍼뜨리는 데 없어서는 안 될 도구가 되었다. 연구소의 처음 목표는 사회적경제의 범위를 평가하는 것이었고, 이를 위해 사회적경제에 참여하는 주체들을 확인하는 엄격한 이론적 틀을 개발했다(Barea and Monzón, 1992). 연구소는 이 방법론을 통해 사회적경제를 양적으로 측정하여 장기적으로 사회적경제가 스페인 경제에 기여하는 바를 평가할 수 있었다(Monzón, 1995; 2010). 이 프로젝트는 과학적으로 엄격하게 실시되어 사회와 사회적경제에 똑같이 헌신했다. 지난 몇 년 동안 바레아-몬손 연구 팀은 재단(Barea and Monzón, 2011a)과 제3부문의 사회적 행동 부문(Barea and Monzón, 2011b), 장애인의 노동통합 부문(Barea and Monzón, 2008) 같은 사회적경제의 몇몇 특정한 부문의 위성계정을 만들어냈다. 호세 바레아는 2014년 9월에 세상을 떠났지만, 사회적경제에 대한 국가통계에서 중요한 방법론을 유산으로 남겼다.

2008년에는 '이베로아메리카 고용과 사회적/협동조합 경제 연구소'(Observatorio Iberoamericano del Empleo y la Economia Social y Cooperativa: OIBES-

COOP)가 IUDESCOOP와 연구소들 간의 컨소시엄의 주도로 설립되었는데, 이 컨소시엄에는 CIRIEC-스페인과 '이베로아메리카 사회적경제 재단'(Fundacion Iberoamericana de Economia Social: FUNDIBES), 칠레 대학이 참여했다. OIBESCOOP의 목표는 사회적경제의 사업 활성화를 통해 일자리와 부를 창출하여 라틴아메리카의 지속 가능한 경제 발전에 기여하는 것이었다. OIBESCOOP는 이론적으로나 실천적으로나 라틴아메리카와 스페인, 포르투갈 사회적경제의 공동 기반을 마련하는 것도 목표로 삼았다. 이것은 대표를 맡은 호세 루이스 몬손의 책임 아래 있지만, 이사회에는 호세 마리아 페레스 데 우랄데(FUNDIBES의 이사장이며 라틴아메리카에서 활동을 조직하는 일도 함)와 마리오 라드리간(칠레대학) 등이 있다. 연구소는 각 나라 사회적경제 전문가들의 네트워크를 기반으로 하고 있다. 나아가 OIBESCOOP는 스페인과 포르투갈의 사회적경제 초상뿐 아니라 라틴아메리카와 북아프리카에 있는 여러 나라의 사회적경제의 초상도 그렸다(Chaves and Pérez de Uralde, 2013).

2. 사회적경제의 통계적 초상을 그리는 방법론

CIRIEC-스페인 과학위원회는 국제연합 국민계정체계(United Nations System of National Accounts: SNA)와 유럽 국민계정체계(European System of National and Regional Accounts: ESA)에 따라 사회적경제를 한 나라의 국민계정체계에서 한 제도 부문으로 식별하는 데 용이한 개념 틀을 개발했다. 이 틀을 통해 집계한 거시경제 자료들은 사회적경제에 관한 공공 정책을 수립하는 데 반드시 필요한 것으로 드러났다. 이들은 ESA 방법론과 협동조합의 기본 원칙을 적용해 사회적경제가 크게 두 가지 하위 부문으로 이루어졌음을 확인했는데, 하나는 시장 또는 기업 부문이고 또 하나는 비시장 부문이다. 전자에는 민주적 거버넌스(1인 1표)와 주식자본 소유권과 연계되지 않은 이익분배 체계를 지닌 민간 기업이 포함되고, 후자에는 민간에서 '가계에 봉사하는 비영리단체'(non-profit institutions serving households: NPISH, 이하 가계봉사비영리단체)가 포함된다.

이 방법론은 비영리 부문에 대한 새로운 개념, 즉 사회적경제의 정의와 일치하는 개념을 제안한다. 가계봉사비영리단체 부문은 가계(즉 일반 대중)에 제품이나 서비스를 제공하고 주로 가계의 자발적 기부금과 정부의 보조금, 재산 소득을 재원으로 하는 비영리조직으로 이루어진 부문이다. 따라서 가계봉사비영리단체에는 금융법인기업이나 비금융법인기업 또는 공공 행정기관에서 설립하고 따라서 자금도 제공하는 사회적경제 비영리단체는 포함되지 않는다. 그런 단체들이 현재는 그것을 설립한 주체들이 속한 제도 부문으로 분류된다. 따라서 CIRIEC-스페인에서 개발한 틀에서 제공하는 정의가 ESA보다 사회적경제의 범위를 더 잘 포착할 수 있다. 이 정의에는 ESA에서 정의하는 가계봉사비영리단체뿐만 아니라 다른 주체의 재원으로 제공되는 사회서비스와 재단, 금융법인기업과 비금융법인기업에서 자금을 지원하는 비영리단체, 상호보험조합과 비시장 사회적경제 집단도 포함된다. 게다가 이 정의에 따르면 모든 비영리단체를 새로운 제도 부문으로 집계할 때 사람에게 봉사한다는 사회적경제의 주요 목적이 왜곡되지 않도록 주의하게 된다. 이런 이

유로 이 틀에서는 재화와 비금융서비스 생산이나 금융 중개, 금융 중개에 따른 부가 활동에 종사하는 시장생산자인 비영리단체나 기업연합회, 금융법인기업이나 비금융법인기업이 서비스를 받는 대신 자발적으로 내는 수수료로 자금을 조달하는 비영리단체는 사회적경제조직으로 여기지 않는다.

그런데 민간 비영리단체의 이 하위 부문이 "가계에 봉사한다"라는 공통분모가 있더라도 이 새롭게 구성한 제도 부문도 분명 이질적 집단들로 이루어졌을 것이고, 사회적 유용성이라는 관점에서 볼 때도 중요한 정도가 같지 않을 것이다. 하지만 어떤 기준으로 경제활동을 사회적으로 유용하거나 유용하지 않다고 볼 수 있을까? 일반적으로는 공공 부문이나 시장 거래 부문에서 충족시키지 못하는 사회적 필요를 충족시키는 사회재를 생산하고 유통할 때 그런 경제활동을 사회적으로 유용하다고 본다. 그래서 그런 활동은 이른바 "제3부문의 사회적 행동" 부문에서 수행하고, 이 부문은 앞서 말했듯이 사회재의 생산과 유통에 초점을 둔 활동을 하는 민간 비영리단체로 이루어졌다. 또한 어떤 제품과 서비스가 괜찮은 삶에 반드시 필요한 것이라는 사회적 정치적 합의가 있고 따라서 소득 수준이나 구매력에 관계없이 모든 사람이 접근할 수 있어야 할 때 그것을 사회재로 본다. 따라서 그런 사회재는 공공 당국에서 생산하고 유통하여 모든 사람이 접근할 수 있도록 무료로 제공되거나 시장 가격보다 훨씬 낮은 가격으로 제공되도록 해야 한다. CIRIEC-스페인의 연구소는 가계에 봉사하는 비시장 부문뿐만 아니라 상호 연대를 통해 사회적 문제를 해결하는 데 헌신하는 민주적이고 참여적인 기업들로 이루어진 이 다양하고 폭넓은 기업과 조직을 조사한다. 주목할 점은 이 후자에 속하는 이른바 "제3부문의 사회적 행동" 부문이 갈수록 사회적경제의 시장 부문과 관계를 맺고 공동 행동 전략을 취하고 있다는 것이다.

3. 사회적경제기업 위성계정 작성 매뉴얼: 협동조합과 상호조합[2]

비영리 부문의 위성계정을 작성하는 데 지침이 되는 매뉴얼은 존재하지만, 사회적경제 전체의 위성계정을 작성하는 데 지침이 되는 매뉴얼은 없었다. 그래서 국제연합의 『비영리단체 위성계정 핸드북』(*Handbook on Nonprofit Institutions in the System of National Accounts*)을 연장하고 보완하기 위해 유럽연합 집행위원회에서 CIRIEC에 『사회적경제기업 위성계정 작성 매뉴얼: 협동조합과 상호조합』(*Manual for Drawing up the Satellite Accounts of Companies in the Social Economy: Co-operatives and Mutual Societies*)을 만드는 일을 맡겼다. 2006년에 출판된 이 『매뉴얼』은 호세 바레아와 호세 루이스 몬손, 그리고 다른 두 CIRIEC 연구자인 마이트 바레아와 한스 베스트룬이 만들었다(Barea and Monzón, 2006).

이 『매뉴얼』에서는 먼저 위성계정에서 조사할 사회적경제 주체를 식별하는 기준과 이 계정에서 다룰 주체의 종류를 판별하는 기준을 정한다. 이 기준은 법률적 행정적 측면보다 사회적경제기업의 행동을 토대로 하여, 사회적경제기업들 간 유사성과 차이점도 확인

---

2 이 부분은 Barea and Monzón(2006)에서 발췌했다.

하고 한 집단으로서의 사회적경제기업과 다른 경제 주체들 간 유사
성과 차이점도 확인한다. 그래서 유럽연합의 문서와 표준 및 유럽
에서 사회적경제를 대표하는 조직들이 정한 기준을 토대로 사회적
경제기업 부문에서 가장 의미 있는 두 주체로 협동조합과 상호조합
을 확인한다. 그 결과 『매뉴얼』에서는 협동조합과 상호조합이 통제
하는 사업 집단과 사회적경제에서 이와 비슷한 다른 기업들, 어떤
비영리단체들이 법률적 형태나 명칭에 관계없이 위성계정에 포함
되려면 반드시 충족해야 할 기준과 요건을 정한다. 마지막으로 사
회적경제의 다양한 사업 주체들을 ESA 95 국민계정체계의 구조 안
에 위치시킨다. 지금까지 유럽에서 벨기에[3]와 불가리아, 마케도니
아, 세르비아, 스페인 이렇게 다섯 나라가 이 『매뉴얼』을 사용했다.

4. 유럽연합 사회적경제 매핑[4]

 2006년에 유럽경제사회위원회는 CIRIEC에 유럽연합 25개 회원
국의 사회적경제를 조사해달라고 요청했다. 이 조사 보고서는 2008
년에 나왔고, 2011년에 개정판이 나왔다. 역시 CIRIEC이 의뢰를
받아 만든 이 개정판에는 유럽연합의 새 회원국이 된 불가리아와 루

---

3 Fabienne Fecher and Wafa Ben Sedrine-Lejeune가 쓴 장은 벨기에에서 2011년에 낸 보고서를 요
 약한 것이다.

4 이 부분은 보고서 *The Social Economy in the European Union*(Monzón and Chaves, 2012)과 유
 럽 사회적경제 웹사이트 http://www.socialeconomy.eu.org/spip.php?article420, 유럽경제사회위
 원회 자료실 웹사이트 https://dm.eesc.europa.eu/EESCDocumentSearch/Pages/redresults.asp
 x?k=social%20economy에서 발췌했다.

마니아 두 나라와 유럽연합 가입을 신청한 크로아티아와 아이슬란드 두 나라가 포함되었다(Monzón and Chaves, 2012).

처음 나온 보고서와 개정된 보고서 모두 호세 루이스 몬손(José Luis Monzón)과 라파엘 차베스(Rafael Chaves)의 지휘 아래 여러 나라 연구자들로 이루어진 전문위원회의 조언을 받아 나왔다. 조언을 해준 연구자들은 다니엘 드무스티에(Daniele Demoustier, 프랑스)와 로저 스피어(Roger Spear, 영국), 알베르토 제비(Alberto Zevi, 이탈리아), 키아라 카리니(Chiara Carini, 이탈리아), 마그달레나 훈초바(Magdalena Huncova, 체코)이다. 개정판은 CIRIEC-스페인의 '사회적경제와 협동조합경제 과학위원회'(당시 위원장은 라파엘 차베스)의 지원을 받아, 덕분에 유럽연합 모든 나라의 통신원과 공동연구자로 이루어진 아주 폭넓은 네트워크를 만들고 CIRIEC이 오랫동안 쌓아올린 이론적 핵심 쟁점들에 대한 연구 성과의 덕을 볼 수 있었다. 보고서의 중심 목표 가운데 하나였던 각 나라의 사회적경제의 현재 상황에 대한 비교 분석은 유럽연합의 27개 회원국과 두 후보국의 학자들과 이 부문 전문가들, 고위 공무원들의 결정적 도움 덕분에 이루어졌다.

보고서의 목표 가운데는 사회적경제 영역에 있는 모든 조직이 공유하는 핵심 정체성을 확인하는 것도 있었다. 그런 핵심 정체성이 무엇인지 알면 사회적경제가 눈에 보이게 하고 사회적경제에 대한 이해도 높일 수 있었기 때문이다. 그래서 보고서에서는 누가 사회적경제기업인가, 사회적경제기업은 얼마나 있고 어디에 있는가, 사회적경제기업은 얼마나 크고 얼마나 중요한가, 일반 대중과 정부는 사회적경제기업을 어떻게 보는가, 사회적경제기업은 어떤 문제를 해결하고 부의 창출과 공정한 분배, 사회적 결속과 복지에 어떻게 기여하는가 같은 질문을 던지고 대답하고자 했다. 실제로 보고서는 사회적경제를 아주 상세하면서도 포괄적으로 개관하며 사회적경제의 정의도 내리고 사회적경제의 활동 규모도 평가한다. 나아가 유럽연합에서 사회적경제가 경제적 측면에서나 사회적 측면에서 양적으로나 질적으로 얼마나 중요한지도 부각시킨다.

모두 합치면 대략 연구자 15명이 각 나라 상황을 분석하는 데 참여하고 유럽 통신원 63명이 전체 연구에 참여했는데, 이는 CIRIEC 인터내셔널이 유럽에서 얼마나 폭넓은 네트워크를 가지고 있는지 보여준다. 또 하나 주목할 점은 이 통신원들 가운데 많은 사람이 2014년에 유럽의 사회적기업을 조사할 때도 협력했다는 것이다.[5]

---

5 Wilkinson, C. *A Map of Social Enterprises and their Eco-Systems in Europe. Executive Summary,* Report submitted by ICF Consulting Services, Brussels, European Union, 2014.

참고 문헌

Barea, J. and Monzón, J. L., *Libro Blanco de la Economía Social en España*, Madrid, Ministerio de Trabajo y Seguridad Social, 1992.

———, *La Cuenta Satélite de la Economía Social en España: Una Primera Aproximación*, Valencia (Esp), CIRIEC-España, 1995.

———, *La Economía Social en España en el Año de 2000*, Madrid, CIRIECEspaña, 2002.

——— (eds.), *Manual for Drawing up the Satellite Accounts of Companies in the Social Economy: Co-operatives and Mutual Societies*, Brussels, European Commission, D.G. for Enterprise and Industry and CIRIEC, 2006. http://ec.europa.eu/enterprise/policies/sme/documents/social-economy/.

Barea, J. and Monzón, J. L. (eds.), *Satellite Accounts for Foundations in Spain*, Madrid, Foundation of Savings Banks, 2011a.

Barea, J. and Monzón, J. L. (eds.), *Cooperative, Mutual Society and Mutual Provident Society Satellite Accounts in Spain*, Madrid, Spanish National Institute of Statistics for the European Commission, 2011b.

Barea, J. and Monzón, J. L. (eds.), *Economía Social e Inserción Laboral de las Personas con Discapacidad en el País Vasco*, Bilbao, CIRIEC-España, EHLABE Fundación BBVA, 2008.

Chaves, R. and Pérez de Uralde, J. M. (eds.), *La Economía Social y la Cooperación al Desarrollo. Una Perspectiva Internacional*, Valencia, Universitat de Valencia, 2013.

Monzón, J. L., *Las Grandes Cifras de la Economía Social en Espana*, CIRIECEspaña, 2010.

Monzón, J. L. and Chaves, R., "The European Social Economy: Concept and Dimensions of the Third Sector," *Annals of Public and Cooperative Economics*, 2008, Vol. 79, No. 3-4, pp. 549-577.

———, *The Social Economy in the European Union*, Brussels, European Economic and Social Committee, 2008 and 2012.

사회적경제는 중요한가?
우리는 그것을 어떻게 측정해야 하는가?
통계 지표를 통해서 본
사회적경제의 표상들

———

아멜리 아르티스
프랑스 그르노블 국립정치학교 조교수

마리 J. 부샤
캐나다 퀘벡대학 몬트리올 캠퍼스 정교수

다미앙 루슬리에
프랑스 아그로캉퓌스웨스트 대학 정교수

자기만 아는 방법을 이용해 우리 연구자는

몇 가지 아주 흥미로운 통계를 발표했다.

—마르셀 고트리브(Marcel Gotlib), 르네 고시니(René Goscinny), 『레 댕고도시에』[1]

머리말

사회적경제에 관한 통계는 이 유형의 경제가 전체 경제에서 차지

---

[1] 『레 댕고도시에』(*Les Dingodossiers*)는 1960년대에 나온 프랑스 만화다.

하는 비중을 계량하고(Salamon and Dewees, 2002), 이것이 눈에 잘 보이지 않으면 보이게 하고(Fecher and Sak, 2011), 이 분야에 대한 전반적 지식과 인식을 개선하기 위한 것이다. 사회적경제와 이러한 경제의 위치와 역할에 대한 이해를 높이려면 무엇보다도 먼저 계량화와 평가가 필요하다. 통계는 각 지역과 국가, 국제 수준에서 사회적경제에 관한 공공 정책을 개발하고 평가할 수 있게 해준다는 점에서 실용적 기능도 한다(Statistics New Zealand, 2004; London Economics, 2008).

하지만 사회적경제가 국가 통계 분야에서는 비교적 새로운 개념이라 많은 난제에 부딪힌다. 그 가운데는 통계 모집단(母集團, population)을 확인하는 문제(Bouchard et al., 2011)뿐 아니라 사회적경제에 걸맞은 분류 범주(Bouchard, Ferraton et al., 2008)와 지표를 사용해야 하는 문제도 있다. 일반적 경제지표도 매출액과 고용 같은 사회적경제의 어떤 측면에 관해서는 정확한 정보를 제공할 수 있지만, 비화폐적 생산이나 시장과 비시장 자원의 결합, 사회적 비용의 내부화나 환경에 대한 외부효과의 감소 같은 측면은 밝히지 못한다. 그래도 현재 생산되는 사회적경제 통계들은 사회적경제가 산출하는 것의 어떤 측면들을 전달해준다. 이 장에서는 전 세계에서 사회적경제 통계를 내는 데 사용되는 다양한 지표들이 어떻게 사회적경제에 대한 특정한 개념이나 표상을 낳는지 검토한다. 그래서 먼저 통계 지표에 대한 우리의 관점을 제시하는데, 그것은 통계 지표도 사회적 구성물이라는 것이다. 그런 다음 5개 대륙의 사회적경제에 대한 비교 연구 분석을 토대로 통계에 사용된 자료의 주요 원천을 설명하고 그것들이 가진 장점과 한계를 모두 보여준다. 마지막으로 우리는 이런 지표들에 의해 어느 정도 명확히 제시된 사회적경제의 표상에는 어떤 것들이 있는지 본다.

또한 이를 토대로 사회적경제의 방법론과 사회적경제를 그리는 방식에서 발견되는 주요 흐름을 확인하고, 그것을 사회적경제의 이론적 틀에 비추어 분석한다. 여기서 우리의 초점은 가장 혁신적인 방법과 결과에 있다. 마지막으로 우리는 그 결과들을 통합해 통계 생산 분야에서 벌어지는 한층 분석적이고 이론적인 논쟁으로 나아간다.

방법론

오늘날에는 사회적경제 통계를 낼 때 아주 다양한 방법(위성계정, 관찰, 조사, 초상)을 사용하고, 그 범위도 아주 다양하다(비영리 부문, 협동조합과 상호조합, 사회적기업). 우리는 이런 다양성을 어떻게 설명할 수 있을까? 일반적인 경제 통계에서는 사회적경제를 어떻게 고려할까? 이런 도구들은 사회적경제가 경제 전체에서 차지하는 비중을 계량하고 또한 사회적경제가 경제 전체에서 하는 역할을 평가하는 데 유용할까? 이런 생산계정은 사회적경제의 특수성을 얼마나 고려할까? 우리는 이런 질문에 답하기 위해 먼저 전 세계에서 나온 사회적경제 통계 연구 결과들을 연구한다.

우리의 문헌 연구에 포함된 나라들은 영국과 오스트레일리아, 벨기에, 브라질, 캐나다, 스페인, 프랑스, 뉴질랜드, 스위스, 포르투갈이다. 이에 더해 우리는 국제연합과 CIRIEC 네트워크가 함께 추진한 국제 프로젝트의 틀에서 수행한 유럽에 대한 조사도 고려한다. 그러나 언어의 제약으로[2] 영어나 프랑스어, 스페인어로 된 것만 검토했다.

각 조사 연구에서 우리는 통계의 목표와 관찰 범위, 통계에 사용된 지표, 제시된 통계와 분석 결과를 확인했다.

우리 연구의 목적은 다음과 같은 주요 질문에 답하는 것이었다.

■ 이런 통계 연구에서는 사회적경제의 특수성을 얼마나 고려하는가? 그것은 어떻게 사회적경제와 나머지 경제를 비교할 수 있게 해주는가? 방법론의 선택이 사회적경제의 표상에 얼마나 영향을 끼치는가?

■ 이런 지표의 밑바탕에는 어떤 명시적 개념이나 암묵적 개념이 있는가? 그런 지표들은 사회적경제의 특수성을 어떻게 반영하는가? 이를 둘러싼 논란은 없는가?

■ 자료는 어떤 방법으로 수집하고 처리하는가? 지표의 질은 어떠한가?

1. 사회적경제 통계 생산: 방법의 문제?

지난 몇 십 년 동안 사회적경제가 산업화된 경제뿐 아니라 신흥 경제나 이행 경제에서도 갈수록 중요한 행위자로 인정받았다. 그래서 현장에서 활동하는 사람들뿐만 아니라 공공의 의사결정자들도

---

2 예를 들면 독일어와 루마니아어로 출판된 연구는 포함하지 못했다.

사회적경제라는 경험적 현실에 대해 분명하게 말해주는 통계적 초상에 근거한 신뢰할 만한 지식이 갈수록 필요해지고 있다. 그러나 사회적경제가 통계에서는 비교적 새로운 연구 대상이라 사회적경제에 대한 통계가 아직 체계화되지 않았다. 게다가 국민계정체계에서 쓰는 일반적 방법론과 지표들은 이 유형의 경제를 제대로 설명하지 못해, 다른 방법론과 지표가 필요하다.

사회적경제 통계를 낼 때 부딪히는 어려움 하나는 이 경제가 전체 경제에서 차지하는 비중을 국제 비교를 할 수 있는 방식으로 계량하는 것이다. 또 하나 어려움은 앞의 문제와 모순되어 보이지만 이 유형의 경제가 지닌, 말 그대로의 엄격한 의미에서 경제적이지 않은 측면들과 이 경제가 저마다 뿌리 내린 서로 다른 상황에서 수행하는 역할을 성공적으로 전달하는 것이다. 사회적경제를 그저 정부의 도구나 평범한 시장 주체에 지나지 않는 것으로 판단하지 않게 하려면 이것이 중요하다(DiMaggio and Powell, 1983). 그래서 사회적경제 통계와 관련해 나타나는 문제들은 1) 특수한 지표 대비 일반적 지표의 질, 2) 특정한 현실이나 지역 현실을 자세히 천착하는 접근 방식 대비 한 나라의 나머지 경제나 다른 나라의 사회적경제와 비교할 수 있게 폭넓게 접근하는 방식의 장점, 3) 목표 대비 서로 다른 방법론의 비용 편익 비율과 관계가 있다.

사회적경제 통계를 내는 것은 무엇보다도 이 유형의 경제가 전체 경제 안에서 차지하는 비중, 달리 말하면 그것이 국내총생산(GDP)과 고용, 여러 활동 분야에서 차지하는 몫을 측정하기 위해서다. 그런데 일반적 통계 범주는 특정한 목표를 달성하도록 설계되었고, 따라서 사회적경제가 기여하는 바를 측정하는 데는, 특히 시민의 참여와 정치 활동, 사회 혁신 같은 사회경제적 차원이나 사회정치적 차원 같은 것을 측정하는 데는 제한된 가치밖에 없다. 현재 사회적경제 통계는 주로 두 가지 접근법으로 생산된다. 위성계정을 통한 하향식 접근법과 지역 관찰이나 조사 연구를 통한 상향식 접근법이다. 그런데 이런 접근법을 쓰는 것이 문제가 없는 것은 아니다. 나머지 경제나 다른 나라 사회적경제와 충분히 비교할 수도 없고, 앞으로 보겠지만 계량화는 사회적경제에 대한 차별화된 표상을 낳기 때문이다.

전반적으로는 사회적경제 지표도 일반적인 국민계정 지표와 아주 비슷하게 진화했다. 국민계정 통계는 관습에 기반을 둔 조정 도구이다(Chiapello and Desrosières, 2006; Gadrey, 2006). 어떤 경우에나 통계 지표는 제도적 타협의 산물, 즉 어떤 사회경제적 사회정치적 사회문화적 상황에서 이루어진 선택의 결과이다. Chiapello and Desrosières (2006)에 따르면, 1940년대와 1950년대에 국민계정을 처음 개발했을 때는 현실을 증명하고 측정하는 도구를 만드는 데 목적이 있었다. 그러나 이러한 접근법이 점차 실증적 회계 이론으로 대체되었고, 이는 현실이 이미 존재하는 것이 아니라 계량화를 통해 생산된다고 본다.

그 정도로 통계는 사회적 구성물이다. 본질적으로 국민계정에서 관습적으로 사용하는 지표들도 어떤 시기에 지배적인 경제 개념을 표준화된 방식으로 표현하는 수단이다. 그러나 그런 경제 개념도 논란의 대상이 될 수 있다. 그것으로 경제적 성과와 사회적 진보를 측정할 때는 특히 그렇다(Stiglitz *et al.*, 2009). 그래서 오늘날에는 한 나라의 부와 복리를 측정하는 지표로 GDP가 아닌 다른 지표들도 제안되고 있다(Gadrey and Jany-Catrice, 2005). 이런 도구들은 그것의 타당성이나 유용성에 대한 국제적 합의는 이루어지지 않았어도 일반적인 경제적 척도를 넘어설 필요성을 증명해준다. 특히 사회적 복리(자율성, 공정성, 건강, 사회적 결속)와 여가, 환경, 행복 같은 복리와 진보의 다른 차원을 파악하려면 말이다.

이런 대안 지표들 가운데 많은 것에는 사회적경제에서 실천적으로 다루는 문제와 같은 것들에 대한 관심이 반영되어 있다. 그런 지표들로는 국제연합개발계획(UNDP)에서 건강과 교육 수준을 측정하는 인간개발지수(Human Development Index: HDI)와 미국에서 자원봉사 활동을 포함하여 개발한 진정한 진보 지표(Genuine Progress Indicator: GPI), 스웨덴 스톡홀름에서 민주주의 같은 가치를 조사하는 세계가치조사(World Values Survey), 지역사회와 거버넌스 같은 차원이 포함된 OECD의 더 나은 삶의 지표(Better Life Index: BLI), 국제연합의 리우 회의에 따라 실행된 지속가능한 발전 지표 등이 있다(Gadrey and Jany-Catrice, 2005; Boarini, Yohansson and Mira D'Ercole, 2006; Bova, 2008; Gignac and Hurteau, 2011). 이는 부의 개념이 아주 다양하고 폭넓지만 새로운 지표의 개발과 안정화가 가능함을 보여준다. 그래서 사회적 구성물인 이런 경제지표들에 우리가 "사회적"이라고 할 만한 것들이 점점 더 통합되는 것 같다. 한 나라의 부를 측정하는 일반 지표의 진화와 사회적경제 지표의 개발은 언젠가는 서로 만날 두 가지 노력이다.

국민계정의 역사에서 관찰 역시 집계된 것에서 시작하는 하향식 논리 아니면 지역에서 관찰한 것에서 시작하는 상향식 논리로 개념화되었다. 미시적인 것과 거시적인 것을 연결할 때도 이렇게 서로 다른 개념적 접근 방식이 핵심 역할을 한다(Vanoli, 2002). 하향식 논리는 전체적으로 집계된 것을 토대로 하고, 거시경제 수준에서 관찰된 규칙적 패턴이 예측 가능성을 제공한다고 가정한다. 이에 반해 상향식 논리는 일차적으로 핵심 경제 주체들을 토대로 하고 일련의 집계 과정을 통해 얻어진 것에는 이차적으로만 의지한다. 이러한 차이는 사회적경제 통계에도 반영되어, 위성계정에서 관찰에 이르기까지 지표를 개발할 때도 서로 다른 접근 방식을 보인다.

이것을 상기하는 것이 중요하다. 사회적경제가 통계 분야에서는 새로운 것이라서 이 주제에 대한 지식이 부족하기 때문이다. 그래서 무엇보다도 먼저 사회적경제 통계를 볼 때 그 밑바탕에 어떤 표상이 있는지 살펴보아야 한다. 그리고 어떻게 자료를 계량하고 분류하고 수집하고 처리했는지 분석해야 한다. 이 모든 것에 무엇을 측정할 수 있는지가 좌우되기 때문이다(Desrosières, 2008). 마지막으로 사회적경제가 사회적 차원뿐 아니라 정치적 차원까지 다루는 특수한 유형의 경제라는 사실에 비추어 통계 결과를 분석해야 한다(Laville, Lévesque and Mendell, 2007).

2. 사회적경제 통계를 내는 다양한 방법들

오늘날에는 거의 모든 대륙(아프리카, 북아메리카, 라틴아메리카, 아시아, 유럽, 오세아니아)에서 사회적경제 통계를 내고 있어, 사회적경제 통계를 내는 나라에는 북반구에 있는 나라(벨기에, 캐나다, 독일, 영국)도 있고 남반구에 있는 나라(아르헨티나, 브라질, 파키스탄, 남아프리카공화국, 태국)도 있다. 그러나 통계 결과를 보면 사회적경제에서도 서로 다른 부분집합에 초점을 두어, 어떤 것은 비영리 부문에 초점을 두고, 어떤 것은 협동조합과 상호조합, 결사체, 재단에 초점을 두고, 어떤 것은 사회적기업(이것은 고전적인 영리법인으로 설립할 수도 있고 그렇지 않을 수도 있다)이나 연대 기반 경제(일부는 비공식 사업체로 이루어졌다)에 초점을 둔다. 사회적경제 통계를 낸 것을 보면 접근하는 방법론도 다르다. 이것은 일반적으로 두 유형으로 분류할 수 있는데, 하나는 위성계정 접근법이고 다른 하나는 매핑 형태의 통계 관찰이다. 사회적경제 통계는 다루는 주제에도 차이가 있다.

이러한 다양성을 사회적경제의 특수한 성격으로 설명할 수도 있을 것이다. 사회적경제가 원래 자신이 처한 환경에서 충족될 필요가 있는 것에 뿌리를 두고 변화하는 제도적 환경에서 진화하는 것으로 정의되기 때문이다. 게다가 국가 수준에서는 두 접근법이 반드시 대립되는 것도 아니다. 많은 나라(예를 들면, 캐나다와 프랑스, 이탈리아)에서 볼 수 있듯이 두 접근법은 오히려 상호보완적이다. 마지막으로 사회적경제 통계 생산에서 관찰되는 다양성은 방법과 지표, 국민계정을 둘러싼 논쟁의 반영이기도 하다.

2.1. 위성계정 접근법

위성계정은 일반적인 국민계정의 틀에 맞추어 작성하면서도 특정한 대상의 특수성도 통합하여 만드는 통계표이다. 위성계정은 "어떤 분야의 경제를 더 자세하게 이해할 필요성이 큰데 일반적 틀 안에서는 그러한 필요성을 충족시킬 수 없을 때 대응하는 방법이다"(Braibant, 1994). 그래서 위성계정은 "조사하려는 분야의 독특한 성격을 고려할 수 있게 해준다"(Mertens, 2002: 247). 이 방법은 일반적 틀을 보완하면서도 전체적인 일관성도 유지할 수 있게 해준다. 그동안 연구와 관광, 교육, 의료, 사회안전망, 환경, 사회적경제 등 폭넓은 분야에 이용되었다.

이런 접근법을 개발한 첫 번째 시도는 비영리 부문을 측정하고 국제 비교를 할 수 있는 방법론을 구축한 것이다. 존스홉킨스대학 시민사회연구소에서 "비영리 부문 비교 연구 프로젝트"라는 이름으로 수행한 이 작업은 전 세계에서 다양한 행위자(연구팀과 통계학자, 국제기관)가 협력하여 이루어졌다. 이것은 공통의 준거 틀을 채택하고 확산하는 데 기여했고, 2002년에 국제연합에서 승인을 받은 『비영리단체 위성계정 핸드북』으로 결실을 맺었다(UN, 2006).[3] 국제 비교를 할 수 있는 이 비영리 부문의 위성계정을 적용한 나라가 1991년에는 13개였는데, 오늘날에는 16개로 늘어났다.[4] 더 최근에는 이것이 『사회적경제기업 위성계정 작성 매뉴얼: 협동조합과 상호조합』으로 보완되었다(Barea and Monzón, 2006). 이것은 유럽의 많은 나라(벨기에, 불가리아, 스페인, 마케도니아, 세르비아)에서 위성계정을 작성하는 데 기여했다.[5]

---

3 Salamon, Haddock and Sokolowski가 쓴 장을 보라.

4 Comparative Nonprofit Sector Project, http://ccss.jhu.edu/research-projects/comparative-non-profit-sector/about-cnp(2013년 7월 27일에 참고). 이 프로젝트는 비영리 부문의 자원봉사활동을 측정하는 방식에 대한 성찰로 확장되었고, 국제노동기구의 협력으로 이루어졌다. 자원봉사활동을 측정하는 방식을 연구한 이러한 연구는 자료 수집 개선을 위한 다른 연구와도 교차한다(Salamon and Dewees, 2002; Salamon, 2010).

5 이 연구는 유럽연합 집행위원회 기업과 산업 총국의 연구 용역으로 수행되었다. 이 책에서 Fecher and Ben Sedrine-Lejeune가 쓴 장을 보라.

위성계정의 필요성은 사회적경제 주체들이 국민계정의 다양한
제도 부문에 널리 퍼져 사회적경제가 국민경제에서 하는 역할을 측
정하기가 갈수록 어려워진 것으로 설명할 수 있다.[6] 위성계정을 위
한 자료는 특정한 방법론에 따라 "어떤 행정 기능(세금 징수 같은)의 부
산물"(UN, 2006: 64)인 행정 자료에서 수집된다. 첫 번째 할 일은 기업
등록부(미국 국세청에서 관리하는 BMF[*]나 프랑스의 SIRENE[7] 데이터베이스 같은)를
토대로 (비영리 부문이나 협동조합과 상호조합 부문에서 활동하는) 주체들의 통
계 등록부를 만드는 것이다. 두 번째로 할 일은 수입과 매출, 급료에
관한 기존 자료에서 위성계정 통계표를 작성하기 위한 자료를 도출
하는 것이다. 달리 말하면, 위성계정을 위한 자료는 기존 통계 자료
로 구성된다. 세 번째로 할 일은 방법론에 따라 특정한 행정 자료나
"캐나다 기부 자원봉사 참여활동 조사"(Canada Survey of Giving, Volunteering
and Participating)나 작은 조직들 사이에서 이루어지는 설문조사 같은
조사를 통해 이 부문에 대한 새로운 자료를 창출하는 것이다. 마지
막 단계는 수집된 모든 자료를 편집하는 것이다(UN, 2006).

질 높은 기존 자료를 편집하고 위성계정을 위해 새로운 자료를
창출하면 이러한 방법이 한층 견고해지고 안정성도 강화된다. 다른

---

6 국민계정체계에서는 경제적 기능과 활동의 성격의 유사성에 따라 경제 주체를 다섯 개의 제도 부문,
  즉 비금융법인기업, 금융법인기업, 일반정부, 가계, 가계에 봉사하는 비영리단체로 분류한다. 이 책에
  서 Archambault가 쓴 장을 보라.

* BMF(Business Master File)는 일종의 기업 등록부인데, 여기에는 세금 보고에 사용되는 사업자등록
  번호와 사업체 명, 사업장 주소, 산업 분류코드, 사업 현황 지표 등의 자료가 제공된다—옮긴이 주.

7 프랑스에서는 모든 사업체가 기업 데이터베이스인 SIRENE(Système national d'identification et du
  répertoire des entreprises et de leurs établissements)에 등록할 의무가 있다. SIRENE는 사업체
  의 주요 활동, 위치, 법률적 범주, 직원 수에 따라 모든 사업체를 식별하고 등록부를 만든다.

제도 부문의 기존 데이터베이스를 이용하면 비교할 때 일관성도 유지할 수 있다. 실제로 그렇게 되면 통계 자료가 진화하는 과정도 통합되어, 모든 제도 부문에서 동일한 방식으로 변화를 고려할 수 있다. 따라서 이 방법은 국제 비교를 하기에 좋고 장기적으로 추적 조사를 하기에도 좋다. 오늘날 연구자들은 이 방법을 이용해 국제 비교도 하고 경기변동에 따른 차이도 비교한다. 프랑스와 미국에서 2008년 위기가 비영리 부문에 끼친 영향을 비교 분석한 것이 한 예이다(Archambault, 2010).

위성계정 방법은 비영리 부문(Salamon, 2002)이나 협동조합과 상호조합(Barea and Monzón, 2006)에 대한 조작적 정의뿐 아니라 비상업적 산출과 자원봉사활동을 고려하는 두 가지 특정한 회계 관행에도 기초하고 있다. 비영리 부문의 위성계정은 시장 산출물과 비시장 산출물,[8] 자원봉사활동 같은 비화폐적 산출물을 통합하여 이 부문이 GDP에 기여하는 바를 측정한다. 따라서 이러한 유형의 연구는 사회적경제, 특히 새로운 사회적경제(Lévesque et al., 2005)나 연대 기반 경제(Laville, 1994)의 특수성 가운데 하나인, 사용되는 자원의 다양성을 드러낸다. 하지만 이 방법으로 개인이나 사회가 받는 혜택, 즉 긍정적인 화폐적 비화폐적 외부 효과는 이해할 수 없다. 마찬가지로 가격으로 전 세계적인 활동과 그것의 영향을 언제나 측정할 수 있는 것도 아니다(Mertens and Marée, 2012).

현재 자원봉사활동을 측정하는 방법은 두 가지로, 기회비용을 측

---

8 국제 관례에 따르면, 비시장 산출물은 무료나 경제적으로 의미 없는 가격(즉, 생산비용을 보전하지 못하는 가격)으로 공급되는 산출물을 말한다.

정하는 방법과 대체비용을 측정하는 방법이다(Prouteau and Wolff, 2004).
기회비용을 측정하는 방법은 자원봉사자가 만일 자원봉사활동 대
신 직업 활동에 시간을 투여했다면 얻을 수 있었을 보상을 고려하
는 방식이다. 이러한 접근 방식은 "소득의 손실"로 접근하는 방식으
로 분류된다. 이와 반대로 대체비용을 측정하는 방법은 "지출의 감
소"를 분석하는 방식으로 진행된다(Caillavet, 1998). 국제연합『비영리
단체 위성계정 핸드북』(UN, 2006)은 사회서비스 부문에서 받는 과세
전 평균임금을 토대로 자원봉사 시간의 화폐가치를 측정하도록 권
고한다. 활동 분야의 민간단체에서 제안하는 평균 보수가 있으면 이
것을 기준으로 할 수도 있다(Archambault, 1996; Mertens and Lefèbvre, 2004).
존스홉킨스대학에서 수행한 비교 연구를 보면, 자원봉사활동의 화
폐가치 측정은 일반적으로 비농업 부문의 평균임금(Archambault, 2002)
이나 법정최저임금(Prouteau and Wolff, 2004)을 기초로 한다.

　　Prouteau and Wolff(2004: 47)가 제시한 대로 자원봉사활동에 화폐
가치를 매기는 것은 비판의 대상이다. 자원봉사활동을 급여를 보완
하는 무료노동으로 규정하는 경향이 있어, 자원봉사활동의 정치적
사회적 차원에 관심을 기울이지 못하게 하는 탓이다. 게다가 자원
봉사활동과 임금노동이 대체 가능하다는 가정도 모든 상황에 적용
되는 것은 아니며, 따라서 임금노동과 자원봉사활동의 중간쯤에 있
어 두 가지 성격이 합쳐진 결사체 생산 형태의 특수성을 보지 못하
게 한다. 이것이 중요한 쟁점인 것은 통계 연구가 사회적경제가 일
자리 시장에서 하는 역할이나 일자리 시장에 끼치는 영향을 설명해
줄 수 있기 때문이다. 한 예로, 캐나다에서 이루어진 한 연구는 "자
원봉사자 대부분이 비교적 직원 규모가 작은 조직에서 활동한다. 직

원의 규모 변화와 조직에서 이를 보완하는 자원봉사자의 규모 변화가 서로 거의 관계가 없다"(Johnston et al., 2004: 44)는 것을 보여준다.[9] 따라서 자원봉사활동과 임금노동이 서로 대체될 수 있는 활동 유형이라는 생각에 의문을 제기하는 것이 중요하다.

비영리 부문에서는 위성계정 접근법을 강력하게 지지한다. 탄탄한 방법론과 파트너십을 토대로 한 구성, 실용주의, 기능주의 덕분이다. 그래서 현재 16개 나라에서 채택되었다. 협동조합과 상호조합 부문에서는 위성계정 접근법이 훨씬 최근에 나타났는데도 벌써 유럽 5개 나라에서 이용되었다. 위성계정의 장점은 민간경제와 공공경제의 행위자들이 모두 공유하는 일반적 틀에 통합된다는 데 있다. 통합이 용이한 것은 낮은 비용으로 처리할 수 있는 집계 자료를 이용하고, 그래서 작은 조직까지 포괄적으로 모두 고려하지 않아도 되기 때문이다. 작은 조직은 사회적경제에서 상당히 많은 수를 차지하지만, 그것이 전체 규모에 끼치는 영향은 크지 않다. 이러한 특징 덕분에 지역 수준에서도 비교가 가능하고 장기 연구도 할 수 있다. 존스홉킨스대학에서 한 연구에서도 입증되었듯이 국제 비교도 가능하다.

하지만 위성계정 접근 방식은 여전히 취약하다. "위성계정을 국제 비교의 틀로 사용하는 것은 언제나 위험하고 한계가 있을 수밖에 없다. 나라마다 조사 대상인 모집단의 인구통계가 아주 다르고

---

9 또 다른 연구는 가장 역동적인 조직(지난 3년 동안 성장을 경험한 조직으로 정의)은 시장(매출)과 비시장(보조금), 비화폐적(자원봉사) 유형 등 다양한 유형의 자원을 동원하는 조직임을 보여준다(Rousselière and Bouchard, 2011).

관련 사업체를 모두 포착하기도 어려운 탓이다"(Fecher and Sak, 2011: 10). 게다가 이론적 관점에서 보더라도 이 접근법의 밑바탕에 있는 어떤 전제들, 즉 화폐가치로 평가하는 것이나 집계 자료에 토대를 둔 접근법이 지배적인 것, 기존 분류 체계의 타당성 등은 여전히 의문의 대상이다. 어떤 사람들에 따르면, 채택된 방법론의 투명성이 역설적으로 문제를 해소하기보다 더 많은 문제를 제기한다. 사용되는 모든 가설과 관례를 분명히 하면 비판하기도 한층 쉬운 탓이다(Lahire, 2005). 사회적이나 문화적, 환경적 차원을 가공의 화폐가치로 환산하는 것은 여전히 통계 생산에서 도전 과제이다. 설사 유로나 달러로 표현하더라도 그것이 실제 시장가치나 화폐가치에 대응하지 않기 때문이다.

2.2. 특정한 관찰과 통계조사에 의한 접근법

위성계정 접근법과 대조적으로 관찰이나 조사에 의한 접근법은 국제기구에서 지원하는 국제 연구 프로젝트에 기초한 것이 아니다. 그 결과 기존 통로를 통해 널리 알려져 국제적으로 널리 받아들여지고 활용되지 않는다. 국민계정처럼 세계적으로 널리 쓰이는 양적 방법과 달리, 관찰을 통한 통계는 추정 노동시간이나 사회적경제의 급여에서 여성이 차지하는 몫, 급여의 분포 같은 조직 내부의 특수성을 이해하고자 한다(예를 들면 프랑스와 스위스, 브라질에서처럼). 나아가 이런 접근법은 주로 사회적경제의 지역적 특수성에 초점을 맞춘다.

프랑스에서는 2002년부터 사회적경제조직을 대표하는 기구들, 그중에서도 특히 사회연대경제지방회의(Chambres régionales de l'économie sociale et solidaire: CRESS)와 사회연대경제지방회의 전국위원회 같은 기구들과 프랑스 국립경제통계연구소(Institut national de la statistique et des études économiques: INSEE)에서 연구소를 만들었다.[10] 이런 연구소도 정기적으로는 아니어도 가끔씩 이런 프로그램에 참여하는데, 이들은 분권화된 구조와 상향식 집계를 토대로 지역이나 전국 수준에서 조사를 한다. 이 접근법은 사회적경제의 특수성을 고려하고 사회적경제를 다른 경제 행위자들과 비교하는 것을 선호한다. 연구소는 지역 경제에서 사회적경제가 차지하는 비중을 드러내고, 사회적경제 밖에 있는 영리 부문이나 공공 부문과 비교해 사회적경제가 전체 경제에서 차지하는 비중을 부각시킨다.

아주 표준화된 위성계정 접근법과는 대조적으로, 이런 접근법에서는 지역 현실을 고려하여 지역에 맞는 접근법을 통해 차별성과 이질성을 드러내고 인식한다. 따라서 사회적경제의 범위를 다르게 정의할 수도 있고(예를 들면 법률적으로 협동조합이나 상호조합, 결사체의 지위를 갖지 않은 사회적기업을 사회적경제에 포함할 수도 있고 포함하지 않을 수도 있다), 그에 따라 통계 지표도 다르게 개발할 수 있다. 이런 유연성 덕분에 이런 방법은 탐색적 유형의 연구 조사에서 더 자주 쓰인다. 그래서 사회적기업에 대한 통계를 내는 데도 쓸 수 있다. 영국에서 Leahy and Villeneuve-Smith(2009)가 그랬던 것처럼 말이다. 이런 방법은 어떤 현상을 구체적으로 관찰할 때도 쓸 수 있다. 한 예로 스위스에서는 스위스 전체 경제와 비교해 사회적경제의 평균 급여를 연구할 수 있었다. 하지만 이런 방법도 이용할 수 있는 구체적인 자료를 만들어

---

10 Demoustier, Braley, Guérin and Rault가 쓴 장을 보라.

낼 수 있을 때 쓸 수 있다.

이런 연구소는 조사를 통해 얻은 자료를 토대로 할 수도 있고 통계기관에 존재하는 등록부(벨기에 중앙은행 금융통계부에서 수집한 기업의 연차보고서(ConcertES, Belgium, 2008)나 프랑스의 사회보장 관련 자료 신고서(Bazin and Male, 2011) 등)나 행정기관에 존재하는 등록부(캐나다 정부의 기업등록부 등)에서 추출한 자료를 토대로 할 수도 있으며, 이는 모두 두 가지를 함께 사용할 수 있다는 말이기도 하다. 그래서 많은 연구가 국가 통계기관에서 생산한 자료를 보완하고 사회적경제의 특수성을 더욱 고려하기 위해 행위자들 사이에서 조사를 통해 얻은 자료를 이용한다. 어떤 경우에는 이런 조사가 상당히 폭넓게 이루어져, 예를 들면 브라질에서 이루어진 한 프로젝트(ANTEAG, 2009)[11]에서는 2005년에 14,954개의 연대 기반 경제 프로젝트를 관찰했고, 이보다 제한적이지만 영국에서 한 조사는 사회적기업 대표들을 대상으로 한 962번의 전화 인터뷰를 통해 이루어졌다(Leahy and Villeneuve-Smith, 2009). 전화조사에서 정기 우편이나 전자우편 조사까지 방법도 다양한데, 이것들도 저마다 준거 틀에 대한 선험적 가정에 기초하고 있다.

안정적이고 동질적인 정의에 기초한 위성계정과 달리 관찰과 조사를 통한 방법은 그 범위에 대한 정의가 한층 이질적이다.[12] 어떤 대상을 관찰이나 조사 범위에 포함할 것인지를 가르는 기준으로 흔히 법률적 지위가 고려되지만, 이것도 나라에 따라 다를 수 있고 한 나라 안에서도 지역에 따라 다를 수 있다. 사회적경제에 대한 개념

---

11 Gaiger이 쓴 장을 보라.
12 Bouchard, Cruz Filho and St-Denis가 쓴 장을 보라.

적 정의를 토대로 어떤 것을 배제할 수도 있다. 그래서 스위스의 사회적경제연구소에서는 고도로 제도화되었다는 이유로 (또는 협동조합의 정체성이 희박해졌다는 이유로) 미그로(Migros)와 콥(Coop) 같은 일부 협동조합을 조사 범위에서 배제했다. 벨기에에서는 협동조합과 상호조합을 포함한 사회적경제 위성계정을 작성할 때 협동조합의 일부만, 즉 사회적경제에 속하는 조직으로 인정받은 협동조합들만 조사 범위에 포함했다(Fecher, 2013).[13] 자료의 원천이나 조사 단위의 이질성 탓에 국제 비교가 어렵다는 점도 지적할 필요가 있다. 나아가 개념의 희석화에는 대가가 따른다고 주장하는 사람도 많다. 즉 어떤 사업체나 사회적기업이라고 주장할 수 있는 상황이 되면 결국 사회적경제가 본래 무엇인가가 희미해질 수 있다는 말이다(Social Economy Europe, 2014). 영국의 경우는 부정적 의미에서 이를 보여주는 예이다. 실제로 개념의 정의가 바뀌면서 사회적기업의 수가 증가했기 때문이다(Teasdale et al., 2013). 그래도 사회적기업가정신과 "사회적경제 전체"에 대한 유럽연합 집행위원회의 연구에서 볼 수 있듯이, 그동안 사회적경제에 대한 통계 연구를 위해 개발된 사회적경제에 대한 조작적 정의는 많은 진전이 이루어졌다.[14]

---

13 Fecher and Ben Sedrine-Lejeune가 쓴 장을 보라.

14 European Commission initiative, Social Entrepreneurship: http://ec.europa.eu/internal_market/social_business/index_en.htm(2013년 8월 30일 접속)을 보라.

2.3. 두 방법의 차이점과 유사점

사회적경제 통계를 내는 두 가지 방법, 즉 위성계정 접근법과 조사와 관찰을 통한 접근법은 관찰 단위와 자료의 원천, 지표의 유형, 방법, 목표 등 많은 점에서 다르다. 그래도 비교 가능성이나 사회적경제 관련 지표 개발 같은 도전 과제는 비슷하다.

일반적으로 국제 비교를 한다는 것은 방법론적으로 어려운 문제다(Lallement and Spurk, 2003). 하지만 위성계정 방법을 쓰면 자료의 동질성과 나머지 경제와의 비교 가능성, 시간적 지속성에서 장점이 있다. 위성계정 방법은 모든 사람이 인정하는 국제 분류 체계에 사회적경제를 통합할 수도 있다. 목표는 인정된 방법을 사용해 비교 가능성을 높이는 것이다. 대개는 두 방법 모두 국가 통계기관의 데이터베이스를 이용한다. 하지만 위성계정은 집계 자료를 사용하고 관찰을 통한 통계는 미시자료(즉 어떤 조직이나 단체의 개별 자료)를 사용한다는 점에서 둘은 다르다. 그래서 후자의 경우 구체적으로 조사를 하게 되고, 그러한 조사는 훨씬 이질적일 수밖에 없다.

지표 개발과 자료 수집, 자료 원천의 질을 둘러싼 논쟁도 여전하다. 사실 이용할 수 있고 방법론에서 요구하는 조건에도 맞는 자료는 "고통스러울 정도로 드물다"(Salamon et al., 2011). 게다가 원래 국가 통계기관에서 수집한 자료를 쓰면 통제하기도 어렵고 운신의 폭도 좁다. 기본적으로 사회적경제에 대한 명확한 자료가 존재하지 않으니 기존 파일에서 정보를 추출해 새로운 통계 모집단을 만들어내야 한다. 그런데 그러려면 그 모집단의 범위에 대한 개념적 정의와 조작적 정의를 찾아야 한다. 마찬가지로 새로운 데이터베이스를 만들어내려면(예를 들면, 가계가 자발적으로 기여하는 것을 더욱 면밀히 확인하기 위해 (UN, 2006: 65)) 비용 문제에 부딪힌다.

　두 접근법은 작은 조직을 고려하는 방식도 다르다. 비영리단체의 위성계정 접근법은 전반적 규모, 즉 총량에 초점을 맞춘다. 그래서 가장 작은 조직들(대개 고용이 없는)에 대해서는 표본 조사를 하고 어느 정도 통계의 부정확함을 용인하지만 가장 큰 조직들은 하나도 빠짐 없이 통계에 포함시키려고 한다. 이에 반해 관찰을 통한 접근법은 주로 기업이나 시설를 관찰 단위로 하여 사회적경제조직의 유형 분류 체계를 만들어내는 것을 목표를 한다. 그래서 새롭게 나타나는 역동적 변화를 더 잘 고려할 수 있고, 따라서 작은 규모의 현상도 연구할 수 있다.

　나아가 위성계정이나 관찰을 통한 통계 방법 모두 어떤 부문의 분류 체계를 토대로 하기 때문에 해석하는 데 어려움이 있을 수 있다.[15] 첫째, 사회적경제조직은 대개 보완적 활동에 종사하는데, 통계 처리를 할 때는 명시된 주요 활동에 초점을 맞춘다. 게다가 그 활동 범주들이 사회적경제조직이 하는 활동과 늘 일치하지도 않는다. 사회적경제에서 하는 활동 가운데는 독자적인 통계 범주로 나타내기에 너무 작은 하위 집단을 이루는 경우도 많다. 그래서 이 모든 것 때문에 해석하기 어려운 잔여 범주가 생긴다. 그 결과 채워지지 않는 범주도 많고, 적절하지 않은 범주도 많다. 마지막으로, 관례에 따르면 주요 활동은 가장 많은 자원을 쓰는 활동인데, 비시장 산출과 자원봉사활동을 통합하면 이것이 바뀔 수도 있다. 예를 들면 몬트

15　Archambault가 쓴 장을 보라.

리올의 문화 영역에 관한 사례연구에서는 오락 활동이나 생산 활동을 다시 분류했다(Bouchard, Rousselière *et al.*, 2008).

하지만 이런 차이에도 우리는 결과와 사용된 지표에서 어떤 일관성을 발견할 수 있다. 따라서 사회적경제는 그 자체로 생산과 고용에 기여하는 독자적인 경제적 행위자이다. 몇몇 나라에서 볼 수 있듯이 사회적경제는 주로 농업과 금융서비스, 대인서비스처럼 상당히 큰 영향을 끼치는 부문에서 활동한다. 다음 절에서 보겠지만, 사회적경제에 대한 서로 다른 개념의 밑바탕에는 채택된 방법론이 있다.

3. 통계 생산에서 발견되는 다양한 사회적경제 개념들

사회적경제 통계를 낸 것을 분석해보면 일반적으로 사회적경제에 대해 가지고 있는 세 가지 개념이 확인된다. 경제 주체로서의 사회적경제와 경제 모델로서의 사회적경제, 지역 행위자로서의 사회적경제이다. 그래서 먼저 이 세 가지 개념을 일반적인 경제적 추론을 통해 조망해본다. 그런 다음 각 나라에 특수한 주제와 관련하여 이것들을 좀 더 자세히 검토하여 사업 형태로서 사회적경제가 지닌 특수성을 드러낸다.

3.1. 변수의 선택

통계에서 사회적경제를 나타낼 때 쓰는 변수들은 주로 경제적

성격을 지닌 변수들이다. 일반적으로 우리가 분석한 주요 통계조
사들[16]은 다음과 같은 변수를 썼다.

- 회계와 재무분석 틀에서 온 일반적인 화폐 변수
- 이를 보완하는, 이 부문에 고유한 화폐 변수(비시장 산출, 자원봉사
  활동 시간)
- 이 부문에 고유한 사회적 변수와 경제적인 양적 변수(조합원 수,
  자원봉사자 수, 조합원의 특성 등)

다음 변수들은 전통적인 경제적 범주에 해당한다.

- 경제적 성과와 사회적 성과: GDP 기여도, 매출액, 총부가가치,
  수입/지출, 조직 수, 직접고용 일자리 수, 자원봉사자 수, 전체
  인력, 시장점유율
- 조직 내부 구조: 피고용인(여성, 장애인, 임시직, 시간제/전일제), 자원
  봉사자, 조합원 수
- 활동 부문이나 사명
- 지역과의 관계: 실행, 지역 분포

활동 부문별 FTE(full time equivalent)* 일자리 분포나 활동 부문별 조

---

16 이 장의 머리말에서 제시한 방법론을 보라.
* FTE(full time equivalent)는 투입된 노동력을 전업노동 종사자 기준으로 측정하는 방법으로, 투입된
  총 노동시간을 전업노동 종사자의 연간 평균 노동시간으로 나눈 값으로 정의된다 — 옮긴이 주.

직 분포의 경우처럼 이런 변수들은 대개 서로 겹친다.

지표 개발은 관찰할 개념을 확인한 다음 그 개념을 여러 차원으로 분해하여 각 차원을 측정하기에 적절한 변수를 도출하는 방식으로 이루어진다(Lazarsfeld, 1965). 사회적경제의 경우도 다른 분야(교육, 관광)와 마찬가지로 두 가지 과정이 상호보완적 역할을 한다. 즉 한편으로는 일반 지표를 사용하여 사회적경제가 다른 경제적 행위자들과 통합되도록 하면서 다른 한편으로는 사회적경제에 특수한 지표를 개발하여 관찰되는 현상이 차별화된 방식으로 온전히 드러나게 하는 것이다. 사회적경제의 경우에는 이런 차원들이 예를 들면 조합원과 자원봉사자이다. 일반적 지표는 사회적경제를 다른 경제적 행위자들과 같은 시각에서, 달리 말하면 경제적 관점에서 본다. 임금노동자와 자원봉사자 같은 변수는 이 부문의 특징인 헌신이나 연대 같은 가치를 나타내는 변수이다. 이런 점에서 개선이 이루어지려면 예를 들면 "확대된 생산"(extended production) 같은 개념이 제안되듯이[17] 개념적으로나 방법론적으로 진전이 이루어져야 한다. 그래야 활동과 결과, 직접 영향과 간접 영향이 통합된다.

우리가 검토한 바에 따르면 연구할 때 영향 변수는 드물게 사용된다. 하지만 이런 문제가 사회적경제조직에는 중요한 관심사이다. 예를 들면, 퀘벡에서 노동통합 사회적경제기업의 사회경제적 영향을 평가하는 연구에서는 국가 통계기관의 부문 간 상호작용 모델을 이용해 이들 사업체의 직접 영향과 간접 영향, 유발 영향을 평가한다(Comeau, 2011). 그러나 이 분야는 아직 탐색적 단계에 있어, 방법을

---

[17] Mertens and Marée가 쓴 장을 보라.

제1부
사회적경제 통계를 낼 때 다루어야 할 방법론적 문제들

구상해볼 수는 있겠지만 아직 사회적경제에는 적용되지 않았다.[18] 더구나 사회적경제가 구조에 끼치는 영향은 여전히 풀어야 할 문제이다.

3.2. 사회적경제: 드러난 많은 틀

사회적경제 통계를 낸 것들을 분석해보면 여러 가지 사회적경제 개념이 존재함을 알 수 있다. 그런데 그 가운데서도 지배적인 것이 경제 주체로서의 사회적경제 개념이다.

3.2.1. 사회적경제: 완전한 경제 주체

우리가 검토한 모든 통계 연구에서 사회적경제는 주로 다른 형태의 사업체들(민간 부문이나 비금융법인기업 제도 부문에 있는 사업체 같은)과 같은 종류의 경제적 행위자로 그려진다. 예를 들면 사회적경제가 GDP에 기여하는 정도, 사업체 수, 부가가치 생산에 기여하는 정도로 사회적경제를 나타낸다. 예를 들면, "비영리 부문은 조사한 나라들에서 GDP에서 차지하는 비율이 평균 4.5%이고, 이는 이들 나라에서 건설업이 GDP에서 차지하는 비율과 대략 비슷하다"(Salamon *et al.*, 2013: 5).

그래서 사회적경제 통계 연구에서는 사회적경제도 다른 경제적 행위자들과 같은 경제적 행위자임을 보여주는 이 첫 번째 측면을 비

---

18 Uzea and Duguid가 쓴 장을 보라.

시장 산출 같은 다른 개념에 적용했다. 그래서 이를 통해 위성계정에서는 사회적경제가 기여하는 바를 드러낼 수 있었다. 영리기업에서 사용하지 않아 여전히 눈에 잘 보이지 않던 것을 말이다. 그런 개념을 사용하는 것이 사회적경제에 중요한 것은 "국민계정체계[19]에서 법인기업 부문에 속하는 '시장' 비영리단체의 비시장 산출의 추정치를 국민계정체계에 더해주기 때문이다. 다른 시장 생산자와 달리 시장 비영리단체는 일반적으로 시장에서 통용되는 영수증에 포착되지 않는 비시장 산출이 상당히 많다는 사실을 생각하면 그러한 조정은 필요하다"(Tice et al., 2002).

사회적경제를 경제적 행위자로 연구한 것들은 사회적경제가 부의 창출에 기여하는 바를 드러내고, 사회적경제가 다양한 활동 부문에 참여하고 있다는 것을 확인해준다. 서로 다른 연구들이 사회적경제가 대인서비스(Tice et al., 2002)나 스포츠와 오락 관련 서비스 같은 지역서비스(Johnston et al., 2004) 부문 등에서 얼마나 중요한 역할을 하는지 보여주었다. 이런 부문 분포는 사회적경제가 관계적 활동이나 창조적 활동, 금융 활동에서 주요한 행위자이고 때로는 지배적 행위자이기도 하다는 인식이 사실임을 확인해준다: "비영리 부문에서 창출되는 총부가가치(GVA)의 대다수(거의 75%)가 표현 활동과 대비되는 서비스 활동*을 통해 창출된다"(Salamon et al., 2013: 7). 이런 서비스가 서비스 생산자와 이용자의 상호작용을 통해 공동생산되기 때

---

19 국민계정체계(System of National Account: SNA)는 정부와 민간 부문 분석가와 정책입안자, 의사결정자의 필요를 충족시키기 위해 만들어진 포괄적이고 일관되고 유연한 일련의 거시 경제 계정이다(UN, 1993).

문에 서로 얼굴을 마주보고 이루어지는 대인관계라는 사회적 차원과 근접성이 중요하다는 사실로 이를 설명하는 분석도 많다(Autès, 2006; Demoustier and Ramisse, 2000). 사회적경제에서는 Gadrey(2003)가 의미하는 "서비스 관계"(service relationship)가 서비스 생산자와 이용자의 상호작용을 통해 활동이 공동생산되는 과정에 형성되어, 사회적 친밀감과 신뢰가 창출된다.

투입의 관점에서 보면, 우리가 검토한 연구들은 사회적경제가 여러 경제에서 경제활동인구에 상당히 많은 일자리를 제공한다는 것을 보여준다. 예를 들어 거시경제 시각에서 보면, 유럽 사회적경제(협동조합과 상호조합, 재단, 결사체)는 1,100만 명 이상을 고용할 정도로 인간 경제 활동에서 차지하는 몫이 상당하다. 이는 유럽연합 임금노동자의 6.7%에 해당한다(Monzón and Chaves, 2008: 21). 비영리 부문에 고용된 인구도 상당하다: "자료 전체를 이용할 수 있는 13개 나라에서 임금노동자와 자원봉사자를 포함해 비영리 부문에서 일하는 사람이 전체 노동인구에서 차지하는 비율이 평균 7.4%에 이른다. 이는 운송과 금융 같은 여러 주요 산업에 고용된 인구보다 훨씬 많은 수치다"(Salamon et al., 2013: 4).

노동 인구와 활동 부문을 교차해서 보면, 사회적경제가 사회서비스 같은 부문에서 주요 고용주일 수 있다는 것을 알 수 있다. 고용주로서의 사회적경제 연구는 주로 전일제 일자리와 시간제 일자리의 비율이나 성별과 사회적 범주별, 직능 범주별 일자리 분포로 고용

---

* 여기서 서비스 활동은 주거와 사회서비스, 교육, 의료 서비스를 말하고, 표현 활동은 스포츠와 오락, 예술과 문화, 이익 대변과 옹호 활동을 말한다(Salamon et al., 2013: 7 참조) ─ 옮긴이 주.

의 질도 보여주려고 한다. 이러한 관찰은 고용주로서의 사회적경제에 관한 일련의 가정, 예를 들면 사회적경제가 고용을 창출하고 유지하고 지속시킬 수 있는 역량이나 사회적경제가 노동시장에 수행하는 전반적 역할 등에 관한 일련의 가정에 근거하고 있다.

여러 해에 걸쳐 이루어진 연구에서는 사회적경제의 고용 변화도 보여줄 수 있다. 예를 들어 벨기에에서 1998년부터 2002년까지 결사체를 분석한 연구는 "조사한 기간에 결사체가 모든 부문에서 무시할 수 없는 고용 증가를 보여, 가장 큰 증가세를 보인 문화와 사회적 행동 부문은 저마다 고용이 45.4%와 25.8%씩 증가하고 가장 작은 증가세를 보인 교육 부문도 2.6% 증가했음"(Marée et al., 2005: 57)을 보여준다. 그런데 시기별 자료를 비교할 수는 있지만, 자료의 동질성과 관련해서는 방법론적 어려움이 존재한다.

그래서 스위스에서 사회적경제의 급여 분포를 조사한 연구는 평균 급여가 노동조합에서 요구하는 최저임금을 크게 웃돈다는 것을 보여주었다(APRÈS-GE, 2010). 이 연구는 공공 재정이 사회적경제의 각 부문, 즉 협동조합과 상호조합, 결사체, 재단의 고용 증가에 끼치는 영향도 분석했다. 그 결과 결사체 부문에서는 일자리가 증가할수록 부가 더 많이 창출되는데(APRÈS-GE, 2010: 27), "정부 보조금이 결사체 부문에서 피고용인의 수를 크게 증가시키고, 증가 폭이 협동조합이나 재단보다 훨씬 큰 것으로 나타났다"(APRÈS-GE, 2010: 28). 그러나 변수의 강한 내생성을 고려하면 이러한 연구 결과를 거리를 두고 볼 필요가 있을지도 모른다. 하지만 또 다른 연구에서는 이 문제를 고려했는데도 조직이 보조금을 받는 데 성공하면 피고용인의 수가 증가하는 것으로 나타났다(Rousselière and Bouchard, 2011). 이는 사회적경제의 고용이 질적으로나 양적으로나 눈에 보이는 것보다 훨씬 복잡하고, 특히 갈수록 고용과 일자리가 혼성 형태(임금노동자/자원봉사자)를 띠면서 더욱 그렇다는 것을 말해준다.

일반적 접근법에 따른 사회적경제 연구는 피고용인의 수를 지표로 활용해도 연대나 집합적 행동의 경제적 기여 같은 사회적경제의 다른 많은 측면을 흔히 무시한다. 비영리 부문의 위성계정에서는 자원봉사활동을 사회적경제에 특수한 노동 형태로 통합한다. 그래서 자원봉사활동을 시간으로 계량하여 이를 경제활동인구에서 임금노동자가 일하는 시간과 비교한 다음 대체 비용의 원칙에 따라 화폐 가치로 평가한다(UN, 2006; Prouteau and Wolff, 2004). 따라서 자원봉사활동이 무료 자원으로 측정된다. 이러한 접근법은 자료의 원천과 그것을 개선할 수 있는 방법(Salamon and Dewees, 2002), 계량화하는 방법(Salamon, 2010), 평가 수단(Prouteau and Wolff, 2004)을 둘러싼 논쟁을 불러일으켰다. 그래도 이 접근법은 고용주로서의 사회적경제의 특수성을 부각시키고 활동과 노동과 고용을 가르는 경계와 시민의 참여와 일을 가르는 경계에 의문을 던진다는 점에서 여전히 중요하다. 하지만 자원봉사활동을 자원으로만 보면 그것이 지역 안에서 사회적 유대를 낳는 역할을 하고 개인이 시민으로서 사회에 헌신하는 것을 보여주는 지표라는 사실을 간과할 수 있다(Demoustier, 2002).

그러나 한층 탐색적 접근법으로 사회적경제의 다른 특수성을 검토한 연구도 있다. 한 예로 브라질에서는 연대 기반 경제 조직에서 집합적 형태로 실현되는 활동과 모임의 빈도, 민주적 참여에 대한 분석을 통해 집합적 기업가정신을 연구했다. 이 연구에서는 연대 기반 경제의 조직 간 협력 형태를 계량하여 Vienney(1994)가 밝힌 상호

협력을 사회적경제에 특유한 발전 형태로 드러내고자 한다.

이렇게 사회적경제는 성과 기반(산출) 논리에서는 제품과 서비스를 생산하여 부를 창출하기 때문에 경제적 행위자가 되고, 투입 기반 논리에서는 노동과 자본을 결합하기 때문에 경제적 행위자가 된다.

3.2.2. 독특한 경제 모델로서의 사회적경제

통계를 통해 사회적경제 모델을 분석한 것들은 첫째로 비용과 수입에 초점을 맞추어 사회적경제의 특수성(예를 들면, 자원봉사처럼 비용이 들지 않는 항목이나 기부금 같은 특수한 수입)을 고려하고, 둘째로 사회적경제가 민간 자원과 공공 자원이 혼합되어 있다는 점에 초점을 맞추어 사회적경제가 공공 재정과 비슷한 점을 강조한다.

위성계정 접근법은 시장 산출물의 판매로 생기는 수입과 비시장 산출물의 판매로 생기는 수입을 모두 평가하도록 한다. 그래서 예를 들면 미국에서는 "2007년에 공익을 추구하는 비영리단체의 수입이 1조 7,000억 달러가 조금 넘었다"(Salamon, 2012: 8). 또는 "비영리단체는 2006~2007년에 766억 3,900만 달러의 수입이 있었다. 시장 생산자인 비영리단체의 주요 수입원은 서비스 판매(195억 9,100만 달러)였고, 비시장 생산자인 비영리단체의 주요 수입원은 정부의 재정 지원(42억 5,300만 달러)에 따른 것이었다"(Australian Bureau of Statistics, 2007: 5). 이렇게 하면 사회적경제가 민간 시장에서 조달하는 자금이 얼마나 되는지 측정할 수 있고, 이를 통해 사회적경제가 재정적으로 얼마나 자율성이 있는지, 시장 생산에 얼마나 통합되었는지를 추정할 수 있다. 또한 브라질에서 이루어진 연구에서처럼 사회적경제의 자체 자원은 얼마나 되는지도 측정하여 그것을 보완할 수 있다. 브라질에서는 사회적경제조직의 자체 자원은 65%가 조직의 구성원들에게서 왔다. 프랑스의 경우에는 소르본대학 경제연구소에서 실시한 조사에서 결사체는 자원의 12%가 기부에서 온 것으로 나타났다(CNCRESS, 2012: 95에서 인용).

이런 식으로 질문하는 것이 사회적경제에 중요한 것은 그러면 사회적경제는 본질적으로 보조금에 의존한다는 생각이 맞는지 확인할 수 있고, 그렇지 않다면 그런 생각을 배제할 수 있으며, 사회적경제도 경제 영역에 통합되어 있다는 것을 다시금 확인할 수 있기 때문이다. 스위스에서는 사회연대경제연합회(APRÈS-GE)가 위에서 말한 연구를 통해 "사회적경제는 보조금을 받는 조직들의 경제가 아니다. 사회연대경제연합회 회원 가운데 3분의 1은 완전히 스스로 자금을 조달한다. 나머지는 공공과 민간에서 자금 지원을 받지만, 그것도 공익 활동을 위한 것"(APRÈS-GE, 2010: 7)임을 보여주었다. 비슷한 맥락에서 영국의 사회적기업에 대한 연구에서는 손익분기점을 조사하여 이익을 내는 사회적기업들을 확인하고 그들의 성과를 분석한다(Leahy and Villeneuve-Smith, 2009). 브라질이나 영국에 대한 연구에서처럼 전체 수입에서 조직에 재투자되는 몫이 얼마나 되는지를 양적으로 조사하려는 연구들도 있다. 기업 활동 안에서 사회적 행동의 중요성을 드러내고, 개인들이 내는 기금을 편취하거나 전용하지 않는다는 것을 증명하고, 그럼으로써 그것이 지역사회에 얼마나 기여하는지를 입증하려는 것이다.

사회적경제가 공공경제와 민간경제가 뒤섞인 특수한 경제 모델이라고 말하는 것은 사회적경제가 공공 자금 조달과 민간 자금 조달이라는 서로 다른 형태의 자금 조달을 통해 어떻게 국내총생산과 일반 이익에 기여하고 영향을 끼치는지를 보여주려는 것이다. 캐나다나 프랑스에서처럼 많은 경우 통계기관에서는 공공 부문에서 오는 자원도 출처가 다양한데 그 내역을 자세히 설명하지 않고 그것을 그냥 보조금으로 친다. 그러나 입찰이나 계약을 할 경우(공공서비스 위탁)에는 정부가 서비스를 받는 대가(서비스 전달 단위비용)로 자원을 승인하고, 기부금은 조직의 존립을 돕거나 생산비용이나 자본비용을 감당할 수 있도록 돕기 위해 제공한다. 하지만 이런 현상을 포착하여 계량하기 어려운 것은 인터뷰를 하면 사람들이 구체적으로 응답하지 않고 아주 폭넓게 응답하기 때문이다(Bouchard, Rousselière *et al.*, 2008).

따라서 공공 부문에서 오는 자원을 고려하려면 시장(이나 준시장)에서 이루어지는 계약과 기부도 확인하고 재분배라는 비시장적 근거에서 제공되는 보조금도 확인해야 한다. 어떤 연구들에서는 공공 부문에서 오는 자원도 유형에 따라 분류한다. 예를 들면, 캐나다의 비영리 부문에 대한 연구에서는 이렇게 말한다.

"우리는 이것을 세 가지 범주로 분류한다. 수수료와 자선, 정부나 공공 부문 지원이다. 수수료에는 민간에서 서비스를 제공하는 대가로 생기는 수입과 회비, 서비스 요금, 투자이익이 포함되고, 자선에는 개인이나 재단, 기업에서 기부하는 것이 포함된다. 정부나 공공 부문의 지원에는 모든 수준의 정부에서 제공되는 보조금과 계약, 서비스를 받을 자격이 있는 제3자에게 서비스를 제공하고 받는 대가가 포함된다"(Hall *et al.*, 2005: 15).

하지만 이 분석의 나머지 부분에서는 자원이 유형별로 명확히 구분되지 않는다.

위성계정 접근법에 따른 연구에서는 재원의 유형에 따라 그것이 전체 재원에서 차지하는 몫을 계량할 수 있다. 예를 들면, 오스트레일리아의 비영리 부문에 관해 추정하면 "제품과 서비스의 판매가 모든 비영리단체의 주요 수입원(61%)이다. 이전 소득(33%)도 상당하다. 투자이익은 상대적으로 작다"(Australian Bureau of Statistics, 2004). 그러나 여기서도 준시장의 이전 소득과 다른 형태로 공공에서 이전되는 소득을 구분하지 않는다.

자원의 구성은 대개 활동 부문과 겹친다. 오스트레일리아의 경우는 원주민과 함께 일하는 옹호/지원 조직과 결사체에 공공과 민간이 공동으로 자금을 지원하는 모델도 있음을 보여준다. 자원의 성격은 조직의 규모와도 상관관계가 있다. 프랑스에 대한 연구에서는 가장 큰 결사체들이 공공에서 가장 많은 자금을 지원받는다. "공공 지원이 집중되어, 결사체의 2%가 공공에서 지원하는 자금의 55%를 받기"(CNCRESS, 2012: 94) 때문이다. 마지막으로 효과의 존재를 지적하는 연구도 있다. 공공 보조금을 많이 받을수록 판매로 생기는 자원도 많다는 것이다(Rousselière and Bouchard, 2011).

위성계정은 기부하는 사람과 기부받는 사람으로 항목이 나뉘어 있던 자선 기부금도 통합한다(UN, 2006: 70). 프랑스에서 고용을 관찰한 연구에서는 이렇게 통합하니 결사체 자원의 5%가 기부였다(CN-CRESS, 2012). 캐나다에서는 기부도 시민 참여를 보여주는 지표로 분석한다(Johnston et al., 2004). 예를 들면 캐나다의 모든 주에서 퀘벡 주가 평균 기부액도 가장 낮고 자원봉사활동 비율도 가장 낮지만(Hall et al.,

2009), 비영리 자원 조직은 수입의 60%가 정부에서 왔다(이와 대조적으로 앨버타 주의 비영리 자원 조직은 수입의 33%만 정부에서 왔다)(Johnston *et al.*, 2004).

따라서 사회적경제를 통계로 나타내면 사회적경제의 특수한 측면들이 통합되어 사회적경제가 민간 시장 자원(판매)과 공공 시장 자원(계약), 비시장 민간 자원(기부), 공공 자원(보조금) 같은 다양한 자원을 이용하고 이런 자원들이 서로 맞물려 있다는 것을 보여준다. 사회적경제가 공동 행위자와 관련하여 자율적인가 의존적인가 하는 논쟁에서는 이러한 결과를 고려해야 한다. 공공 자원의 성격과 그것이 전체 예산에서 차지하는 몫을 검토하면서 Hall *et al.*(2005)은 사회적경제조직이 국가와 관련해 파트너십 관계에 있거나 자율적 관계에 있거나 의존적 관계에 있다고 보았다. 이런 이론적 틀은 국가별로 사회적경제의 지형을 해석하는 데 적절해 보인다.

3.2.3 사회적경제: 지역 행위자

어떤 지역에서 일어나는 사회적경제 활동을 계량하고(사업체 수와 일자리 수, 활동 분야와 관련하여) 지역별로 분류하여 사회적경제의 지리적 분포를 제시하는 통계 연구도 다양하다. 예를 들면 캐나다와 프랑스 연구에서는 지역 조사를 토대로 비교적 넓은 지역을 조사할 때는 그 지역 수준에 맞는 접근법을 개발하고 비교적 작은 지역을 조사할 때는 훨씬 유연하게 상황에 따라 그때그때 맞는 접근법을 개발했다.

이렇게 사회적경제를 지역별로 나타내는 것은 세 가지 가정에 기초한 것이다. 첫째는 사회적경제가 생산하고 분배하는 활동을 통해서나 사회적경제조직의 구성원이 조직의 거버넌스에 참여한다는 점에서나 지역에 기반을 두고 있다는 것이다. 그리고 이렇게 지역에 기반을 두고 있어 흔히 사회적경제는 다른 곳으로 이전하기 어렵고, 그래서 더욱 지역 생산자와 고용주로서 역할을 한다고 본다. 하지만 그렇게 볼 수 있을지는 의문이다. 사회적경제에서 지역 선택은 경제적 전략에 따라서도 결정되기 때문이다.[20] 두 번째 가정은 지역 개발 접근법에 따르면 사회적경제는 지역의 자원이 되는 생활 편의 시설의 생산자라는 것이다. 생산 영역(생산 활동과 일자리)에 있든 지역 주민과 관광객의 수요를 충족시키는 제품과 서비스를 생산하는 활동 영역(지역 주민을 위한 서비스, 오락, 스포츠, 문화)에 있든 지역의 매력을 높이는 데 기여하기 때문이다. 세 번째 가정은 사회적경제가 전체 인구에서 부유한 사람들보다 소득이 낮거나 별로 많지 않은 사회계급에 더 혜택을 준다는 것이다.

지역 기반 접근법은 사회적경제가 특정한 지역에 기반을 두고 있음을 보여준다. 실제로 사회적경제는 농촌 지역이나 경제지표가 높지 않거나 여러 가지가 부족한 지역에 더 많은 것으로 추정된다.

사회적기업은 아주 많은 것이 궁핍한 지역에 있을 가능성이 높다. 사회적기업의 29퍼센트가 가장 궁핍한 20퍼센트에 해당하는 지역에 있고, 그다음으로 가장 궁핍한 20퍼센트에서 40퍼센트에 해당하는 지역에 또

---

20 소유권을 양도할 수 없는 것도 사회적경제의 근본적 특성 가운데 하나로, 이것은 이전의 위험을 줄인다. 국제적 수준에서 이전이 일어나는 일은 거의 없다. 하지만 한 나라 안에서 조직이 문을 닫는 일은 사회적경제의 많은 활동 분야에서 일어날 수 있다. 프랑스에서 다양한 부문의 상호조합을 통합하려고 했을 때도 그랬고, 캐나다에서 작은 농업협동조합들이 합병되었을 때도 그랬다.

20퍼센트가 있다. 하지만 사회적기업 활동은 궁핍한 지역에서만 이루어지지 않는다. 확인된 사회적기업의 반(49퍼센트)은 궁핍하다고 여겨지지 않을 지역에서 활동한다(IFF Research, 2005: 3).

인구의 소득 수준과 사회적경제의 위치 사이에 상관관계가 있다는 것이 증명되지는 않았지만, 사회적경제는 본질적으로 Itçaina *et al.*(2007)이 의미하는 "지역 매트릭스"[21]와 관련한 특수성과 연결되어 있는 것 같다. 캐나다의 자선단체의 자금 조달에 관한 연구에서 드러났듯이 도시와 농촌 지역 사이에는 많은 차이가 있다. 위 연구에 따르면, 자선단체의 자금 조달 구조(자산 대비 부채 비율)가 지역에 따라 다르다. "하지만 자산 대비 부채 비율은 농촌 지역에 있는 자선단체가 더 나아 보인다. 농촌 지역에 있는 자선단체는 평균 자산이 부채의 2.5배인데, 도시에 있는 자선단체는 평균 자산이 부채의 1.9배밖에 안 된다"(Johnston *et al.*, 2004: 25).

하지만 사회적경제의 지리적 분포를 통계적으로 분석해도 사회적경제조직과 지역 사이에 인과관계가 드러나지는 않는다. 그런 의미에서 둘 사이에 인과관계가 있다고 섣불리 해석해서는 안 된다. 그것을 보완하는 질적 연구가 이루어져야 하고, 장기간에 걸친 종적 연구도 사회적경제와 지역의 관계에 관한 가설을 세울 수 있게 해준다는 점에서 관심을 가질 만하다.

---

21 지역 매트릭스는 문화적 역사적 정치적 경제적 요소가 조합되어, 사회적경제가 지역에 얼마나 뿌리를 내리고 있고 지역의 부와 변화에 얼마나 기여하는지 또는 기여하지 않는지를 이해하고 설명하고 해석할 수 있게 해준다(Itçaina *et al.*, 2007).

결론

　오늘날 통계 연구에서는 사회적경제를 독자적인 경제 행위자이면서 동시에 연구되는 나라의 국민경제에 기여하는 경제로 제시한다.[22] 사회적경제를 이렇게 국민경제에 통합하는 데 방법론적으로 어려움이 없는 것은 아니다. 첫째, 많은 활동 부문과 제도 부문에 흩어져 있는 이러한 경제 형태를 어떻게 고려할 수 있을까? 둘째, 이런 특수성을 표준화된 국민계정체계 안에 어떻게 반영할 수 있을까? 지금까지 세계 곳곳에서 나온 연구 결과를 검토해보면 이 문제들의 현재 상태를 두 가지 관점에서 평가해볼 수 있다. 하나는 사회적경제와 통계 자체에 대한 이론적 논쟁과 관련하여 보는 것이고 또 하나는 사회적경제가 경제 전체 안에서 기여하는 바와 관련하여 보는 것인데, 이것도 분명한 것은 아니다.

　오늘날에는 사회적경제 통계를 낼 때 두 가지 접근법을 쓴다. 첫 번째는 위성계정 접근법으로, 이것은 비영리 부문이나 협동조합과 상호조합 부문을 국민계정에 통합하고, 나아가 비시장 생산과 자원봉사활동도 포착한다. 두 번째는 관찰과 통계조사에 의한 접근법으로, 이것은 사회적경제조직이 지역이나 국민경제에 얼마나 기여하는지도 측정하지만 사회적경제의 특수성도 강조한다. 두 접근법은 사회적경제가 경제 전체에 얼마나 기여하는지를 계량하여 측정한

---

22 이 장에서 검토한 연구에는 개발도상국이 거의 포함되지 않았다. 그런 의미에서 그런 제도적 환경에서는 사회적경제의 범위와 역할을 파악하기 어려운 점을 감안하여 완전히 다른 연구가 이루어져야 할 것이다.

다는 공통의 목표를 추구한다. 국제 비교나 관련 자료 수집, 자료의 질에서도 비슷한 어려움을 겪는다. 하지만 방법과 범위, 대상 등 여러 측면에서 차이도 존재한다.

위성계정 접근법이 국민계정에서 집계된 자료에서 출발하는 하향식 논리를 따른다면, 조사와 관찰에 의한 접근법은 특정한 자료에 대한 조사와 관찰에서 출발하는 상향식 논리를 선호한다. 그런데 국민계정은 국제 기준에 따라 서로 조정하기 때문에 위성계정 접근법을 채택하면 비교하기가 쉽다. 하지만 이 접근법을 채택하려면 국민계정 통계에 대한 완벽한 지식이 필요하다. 반면에 각 나라나 지역에서 정의하는 사회적경제 개념에 토대를 둔 조사와 관찰은 사회적경제가 산출하는 것에서 특수한 것들을 측정할 수 있고, 나라마다 또는 지역마다 차별화된 모델을 세울 수 있다. 이는 다른 무엇보다도 국가와 시장, 시민사회의 위치와 역할에 따라 사회적경제의 위치와 역할도 달라지기 때문이다. 사회적경제의 범위도 사회마다 다를 수 있고, 따라서 이는 역사적 개념적 문제를 제기한다(Laville, Lévesque and Mendell, 2007).

어떤 새로운 분야나 그렇듯이 사회적경제 통계를 내는 문제도 자료 수집과 지표 개발에서 많은 방법론적 문제를 제기한다. 새로운 지표와 함께 새로운 자료를 만들어내는 것은 시간도 많이 걸리고 비용도 많이 드는 과정이다. 또한 다양한 행위자(통계학자, 연구자, 사회적경제조직)가 연구 범위와 지표, 적절한 측정 도구와 관련해 타협점에 이를 필요도 있다. 반면에 기존 자료를 이용할 때는 사회적경제를 원래는 전체 경제의 나머지 부문을 위해 개발된 범주로 나타내게 된다. 따라서 어떤 절차에 따라 자료를 수집할지 결정할 때는 장점과 단점을 따져보고, 그에 따라 기존 자료를 활용할지 아니면 조사를 통해 새로운 자료를 만들어낼지, 지표의 수를 제한하여 그에 관한 자료만 철저히 수집할지 아니면 어떤 측면에 초점을 맞추어 그에 관한 많은 자료나 복합적인 자료를 수집할지, 이미 집계된 자료이지만 사회적경제에 맞게 별로 고치지 않은 자료를 쓸지 아니면 만족할 만한 해석 수준에 이르기 위해 사회적경제에는 맞지만 때로는 지나치게 제한된 수의 자료(예를 들면 새로운 활동 부문에 대한 자료)를 쓸지, 또는 그냥 응답률이 낮을 위험을 막을지를 결정해야 한다.

사회적경제 통계를 내면 세 가지 주요 수준에서 이 부문이 기여하는 바를 보여줄 수 있다. 첫째는 사회적경제가 완전한 경제 주체로서 많은 활동 부문에서 경제적으로 상당한 몫을 산출한다는 것이다. 사실 사회적경제는 대인서비스 같은 몇몇 활동 부문에서는 주요 고용주는 아니어도 상당히 많은 인구를 고용하는 역할을 한다. 국민계정의 통계표에서 자원봉사활동과 비시장 산출을 통합하면 사회적경제가 한 나라의 부에 얼마나 기여하는지 계량할 수 있다. 하지만 이렇게 하면 사회적경제가 기여하는 바를 분명히 드러낼 수 있고 이 또한 중요한 일이지만, 시민의 참여와 연대 같은 것들은 드러낼 수 없다. 둘째, 사회적경제는 다양한 자원이 결합된 특수한 경제 모델이다. 그래서 민간 자원(기부, 활동을 통한 수입)과 공공 자원(보조금, 계약)이 전체 자원에서 차지하는 몫을 조사하면 사회적경제가 공공 자원에 얼마나 의존하는지를 한층 섬세하게 드러낼 수 있다. 공공관리의 변화는 사회적경제와 공공 행위자가 상호작용하는 양태(보조금, 입찰, 서비스 위탁 계약 등)를 바꾸는 경향이 있다. 셋째, 사회적경제는 지역에 기반을 두고 지역 주민의 필요에 대응하려는 경제이다.

사회적경제가 이렇게 도시든 농촌이든 지역에 기반을 두고 있다는 것은 통계로 충분히 입증되었다. 하지만 사회적경제와 지역 사이에 인과관계가 있는지는 증명되지 않았다.

사회적경제 통계를 낼 때 이 경제의 특성을 완전히 드러내는 데 어려움이 없는 것은 아니다. 경제 민주주의와 집합적 창업 같은 사회적경제의 내부 거버넌스는 드러내기 어렵고, 따라서 이런 특성은 충분히 고려되지 않는다.[23] 마찬가지로 자원봉사활동도 주로 자원이나 무료노동으로 해석되어, 그것이 사회적 유대를 낳고 시민이 지역사회에 참여하는 데 얼마나 중요한 역할을 하는지가 잘 드러나지 않는다. 나아가 사회적경제조직이 다른 부문에 미치는 파급 효과와 구조적 영향에 대한 이해에서도 여전히 진전이 이루어져야 한다.

사회적경제 통계를 낸다는 것은 과학적 문제이기도 하지만 그에 못지않게 정치적 문제이기도 하다. 통계 결과가 공공이나 민간 행위자에게 의사결정 도구가 되기 때문이다. 의심할 여지없이 최근 많은 나라에서 사회적경제에 관한 법률이 도입되면서[24] 이 경제 부문의 규모와 영향을 확인하려는 노력도 상당히 이루어졌다. 이는 다시 이 부문과 통계 지표를 정의하는 개념적 토대도 뒷받침해주었는데, 법률에서는 대상과 따라야 할 기준을 확인하고, 그럼으로써 그

---

23 영국의 사회적기업에서 여성이 이사회에서 차지하는 비율을 연구한 것(Leahy and Villeneuve-Smith, 2009: 25)이나 민주적 거버넌스 참여에 관한 연구(Brazil, 2007)처럼 몇 가지 예외가 없는 것은 아니다. 전자의 연구에서는 "이사회에서 여성의 비율이 FTSE 100대 기업은 11.7%밖에 안 되고 AIM 상장 기업은 4.9%밖에 안 되는데, [영국의 사회적기업은] 그 비율이 41.1%이다."

24 세계의 많은 부분에 사회적경제에 관한 법령이 존재하거나(예를 들면, 벨기에의 왈롱 지방(2008)과 그리스와 스페인, 멕시코(2011년), 콜롬비아와 에콰도르(2012), 포르투갈(2013), 퀘벡(2013), 프랑스(2014)) 아르헨티나와 브라질, 룩셈부르크에서처럼 채택되는 과정에 있다.

것을 안정시켜야 하기 때문이다. 따라서 사회적경제의 통계적 표상과 제도적 표상, 정치적 표상은 서로 밀접한 관계가 있다. 그 결과 사회적경제 통계 생산은 앞으로도 계속 진전이 이루어질 것이다. 이 과정에서 사회적경제의 어떤 표상이 두드러질지는 두고 봐야 하겠지만 말이다.

참고 문헌

ANTEAG (Associação Nacional dos Trabalhadores e Empresas de Autogestão e Participação Acionária), *Atlas da Economia Solidária no Brasil,* São Paulo, Todos os Bichos, 2009.

APRÈS-GE, "Photographie de l'économie sociale et solidaire à Genève," *Statistical Study,* Geneva, Après-Ge, 2010.

Archambault, E., *Le secteur sans but lucratif. Associations et Fondations en France,* Paris, Economica, 1996. (English version: The Nonprofit Sector in France, Manchester University Press, 1997).

Archambault, E., "Le travail bénévole en France et en Europe," *Revue française des affaires sociales,* No. 2, 2002, pp. 13-36.

Archambault, E., *The American and the French Third Sectors: A Comparison, Recent Trends during the "Millennium Boom," and the Impact of the Crisis,* paper presented at the 9th ISTR Conference: Facing Crises: Challenges and Opportunities Confronting the Third Sector and Civil Society, Istanbul (Turkey), 2010.

Australian Bureau of Statistics, *Australian National Accounts: Non-Profit Institutions Satellite Account,* 2007 and 2004.

Autès M., "Les auteurs et les référentiels," in J.-N. Chopart *et al., Les dynamiques de l'économie sociale et solidaire,* Paris, La Découverte, 2006, pp. 81-113.

Barea, J. and Monzón, J. L., *Manuel pour l'établissement des comptes satellites des entreprises de l'économie sociale: coopératives et mutuelles,* Liège, CIRIEC, 2006.

Bazin, C. and Male, J., *Économie sociale: bilan de l'emploi en 2010,* Paris, Recherches et Solidarités, 2011.

Belgium, *Comptes nationaux. Le compte satellite des institutions sans but lucratif,* Brussels, Institut de comptes nationaux de la Banque nationale de Belgique, 2008.

Ben Sedrine, W., Fecher, F. and Sak, B., *Comptes satellites pour les coopératives et mutuelles en Belgique. Première élaboration (SATACBEL): rapport final 2011,* Liège, CIRIEC, 2011.

Boarini, R., Johansson, A. and Mira d'Ercole, M., *Alternative Measures of Well-Being,* OECD Social, Employment and Migration Working Papers, 2006, No. 33.

Bouchard, M. J., Rousselière, D., Ferraton, C., Koenig L. and Michaud, V. *Portrait statistique de la région administrative de Montréal, Montreal,* Canada Research Chair on the Social Economy, HS-2008-01, 2008.

Bouchard, M. J., Ferraton, C., Michaud, V. and Rousselière, D. *Bases de données sur les organisations d'économie sociale, la classification des activités*, Montreal, Canada Research Chair on the Social Economy, R-2008-01, 2008.

Bovar, O., Desmotes-Mainard, M., Dormoy, C., Gasnier, L., Marcus, V., Panier, I. and Tregouët, B. *Les indicateurs de développement durable – Dossier*, Paris, INSEE, 2008.

Braibant, M., "Un outil de synthèse économique pour la politique sectorielle. Les comptes satellites," *Courrier des Statistiques*, 1994, No. 69, pp. 33-39.

Caillavet, F., "La production domestique des femmes réduit l'inégalité des revenus familiaux," *Économie et Statistique*, 1998, No. 311, pp. 75-89.

Chebroux, J.-B., "Les observatoires locaux: quelle méthodologie pour les conduire?," *Socio-logos*, Vol. 6, 2011. http://socio-logos.revues.org/2620.

Chiapello, E. and Desrosières, A., "La quantification de l'économie et la recherche en sciences sociales: paradoxes, contradictions et omissions. Le cas exemplaire de la positive accounting theory," in F. Eymard-Duvernay (ed.), *L'économie des conventions. Méthodes et résultats Tome 1*, Paris, La Découverte, 2006, pp. 297-310.

CNCRESS (Conseil National des Chambres Régionales de l'Economie Sociale), *Atlas commenté de l'économie sociale et solidaire*, Paris, Observatoire national de l'économie sociale et solidaire and Juris editions, 2012.

Comeau, M., *Étude d'impacts socio-économiques des entreprises d'insertion du Québec*, Collectif des entreprises d'insertion du Québec, Consultations Libera Mutatio, 2011.

Demoustier, D., "Le bénévolat, du militantisme au volontariat," *Revue française des affaires sociales*, 2002, Vol. 4, No. 4, pp. 97-116.

Demoustier, D. and Ramisse, M.-L., *L'emploi dans l'économie sociale et solidaire*, Domont (France), Thierry Quinqueton Editeur, 2000.

Desrosières, A., *Pour une sociologie historique de la quantification. L'argument statistique I, and Gouverner par le nombre, l'argument statistique II, two volumes*, Paris, Mines Paris-Tech, 2008.

DiMaggio, P.-J. and Powell, W.-W., "The Iron Cage Revisited: Institutional Isomorphism and Collective Rationality in Organizational Fields," *American Sociological Review*, 1983, Vol. 48, pp. 147-160.

Fecher, F., *Comptes satellites pour les coopératives, mutuelles et sociétés à finalité sociale en Belgique*, Colloque du CIRIEC-Canada au Congrès de l'ACFAS, Quebec, Université Laval, May 2013.

Gadrey, J., "Les conventions de richesse au coeur des comptabilités nationales. Anciennes et nouvelles controverses," in Eymard-Duvernay, F. (ed.), *L'économie des conventions. Méthodes et résultats, Tome 1*, Paris, La Découverte, 2006, pp. 311-324.

Gadrey, J. and Jany-Catrice, F., *Les nouveaux indicateurs de richesse*, Paris, La Découverte,

2005.

Gignac, R. and Hurteau, P., *Mesurer le progrès social, vers des alternatives au PIB,* Montreal, Institut de recherche et d'informations socio-économiques (IRIS), 2011.

Hall, M. H., Barr, C. W., Easwaramoorthy, M., Sokolowski, S. W., and Salamon, Lester M., *The Canadian Nonprofit and Voluntary Sector in Comparative Perspective,* Toronto, Imagine Canada, 2005.

Hall, M. H., de Wit, M. L., Lasby, D., McIver, D., Evers, T., Johnston, C., McAuley, J., Scott, K., Cucumel, G., Jolin, L., Nicol, R., Berdahl, L., Roach, R., Davies, I., Rowe, P., Frankel, S., Crock, K. and Murray, V., *Force vitale de la collectivité: Faits saillants de l'Enquête nationale auprès des organismes à but non lucratif et bénévoles,* Statistique Canada, 2004.

IFF Research, *A Survey of Social Enterprises Across the UK,* The Small Business Service, 2005.

Itçaina, X., Palard J. and Ségas S. (eds.), *Régimes territoriaux et développement économique, Rennes,* Presses Universitaires de Rennes, 2007.

Lahire, B., *L'esprit sociologique,* Paris, La Découverte, 2005.

Lallement, M. and Spurk, J. (eds.), *Stratégie de la comparaison internationale,* Paris, CNRS Editions, 2003.

Laville, J.-L. (ed.), *L'économie solidaire: une perspective internationale,* Paris, Desclée de Brouwer, 1994.

Laville, J.-L., Lévesque, B. and Mendell, M., "The Social Economy: Diverse Approaches and Practices in Europe and Canada," in A. Noya and E. Clarence (eds.), *The Social Economy. Building Inclusive Economies,* Paris, OECD, 2007, pp. 155-188.

Lazarsfeld, P., "Des concepts aux indices empiriques," in E. Boudon and P. Lazarsfeld (eds.), *Le vocabulaire des sciences sociales. Concepts et indices,* Paris and La Haye, Mouton, 1965, pp. 27-36.

Leahy, G. and Villeneuve-Smith, F., *State of Social Entreprise Survey 2009,* London, Social Enterprise UK, 2009.

Lévesque, B., Malo, M.-C. and Girard, J.-P., *L'ancienne et la nouvelle économie sociale, deux dynamiques, un mouvement? Le cas du Québec,* Montreal, UQAM, Chaire de coopération Guy-Bernier, 2005, No. 004.

London Economics, *Study on the impact of co-operative groups on the competitiveness of their craft and small enterprise members,* Brussels, European Commission, Enterprise and Industry, 2008.

Marée, M. *et al., Le secteur associatif en Belgique. Une analyse quantitative et qualitative,* Brussels, Fondation Roi Baudouin, 2005.

Mertens, S., *Vers un compte satellite des institutions sans but lucratif en Belgique,* PhD thesis in economics, Université de Liège, 2002.

Mertens, S. and Lefèbvre, M., "La difficile mesure du travail bénévole dans les institutions sans but lucratif," in Institut des Comptes Nationaux, *Le compte satellite des institutions sans but lucratif 2000 et 2001,* Brussels, Banque nationale de Belgique and Centre d'Economie Sociale de l'Université de Liège, 2004, pp. 1-9.

Mertens, S. and Marée, M., "The Limits of the Economic Value in Measuring the Global Performance of Social Innovation," in A. Nicholls and A. Murdock (eds.), *Social Innovation: Blurring Boundaries to Reconfigure Markets,* Palgrave Macmillan, 2012.

Monzón, J. L. and Chaves, R., "The European Social Economy: Concept and Dimensions of the Third Sector," *Annals of Public and Cooperative Economics,* 2008, Vol. 79, No. 3-4, pp. 549-577.

Prouteau, L. and Wolff, F. C., "Le travail bénévole: un essai de quantification et de valorisation," *Économie et Statistique,* 2004, No. 373, pp. 33-56.

Rousselière, D. and Bouchard, M. J., "Effets d'éviction ou de renforcement des politiques publiques à destination de l'économie sociale. Une analyse de Montréal," *Revue économique,* 2011/5, Vol. 62, pp. 941-955.

Salamon, L. M., "Putting the Civil Society Sector on the Economic Map of the World," *Annals of Public and Cooperative Economics,* 2010, Vol. 81, No. 2, pp. 167-210.

Salamon, L. M., Anheier, H., List, R., Toepler, S., Sokolowski, W. S., and Associates, *Global Civil Society. Dimensions of the Nonprofit Sector,* 2nd ed., Baltimore, Johns Hopkins Center for Civil Society Studies, 2001.

Salamon, L. M. and Dewees, S., "In Search of the Nonprofit Sector," *The American Behavioral Scientist,* 2002, Vol. 45, No. 11, pp. 1716-1740.

Salamon, L. M., Sokolowski, S. W., Haddock, M. A., and Tice, H. S., "The state of global civil society and volunteering: Latest findings from the implementation of the UN nonprofit handbook", *Center for Civil Society Studies Working Paper,* 2013.

Salamon, L. M., and Sokolowski (eds.), *Global Civil Society,* Vol. 2, New York, Kumarian Press, 2004.

Statistics New Zealand, *Non-profit Institutions Satellite Account: 2004,* Wellington, Statistics New Zealand, 2007.

Stiglitz, J., Sen, A. and Fitoussi, J. P., *Performances économiques et progrès social, Richesse des nations et bien-être des individus,* Vol. I, Paris, Odile Jacob, 2009.

Tice, H. and members of the NPI Handbook Test Group, *Portraying the Nonprofit Sector in Official Statistics: Early Findings from NPI Satellite Accounts,* paper prepared for the 27th General Conference of the International Association for Research in Income and Wealth, Djurhamn (Sweden), August 18-24, 2002.

United Nations, *Handbook on Non-Profit Institutions in the System of National Accounts*, Department of Economic and Social Affairs, Statistics Division, Series F, No. 91, New York, 2003.

Vanoli, A., *Une histoire de la comptabilité nationale*, Paris, La Découverte, 2002.

Vienney, C., *L'économie sociale*, Paris, La Découverte, 1994.

사회적경제 분야 매핑 :
사회적경제조직 확인하기[1]

———

마리 J. 부샤
캐나다 퀘백대학 몬트리올 캠퍼스 정교수

파울로 크루즈 필류
브라질 FAE 경영대학원 교수

마르탱 생드니
캐나다 MCE 컨설팅 회사 경제학자

머리말

일정한 자격 기준에 따라 사회적경제조직을 선별할 때 그 출발점은 사회적경제의 정의는 모두 사회적 목적이 경제활동보다 우위에 있음을 강조한다는 것이다. 사회적 목적의 우위성은 특히 사회적경제의 조직 구조와 운영 방식에서 경험적으로 발견되는 전형적 특징으로, 사회적경제를 나머지 경제와 구분해준다. 이 장에서는 세계 여러 곳에서 학계와 기관의 연구자, 공공기관과 통계기관에서 실시한 사회적경제 통계 연구 가운데 가장 중요한 몇 가지를 분석한다.

———

[1] 우리는 이 장을 준비하는 과정에 논평과 제안을 해준 Damien Rousseliere에게 고마움을 전한다.

그 결과 사회적경제 통계를 낼 때 사용되는 개념적 틀들은 대개 어떤 유형의 조직과 법률적 지위, 활동 부문이 배제되는지를 정하고, 사회적경제조직이 갖춰야 할 일련의 자격 기준에는 어떤 것들이 있고 그런 조직에 관한 통계 지표에는 어떤 것들이 있는지 확인한다. 조직의 유형 분류는 목적과 사명이나 자금 조달 방식 같은 다른 기준에 따라 이루어질 수도 있다. 일정한 자격 기준에 따라 사회적경제조직을 선별할 때 토대가 되는 개념적 틀은 이 분야의 주변에서 나타나는 현상이나 흐름을 평가하고 그것이 장차 어떻게 전개될지도 예측할 수 있게 해준다(예를 들면, 장차 새로운 조직이 사회적경제조직으로 인정받아 사회적경제에 통합될 것이라는 예측 등).

어떤 통계를 낼 때나 가장 먼저 해야 할 것은 측정할 "대상"이나 "존재"를 정의하는 것이고(Desrosières, 1993), 그러려면 통계 모집단을 어떻게 설정할지 규칙을 정해야 한다. 그래야 우리가 "선별"이라고 부르는 과정에 모집단의 구성 요소와 범위를 결정할 수 있고, 통계 연구를 하려는 분야에 속하는 다양한 유형의 존재도 확인할 수 있다. 여느 사회과학 분야와 마찬가지로 사회적경제도 변화할 수밖에 없기 때문에, 선별하는 시스템도 사회적경제가 진화할 것을 염두에 두고 설계해야 한다.

사회적경제 통계를 낼 때 부딪히는 어려움 가운데 하나는 몇 가지 예외는 있어도[2] 대체로 국가 통계 시스템에 경제의 이 부분집합을 분명하게 식별하거나 구별할 수 있게 해주는 것이 없다는 것이다. 이는 대부분의 나라에서 여전히 사회적경제가 공공 정책의 한

---

2 프랑스의 예에서 볼 수 있듯이(Demoustier *et al.*이 쓴 장을 보라)

사회적경제 통계를 낼 때 다루어야 할 방법론적 문제들

분야로 명확히 자리매김하지 못한 탓도 있다. 또 한 가지 어려움은 지역에 따라 이 경제를 다양한 이름으로 부를 뿐 아니라(예를 들면, 사회적경제, 연대경제, 민중경제) 사회적경제가 조직 구조나 운영 방식, 추구하는 가치를 기준으로 하여 선별된 조직이나 단체로 이루어졌다는 것이다. 이런 기준은 모두 통계를 낼 때 언제나 관찰하기 쉬운 기준은 아니기 때문이다. 세 번째 어려움은 사회적경제의 경계가 분명하지 않고 투과성이 있다는 것이다. 그래서 흔히 사회적경제가 "단단한 중핵"을 이루는 요소와 "주변부"를 이루는 요소(Desroche, 1983) 또는 "혼성"(Spear, 2011)인 요소로 이루어졌고, 그것을 둘러싼 경계도 "구멍이 많이 뚫려" 있다고 본다. 마지막 어려움은 사회적기업 같은 새로운 개념이 나타날 뿐 아니라 국제적 비교 가능성이 필요해지면서 전통적으로 사회적경제 하면 떠오르는 협동조합과 상호조합, 결사체, 재단 같은 법에 명시된 조직 너머에서 사회적경제의 경계를 찾게 되었다는 것이다.[3]

이런 어려움에도 지난 몇 년 동안 다양한 국가적 맥락에서 사회적경제 통계가 나왔다. 이 장에서는 이렇게 통계를 내면서 어떤 자격 기준을 토대로 사회적경제의 통계 모집단을 설정했는지, 통계 연구의 목적과 자료의 이용 가능성에 따라 사회적경제의 통계 모집단을 설정하는 방법이 어떻게 다른지를 보여준다. 우리는 일관된 통계 자료에 도달하기 위해 따라야 할 방법론적 절차에 따라 이러한 문제를 차례로 탐구한다. 첫 번째 단계는 통계 목적에 따라 사회적

---

3 특히 유럽연합 집행위원회에서 사용하는 사회적기업의 개념을 보라: http://ec.europa.eu/enter-prise/policies/sme/promoting-entrepreneurship/social-economy/social-enterprises/index_en.htm (2014년 7월 16일에 접속).

경제라는 사회적 구성개념에 맞는 조작적 정의를 선택하는 것이다. 두 번째 단계는 그러한 조작적 정의에 따라 사회적경제조직의 자격 기준을 정하는 것이다. 선정된 기준은 연구할 모집단을 이루는 조직과 단체를 선별하는 데 쓰인다. 이 장은 마지막으로 사회적경제 통계를 낼 때 사회적경제를 정의하면서 생기는 쟁점들 가운데 몇 가지를 논의하고 이 장을 마친다.

이 장에서는 2005년부터 2012년까지 학계와 기관의 연구자들과 공공기관, 통계기관에서 실시한 사회적경제 통계 연구 가운데 가장 중요한 몇 가지를 분석한다. 우리 논의의 토대가 된 것은 다양한 나라에서 통계로 그린 사회적경제나 사회연대경제, 사회적기업의 초상 15가지이다.[4] 이러한 초상은 국제연합 경제사회이사회의 정보 (ECOSOC INFO), 캐나다 사회적경제연구소에서 발행하는 사회적경제 연구 회보,[5] 주로 인터넷에서 실시된 보완 연구에서 찾았다.[6]

우리가 선정한 15가지 초상의 지리적 범위는 다양하다. 어떤 것들은 한 나라의 일부 지방(Elson and Hall, 2010; Gesky, 2011)이나 특정한 행정 구역 또는 도시(Bouchard et al., 2008; Pellet, 2009)에 초점을 맞추었고, 어

---

4 이들 용어가 포괄하는 범위가 저마다 다르다는 것을 알지만, 단순화하기 위해 우리는 "사회적경제" 라는 용어를 쓴다.

5 이 회보는 웹사이트 http://www.chaire.ecosoc.uqam.ca.에서 찾아볼 수 있다.

6 이 연구는 2010~2011년에 퀘벡 통계청의 의뢰로 퀘벡 사회적경제의 통계 모집단을 정의하는 개념 틀을 만들기 위해 처음 실시했다(Bouchard, Cruz Filho and St-Denis, 2011을 보라). 그것은 주요 언어가 영어나 프랑스어, 스페인어, 포르투갈어인 다양한 사회적경제조사연구소의 웹사이트를 토대로 했을 뿐 아니라 역시 네 가지 언어로 "초상"의 동의어(연구, 조사 등)와 사회적경제 관련 개념을 조합한 키워드를 사용해 검색엔진도 이용했다. 중요한 것은 여기에서 제시한 분석이 사회적경제에 대한 모든 통계적 초상을 대상으로 한 것이 아니며 통계를 낼 때 지표가 되는 사회적경제의 핵심 자격 기준을 드러내는 데 목적이 있다는 것이다.

떤 것들은 그 범위가 한 나라이거나 국제적이다(한 나라인 경우: AN-TEAG, 2009; Barraket *et al.*, 2010; Clarke and Eustace, 2009; IFF Research, 2005; INE, 2012; Mecherkany 2010; Monzón Campos, 2010; Observatoire national de l'économie sociale et solidaire, 2009; 국제적인 경우: Chaves and Monzón Campos, 2007, 2012).

1. 사회적 구성개념에서 통계적 현실로

우리가 분석한 통계적 초상들은 포괄하는 범위도 다르고 일정한 자격 기준에 따라 선별하는 방법도 다르지만, 세 가지 주요한 유사성을 보인다. 첫째는 사회적경제의 조작적 정의를 내린 것이다. 둘째는 이러한 조작적 정의를 토대로 사회적경제조직이 갖추어야 할 일정한 자격 기준을 정한 것이다. 셋째는 이 분야에 있는 조직들을 통계 모집단에 들어가는 것과 들어가지 않는 것으로 구분해서 걸러주는 여과장치를 만든 것이다. 처음 두 단계(정의와 기준)는 뒤에서 바로 다루고, 세 번째 단계(여과장치)는 이 장의 2절에서 다룬다.

1.1. 사회적경제의 조작적 정의

정책입안자나 사회적경제운동 참여자들에게 신뢰성과 타당성이 있는 사회적경제의 "통계적 정의"를 내리려면 사회에서 현재 통용되는 제도화된(일반화되었다는 의미에서) 정의를 토대로 하는 것이 이상적일 것이다. 아주 포괄적인 정의는 이런 폭넓은 정의와 공존하지만 본질적으로는 그러한 정의의 부분집합인 다른 정의들도 포괄할 수 있게 해준다. 그러면 논쟁도 피할 수 있고, 이 집합의 다양한 구성 요소들(예를 들면, 협동조합과 비영리부문, 법률에 토대를 두지 않은 사회적기업)도 확인할 수 있다. 우리가 연구한 초상들은 *사회적경제*(Bouchard *et al.*, 2008; Constantinescu, 2011; Elson and Hall, 2010; Monzón Campos, 2010)와 *사회연대경제*(Observatoire national de l'économie sociale et solidaire, 2009; Pellet, 2009), **연대경제**(ANTEAG, 2009), *사회적기업*(Barraket *et al.*, 2010; Clarke and Eustace, 2009; IFF Research, 2005; Leahy and Villeneuve; Mecherkany, 2010) 분야의 초상이다. 이런 초상에 사용된 정의들은 국제기구나 단체(INE, 2012; Monzón Campos, 2010) 또는 국가기관이나 단체(ANTEAG, 2009; Bouchard *et al.*, 2008; Geski, 2011)에서 제안하는 것이고, 그 가운데는 법에 명시된 것도 있다(예를 들면, 스페인).

사회적경제나 다른 사회적 구성개념이나 이런 개념들은 사회적 합의가 이루어졌거나 거의 이루어진 구성개념의 특징을 되도록 충실하게 나타내려고 한다. 하지만 그런 사회적 구성개념이 반드시 일정한 자격 기준을 토대로 통계를 내는 데 적합한 것은 아니다. 그런 개념들은 일련의 목적과 원칙, 가치에 기반을 둔 것인데, 그런 목적과 원칙, 가치를 경험적으로 관찰하기 어렵기 때문이다.

게다가 사회적경제는 전 세계에서 펼쳐지는 거대한 운동의 일부이지만 기본적으로 자신이 배태된 지역사회와 사람들의 필요에 뿌리를 두고 있다. 따라서 사회적경제의 현실이 나라마다 크게 다를 수 있다(Bouchard, Cruz Filho and St-Denis, 2011). 그래서 통계적 초상에 사용되는 정의는 사회적경제가 국제적 운동과 연결되어 있다는 것을 보여줄 수 있을 정도로 일반적이면서도 사회적경제가 지역에 뿌리를 두고 있다는 것을 정확히 드러낼 수 있을 정도로 특수해야 한다.

하지만 그러려면 경험적이고 안정적이며 쉽게 관찰할 수 있는 지표들을 확인해야 하고, 이는 일정한 자격 기준에 따라 선별하는 과정에서 조작적 정의를 찾는 것이 중요함을 말해준다.

사회 통계를 낼 때 조작적 정의를 구성하는 것은 일반적 관행이다. 예를 들면 캐나다에서 낸 가시적 소수집단 통계((Beaud and Prévost, 1999)나 유럽연합 회원국에서 낸 중소기업 통계(European Commission, 2003)나 세계의 많은 나라에서 낸 비영리단체의 위성계정(United Nations, 2003)이나 모두 그런 조작적 정의를 토대로 한 것이다.

사회적경제 개념이 원칙과 가치, 규칙에 토대를 두고 있어(Defourny and Develtere, 1999; Draperi, 2007; Vienney, 1980, 1994), 사회적경제의 조작적 정의도 이런 요소들을 자격 기준으로 번역하고, 그로부터 관찰할 수 있는 경험적 지표들을 개발해야 한다. 또한 이런 정의를 구성할 때는 어떤 요소를 측정하는 비용과 그 요소가 연구 분야에 기여하는 정도 사이에서 타협점을 찾아야 한다.

1.2. 자격 기준 확인

실용적 이유에서 선별할 때는 경험적으로 관찰할 수 있는 속성을 토대로 하여 연구 분야에 들어가는 것과 들어가지 않는 것을 구분할 수 있어야 한다. 그래서 사회적경제 통계를 낼 때도 먼저 사회적경제조직이 어떤 경제 부문과 활동 부문에 포함될 가능성이 가장 높은지 확인하고, 이것들을 관찰할 수 있는 명확한 특징에 따라 분류해야 한다. 이는 사회적경제의 정의가 통계기관에서 사용하는 주요 분류 체계와 맞는지 검토하기 위해서다.

사회적경제를 이루는 조직에 어떤 것들이 있는지 확인하는 논리 모델에는 일반적으로 세 가지 주요 과제가 포함된다. 1) 사회적경제 조직이 포함될 가능성이 가장 높은 경제 부문과 활동 부문에 있는 개체들을 확인하고, 2) 그것들을 법률적 지위에 따라 분류하고, 3) 일정한 자격 기준을 토대로 사회적경제조직이라는 법률적 지위가 있든 없든 사용된 제도적 정의에 따라 사회적경제에 속하는 것으로 확인되는 개체들을 선별하는 것이다.

국민계정체계에서는 사회적경제조직이 주로 비금융법인기업과 금융법인기업, 가계에 봉사하는 비영리단체에 속한다.[7] 많은 나라에서는 역사적 이유로 어떤 활동 부문—직능단체, 고용주 집단, 정당, 종교기관, 노동조합—은 사회적경제의 정의에서 일반적으로 배제되고, 따라서 통계적 초상에서 배제된다(Bouchard, Cruz Filho and St-Denis, 2011; INSEE, 2011). 이렇게 배제되는 활동 부문은 대개 국가분류체계에서 쉽게 확인할 수 있다(European Commission, 2008; United Nations, 2009; Statistics Canada, 2012).

일반적으로 사회적경제에 속하는 조직으로 인정받는 법률적 지위는 협동조합과 상호조합, 결사체(또는 비영리 조직)이고, 때로는 재단도 여기에 포함된다(예를 들면, 프랑스에서처럼).

사회적경제를 정의할 때 사용되는 기준은 통계적 초상에서 사용되는 조작적 정의에 따라 다르다. 하지만 다섯 가지 기준은 핵심 요소로 나타났다.

---

7 Edith Archambault가 쓴 장을 보라

- 사회적 사명 : 일련의 기준 가운데 다른 어떤 기준보다도 중요하고, 다른 기준에 모두 부합해야 표명할 수 있는 원칙이다.
- 잉여 분배의 제한이나 금지 : 주로 조직의 법인격(협동조합, 상호조합, 결사체, 재단)으로 분명하게 표현되는 핵심 요소이다.
- 제품이나 서비스의 조직적 생산 : 이는 다른 무엇보다도 제품이나 서비스의 매출액 보고나 급여를 받는 피고용인이나 자원봉사자의 존재로 확인할 수 있다. 그래서 조직적 생산이 완전히 보조금으로 이루어질 수도 있고 자원봉사자에 의해 이루어질 수도 있으며, 따라서 꼭 영리 활동이라고 할 수는 없다. 하지만 시장 기반 조직도 이 기준에 어긋나는 것은 아니다.
- 자율성과 독립성 : 이는 "어떤 존재(예를 들면, 개인이나 집단)가 다른 존재나 수단, 대상과의 상호의존 관계를 통제할 수 있다"(Eme, 2006, p. 173)는 말이다. 어떤 정의에서는 국가에 대한 독립성만 언급하지만, 어떤 정의에서는 사회적경제에 속하지 않는 어떤 단체나 조직과의 연계도 배제한다.
- 민주적 거버넌스 : 이를 위해서는 이해관계자(이용자, 노동자, 조합원)가 조직의 결정을 감독할 수 있는 권리가 있어야 한다. 이 기준은 지역과 현실에 따라 다양하게 정의될 수 있다. 예를 들면, 브라질에서는 연대경제에 대한 전국 조사(ANTEAG, 2009)를 실시하면서 자주관리 원칙을 토대로 민주주의를 보았다. 이 원칙에 따르면, 연대경제 조직은 노동자들이 결성하고 운영하며 활동의 관리와 자원의 배분을 집합적으로 결정하는 조직이다.

2. 일정한 자격 기준에 따라 선별하는 방법의 실행

선별은 일정한 자격 기준에 따라 개발된 지표를 적용하는 방법이다. 유의할 점은 모든 자격 기준의 검증 부담이 똑같지는 않다는 것이다. 사용되는 지표에 따라 어떤 자격 기준은 그 기준에 부합하는지 여부를 확인하기가 다른 자격 기준에 비해 쉬울 수 있다. 그래서 이익의 재분배는 관찰할 수 있는 기준이지만, 민주주의는 눈에 보이지 않아 관찰할 수 없는 기준이다. 그래도 관찰할 수 있는 어떤 변수로 접근할 수는 있지만, 민주주의 같은 이런 현상은 본래 측정 오차가 클 수밖에 없다. 자격 기준마다 여러 가지 지표를 확인할 수 있는데, 이는 측정 가능성과 연구자가 이용할 수 있는 수단에 따라 달라진다. 사회적경제 통계를 낼 때 가장 명백하면서도 일반적으로 쓰이는 지표는 어떤 활동 부문과 법률적 지위에 속하는가(또는 속하지 않는가)이다.

선별 과정에서는 잇따라 여과장치를 사용하면 차례로 일련의 자격 기준을 적용하여 한 번씩 걸러질 때마다 연구할 모집단의 상이 점점 더 정확해진다. 이때는 일정한 자격 기준에 따라 선별하는 방법의 질과 비용 사이에서 타협이 이루어진다. 각 여과장치는 지표와 선별 방법으로 이루어진다. 지표는 기준에 부합하는지 여부를 관찰할 수 있는 변수이고, 선별 방법은 이 변수를 측정하는 방법이다. 〈그림 1〉은 잇따라 여과장치를 적용하는 과정을 단순화하여 보여준다.

〈그림 1〉에서 첫 번째로 적용된 여과장치에서는 어떤 조직이 사회적경제조직이 포함될 가능성이 가장 높은 경제 부문(국민계정체계)

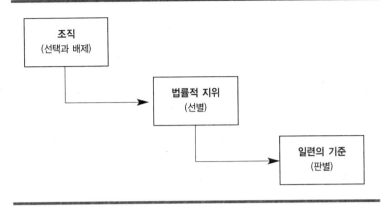

출처: Bouchard, Cruz Filho and St-Denis, 2011, p. 26

과 활동 부문(산업분류체계 또는 활동분류체계)에 포함되는지(아니면 배제되는지)를 본다. 후자의 경우 행정 자료를 이용하면 가계와 공공 행정 조직, 역사적 이유로 배제되는 조직을 제거할 수 있다. 두 번째 여과장치에서는 법률적 지위라는 지표에 따라 조직을 선별한다. 예를 들어 프랑스에서는 사회연대경제의 초상에 협동조합과 상호조합, 결사체, 재단이 들어간다. 세 번째 여과장치에서는 일련의 자격 기준에 따라 앞의 두 여과장치로 걸러낸 조직들을 한층 정밀하게 판별할 수 있다.

우리가 선정한 통계적 초상을 분석해보면 적어도 세 가지 선별 방법을 적용할 수 있음을 알 수 있다. 행정 자료를 토대로 선별하는 방법과 어떤 부문을 이루는 집단(또는 통제 집단)의 명부를 하나 이상 이용해 확인하는 방법, 일정한 자격 기준에 부합하는지 여부를 묻는 설문조사를 이용해 선별하는 방법이다.

2.1 선별의 질

다양한 연구에서 선택한 선별 방법은 선별 방법의 질과 정보를 얻는 비용 사이에서 타협한 결과이다. "지금도 조사와 질은 모호한 개념이지만"(Lyberg, 2012, p. 108), 통계 범위의 질은 "얼마나 정의와 요건에 충실한지로 측정하고 통제할 수 있다"(Lyberg, 2012, p. 114). 분석을 위해 우리는 선별 방법의 질을 다섯 가지로 나누어 볼 수 있는데, 그것은 연구 모집단의 포괄성, 선별된 조직의 신뢰성, 자료의 이용 가능성, 연구의 비교 가능성, 연구의 지속가능성(지속성), 즉 복제 가능성이다.[8]

연구의 포괄성은 원래 정의에 따라 일정한 자격 기준에 부합하는 조직들이 통계 모집단에 얼마나 포함되었는가를 말한다. 연구의 포괄성은 선별 방법이 선택된 정의에 따라 제외되거나 배제되는 것들도 다룰 수 있는가 또는 경계 사례(모든 자격 기준에 부합하지는 않지만 일부 자격 기준에는 부합하는 조직)는 어떻게 처리하는가와도 관계가 있다. 이것은 선별의 문제를 다수의 법칙(즉, 연구 대상인 표본의 크기가 크면 특정한 특징이 연구 결과의 타당성에 미치는 영향이 작다는 법칙)과 관련해 볼 수 있게도 해주고,[9] 비공식 조직의 문제와도 관련이 있다. 여기에는 사회적경제가 어떤 조직군의 집합체인가에 대한 합의가 언제나 이루어지는 것은 아니라는 점도 반영된다.

---

8 덧붙이면 통계적 초상은 어떤 통계조사에나 요구되는 질적 요건에 따라 측정 오류의 가능성과 그런 가능성의 원천에 대해 언급해야 한다(Lyberg, 2012).

9 이것은 목표가 평균을 내거나 유형을 분류하는 것일 때만 적용된다. 통계를 통해 비중을 측정할 때는 적용되지 않는다.

선별된 조직의 신뢰성은 통계적 초상이 때늦은 것이 되지 않게 해준다. 신뢰성은 자료나 자료에서 나온 통계가 자료를 이용하거나 자료에 접근할 당시의 정보를 담고 있는가, 즉 정확히 최근 정보를 담고 있는가를 말한다. 신뢰성은 이미 문을 닫았거나 오랫동안 정보를 제공하지 않은 조직이 통계에 다수 포함되었을 때 영향을 받는다. 새로운 조직을 빠뜨렸을 때도 문제가 된다. 낡은 자료는 과거의 모습을 반영한다(정보가 업데이트되지 않았어도 어떤 요소들은 여전히 사실일 수 있지만). 또한 활동을 멈춘 조직이 통계에 들어가면 모집단이 부자연스럽게 커져, 자료의 신뢰성을 확인할 필요가 있다. 신뢰성은 새롭게 나타나는 조직을 고려하는 문제와도 관계가 있다.

자료의 이용 가능성은 선별 방법의 한계에 관한 것이다. 우리는 어떤 선별 방법을 통해 얼마나 많은 정보를 얻을 수 있고, 또 어떤 자격 기준을 충족시킬 수 있을까?

선별 방법은 연구의 비교 가능성과 결과의 비교 가능성도 결정한다(이는 연구 방법론의 동질성에 달려 있다). 비교 가능성은 예를 들면 지역의 통계 결과를 전국의 통계 결과와 비교할 수 있는가를 말하고, 연구를 다른 통계적 현실과 관련하여 보게 해준다.

지속가능성 또는 지속성은 어떤 선별 방법으로 선별된 모집단을 장기적으로 추적 조사할 수 있는가를 말한다. 연구의 지속가능성은 여러 요인에 달려 있지만, 특히 시간이 달라도 일정한 자격 기준에 따라 선별된 것을 비교할 수 있는가가 문제가 된다. 경계 사례를 포함하거나 배제함으로써 범위가 달라지는 것도 지속가능성과 관련이 있다.

2.2. 선별 방법

조사를 통해 얻을 수 있는 1차 자료를 쓸 것인가, 행정 자료를 통해 얻을 수 있는 2차 자료를 쓸 것인가 하는 결정은 선별 과정에 영향을 미치고, 따라서 연구 방법론의 선택에도 영향을 준다. 그래서 어떤 경우에는 국가 통계기관에서 이용할 수 있게 해주는 자료를 써서 법률적 지위나 활동 부문 같은 통계 지표를 채택하여 사회적경제조직을 한꺼번에 확인할 수도 있다. 조직이 선별되면, 행정 자료를 통해 그런 조직들을 조사할 수도 있고 그것들의 통계적 초상을 그릴 수도 있다. 선별 작업은 사회적경제 부문의 연합회에서도 할 수 있다. 연합회에서 회원 명부도 만들기 때문이다. 회원 명부가 있으면 설문조사를 통해 선별 작업을 할 수도 있다.

2.2.1. 행정 자료를 토대로 한 선별

1960년대와 1970년대부터 행정 자료를 디지털화한 데다 최근에 기술이 진보하면서 공공기관에서 엄청나게 많은 데이터베이스를 유지하고 이용할 수 있게 되었다. 행정 자료의 성격은 그것의 출처가 어디인가, 예를 들면 법률에 따라 제출하도록 되어 있는 소득신고서인가에 따라 결정된다. 또한 통계기관은 이런 기초적인 행정 자료를 의무 조사나 자발적 조사로 더욱 풍부하게 한다(Statistics Canada, 2010).

통계적 초상을 그리는 데 행정 자료를 이용할 수 있는가는 연구하는 지역에 그런 자료를 처리하는 데 필요한 수단과 방법을 가진 통계기관이 있는가에 달려 있다. 또한 이런 행정 자료를 통계기관에서 정보의 잠재적 보고로 여길 필요도 있다. 대게 사회적경제의 어떤 부문에 대한 정보를 상당히 보유하고 분석하는 공공기관이나 준공공기관도 마찬가지다. 이런 기관들은 사회적경제의 전체 상은 아니어도 부분적인 상을 그리는 데 기여할 수 있다.

사회적경제를 이루는 구성 요소들이 대개는 법률적 지위에 따라 어느 정도 제도화될 필요도 있다. 이런 자료를 낮은 비용으로 처리할 수 있으려면 디지털화도 필요하다. 일반적으로 행정 자료는 통계기관에서 이용할 수 있지만, 특별 허가를 받아 이용할 수도 있다. 하지만 서양에 있는 나라들은 대체로 이런 조건들을 충족할 수 있지만, 많은 신흥경제국은 그렇지 않다(Fioretti, 2011, p. 8).

흔히 행정 자료를 이용해 조작할 수 있는 두 가지 지표는 법률적 지위와 활동 부문이다(Barea and Monzón Campos, 2006; Bouchard, Cruz Filho and St-Denis, 2011; IFF Research, 2005; Monzón Campos, 2010; Observatoire national de l'économie sociale et solidaire, 2009; United Nations, 2003). "프랑스와 지방의 사회연대경제 지도"(Atlas de l'économie sociale et solidaire en France et dans les regions)에서는 행정 자료를 이용해 고용을 하는 조직들을 확인한다(Observatoire national de l'économie sociale et solidaire, 2009).

행정 자료를 이용해 선별하는 방법은 〈그림 2〉에 A, B, C로 표시된 세 가지 선별 과정을 통해 통계적 초상을 그릴 수 있다.

행정 자료는 두 가지 수준에서 이용할 수 있다. 나중에 조사할 때 사용할 모집단을 설정할 때(B와 C 상태)나 이용할 수 있는 자료로 통계를 내거나 위성계정을 작성할 때, 따라서 따로 조사할 필요성이 없을 때(상태 A)다. 그러나 여기서는 행정 자료를 이용하여 결과를 얻

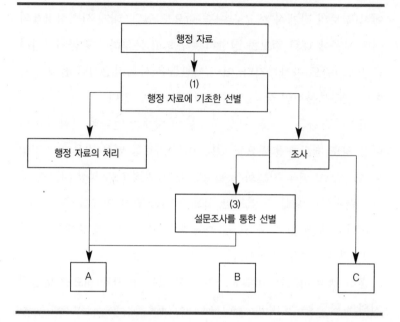

기보다 일정한 자격 기준에 따라 선별하는 과정에 초점을 맞춘다(여
과장치 1).

포괄성

행정 자료를 이용해 선별할 때는 자료의 포괄성이 문제가 된다.
조직의 규모나 활동 부문 같은 어떤 기준을 토대로 선별하면 통계
적 초상에 들어가는 조직 전체에 영향을 끼칠 수 있기 때문이다. 사
실 사회적경제를 선별할 때 여러 유형의 행정 자료를 이용할 수 있
는데, 어떤 것은 국민계정과 관련된 자료처럼 아주 폭넓고 포괄적
이지만, 어떤 것은 연구하는 개념의 현실에만 적용되는 아주 특수

한 것이다(Statistics Canada, 2007a).

선별할 때 국민계정(과세 자료와 연관된)을 사용하면, 비공식 조직과 영리 활동에 종사하지 않는 조직은 배제된다(Statistics Canada, 2010, p. 3). 행정 자료는 등록된 조직을 토대로 한 것이라서, 그런 방법은 경제의 비공식 부문은 포괄하지 못할 수 있다. 그런데 예를 들면 브라질에서 볼 수 있듯이 어떤 나라에서는 비공식 부문이 사회적경제에서 상당한 몫을 차지한다(ANTEAG, 2009).[10] 새롭게 나타나는 조직들도 배제된다. 통계기관에서 그런 조직을 체계적으로 확인하지 않기 때문이다. 어떤 상황에서는 특정한 세금을 내지 않아도 되는 결사체처럼 어떤 의무를 이행하지 않아도 되는 조직들도 마찬가지다. 게다가 프랑스의 농업 부문처럼 어떤 부문에서는 자료를 수집하는 데 다양한 공공기관이 관여하여, 이용할 수 있는 행정 자료가 여기 저기 흩어져 있는 결과를 초래한다. 위에서 언급한 경우를 제외하면, "일반 기업에서 사용되는 '일반적으로 받아들여지는 회계 원칙'(Generally Accepted Accounting Principles: GAAP)과 국민계정체계의 개념들, 행정 자료를 조합하면 우리의 통계적 필요에 부합하는 포맷으로 이 세계의 현실이 나타난다"(Statistics Canada, 2010).

신뢰성

행정 자료의 신뢰성은 여기에 얼마나 노력을 투여하는가에 달려 있고, 따라서 이 문제를 담당하는 통계기관의 신뢰성이 중요하다. 이런 신뢰성을 얻으려면 통계기관에서 모니터링을 하거나(Statistics

---

10 Luiz Inácio Gaiger가 쓴 장을 보라.

Canada, 2010) 조사를 하여 이를 행정 자료와 비교해(INSEE, 2013; Statistics Canada, 2010) 활동을 중지한 조직을 제거할 수 있어야 한다. 하지만 캐나다 통계청은 "없어졌다고 생각했는데 여전히 살아 있는 사업체보다 추정할 때(그 부문의 추정치를 이용해) 없어진 사업체를 다루기가 쉽다"(Hunsberger, Beaucage and Pursey, 2005)라고 한다. 후자의 경우에는 그 부문의 통계치를 이용하면 되지만, 전자의 경우에는 통계에 그런 조직을 포괄하지 못하는 결과를 낳기 때문이다.[11]

자료의 이용 가능성

행정 자료에 있는 변수들은 대개 크게 나눌 수 있게 해준다. 법률적 지위나 활동 부문, 고용주 지위는 모두 행정 자료에서 확인할 수 있는 지표들이다(Bouchard, Cruz Filho and St-Denis, 2011). 그러나 행정 자료에는 더 상세한 자격 기준을 다룰 수 있는 지표가 없어, 영국의 경우(IFF Research, 2005)[12]처럼 따로 조사를 할 필요도 있다. 예를 들어 법률적 지위만으로 충분하지 않으면, 민주적 거버넌스나 자율성 같은 기준에 부합하는지 여부를 묻는 설문조사를 통해 선별할 수도 있을 것이다(Bouchard, Cruz Filho and St-Denis, 2011).

---

11 캐나다 통계청 분석가들은 자료를 점검해도 여전히 분명하지 않은 부분이 있다고 한다. 활동을 중지한 조직은 부문별 통계치를 이용해 쉽게 다룰 수 있지만(모집단에서 그 부문의 폐업률을 확인하여 분석하면 된다) 그 가운데 일부는 여전히 활동할 가능성이 있어, 이것은 여전히 방법론적으로 문제가 된다(Hunsberger, Beaucage and Pursey, 2005). 자료의 정확성을 기하여 얻을 수 있는 이익과 자료 수집 비용을 평가할 수 있는 모델도 있다. 예를 들면 드문 모집단을 분석하는 방법을 다룬 Kalton(2001)을 보라. 갈수록 이런 모델이 많이 사용되고 있는데, 사회적경제는 여전히 아주 경험적 방법으로 통계를 내고 있어 통계치가 정확하지 않을 수 있다.

12 Roger Spear가 쓴 장을 보라.

지역의 비교 가능성

1953년부터 국제연합 통계부에서는 '국민계정체계'를 펴내고 정기적으로 이를 개정하였다(European Commission *et al.*, 2009). 이 문서는 전 세계 통계기관이 국민계정을 작성할 때 표준이 되는 것을 정하여, 각 나라에서는 이것이 국민경제를 연구하는 토대가 된다. 나아가 통계기관들이 이것을 토대로 저마다 행정 자료도 만들어, 국제 수준에서 행정 자료를 토대로 비슷한 연구를 할 경우 행정 자료에서 도출된 지표들의 비교 가능성이 상당히 보장된다.

지속가능성과 복제 가능성

시간 간격을 두고 행정 자료를 토대로 선별할 경우 변수의 정의가 바뀔 수 있다. 한 예가 북미산업분류체계(North American Industry Classification System: NAICS)가 2007년(Statistics Canada, 2007b)과 2012년(Statistics Canada, 2012)에 두 차례에 걸쳐 개정된 것처럼 분류 체계가 새롭게 개정되는 것이다. 이런 변화는 전에 사용된 몇 가지 지표에 영향을 끼칠 수 있다.

요약하면, 행정 자료를 이용하면 몇 가지 기준과 지표만으로 사회적경제조직을 폭넓게 포괄적으로 선별할 수 있다. 그래서 그렇게 선별하면 사회적경제조직이 포함되어 있을 가능성이 높은 명부를 만들어낼 수 있다. 이런 선별 방법은 한 나라의 통계를 낼 때(Monzón Campos, 2010; Observatoire national de l'économie sociale et solidaire, 2009)나 위성계정을 작성할 때(Barea and Monzón Campos, 2006; United Nations, 2003) 선호한다.

2.2.2. 이 부문을 이루는 집단의 명부를 하나 이상 이용해 확인하는 방법

통계기관 밖에서는 행정 자료를 토대로 일련의 자격 기준에 따라 조직을 선별하기가 어렵다. 따라서 통계기관 밖에서 사회적경제 통계를 낼 때는 표본 조사를 할 수 있게 목표가 되는 모집단을 설정할 필요가 있다. 〈그림 3〉은 우리가 연구한 통계적 초상에서 발견된 다양한 선별 방식을 보여준다.

〈그림 3〉 사회적경제 집단의 명부를 이용한 통계적 초상 모델

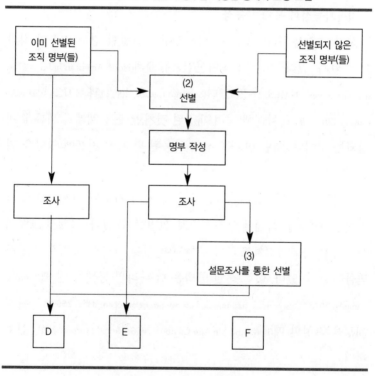

아일랜드와 영국, 스웨덴, 제네바(Clarke and Eustace, 2009; Leahy and Vil-leneuve, 2009; Mecherkany, 2010; Pellet, 2009)에서는 저자들이 선택한 조작적 정의에 따라 모집단에 포함되어야 할 조직이 모두 포함되었다고 생각되는 명부 하나를 이용해 모집단을 확인하는 단계를 건너뛸 수 있었다(D 경우). 캐나다와 오스트레일리아에서 한 연구에서는 서로 다른 집단이나 부문 연합회에서 작성한 명부를 교차 점검하여 모집단을 확정하였다(ANTEAG, 2009; Barraket *et al.*, 2010; Bouchard *et al.*, 2008; Elson and Hall, 2010) (E와 F 경우). 후자의 방식으로 접근하려면 연구하는 지역에서 인정받는 사회적경제조직 연합회가 존재해야 한다. 이런 방식으로 선별하면 사회적경제 네트워크 안에 있는 조직에만 더 초점을 맞출 수 있다. 명부를 교차 점검하여 모집단을 확정할 때는 구두 조사를 할 수도 있을 것이다(ANTEAG, 2009; Barraket *et al.*, 2010).

포괄성

통계를 낼 때 포괄해야 할 조직을 모두 포괄하지 않으면 추정치나 그것을 토대로 그린 초상이 편향될 가능성이 있다(Bouchard *et al.*, 2008, p. 26). 명부를 교차 확인하여 모집단을 확정할 경우, 명부가 사회적경제조직 연맹이나 연합회에서 만든 것처럼 이미 일정한 자격 기준에 따라 선별된 것일 수도 있고 그렇지 않아서 추가로 자격을 확인할 필요가 있을 수도 있다(Bouchard *et al.*, 2008, p. 27). 조직 명부 하나만을 토대로 한 연구에서는 통계에 들어갈 조직이 모두 포괄되었다고 할 수 없다. 삼각 측량을 통해 자료의 포괄성을 확인할 수 없기 때문이다.[13] 하지만 그런 연구는 표집틀을 구성하는 비용이 훨씬 낮다.

신뢰성

연합회에서 작성한 명부를 이용할 경우에는 신뢰성에 상당한 문제가 생길 수 있다. 다른 무엇보다도 이런 명부는 매번 다른 이유로 만들어지기 때문이다.[14] 명부가 언제나 업데이트되었다고도 볼 수 없다. 대개는 의무적으로 명부에 들어가거나 명부에서 나와야 하는 것은 아니기 때문이다. 연합회에서 만든 명부를 교차 확인하여 모집단을 확정할 때는 활동 여부와 사회적경제에 속하는지 여부를 확인하는 단계가 필요하다(Elson and Hall, 2010, p. 17).

자료의 이용 가능성

연합회나 집단에서 작성한 명부는 명부마다 담긴 정보가 이질적일 수 있다. 그래서 몬트리올의 사회적경제를 연구한 것에서는 법률적 지위와 활동 부문 같은 몇 가지 정보를 산출한 뒤 그것이 맞는지를 조사나 정부기관에서 공개적으로 이용하도록 제공한 사업자 등록부를 통해 확인했다(Bouchard et al., 2008). 하지만 모든 법률 체계에서 이런 유형의 정보를 이용할 수 있는 것은 아니다. 그런 경우에는 조직이 일정한 자격 조건에 부합하는지 확인할 수 있는 설문조사를 이용할 필요가 있다.

---

13 이것은 목적이 조직의 분류 체계를 만드는 것인가 변수에 따라 측정하는 것인가에 따라 다르다. 변수에 따라 측정하는 것이 목적일 때는 큰 문제가 되지만, 분류 체계를 만드는 것일 때는 명부에 없는 것이 (조직의 특성 때문이 아니라) 임의의 요인 탓일 때만 문제가 된다.

14 예를 들면, 연합회에 속한 조직들일 경우에는 그 가운데 "유령 조직"이 존재할 가능성이 있다. 연합회는 되도록 많은 조직을 대표하는 듯이 보여야 하기 때문이다.

지역의 비교 가능성

이 방법에서는 사회적경제 네트워크에서 제공하는 명부를 이용하기 때문에 지역 간 차이가 드러날 가능성이 높다.[15]

지속가능성과 복제 가능성

연합회에서 제공하는 명부를 토대로 한 연구를 복제하려면 새로운 조직이 있는지 확인하기 위해 매번 처음부터 다시 시작해야 하고, 일련의 명부를 교차 확인하려면 비용이 아주 많이 든다. 활동을 중지한 조직의 경우는 직접 연락하여 아직 사회적경제 분야에서 활동하는지 확인할 수 있을 것이다.

2.2.3. 설문조사를 이용해 선별하는 방법

앞서 언급한 두 선별 방법에서는 조직을 일련의 자격 기준에 따라 선별하는 일이 조사에 앞서 이루어진다. 하지만 설문조사를 통해 선별을 할 때는 이것이 조사 뒤에 이루어진다. 이 앞서 제시한 두 선별 방법 가운데 하나를 통해 표집틀이 구성되면 이를 대상으로 설문조사를 통해 추가로 선별하는 작업이 이루어진다(ANTEAG, 2009; Barraket et al., 2010; Elson and Hall, 2010; IFF Research, 2005). 〈그림 2〉와 〈그림 3〉에서 이것은 결과 B, F와 관계가 있다. 이렇게 하면 질문의 형태로 표현된

---

15 그래도 "황금 기준"(신뢰할 수 있는 외부 정보)에서 출발해 하위 모집단을 대상으로 대표성의 문제를 연구할 수도 있을 것이다. 그러면 포괄되지 않은 조직들에 관해 가정할 수 있고, 이러한 가설을 모집단 전체로 확장시킬 수도 있을 것이다.

일련의 자격 기준을 토대로 조직을 선별할 수 있다(Bouchard, Cruz Filho and St-Denis, 2011). 이 선별 방법은 우리가 분석한 조사에서 모두 사용하지는 않았다. 이 선별 방법을 쓰면 더 정밀한 지표를 통해 검증하여 선별의 질이 더 나아질 수 있지만 추가 비용이 든다. 그리고 이 선별 방법을 쓰려면 폭넓고 포괄적인 표집틀을 쓸 필요가 있다. 우리가 분석한 연구에서 설문조사을 통해 확인한 자격 기준은 사회적 사명과 시장 생산을 통한 수입의 수준이었다(IFF Research, 2005). 브라질에서 실시한 조사에서는 질문이 조직의 법률적 성격에 관한 것이었다(ANTEAG, 2009).

포괄성

아주 폭넓고 포괄적인 모집단에도 설문조사를 통해 선별하는 방법을 쓸 수 있다. 얼마나 포괄적인가는 그에 앞서 적용된 선별 방법에 달려 있다. 이 선별 방법을 쓰면 한층 정교한 자격 기준에 따라 선별할 수 있어, 이 분야에 속하지 않는 조직들 가운데 다른 방법으로는 탐지할 수 없었을 조직을 확인하고 제거할 수 있다.

신뢰성

설문조사를 했을 때 응답하는 조직은 모두 "살아 있다". 회신이 없는 경우에는 그것이 회신이 없는 것인지 아니면 응답하지 않은 것인지를 구분해야 한다. 전자의 경우에는 조직과 소통할 수 없지만, 후자의 경우는 응답을 거부한 것이다. 또한 어떤 조직은 연구 분야(지역이나 부문)를 떠났거나 자료에 문제가 있어(예를 들면 잘못된 주소) 응답하지 않았을 수 있다. 이 경우에는 회신이 없는 이유를 파악하기 위한 조사가 필요할 것이다. 앞서 선별하는 작업이 제대로 잘 이루어지면 그런 상황과 관련하여 회신이 없는 경우가 줄어들 것이다. 하지만 회신이 없는 것이 특정한 연구 분야라서 그럴 수도 있고, 표집틀을 구성한 때와 조사를 실시한 때가 시간적으로 떨어져 있는 경우에도 생길 수 있다.

자료의 이용 가능성

선별을 위한 질문은 다른 방법으로는 가능하지 않았을 지표의 타당성도 확인할 수 있게 해준다. 게다가 이렇게 더 분명하게 자격을 따져 선별하는 일은 응답자를 통해서밖에 할 수 없고, 응답자의 협력이 있어야 가능하고 응답자가 설문의 내용을 이해해야 가능하다. 그래서 이런 질문을 할 때는 응답자가 당연히 사회적경제의 개념에 대해 잘 알 거라고 가정한다. 하지만 이는 사회적경제에 대한 본질주의적 접근 방식이 왜 위험한지를 설명해준다. 만일 어떤 질문을 사회적경제조직에만 한다면, 그로부터 이 분야에 대한 응답은 그런 응답밖에 없을 거라고 바로 추론할 수 없다. 따라서 사회적경제조직 너머까지 더 포괄적으로 접근해야 이런 문제를 제대로 다룰 수 있다.

지역의 비교 가능성과 지속가능성

설문조사를 통해 선별할 때는 연구하는 지역이 다르고 연구 시기가 달라도 같은 질문을 질문을 사용할 수 있고, 아니면 지역과 시기에 따라 그에 맞게 고쳐 쏠 수도 있다. 사전에 선별 기준을 적용해 그러나 서로 다른 지역에 있는 조직을 비교하는 것이 가능한지 그리고 그것들이 살아 있는지 확인해야 한다.

결론

어떤 현상을 통계를 통해 나타내는 것은 그 현상의 규모를 측정하고, 그 현상을 구성하는 주요 요소들과 그 요소들 간의 상대적 중요성을 드러내고, 그 현상을 이루는 여러 하위 부문들 가운데 일부를 기록하고, 현상이 시간에 따라 어떻게 변화하는지 추적하고,[16] 가능하면 그것을 다른 현상과 비교하기 위해서다.

사회적경제는 아직 국가 통계에 정식으로 들어가지 않은 데다 그 자체가 다양한 요소로 이루어진 복합적 현상이라, 통계 모집단을 확정하려면 대개 세 단계가 필요하다. 먼저 사회적경제의 조작적 정의를 내리고, 그에 따라 사회적경제조직의 자격 기준을 정하고, 그런 자격 기준을 토대로 이 분야에 속하는 조직과 속하지 않는 조직을 구분하는 것이다. 사회적경제조직을 선별하는 방법은 여러 가지가 있는데, 이는 모집단이 사전에 확정되었는가(행정 자료나 이미 작성된 명부를 이용할 경우) 아니면 설문조사를 통해 더 정밀하게 선별하는 방법으로 모집단을 사후에 확정해야 하는가에 따라 달라진다. 그리고 어떤 방법으로 선별하든 각 단계마다 자료의 질과 자료 수집 비용 사이에서 타협할 필요가 있다. 복제 가능성에도 관심을 기울여야 하는데, 모든 통계적 초상이 어떤 선별 과정을 거쳤는지 말해주지는 않기 때문이다.

하지만 일반적으로 발생하는 문제들이 있어, 이에 대해 언급하지 않는 것은 경솔한 일일 것이다. 사회적경제 통계를 낼 때 첫 번째 도

---

16 시간이 지나도 최대한 일관성을 유지하면서도 시간에 따른 변화를 추적하기 위해.

전해야 할 과제는 지역의 이해관계자들과 공공정책에서 말하는 사회적경제 개념에 맞는 조작적 정의를 내리는 것이다. 이러한 조작적 정의를 토대로 자격 기준을 정하면 연구할 분야의 경계를 그리는 데 도움이 된다. 폭넓게 포괄하는 정의는 정의가 아직 제도화하지 않았을 때 일어나는 논쟁도 피하고 사회적경제라는 집합의 다양한 부분집합(예를 들면, 협동조합, 비영리 부문, 비법정 사회적기업)도 확인할 수 있게 해준다. 반면에 일정한 자격 기준에 따라 엄격하게 선별하는 작업은 모두 사회적경제 통계를 한층 단단하게 해준다.[17] 우리가 무엇을 측정하느냐에 따라 우리가 무엇을 볼지가 결정된다면(그리고 그 역도 마찬가지라면)(Stiglitz, Sen and Fitoussi, 2009), 사회적경제를 일정한 자격 기준에 따라 선별하는 개념적 틀을 만들고 그 틀에 따라 선별하는 작업은 사회적경제가 인지되는 방식에 큰 영향을 끼친다. 따라서 사회적경제 정책을 설계하고 실행하고 평가하는 데도 큰 영향을 끼칠 것이다.[18] 일정한 자격 기준에 따라 모집단을 확정하는 과정은 일련의 여과장치를 잇따라 적용함으로써 이루어진다. 이때 선별 작업은 통계 지표(선별하는 데 사용되는 변수)와 통계 방법(지표에 따라 선별하게 될 자

---

17 통계가 단단해진다는 것은 "일련의 개입(대변인의 임명, 집단을 위한 옹호 활동, 언론이나 학계의 조사 등)과 체계화 절차(정의하고, 범위를 정하고, 분류하고, 개념과 문제를 표준화하고, 반복해서 조사하는 것 등)를 통해 애매모호하고 다양하게 판단될 수 있는 현상에 어느 정도 일의성이 부여되어 그것의 경계와 명부를 확정할 수 있게 되는 것"(Beaud and Prévost, 1999 p. 3-4)을 말한다.

18 이와 관련해 주목해야 할 것은 많은 나라에서 사회적경제에 관한 법률이 채택되면서 동시에 통계를 통해 사회적경제를 모니터링하는 데 관심을 기울이게 되었다는 것이다. 프랑스 같은 몇몇 경우에는 법률(Projet de loi relatif a l'économie sociale et solidaire, July 3, 2014)로 사회적경제를 정의하기 전에 사회적경제에 대한 통계를 내고 이를 통해 사회적경제조직을 선별했지만, 퀘벡 같은 몇몇 경우에는 사회적경제에 관한 법률을 채택한 뒤에(2013년 10월 10일에 사회적경제법안 채택) 통계를 통해 지역 전체의 사회적경제를 모니터링했다.

료의 원천)으로 이루어진다. 캐나다 통계청이 기업등록부[19]에서 얻은 자료를 이용해 연구한 것에서는 법률적 지위가 사회적경제를 판별하는 가장 효과적인 여과장치라고 결론을 내렸다. 사회적경제의 특징을 보여주는 조직 가운데 그런 법률적 지위가 없는 조직은 아주 적다는 것을 발견했기 때문이다(McDougall, 2007). 여과장치를 선택할 때는 선별하는 과정의 질과 비용 사이에서 타협을 해야 한다.

선별하는 과정은 각 단계마다 통계적 초상의 내용에 영향을 미치고, 이는 왜 통계적 초상이 다양한지를 설명해준다. 어떤 조사에서는 큰 모집단을 선택하더라도 자격 기준은 몇 가지만 사용함으로써 다수의 법칙을 이용해 선별의 오류를 피한다. 그런데 어떤 조사에서는 한층 정밀한 정의를 사용하면서 몇 번의 조사로 만족해야 한다면 이 분야의 밖에 있는 조직이 포함될 경우 결과에 편향이 생길 수밖에 없어 한층 정밀한 자격 기준을 적용하는 방법을 사용한다.

시간이 다르고 지역이 달라도 연구를 서로 비교할 수 있는 가능성은 연구 방법의 동질성에 달려 있다. 프랑스의 경우처럼 전국 수준의 연구소를 세우면 사회적경제조직의 생성과 소멸을 포착할 수 있고, 모집단을 모니터링하기도 쉽다. 되도록 현실에 맞게 법률적 정의를 내리고 이름을 붙여도 연구 분야에 속한 조직들을 확인하기 쉽고, 비용도 절감된다.

마지막으로, 일정한 자격 기준에 따라 선별할 때 한 가지가 아니라 다수의 접근법을 사용하면 더 질 높은 결과를 얻을 수 있지만 비용은 높아진다. 따라서 어떤 방법으로 선별할지는 연구의 목표에 따

---

[19] http://www23.statcan.gc.ca/imdb/p2SV_f.pl?Function=getSurvey&SDDS=1105.

라 달라진다. 예를 들어, 어떤 경제 안에서 사회적경제의 경계를 확인할 때는 사회적경제가 일정한 지역에 끼치는 영향을 측정할 때보다 선별 과정이 덜 정밀해도 된다. 좋은 통계적 초상은 선택을 할 때마다 그것으로 얻을 수 있는 이익과 치러야 할 비용을 설명할 수 있어야 한다.

참고 문헌

ANTEAG (Associação Nacional dos Trabalhadores e Empresas de Autogestão e Participação Acionária), *Atlas da Economia Solidária no Brasil,* São Paulo, Todos os Bichos, 2009.

Barea, J. and Monzón, J. L., *Manuel pour l'établissement des comptes satellites des entreprises de l'économie sociale: coopératives et mutuelles,* Liège, CIRIEC, 2006.

Barraket, J. (ed.), *Finding Australia's Social Enteprise Sector: Final Report,* Queensland, Australia, University of Technology, Australian Centre for Philanthropy and Non-profit Studies, 2010.

Beaud, J.-P. and Prévost, J.-G., *L'ancrage statistique des identités: les minorités visibles dans le recensement canadien,* Montreal, CIRST, UQAM, 1999.

Bouchard, M. J., Cruz Filho, P. and St-Denis, M., *Cadre conceptuel pour définir la population statistique de l'économie sociale au Québec,* Cahiers de la Chaire de recherche du Canada en économie Sociale, R-2011-01, Montreal, Canada Research Chair on the Social Economy/CRISES, 2011.

Bouchard, M. J., Rousselière, D., Ferraton, C., Koenig, L. and Michaud, V., *Portrait statistique de l'économie sociale de la région de Montréal,* Hors-série no HS-2008-1, Montreal, Canada Research Chair on the Social Economy, 2008.

Chaves, R. and Monzón, J. L., *L'économie sociale dans l'Union européenne. Résumé du rapport d'information élaboré pour le Comité économique et social européen,* Working Paper CIRIEC No. 2008/01, Liège, CIRIEC, 2007.

————, *The Social Economy in the European Union. Report Drawn up for the European Economic and Social Committee by the International Centre of Research and Information on the Public, Social and Cooperative Economy (CIRIEC),* Brussels, European Economic and Social Committe, 2012.

Clarke, A., Eustace, A. and Eustace Patterson Ltd, *Exploring Social Enterprise in Nine Areas in Ireland,* n.p., Report commissioned by PLANET, 2009.

CNCRES (Conseil National des Chambres Régionales de l'Economie Sociale) and Observatoire national de l'ESS, *Atlas de l'économie sociale et solidaire en France et en régions,* Paris, 2009.

Constantinescu, S. (ed.), *Atlasul Economiei Sociale,* Bucharest, Institutul de Economie Sociala, 2011.

Defourny, J. and Develtere, P., "Origines et concours de l'économie sociale au Nord et au Sud," in J. Defourny, P. Develtere and B. Fonteneau, *L'économie sociale au Nord et au Sud,* Paris, Brussels, De Boeck & Larcier, 1999, pp. 25-56.

Desroche, H., *Pour un traité d'économie sociale,* Paris, Coopérative d'information et d'édition mutualiste, 1983.

Desrosières, A., *La politique des grands nombres, histoire de la raison statistique,* Paris, La Découverte, 1993.

Draperi, J.-F., *Comprendre l'économie sociale, fondements et enjeux,* Paris, Dunod, 2007.

Elson, P. R. and Hall, P., *Strength, Size, Scope: A Survey of Social Enterprises in Alberta and British Columbia,* Port Alberni, The BC-Alberta Social Economy Research Alliance, 2010.

Eme, B., "La question de l'autonomie de l'économie sociale et solidaire par rapport à la sphère publique," in J.-N. Chopart, G. Neyret and D. Rault, *Les dynamiques de l'économie sociale et solidaire,* Paris, La Découverte, 2006, pp. 171-203.

European Commission, *Commission Recommendation of 6 May 2003 concerning the definition of micro, small and medium-sized enterprises,* 2003/361/EC, Official Journal of the European Union, Brussels, 2003.

———, *NACE Rev. 2. Statistical Classification of Economic Activities in the European Community,* Eurostat, Methodologies and Working Papers, Luxembourg, Office for Official Publications of the European Communities, 2008.

European Commission *et al.,* *System of National Accounts 2008,* New York, United Nations, 2009.

Fioretti, M., *Open Data: Emerging Trends, Issues and Best Practices,* Pisa, Laboratory of Economics and Management, 2011.

IFF Research, *A Survey of Social Enterprises Across the UK. Research Report prepared for The Small Business Service (SBS) by IFF Research Ltd,* London, 2005.

INE (Instituto Nacional de Estatística), *Conta Satélite da Economia Social,* Lisbon, 2012.

INSEE (Institut national de la statistique et des études économiques), *B. Liste des activités soustraites de la sélection sur les catégories juridiques,* Paris, 2012.

———, *Le contenu de la base SIRENE,* Paris, 2013.

Kalton, G., *Practical Methods for Sampling Rare and Mobile Populations,* Proceedings of the Annual Meeting of the Americal Statistical Association, Alexandria, VA, Americal Statistical Association, 2001, pp. 5-9.

Leahy, G. and Villeneuve, F., *State of Social Enterprises Survey 2009,* London, Social Enterprise Coalition, 2009.

Lyberg, L., "Survey Quality," *Survey Methodology,* Vol. 38, No. 2, Catalogue No. 12-001-X, Ottawa, Statistics Canada, 2012, pp. 107-130.

McDougall, B., *Results of the 2006 Feasability Study on the For-Profit Segment of the Com-*

munity Sector, Ottawa, Human Resource and Skill Development Canada, 2007.

Mecherkany, R., *Social Entrepreneurship in Sweden. Government Support and Innovation,* Master's thesis at the Department of Transport and Economics, Royal Institute of Technology (KTH), Stockholm, 2010.

Monzón, J. L., *Las Grandes Cifras de la Economía Social en España, Valencia,* CIRIEC-España, 2010.

Pellet, T., *Étude statistique. Photographie de l'économie sociale et solidaire à Genève,* Geneva, Chambre de l'économie sociale et solidaire, 2009.

Pérez de Uralde, J. M. and Arca, J. M. (eds.), *Informe de Situación de la Economía Social Vasca,* Donostia-San Sebastián, Instituto de Derecho Cooperativo y Economía Social GEZKI (UPV/EHU), 2011.

Spear, R., "Formes coopératives hybrides," *RECMA, Revue internationale de l'économie sociale,* No. 320, 2011, pp. 26-42.

Statistics Canada, *Symposium 2005: Methodological Challenges for Future Information Needs,* Catalogue No. 11-522-XIE, Ottawa, 2005.

――, *Satellite Account of Non-Profit Institutions and Volunteering,* Catalogue No. 13-015-X, Ottawa, 2007a.

――, *North American Industry Classification System (NAICS) 2007,* Catalogue No. 12-501-XIE, Ottawa, 2007b.

――, *A Brief Guide to the Business Register,* Ottawa, Business Register Division, 2010.

――, *North American Industry Classification System (NAICS) 2007,* Catalogue No. 12-501-X, Ottawa, 2012.

Stiglitz, J., Sen, A. and Fitoussi, J.-P., *Report by the Commission on the Measurement of Economic Performance and Social Progress,* Paris, Commission on the Measurement of Economic Performance and Social Progress 2009.

United Nations, *Handbook on Non-Profit Institutions in the System of National Accounts,* Department of Economic and Social Affairs, Statistics Division, Series F, No. 91, New York, 2003.

――, *International Standard Industrial Classification of All Economic Activities (ISIC).* Department of Economic and Social Affairs, Statistical Papers, Series M No. 5, Rev. 4, New York, 2008.

사회적경제 분야의 조직화:
사회적경제와 국민계정체계 안에서 그것을 분류하는 방식

에디트 아르샹보

프랑스 소르본대학 경제연구소 명예교수

"실제로 결과들을 연결하는 것이 아니라 구체적인 내용들을 비교하고 분리하고 분석하고 조정하고 끼워 맞추는 것이 문제인데, 사물들 사이에 질서를 정립하는 것보다 (적어도 겉보기에는) 더 애매하고 더 경험적인 것도 없고, 더 명철한 눈이나 더 충실하고 더 잘 들어맞는 언어를 요구하는 것도 없으며, 어떤 특성과 형태의 확산으로 향하기를 더 끈질기게 요구하는 것도 없다. 의식적으로 대비(對備)하지는 않는다 해도 몇몇 유사한 형상을 비교하고 이런저런 차이에 따라 다른 것과 구별하는 것은 분명히 가능할 것이다. 그렇지만 사실은 가장 순진한 경험의 경우에도 정밀한 조작과 선결 기준의 적용에서 유래하지 않는 유사성이나 구분은 결코 없는 법이다."

—미셸 푸코, 『말과 사물』, 1966, pp. xxi (이규현 옮김, 민음사, 2012, p. 14)

머리말

표준 분류 체계는 기업 부문이라는 복잡한 세계를 단순화하여 제품과 서비스의 국제 교역을 분석하고 생산 부문과 생산물의 국가 간 비교가 가능하도록 개발되었다. 이것은 국제 교역이 시작되면서 만들어져, 처음 나온 국민계정체계보다 훨씬 오래되었다(Vanoli, 2002). 수학적 관점에서 보면 분류 체계는 먼저 크게 나눈 다음 다시 더 세분해 들어가는 방식이다. 그것은 다음과 같은 가설을 토대로 연속적 현실에 비연속성을 도입한다(예를 들면, 가장 작은 생산자에서 가장 큰 생산자까지).

- 이웃한 두 범주보다 한 범주 안에 있는 것들이 더 유사성이 있다.
- 경계에 있거나 모호한 경우도 한 범주로만 분류되고, 이는 언제 어디서나 마찬가지다.
- 분류 체계는 러시아 인형처럼 통합할 수도 있고 분해할 수도 있다.
- 표준 분류 체계는 기술이나 제도, 조직의 변화를 반영하여 정기적으로 개정된다. 이런 변화는 시계열 통계에 불연속성을 가져온다. 이는 역사가나 시계열 흐름을 분석하는 사람에게는 상황을 아주 복잡하게 만드는 문제다. 그들은 연속적 시계열을 연결해야 하기 때문이다. 하지만 분류 체계를 너무 자주 바꿀 필요는 없다. 바꿀 때마다 경제 사회 정책을 평가하고 예측하는 데 토대가 되는 시계열 통계에 단절이 생기기 때문이다.

이는 표준 분류 체계가 처음 사용될 때부터 가계가 소유한 비법인기업보다 법인기업을 나타내는 인공물이라는 말이다. 표준 분류 체계는 또 서비스보다 제품을 더 상세하게 분석하기에 좋고, 집합적 서비스나 분할 가능한 서비스의 비시장 생산과 관련해서도 비영리단체보다 정부 부문을 반영한다.

사회적경제조직도 시장 생산자든 비시장 생산자든 표준 분류 체계에 포함되어야 하고, 완전하게는 아니어도 실제로 포함된다. 이 장에서는 사회적경제조직은 국민계정체계에서 어떻게 분류되고 이 분류 체계의 장점과 단점은 무엇인지를 검토한다. 또한 사회적경제가 사회적 유대를 낳거나 회복하는 데 어떤 역할을 하는지와 함께 사회적경제가 사회 전체에 끼치는 영향을 검토한다.

1. 표준 분류 체계의 장점과 단점

이 절에서는 국민계정체계(System of National Accounts: SNA)에서 사회적경제 단위에 적용되는 표준 분류 체계를 검토한다(SNA 1993와 SNA 2008). 이를 위해 국민계정체계에 대해 어쩌면 부당할 수도 있는 비판이 주기적으로 나오지만 여기서는 그것과 거기서 쓰이는 분류 체계를 기반으로 한다.[1] 국민계정체계는 그것이 설계될 때 하도록 되어 있는 것 이상은 할 수 없다. 하지만 두 가지 대체할 수 없는 중요한 가치가 있다. 통합해주고 힘을 준다는 것이다. 통합해주는 것은 다양한 인간 활동을 목적과 위치에 따라 비교할 수 있게 해주고 공

---

1   이 책에서 Mertens and Marée가 쓴 장을 보라.

통의 양적 척도로 측정할 수 있게 해주기 때문이다. 힘을 주는 것은 국민계정체계가 보편적으로 받아들여지는 일종의 문법으로서 복잡한 현실이나 불완전하게 이해된 상호의존성을 공식화하고 추정하고 분명하게 설명할 수 있게 해주기 때문이다. 수십 년 동안 사용되면서 목적에 맞게 개선되어, 국민계정체계가 지금은 화폐 중심의 틀을 인간화하는 보완적이고 질적인 자료도 통합할 수 있게 되었다(Archambault and Kaminski, 2009). 이러한 개방성은 특히 위성계정에서 볼 수 있다(Stiglitz, Sen and Fitoussi, 2009).

1.1. 사회적경제 단위는 국민계정에서 어떤 제도 부문에 있을까?

국민계정에서 주요 분류 방식은 경제적 행위자를 제도 부문으로 분류하는 것이다. 이것은 먼저 제도 단위의 주요 경제적 기능(예를 들면, 생산, 소비, 금융)에 따라 분류하고, 두 번째로 주요 수입원(예를 들면, 판매, 세금, 임금이나 기타 소득)에 따라 분류한다. 국제적으로 널리 쓰인 1993년판 국민계정체계(이하 SNA 1993)와 더 최근에 나온 2008년도 국민계정체계(이하 SNA 2008)에서는 다음과 같은 체계에 따라 사회적경제 단위를 국민계정의 제도 부문[2]으로 분류하도록 한다. 이는 1995년과 2010년판 유럽 국민계정체계(이하 ESA 1995와 ESA 2010)에서도 마찬가지다.

수입이 주로(ESA 1995에서는 50% 이상) 제품이나 서비스의 판매에서

---

2 SNA 1993, 2.19-20에 따르면, "제도 단위는 자신의 책임 아래 자산을 소유하거나 부채를 질 수 있다. 제도 단위는 경제생활의 모든 측면에 대해 법률적 책임을 지고 의사결정을 하는 중심이다. 이런 제도 단위들은 주요 기능과 주요 자원을 토대로 제도 부문으로 분류된다."

오는 협동조합[3]과 비영리단체[4]는 생산물의 종류에 따라 **비금융법인기업**이나 **금융법인기업**으로 분류된다. 이런 사회적경제조직은 그들이 받는 수수료가 주로 생산 비용에 따라 결정되고 수요에 의미 있는 영향을 줄 정도로 높을 경우 계속 시장 생산자로 취급되어야 한다. **비금융법인기업** 부문에는 상공회의소나 동업조합처럼 사업체에서 자금이 조달되고 사업체의 이익에 봉사하는 비영리단체도 포함된다(SNA 1993, 4.58, 4.59).

상호보험조합은 하위 부문인 **보험회사와 연금기금** 안에 있는 제도 단위나 제도 단위 집단에 생명보험과 상해보험, 질병보험 등을 제공하는 금융법인기업으로 분류된다(SNA 1993, 4.97, 4.98).

제품이나 서비스를 개별 가계에 무료나 경제적으로 의미 없는 가격으로 제공하는 비영리단체는 정부 부문 단위에서 주로(ESA 1995에서는 50% 이상) 자금을 조달하고 통제도 받는 경우 **일반 정부**로 분류된다. 이런 비시장 비영리단체는 또 중앙정부나 공공기관에서 주로 자금을 조달하고 통제도 받는 경우 일반 정부의 하위 부문인 **주정부**로 분류되고, 지방정부 단위에서 주로 자금을 조달하고 통제도 받는 경우는 일반 정부의 하위 부문인 **지방정부**로 분류된다(SNA 1993, 4.62-63). SNA 2008에서는 "결정적 요인은 그 단위가 정부에 속해 있거나 정부의 통제를 받는가"라고 하여, 비영리단체의 수입원이라는 원

---

3 SNA 2008, 4.41에 따르면 "협동조합은 생산자들이 그들의 집합적 생산물의 판매를 조직하기 위해 설립한다. 그런 협동조합의 이익은 협동조합에서 합의된 규칙에 따라 분배된다. 협동조합은 반드시 이익을 보유 주식에 따라 분배하지는 않아도 사실상 법인기업처럼 운영된다."

4 SNA 2008, 4.83에 따르면, "비영리단체는 제품과 서비스를 생산할 목적으로 만들어진 법률적 단체나 사회적 단체이지만, 비영리단체라는 지위로 인해 그것을 설립하거나 통제하거나 그것에 자금을 대는 단위에 수입이나 이윤, 기타 경제적 이익의 원천이 될 수 없다."

래 기준은 사라졌다(SNA 2008, 4.25). 이렇게 SNA 1993에서 SNA 2008로 바뀌면서 이제 **일반 정부**로 분류되는 비영리단체는 줄어들고 **가계에 봉사하는 비영리단체**(non-profit institutions serving households: NPISH, 이하 가계봉사비영리단체)로 분류되는 비영리단체는 늘어났다. 이제는 후자에 정부 부문에서 주로 자금을 조달하는 독립 비영리단체도 포함되기 때문이다.

유급 직원 없이 자원봉사자들이 운영하는 작은 비영리단체는 **가계** 부문으로 분류되어 경상비가 최종 소비로 간주되지만, 다른 제도부문으로 분류되는 비영리단체의 경우는 경상비가 자원봉사로 간주된다(ESA 1995, 2.88).

기타 비시장 비영리단체, 즉 주로 회비나 기부금, 기타 사업소득*으로 마련된 자금으로 급여를 제공받는 피고용인이 적어도 한 명 있거나 주로 중앙정부나 지방정부 단위에서 자금을 조달하지만 통제는 받지 않는 비영리단체는 가계봉사비영리단체로 분류된다. 이 제도 부문은 한편으로는 직능단체나 학회, 정당, 노동조합, 소비자단체, 교회, 종교단체, 사교나 문화, 오락, 스포츠 동호회 같은 회원에 봉사하는 조직으로 이루어지고, 다른 한편으로는 회원의 이익보다 자선이나 공공 목적에 봉사하기 위해 만들어진 조직으로 이루어진다. 이런 자선단체나 구호단체는 개인이나 기업의 기부와 공공이나 국제 지원금이 재원이 된다(SNA 1993, 4. 65-67). 가계봉사비영리단체는 따라서 잔여 부문이고, 그런 단체에 대한 기본 통계 정보가 부족한

---

* 사업소득(earned income)은 비영리단체에서 제품이나 서비스를 판매해서 얻는 소득을 말한다. 이에 반해 기부와 유산, 보조금 형태로 들어오는 소득은 자선소득(voluntary income)이라고 한다. 후자의 경우에는 소득을 제공하는 사람이 그로부터 어떤 물질적 혜택도 받지 않는 것이 특징이다―옮긴이 주.

나라에서는 가계봉사비영리단체 계정은 대개 채워지지 않고, 이런 경우에는 정상이라면 가계봉사비영리단체 단위로 분류되었을 단체가 가계로 분류되거나 그냥 무시된다.

요약하면, 국민계정에서는 사회적경제가 〈표 1〉에서 볼 수 있듯이 다섯 가지 제도 부문으로 세분된다.

〈표 1〉 국민계정에서 사회적경제조직을 분류하는 방식

사회적경제조직	SNA 1993의 제도 부문
비금융 협동조합	비금융법인기업, S11
시장 비영리단체	비금융법인기업, S11
협동조합과 상호은행, 저축대부조합 등	금융법인기업, S12
상호보험조합과 상호의료조합	금융법인기업. S12
비시장 비영리단체(주로 정부 단위에서 자금을 조달하고 통제도 받는)	일반 정부, S13
피고용인이 없는 비영리단체	가계, S14
다른 부문으로 분류되지 않는 비영리단체	가계에 봉사하는 비영리단체, S15

출처: Archambault and Kaminski, 2009.

SNA 분류 체계의 장점은 모든 생산자와 소비자가 한 제도 부문으로, 한 제도 부문으로만 분류된다는 것이다. 그리고 모든 경제적 거래가 현재 계정과 누적 계정, 대차대조표로 기술된다. 이들 계정의 차감 항목은 부가가치와 영업잉여, 가처분소득, 저축, 순자산 같은 중요한 집계 변수이다.

이런 분류 체계의 첫 번째 단점은 당연히 사회적경제가 여러 제도 부문으로 분산되어 사회적경제의 경제적 비중을 포착할 수 없다는 것이다. SNA 2008는 비영리단체와 관련해서는 상당한 개선이 이루어졌다. 일반 정부처럼 금융법인기업이나 비금융법인기업도 세분하여 비영리단체를 별도의 하위 부문으로 보여주도록 했고, 그래서 국민계정에서 비영리단체의 위성계정을 도출하기도 쉬워졌기 때문이다(SNA 2008, 4.35). 이보다 더 일반적인 단점 하나는 사회적경제 단위의 경제적 거래를 다른 기능보다 우위에 두었다는 것이다. 따라서 사회적경제가 사회적 유대에 끼치는 영향이나 정치적 영향을 측정할 수 없다. 사회적경제 위성계정의 특정한 지표들을 통해 그런 것을 다시 도입할 수는 있지만 말이다.

이런 단점을 극복하고 비영리단체 위성계정을 작성하기 쉽도록 SNA 2008에서는 이렇게 말한다.

> SNA 1993과 마찬가지로 SNA 2008도 동기나 과세 지위(tax status), 피고용인의 유형, 종사하는 활동에 관계없이 비영리단체를 다양한 부문으로 분류한다. 비영리단체 전체를 '시민사회'의 증거로 보려는 경향이 확대되는 것을 인정하여 SNA 2008은 국민계정에서 모든 비영리단체 활동을 요약한 보충 표를 따로 작성할 수 있도록 법인기업과 정부 부문에 있는 비영리단체를 별개의 하위 부문으로 확인할 수 있도록 하라고 권고한다.[5]

---

5 시민사회의 어떤 부분이 사회적경제에 참여한다고 봐야 하는가 하는 문제는 여전히 남아 있다. 이에 대한 논의는 Bouchard, Cruz Filho and St-Denis(2011)를 보라.

1.2. 사회적경제 단위는 무엇을 생산하는가?

　법인기업과 비법인기업의 경제적 기능을 분석할 때 두 가지 국제
분류 체계가 사용된다. 국제표준산업분류(International Standard Industrial
Classification of All Economic Activities: ISIC)와 국제생산물분류(Central Product
Classification: CPC)이다. 일반적으로는 생산물이 활동과 대응 관계에 있
지만, 활동과 생산물 사이에 언제나 일대일 대응 관계가 존재하는
것은 아니다. 어떤 활동은 하나 이상의 생산물(결합 생산물)을 생산하
고 어떤 생산물은 다양한 생산 기술을 이용하여 생산할 수도 있기
때문이다(SNA 2008, chapter 5). 하지만 국제표준산업분류는 네 가지 수
준만 제시하지만 국제생산물분류는 다섯 가지 수준을 제시해 더 상
세하다.

1.2.1. 국제표준산업분류(ISIC)

　국제표준산업분류에서는 법인기업과 일반 정부에 속하는 기업을
포함한 기타 기업, 가계봉사비영리단체와 기타 사회적경제기업을
주요 활동을 토대로 산업별로 분류한다.[6] 따라서 가장 낮은 분류 수
준에서는 한 산업에 같은 활동을 하는 기업들이 모인다. 국제표준
산업분류(와 이것을 지역에 맞게 고친 북아메리카의 NAICS나 유럽의 NACE 등)에
서는 세 가지 기준에 따라 산업을 분류한다. 그것을 중요한 순서로

---

6 주요 활동은 부가가치를 가장 많이 창출하는 활동이나 매출액이 가장 높은 활동, 또는 피고용인이
　가장 많은 활동으로 결정될 수도 있다.

말하면 다음과 같다.

1. 제품이나 서비스의 물리적 구성과 제조 단계
2. 제품이나 서비스의 용도
3. 생산에 투입되는 것과 생산 과정, 생산 기술

물론 기준 1과 3은 서비스보다 제품 생산에 해당되고, 기준 2는
제품보다 서비스에 해당된다. 국제표준산업분류와 이와 쌍둥이인
국제생산물분류는 기술 진보로 금방 시대에 뒤떨어져 자주 개정된
다. 예를 들면, 국제표준산업분류의 최신판인 국제표준산업분류 제
4차 개정판에는 많은 IT 생산물이나 전자상거래와 온라인 서비스
가 부가되었다. 〈표 2〉는 국제표준산업분류 제4차 개정판의 분류 중
가장 낮은 수준의 분류이다.

〈표 2〉 국제표준산업분류 제4차 개정판

A. 농업, 임업 및 어업
B. 광업 및 채석업
C. 제조업
D. 전기, 가스, 증기 및 공기조절 공급업
E. 수도업 : 하수처리업, 폐기물 관리 및 재생업
F. 건설업
G. 도매 및 소매업 : 자동차와 오토바이 수리업
H. 운수 및 창고업
I. 숙박 및 음식점업
J. 정보통신업
K. 금융 및 보험업

L. 부동산업

M. 전문, 과학 및 기술 서비스업

N. 사업 관리 및 지원 서비스업

O. 공공행정, 국방 및 사회보장

P. 교육 서비스업

Q. 보건업 및 사회복지서비스업

R. 예술, 연예, 오락 관련 서비스업

S. 기타 서비스업

T. 가구 내 고용활동 및 달리 분류되지 않는 자가소비 제품이나
서비스 생산활동

U. 국외 조직과 단체 활동

---

http://unstats.un.org/unsd/cr/registry/regcst.asp?Cl=27&Lg=

출처 : SNA 2008, Annex 1.

사회적경제는 이 모든 산업에 종사하지는 않고, 종사하는 부문의 유형이나 양도 나라마다 다르다. 개발도상국에서는 사회적경제 단위가 B, E, O 산업과 S, T, U 산업에는 거의 존재하지 않는다. 하지만 농업과 임업, 어업, 금융과 보험업, 교육서비스업, 보건업과 사회복지서비스업에 많고, 예술과 연예, 오락 관련 서비스업에도 많다.

국제표준산업분류의 주요 장점은 사회적경제의 나라 간 비교가 가능하다는 것이다. 모든 분류에 포함된 주석의 상세한 설명 덕분에 대략적으로 말하면[7] 같은 활동을 같은 산업으로 분류할 수 있게 해주기 때문이다. 국제표준산업분류는 또 사회적경제 단위를 다른

---

7 두 나라나 다수의 나라를 비교하려면 각 나라의 통계 전문가들의 습관을 고려해야 한다. 이러한 맥락에서 Flacher and Pelletan(2007)는 유럽과 미국 사이에 관행의 차이가 존재하지만 이런 차이가 활동 분류 체계가 수렴되면서 점차 작아지고 있다고 강조한다.

기업과 비교할 수 있게 해주고, 따라서 사회적경제의 "시장 점유율"도 측정할 수 있게 해준다. 프랑스 국립경제통계연구소에서는 프랑스에서 그렇게 측정한 사례를 보여준다.

〈표 3〉 2010년도 사회적경제 고용이 산업별 전체 고용에서 차지하는 비율

산업	전체 고용에서 차지하는 비율
A. 농업, 임업, 어업	4.4%
B~F. 제조업 + 건설업	1.1%
그 가운데 음식과 음료, 담배 생산물 제조	4.7%
G~I. 도매 및 소매업, 운수업, 숙박업	1.8%
그 가운데 도매 및 소매업	1.9%
K. 금융 및 보험업	30.2%
J, L~N. 정보업, 부동산업, 전문 서비스 및 지원 서비스업	4.2%
P. 교육서비스업	20.0%
Q. 보건업과 사회복지서비스업	18.6%
그 가운데 보건업	11.4%
그 가운데 사회복지서비스업	62.4%
R. 예술과 연예, 오락 관련 서비스업	42.9%
사회적경제 전체	10.3%

출처: INSEE-CLAP Tableaux harmonisés de l'économie sociale 2010.

이 표는 프랑스에서는 사회적경제가 주로 서비스를 생산한다는 것을 보여주며, 이는 다른 나라의 연구 결과와도 일치한다. 프랑스에서는 협동조합이 생산하는 제품이 농업과 식품제조업에 집중되어 있다. 또한 협동조합과 상호조합은 금융 및 보험업에서 아주 많이 활동하고, 비영리단체는 교육과 보건업, 사회복지서비스업 같은 복지국가 관련 서비스업에서 차지하는 비중이 상당하다. 예술과 연

예, 오락 관련 서비스업은 주로 결사체에서 한다.

다시 국제표준산업분류로 돌아가면, 서비스 생산에 주로 투입되는 것은 노동이다. 이런 노동집약적 산업에서는 유급 고용이 분명하게 기록된다. 하지만 결사체와 재단에는 주로 자원봉사활동이 투입되고 정도는 덜해도 상호조합과 협동조합의 경우도 마찬가지인데, 이런 자원봉사활동은 간과된다. 유급 고용 대비 자원봉사활동 비율이 산업에 따라 다르기 때문에, 비영리단체의 산업 구조는 왜곡될 수 있고, 따라서 사회적경제의 산업 구조도 마찬가지다. 이것이 국제표준산업분류 분류 체계의 첫 번째 단점이다.

또 다른 단점은 주요 경제활동에 따른 국제표준산업분류의 분류 체계가 비영리단체에는 별로 적합하지 않다는 것이다. 비영리단체는 제품이나 서비스를 생산하기보다 어떤 가치를 옹호하거나 변호하기 때문이다. 사실 국제표준산업분류는 시장경제를 상세하게 나타내도록 설계되어, 서비스 생산보다 제품 생산에 더 초점이 맞춰져 있다. 기술 진보에 따라 새롭게 도입되는 제품과 서비스를 통합하기 위해 주기적으로 개정되지만, 여전히 정부 부문의 비시장 생산과 비영리단체에서 생산하는 대부분의 서비스에는 잘 맞지 않는다. 최신판인 국제표준산업분류 제4차 개정판과 국제생산물분류 제2차 개정판은 이전 판에 비해 나아졌지만, 여전히 원래 설계된 체계에서 많이 벗어나지 못했다.

1.2.2. 국제생산물분류(CPC 제2차 개정판)

위에서 언급했듯이, 국제생산물분류는 국제표준산업분류와 거의

동일하지만 가장 낮은 분류 수준에서는 훨씬 상세하다. 특히 국제
생산물분류 제2차 개정판은 〈표 4〉에서 볼 수 있듯이 사회복지서비
스업에 해당하는 지역사회서비스와 사회서비스, 대인서비스를 932
번에서 935번까지 아주 정확하게 세분해놓았다.

〈표 4〉 지역사회서비스와 사회서비스, 대인서비스의 분류

분류 체계
대분류: 9―지역사회서비스와 사회서비스, 대인서비스
중분류: 93―보건업과 사회돌봄서비스

내용
이 업종은 다음과 같이 분류된다.
931―보건업
932―노인과 장애인을 위한 재가돌봄서비스
933―숙박이 제공되는 기타 사회서비스
934―노인과 장애인을 위한, 숙박이 제공되지 않는 사회서비스
935―숙박이 제공되지 않는 기타 사회서비스

출처: SNA 2008, Annex 1.

비영리단체의 분류 체계에서 또 하나 결정적으로 개선된 것은 **다
른 곳으로 분류되지 않는 기타 회원 기반 조직**이 제공하는 서비스를
아주 상세하게 분류한 점일 것이다. 대부분의 나라에서는 이런 잔
여적 위치를 사용하는 것이 가치가 없을 정도로 너무 일반적인데,
이는 분류 작업을 하는 사람이 그저 게으른 탓이 아니라면 분류 체
계가 적절하지 않거나 다수의 활동을 하는 조직의 주요 활동을 결
정하기 어려운 탓이다. 〈표 5〉는 코드번호 9599번을 다섯 자릿수 코

드번호로 세분한 것이다.

〈표 5〉 기타 회원 기반 조직이 제공하는 서비스의 분류

분류 체계

대분류 : 9. 지역사회서비스, 사회서비스, 대인서비스

중분류 : 95. 회원 기반 조직에서 제공하는 서비스

소분류 : 959. 기타 회원 기반 조직에서 제공하는 서비스

세분류 : 9599. 다른 곳으로 분류되지 않는 기타 회원 기반 조직에서
제공하는 서비스

내용

95991 — 인권단체에서 제공하는 서비스

95992 — 환경보호단체에서 제공하는 서비스

95993 — 기타 특별한 집단 옹호 서비스

95994 — 기타 시민생활 개선과 지역사회 시설 지원 서비스

95995 — 청소년 단체에서 제공하는 서비스

95996 — 보조금-기부 서비스

95997 — 문화와 오락 관련 결사체 (스포츠나 게임이 아닌)

95998 — 기타 시민단체와 사회조직

95999 — 기타 회원 기반 조직이 제공하는 서비스

출처 : SNA 2008, Annex 1.

1.2.3. 국제비영리단체분류

국제표준산업분류 제3차 개정판[8]의 빈 곳을 채우기 위해 존스홉
킨스대학 비영리 부문 비교 연구 프로젝트의 국제 연구팀은 국제비

---

8 국제표준산업분류 제4차 개정판 전에는 국제표준산업분류 제3차 개정판이 사용되었다. 전자는 후자
에 대한 비판 덕분에 개선되었다.

영리단체분류(International Classification of Non-profit Organizations: ICNPO)를 시험하고 채택했다. 12개 군과 30개 하위 군으로 구성된 이 임시 분류 체계는 국제표준산업분류와 국제생산물분류에도 편입될 수 있다.

이러한 일관성은 두 가지 장점이 있다. 먼저 각 나라의 필요와 요건에 따라 하위 집단에 그 나라에 맞는 명칭을 부여할 수 있다. 예를 들면, 북유럽 나라들과 프랑스어를 쓰는 나라들에서는 **문화와 오락 활동** 안에 **대중교육**이나 **사회적 관광**(social tourism) 같은 하위 집단을 추가해도 무리가 없을 것이다.

주의할 것은 ICNPO는 비영리단체에만 타당성이 있다는 것이다. 그러나 ICNPO를 국제표준산업분류에 통합할 수 있어 좋은 점 또 하나는 사회적경제 전체를 분석할 때 협동조합과 상호조합이 종사하는 식품가공업과 도소매업, 보험서비스와 금융서비스업 같은 특수한 산업을 보고할 수 있다는 것이다.

ICNPO는 주로 제공하는 서비스의 성격을 토대로 하여 원래 그것을 설계한 목적에 잘 맞는다는 것을 보여주었고, 이는 위에서 언급한 프로젝트의 2단계에 참여한 36개 나라에서 대부분 잔여 범주인 12가 비었다는 사실로도 입증되었다. 사실 명명법의 질은 잔여 범주가 얼마나 사용되지 **않는가**로 추정될 수 있다. 이러한 성공 덕분에 ICNPO는 약간의 수정만으로 2003년에 국제연합에서 발행한 『비영리단체 위성계정 핸드북』에 채택되었다.[9]

---

9 이 분류 체계에는 일반적으로 협동조합과 상호조합에서 조직하는 활동, 즉 시장 지향적 활동을 위한 범주는 없어, 사회적경제 전체를 다루고자 할 때는 그것을 확장하거나 수정할 필요가 있다. 국제표준산업분류는 그런 확장을 하는 데 좋은 토대가 된다. 그런 분류의 예에 관해서는 Bouchard *et al.*(2008)을 보라.

1. 문화 및 오락

11. 문화 (언론과 통신, 예술, 행위예술: 박물관, 학회)

12. 스포츠

13. 오락 (오락, 사회적 관광, 서비스 클럽)

2. 교육과 연구

21. 초등, 중등, 고등 교육

22. 기타 교육 (훈련과 성인교육, 동창회, 사친회 비영리단체)

3. 보건

31. 병원과 재활: 양로원

32. 기타 보건서비스 (위기개입, 위생교육, 응급처치, 자조)

4. 사회서비스

41. 재가서비스 (장애인과 노인, 노숙자 등을 위한)

42. 숙박을 제공하지 않는 사회서비스 (소득 지원, 물질적 지원, 주간보호, 아동
과 가족 복지, 재가서비스: 긴급구호 자선단체)

5. 환경 (오염 방지, 자연자원 보호, 동물 보호)

6. 개발 및 주거

61. 경제적, 사회적, 지역사회 개발

62. 건설 또는 재활: 학생과 노동자 등을 위한 주거와 […]지원

63. 고용과 현장 훈련, 직업 재활

7. 법과 옹호, 정치

71. 비영리 시민단체와 옹호단체

72. 법률과 법률서비스 (범죄예방과 재활, 피해자 지원, 소비자 보호)

73. 정치조직

8. 자선단체와 자원봉사활동 촉진

9. 국제 활동 (교환 프로그램, 개발 지원과 구호)

10. 종교 (종교 집회와 결사체)

11. 사업자단체와 직능단체, 노동조합

12. 다른 곳으로 분류되지 않는 단체

출처: Salamon, Sokolowski *et al.*, 2004.

1.3. 사회적경제 단위는 어떤 종류의 기능을 하는가?

SNA에서 기능 분류는 사회적경제 단위의 대다수가 포함되는 비시장 생산자(중앙정부와 지방정부, 가계봉사비영리단체)의 목적이나 목표를 식별하기 위해 제안되었다. 이러한 분류는 정부와 가계봉사비영리단체는 집합재나 긍정적 외부효과가 있는 사유재의 제공을 통해 시민의 필요에 대응한다는 것을 보여준다.

가계봉사비영리단체의 경우에는 "가계에 봉사하는 비영리단체의 목적별 분류"(Classification of the Purposes of Non-Profit Institutions Serving Households: COPNI)가 충족되는 사회적 필요에 따라 가계봉사비영리단체의 다양한 지출 내역을 기술하는 데 유용하다. 하지만 거의 어떤 나라도 이런 단체에 대해 그렇게 상세한 정보를 수집하지 않아, 실제로 COPNI도 사용되지 않았다. 그러나 SNA 2008의 COPNI가 그 이전 판인 SNA 1993보다 훨씬 상세하고 ICNPO에 훨씬 가깝다는 점에서 안타까운 일이다.

〈표 7〉 가계에 봉사하는 비영리단체의 목적별 분류 (SNA 2008)

01—주거
 —주거
02—보건
 02.1—의료 제품, 기구, 장비
 02.2—외래환자 서비스
 02.3—병원 서비스
 02.4—공중보건 서비스
 02.5—보건 연구개발
 02.6—기타 보건 서비스

03 ― 오락 및 문화

　03.1 ― 오락 및 스포츠 서비스

　03.2 ― 문화 서비스

04 ― 교육

　04.1 ― 취학전 교육 및 초등 교육

　04.2 ― 중등 교육

　04.3 ― 중등 후 비고등 교육

　04.4 ― 고등 교육

　04.5 ― 수준별로 정의할 수 없는 교육

　04.6 ― 연구 개발 교육

　04.7 ― 기타 교육 서비스

05 ― 사회 보호

　05.1 ― 사회 보호 서비스

　05.2 ― 사회 보호 연구 개발

06 ― 종교

　06.0 ― 종교

07 ― 정당, 노동단체, 직능단체

　07.1 ― 정당 서비스

　07.2 ― 노동단체 서비스

　07.3 ― 직능단체 서비스

08 ― 환경 보호

　08.1 ― 환경 보호 서비스

　08.2 ― 환경 보호 연구 개발

09 ― 다른 곳으로 분류되지 않은 서비스

　09.1 ― 다른 곳으로 분류되지 않는 서비스

　09.2 ― 다른 곳으로 분류되지 않는 연구개발 서비스

---

http://unstats.un.org/unsd/cr/registry/regcst.asp?Cl=6&Lg=1

출처: SNA 2008, Annex 1.

COPNI의 잠재적 장점은 연구개발 서비스와 옹호 활동을 목적으로 포함시킨 것이다. 이 분류는 정부(정부의 총지출의 기능별 분류인

COFOG를 통해)[10]와 가계봉사비영리단체가 집합재나 준집합재를 제공하는 역할을 비교하는 데도 적합하다. 정부 단위가 이런 집합재나 준집합재 제품과 서비스를 제공할 수 없거나 제공하려고 하지 않을 때는 특히 의미가 있다. COPNI와 "개인 소비의 목적별 분류"(Classification of Individual Consumption According to Purpose: COICOP)는 비교하기도 쉽고, 가계의 복지 및 생활 여건과 관련해 둘을 비교하는 것도 의미가 있다.

하지만 COPNI는 단점도 있다. 목적은 생산물보다 계량하기 어렵다. 서비스 생산물이라도 마찬가지다. 목적은 생산물보다 물질적이지 않다. 또한 목적을 먼저 선언해야 해서, 선언된 목적이 최종 생산물과 다를 수도 있다. 마지막으로 COPNI는 다목적 비영리단체는 얼마나 잘 파악할 수 있을까? 다수의 활동을 추구하는 기업에서는 그 기업의 주요 활동이 그 기업의 부가가치나 매출액에서 가장 많은 몫을 차지하는 활동이다. 그렇지만 다목적 비영리단체에는 이렇게 접근할 수 없으며, 그렇게 접근할 경우 잔여 범주인 "다른 곳으로 분류되지 않는 서비스"(〈표 7〉의 09)가 지나치게 커지는 결과를 낳을 것이다.

---

10 United Nations Statistics Division, Classification of the Functions of Government, online: http://unstats.un.org/unsd/cr/registry/regcst.asp?Cl=4&Top=2&Lg=1.

2. 표준 분류를 넘어서

2.1. 사회적경제 단위가 창출하는 사회적 유대 측정하기

표준 분류 체계는 직접적으로나 간접적으로나(중간소비를 통해) 한 나라의 국민총생산(GDP)에 기여하는 모든 거래를 기술하여 국민계정을 작성하는 데 도움이 되도록 설계되었다. 이렇게 GDP에 초점을 둔 탓에 표준 분류 체계는 시장 거래와 비시장 현금이전이나 현물이전이 만들어내는 사회적 유대를 간과할 수밖에 없다. 그러나 사회적경제 단위는 주식회사나 법인기업과 달리 자본이 아니라 사람들의 결사체이기 때문에 무엇보다도 사회적 유대가 먼저다. 사회적경제 단위는 Putnam(2009)이 증명해 보여주었듯이 사회적 자본의 주요 구성 요소이다. 이런 사회적 유대를 측정하는 일은 드물지만, 만일 측정한다면 사회적경제 단위의 거버넌스와 소유 구조의 유형을 정확히 반영하기 위해 그에 걸맞은 특수한 분류 체계가 필요할 것이다.

2.1.1. 사회적경제의 조합원 간 유대 측정하기

사회적경제는 세 가지 유형의 조합원을 보여주는데, 이들은 사회적경제조직의 조합원이면서 또 다른 기능을 한다. 첫째, 노동자협동조합에서는 조합원이 대개는 동시에 피고용인이다. 둘째, 대부분의 협동조합과 상호보험조합(소비자협동조합, 협동조합은행이나 상호은행, 상호재해보험이나 상호의료조합, 상호생명보험), 조합원(또는 회원)의 이익에 봉사하는 비영리단체에서는 조합원(또는 회원)이 고객이기도 하다. 셋째, 독립 노동자나 비법인 조직(농부나 기술자, 상인들)을 대표하거나 그들의 공동 목적을 위해 결성된 협동조합에서는 조합원이 중간 생산물의 고객이거나 자체 생산물의 판매자이다.

이 세 가지 유형의 조합원 안에서 이들이 하는 이중 기능은 이들 사이에 사회적 유대를 낳을 가능성을 높인다. 예를 들면 이런 조직의 조합원은 더 많은 모임에 참석해달라는 권유를 받는다. 조직의 이사회를 선출하고 조직의 활동과 산출물, 경영에 대한 보고를 받는 연례 정기총회도 그 가운데 하나다. 물론 사회적 유대는 규모가 작은 사회적경제조직보다 규모가 큰 사회적경제조직이 약하다.

사회적경제에는 조합원이 수혜자일 수도 있는 네 번째 유형의 구성원도 있다. 그러나 이 경우에는 두 가지 기능이 훨씬 명백하게 분리되어 있다. 이는 주로 공익이나 공동선을 위해 일하는 결사체에 해당된다.[11] 여기서는 조합원이 비영리단체에 속해 있다고 해서 그로부터 직접 혜택을 볼 수 있는 것은 아니다. 하지만 조합원이나 회원 중심의 비영리단체에서 볼 수 있듯이 이들은 모임에 참석함으로써 사회적 유대를 쌓을 기회를 갖는다. 또한 자원봉사자로서 조직에 봉사함으로써 사회적 유대를 쌓을 기회를 더 높일 수도 있다.

이렇게 조합원을 네 범주로 구분하는 것이 조합원을 분류하는 출발점일 수 있다. 국제 수준에서는 비영리단체들이 협동조합이나 상호조합보다 조합원이나 회원에 대한 지식이 더 많다. 그중에서도 앵글로색슨 나라들에서는 비영리단체에서 조합원이나 회원에 대한

---

[11] 재단에는 조합원이나 회원이 없다.

자료와 지식이 있는 게 일반적이고, 그것은 장기간에 걸친 자료와 정보를 제공한다. 그러나 이런 자료도 국가 간 비교가 가능한 일은 거의 없다. 유럽연합은 두 가지 조사 덕분에 사정이 약간 다르다. 하나는 "가계수입 및 생활형편에 대한 조사"(Survey on Income and Living Conditions of Households: SILC)이고, 다른 하나는 신뢰성이 조금 떨어지지만 유럽가치연구(European Values Study)이다. 이 두 조사에서는 조합원이나 회원의 사회-인구학적 특성과 그들이 속한 비영리단체의 산업 부문에 따라 조합원이나 회원을 분류한다. 하지만 안타깝게도 두 조사에서 산업 부문에 따라 분류한 것은 터무니없다. 지나치게 폭넓을 뿐 아니라 불완전하거나 시대에 뒤떨어졌기 때문이다.[12]

2.1.2. 자원봉사활동의 측정과 분류

자원봉사활동은 아직 국민계정의 범위에 있지 않다. 주로 여성이 수행하는 무급 가사 활동(Stiglitz et al., 2009)과 마찬가지다. 이것도 여전히 사용되는 생산의 범위 바깥에 있다. 그래도 SNA 2008은 그 이전 판인 SNA 1993보다 좀 더 폭넓은 생산의 정의를 제안한다.

> 경제적 생산은 투입되는 노동과 자본, 제품이나 서비스를 사용하는 제도 단위의 통제와 책임 아래 수행되는 활동으로 정의할 수도 있을 것이다… 경제적 의미에서 생산적이지 않은 활동에는 먹고 마시고 자고 운

---

12 예를 들면 SILC 2008에서는 보건이나 사회서비스 조직, 자선단체; 스포츠; 문화; 오락; 옹호와 로비 단체; 노인 동호회; 노동조합과 직능조합으로 분류했다(SILC 2008).

동하는 것처럼 한 사람이 다른 사람을 고용하여 대신 하게 할 수 없는 기본적인 인간 활동이 포함된다(SNA 2008, 6.24-25).

그러나 현재 자원봉사활동을 통한 서비스 생산은 사회적경제 단위의 통제와 책임 아래 수행된다. 이런 조직들도 투입되는 노동과 자본, 중간재인 제품이나 서비스를 사용한다. 또한 자원봉사활동은 제3자라는 기준에도 부합한다. 일반적으로 자원봉사활동을 어떤 유급 노동으로 대체할 수 있기 때문이다(Hawrylyshyn, 1977). 따라서 자원봉사활동은 가사노동처럼 넓은 의미의 생산과 좁은 의미의 생산 사이 어딘가에 있다.

게다가 SNA 2008에서 가계 안에서 자가 사용을 위해 생산하는 서비스를 좁은 의미의 생산에서 배제하는 것을 정당화하는 다음과 같은 이유 가운데 어느 것도 사회적경제조직의 자원봉사활동에는 타당하지 않다.

이런 활동이 비교적 시장과는 별개로 독립적으로 이루어지고, 그 가치에 대해 경제적으로 의미 있는 추정을 하기가 극도로 어려운 점, 그것이 정책 목적을 설명하고 시장과 시장의 불균형을 분석하는 것을 무용하게 만들어버리는 점(SNA 2008, 6.30).

사실 자원봉사자의 활동은 제품과 서비스 시장으로부터도 독립되어 있지 않고 노동시장으로부터도 독립되어 있지 않다. 자원봉사활동 시간에 경제적 가치를 매기는 것도 불가능하지 않다. 자원봉사활동은 사회적으로 조직되어 무급 가사노동보다 훨씬 쉽게 유급 노동과 비교할 수 있고, 따라서 자원봉사활동의 화폐가치 측정도 훨씬 임의로 이루어지지 않는다(Archambault and Prouteau, 2009). 마지막으로 자원봉사활동 시간은 무급 가사노동보다 비중이 훨씬 작아, 노동시장의 균형 상태를 바꾸지 않는다. 게다가 사회적경제조직과 자원봉사자에게는 경제적 사회적 정책도 분명하게 영향을 미쳐, 때로는 사회정책이 사회적경제조직과 함께 논의되기도 하고, 사회정책을 사회적경제조직을 통해 시험하거나 사회적경제조직이 그것을 시험하기도 한다.

전반적으로 상호조합과 비영리단체에서 일어나는 자원봉사활동은 측정하는 경향이 있다. 자원봉사활동이 이들 조직의 "부가가치"에 크게 기여한다고 생각되기 때문일 것이다. 비교적 전문화된 곳에서는 자원봉사활동이 이사진이나 다른 선출직 조합원으로서 하는 일에 국한되지만 말이다. 자원봉사자들은 대개 조직의 조합원이나 회원이고, 대부분의 나라에서는 조합원이나 회원 가운데 둘 중 하나는 정기적으로 또는 가끔씩 어떤 종류의 자원봉사활동에 참여한다(SILC 2008). 하지만 조합원이나 회원만 자원봉사활동을 할 수 있는 것은 아니다. 예를 들면, 어쩌다 특별한 행사 같은 것이 있을 때만 조직을 위해 일하는 사람도 많고, 조합원이나 회원이 아니어도 정기적으로 조직을 위해 일하는 사람도 많다.

지금도 자원봉사활동에 대한 조사가 이루어지지만 이것이 정기적이기도 않고 서로 비교할 수도 없어, 국제노동기구(International Labor Organization: ILO)에서는 직접 펴낸 『자원봉사활동 측정 매뉴얼』(Manual on the Measurement of Volunteer Work)에서 공동의 방법론과 분류 체계를 채택하자고 한다(ILO, 2011). 아래에서 우리는 이 『매뉴얼』에 나와 있는 자원봉사활동의 정의와 범위, 분류 체계를 제시하고 검토할 것이다. 자원봉사활동의 정의는 다음과 같다.

의무적으로 하지 않아도 되는 무급 노동. 즉 개인이 보수를 받지 않고 어떤 조직을 통해서나 아니면 직접 자신의 가계 밖에 있는 타인을 위해 수행하는 활동에 투여하는 시간[13](ILO, 2011, 3.5).

이 국제적 정의는 현재 이루어진 조사에서 발견되는 대부분의 정의보다 훨씬 포괄적이다. 후자는 일반적으로 조직된 자원봉사활동에만 관심을 기울인다. ILO의 정의는 자원봉사자의 가계와 가족 밖에 있는 사람에게 제공되는 직접 지원도 자원봉사활동에 포함한다. 하지만 여기서는 이 장의 목적에 따라 자원봉사활동 중에서도 조직된 유형의 자원봉사활동에만 관심을 기울인다. 자원봉사활동은 다양한 목적을 위해 할 수 있다. 사람이나 동물, 환경을 위해 할 수도 있고 넓은 지역사회를 위해 할 수도 있다. 자원봉사활동은 분할할 수 있는 제품과 서비스뿐 아니라 집합재 형태의 제품과 서비스도 제공한다. 자원봉사활동은 사회적경제 밖에 있는 조직, 특히 정부기관과 지역사회에도 유익하고 민간기업에도 유익할 수 있다.

다른 활동과 구분하기 어려운 경우, 즉 경계 사례는 모든 분류에서 그렇듯이 원칙에 따라 자원봉사활동의 범주에 포함되거나 배제되어야 한다. 위 정의에서는 첫째, 자원봉사활동은 법에 따라 의무

---

[13] UN, 2003, 4.45에서는 다음과 같이 정의한다: "화폐로 보상하지 않거나 법률적 의무가 없는데도 자원봉사자의 가계 밖에 있는 사람을 위해 제공하는 일."

적으로 해야 하거나 물리적 힘에 의해 강요되는 것이 아니어야 한다고 한다. 따라서, 예를 들어 징역형 대신 지역사회를 위해서 하는 일은 자원봉사활동에서 배제된다. 하지만 강력한 사회적 압력에 밀려서 하는 자원봉사활동을 자원봉사활동이 아니라고 할 수 없다.

둘째, 자원봉사활동과 여가활동은 위에서 말한 제3자라는 기준에 따라 구분된다(Hawrylyshyn, 1977). 이는 무료 테니스 강습을 해주는 것은 자원봉사자를 유급 코치로 대체할 수 있으니 자원봉사활동이라는 말이다. 이와 반대로 테니스를 치는 것은 아무도 누군가에게 돈을 주고 대신 하게 할 수 없으니 여가활동이다. 하지만 제3자라는 기준이 훨씬 전투적인 활동이나 지나칠 정도로 강력한 감정적 애착을 가지고 하는 활동에는 잘 들어맞지 않는다. 예를 들어 내가 어떤 주의주장을 옹호하기 위해 어떤 사람에게 돈을 주고 내 대신 거리에서 시위를 해달라거나 병원에 있는 환자를 방문해달라고 할 수 없다. 하지만 대부분의 나라에서는 이런 활동을 전통적인 자원봉사활동으로 여긴다.

셋째, 자원봉사활동과 유급 노동은 계약이나 유급 고용에 따른 임금의 존재로 훨씬 구분하기 쉽다. 그러나 프리랜서 일은 대개 처음에는 수입이 없어 예외가 될 수 있다. 더군다나 임금노동자와 자원봉사자 사이에는 회색지대가 존재하여, 둘 중 하나로 간단히 분류하기가 쉽지 않은 경우도 있다. 경비를 지나치게 후하게 주는 일이나 고용주가 임금 이외에 제공하는 부가 혜택, 젊은이들이 최저임금 이하의 보상을 받고 시민을 위해 제공하는 자원봉사 서비스 등이 그런 것들이다.

자원봉사활동을 훈련이나 교육과 가르는 선도 분명하게 해야 한다. 공부하는 데 쓰는 무급 시간은 당연히 자원봉사활동에서 배제되어야 한다. 학생이 다른 사람에게 자신을 위해 대신 공부해달라고 할 수 없기 때문이다. 하지만 사회적경제조직이나 다른 조직에서 무급 인턴으로 일하는 것이나 학생이 자원봉사활동을 하는 것은 그것이 자발적으로 하는 일이라면 자원봉사활동의 범위에 들어가지만, 학업을 마치기 위해서 반드시 해야 되는 일이라면 자원봉사활동의 범위에 들어가지 않는다.

이러한 틈을 메우기 위해 위에서 말한 『자원봉사활동 측정 매뉴얼』에서는 통계기관에 각 노동력조사(Labor Force Survey)에 자원봉사 부문을 간략하게 보완해 넣도록 권고한다. 노동력조사는 국제적으로 표준화된 자료 수집 프로그램이라서, 이렇게 하면 자원봉사활동과 유급 노동을 같은 산업분류체계와 직업분류체계로 관찰할 수 있다.

국제표준산업분류 제4차 개정판은 이것을 토대로 각 나라에서 만들거나 여러 나라가 함께 만든 표준산업분류와 함께 노동력조사에서 주요 분류 체계로 쓰여, 『매뉴얼』에서는 이 제4차 개정판을 이용해 어떤 자원봉사활동이 어떤 산업에서 일어나는지를 확인하도록 권고한다. 특히 국제표준산업분류 제4차 개정판에는 전에는 ICNPO(이 장의 1.2절을 보라)에서만 이용할 수 있었던 상세한 분류방식이 많이 통합되었기 때문이다. 하지만 ICNPO도 쓸 수 있고, 『매뉴얼』에서는 두 분류 체계를 연결할 수 있는 상세한 연결표도 제공한다.

ILO 『매뉴얼』에서는 자원봉사활동을 분류할 때 국제표준직업분류(International Standard Classification of Occupations: ISCO-08)나 이것을 토대로 각 나라나 지방에서 만든 표준직업분류도 쓰도록 권고한다. 이 분류에는 네 가지 수준이 있는데, 그 가운데 처음 두 가지 수준만으로도 충분히 자원봉사활동을 분류할 수 있다. 다음 〈표 8〉은 ISCO-08의 주요 직업과 관련된 자원봉사활동의 유형, 즉 "자원봉사 직무"의 예를 보여준다. ISCO-08은 나라마다 자원봉사활동의 전통이 달라도 각 나라에서 수집한 자료를 합리적 수준에서 서로 비교할 수 있게 해준다.

〈표 8〉 ISCO-08의 주요 직업과 연계해서 본 자원봉사자 직무의 예

ISCO의 주요 직업	자원봉사자 직무의 예
1. 의회 의원, 고위 관리, 관리자	· 비영리단체나 협회, 노동조합, 기타 유사한 조직을 이끌거나 관리 · 사회적경제조직의 이사회나 경영위원회에서 봉사 · 정책 및 연구 관리자
2. 전문가	· 지역사회를 위한 비상계획 개발 · 무료로 법률이나 분쟁 해결 서비스 제공 · 공공 정보를 위한 자료를 수집하고 분석하도록 설계된 프로그램이나 조직 관리 · 전문적인 사회복지와 상담 서비스 제공
3. 기술자와 준전문가	· 응급 진료 제공 · 행사 계획이나 운영, 조직 과정에서 주도적 역할 수행 · 스포츠 팀 코치, 심판, 감독 · 교육이나 훈련, 개인교습
4. 사무 종사자	· 연구에 사용될 정보를 기록할 목적으로 다른 사람 인터뷰 수행 · 서류를 정리하고 복사하는 사무서비스 제공 · 스포츠나 오락 행사에서 기술 지원 제공 보조
5. 서비스 종사자와 상점 및 시장 판매원	· 무료 급식소에서 음식을 준비하거나 제공 · 어떤 주의주장을 하기 위해 집집마다 방문하여 사람들과 접촉 · 여름 캠프에서 아이들을 돕고 함께 놀아줌

6. 농업 숙련 종사자	· 나무나 기타 묘목을 심어 지역사회의 공공녹지 개선 · 기름 유출 후 새 돌보기
7. 기능원 및 관련 기능 종사자	· 협동조합이나 지역사회 개발 비영리단체에서 주택이나 기타 건축물 건축, 수리, 보수 · 자전거 수리와 스포츠클럽 유지보수
8. 장치와 기계 조작 및 조립 종사자	· 아이들을 스포츠나 오락 행사에 태워다주기 · 노인 클럽인 영화 클럽에서 영사기 돌리기
9. 단순 노무 종사자	· 쓰레기 수거와 재활용품 분류 · 공공 오락을 위한 스포츠나 오락 행사 후 청소 지원 · 비영리단체에서 잡무 처리

출처: ILO 2011, Table 5.1을 각색함.

ISCO의 장점과 단점은 무엇일까? 주요 장점은 첫째는 비교할 수 있다는 것이고, 둘째는 ISCO와 이것을 기준으로 각 나라에서 만들거나 여러 나라에서 함께 만든 표준직업분류에서 공통적으로 발견되는 자원봉사자 직무를 서로 참조할 수 있다는 것이다. 그런 행렬은 조사 참여자의 말 그대로의 응답을 표준직업분류에서 그에 걸맞은 직업 코드와 연결시킬 수 있는 핵심 도구이다. ISCO의 세 번째 주요 장점은 자원봉사자가 수행한 직무의 평균임금을 사용하도록 제안하여 자원봉사활동에 화폐가치를 매기기 쉽게 한 것이다.

하지만 ISCO는 단점도 있다. 첫째는 어떤 유형의 자원봉사활동은 분류하기 어렵다는 것이다. 예를 들면, 유급 직원이 하나도 없는 조직에서는 대개 자원봉사자들이 조직을 이끌고 관리하는 일부터 모임 후 청소하는 일까지 아주 폭넓은 일을 수행한다. 이는 어느 나라에나 존재하는 풀뿌리 조직에서도 흔한 현상이다. 다른 예로는 위에서 언급했듯이 훨씬 전투적이거나 감정적 애착이 강한 일을 들 수 있다.

두 번째 단점은 어떤 직업의 평균임금을 자원봉사자의 잠재 임금으로 사용하는 것이다. 이렇게 접근할 때 문제점은 자원봉사자와 유급 피고용인의 생산성이 같다고 가정한다는 것이다. 하지만 이는 명백히 잘못된 전제이다. 자원봉사자가 자신이 실제로 하는 일이나 전문적으로 하는 일과 같은 직무를 자원봉사활동으로 하지 않을 가능성도 있기 때문이다. 게다가 자원봉사자가 피고용인만큼 자격을 갖추지 못한 경우가 많고, 조직의 수혜자와 어울리거나 사회적 유대를 쌓는 데 더 많은 시간을 보내기 때문이다.

2.2. 사회적경제 단위의 영향을 평가하려면 그에 맞는 지표를 개발해야

사회적경제조직들은 소유자나 피고용인, 자원봉사자, 중앙과 지역의 공공 자금 제공자, 기부자 같은 이해관계자들로부터 갈수록 자신이 경제와 사회, 환경에 끼치는 영향을 평가해달라는 요청을 받는다. 그런데 그러려면 수익률 같은 표준 잣대 말고 자신의 성과를 평가할 수 있는 다른 잣대가 필요하고, 그래서 그런 잣대를 찾기 위해 그때그때 필요에 따라 성과의 다양한 차원을 평가할 수 있는 지표를 개발한다. 따라서 이런 지표들을 같은 분야나 같은 지역에서 일하거나 같은 경쟁 입찰에 참여하는 조직들에 공통적으로 적용할 수 있는 기준으로 삼을 수 있다.

지표는 조직과 조직의 파트너들이 함께 협력해서 개발하는 것이 이상적이다. 그때그때 필요에 따라 개발한 지표를 표준 지표에 통합할 필요는 없다. 지표의 목적은 같은 산업이나 같은 사람들을 위해 일하는 조직을 비교하는 데 기준이 되는 것이기 때문이다. 물론 그때그때 필요에 따라 개발하는 이런 지표들은 실증적이기보다는 규범적이다. 그래도 이런 지표를 사용하는 사람들이 그것이 규범적이라는 것을 알고 고려하면 덜 문제가 된다. 좋은 지표는 사회적경제조직의 목적에 맞고, 자원봉사자 등 이해관계자가 이해하기 쉽게 단순해야 하고, 신뢰할 수 있는 변화 과정을 보여줄 수 있게 장기간에 걸쳐 같은 방법으로 계산되어야 한다.

다음 〈표 9〉는 어떻게 그런 지표를 개발하여, 사회적 유용성의 다섯 가지 주제와 각 주제의 포괄적 기준 및 기초적 기준에 따라 사회적경제조직의 사회적 유용성(또는 공익성)을 측정할 수 있는지를 보여준다(Gadrey, 2003).

〈표 9〉 다차원적인 사회적 유용성의 분류

주제 1	포괄적 기준	기초적 기준
경제적 요소가 강한 사회적 유용성	경제적 부의 창출이나 절약	집합적 비용 절감
		간접적 비용 절감
		경제활동 참가율 제고
	지역	경제 활성화에 기여
		지역이나 마을 활성화

주제 2	포괄적 기준	기초적 기준
평등과 인간 개발, 지속 가능한 발전	평등, "역량" 개발	사회적 불평등 감소
		혜택 받지 못한 사람들을 위한 행동
		장기 실업자의 노동시장 통합
		직업에서의 남녀평등
		서비스 가격의 차등 적용

평등과 인간 개발, 지속 가능한 발전	평등, "역량" 개발	주거권 보장
		취약계층 아동의 학교 교육 지원
		자신감 회복
	국제 연대, 인간 개발	개발과 빈곤 퇴치를 위한 행동
		인권 보호
	지속 가능한 발전	자연 환경의 질적 향상
		자연자원 보호

주제 3	포괄적 기준	기초적 기준
사회적 연결과 지역 민주주의	사회적 연결	사회적 연결 생성
		상호부조와 지역에서의 지식 교환
		사회적 자본의 긍정적 영향
	지역 민주주의	참여적 대화, 다원적 의사결정 과정
		시민의 발언권 보장

주제 4	포괄적 기준	기초적 기준
사회적, 경제적, 제도적 혁신에 기여	혁신	긴급한 필요의 발견
		충족되지 못하는 필요에 대응하는 혁신적 방법
	창조적 "세계"를 위한 가치	제도 혁신
		조직 혁신
		내부 혁신과 외부 혁신의 구별

주제 5	포괄적 기준	기초적 기준
외부로 확산될 가능성이 있는 내부의 사회적 유용성	비영리, 기부, 자원봉사	비영리 운영
		자원봉사자 이사회
		자발적 행동
	더 민주적이고 대안적인 거버넌스	내부 민주주의와 공동 참여 원칙
		자유로운 조합원제도: 자유로운 가입과 탈퇴

외부로 확산될 가능성이 있는 내부의 사회적 유용성	결사체의 전문성	협동조합 내부 교육
		사회적 인정과 임금
		내부 훈련과 외부 훈련

출처 : Archambault, Accardo, Laouisset, 2010(Gadrey, 2003을 각색)

중앙정부나 지방정부와 사회적경제조직의 파트너십은 공식 비공식 규칙과 절차의 규제를 받는 제도적 장치이다. 이런 제도적 장치를 분석하는 유형 분류 체계가 여럿 개발되었는데, 그 가운데 가장 두드러진 것이 Ostrom and Crawford(2005)가 개발한 것이다. 〈표 10〉은 이 유형 분류 체계를 간략하게 정리한 것이다(Elbers and Schulpen, 2013).

〈표 10〉 파트너십의 규칙과 내용 분류

규칙의 유형	내용	핵심 질문
경계	가입과 탈퇴	어떤 유형의 행위자들이 참여할 수 있는가? 누가 들어오고 나가는 것을 누가 결정하는가? 어떤 기준으로 선택하는가?
범위	결과	성취해야 할 결과는 무엇인가? 결과는 어떤 특징이 있어야 하는가?
위치	역할	어떤 자리가 존재하는가? 이런 자리에는 어떤 책임이 따르는가?
선택	행동	다양한 행위자의 권리와 의무는 무엇인가?
회의	의사결정	행위자들의 의사결정 참여 수준은 어떤가? 행위자들은 어떤 주제에 대한 의사결정에 참여하고, 어떤 의사결정 단계에서 참여하는가?
정보	정보 교환	행위자들은 어떤 유형의 정보를 교환해야 하는가? 행위자들은 얼마나 자주 정보를 교환해야 하는가?

보상	성과	성과는 어떻게 정의하고 측정하는가? 우수한 성과나 형편없는 성과는 어떤 결과를 초래하는가?

출처: Elbers and Schulpen, 2013, adapted from Ostrom and Crawford, 2005.

결론

분류 체계는 우리가 보는 현실을 구성한다. Giddens(1984)가 지적한 대로 구조는 규칙이자 자원이다. 사회적경제는 국가 간 비교를 할 때 표준 분류 체계를 이용해야 한다. 그러나 사회적경제의 특수성이나 가치, 자원봉사, 대안적 거버넌스 방식을 보고할 때처럼 다른 행동 분야를 분석하고자 할 때는 기존 분류 체계를 혁신하여 그에 맞게 고쳐야 한다. 하지만 어떤 경우에나 분류 체계가 줄 수 있는 것 이상을 바라서는 안 된다.

결론에서 이 장의 서두에서 소개한 미셸 푸코의 말로 돌아오면, 그것은 분류가 "사물들 사이에 질서를 세우는 제도"라고 말한다. 모든 제도는 이해관계자들의 일시적 합의에 따른 것이다(Desrosières and Thevenot, 2002). 그래서 그런 합의나 규칙은 스스로를 규율하는 효과가 있어(Foucault, 1975), 인공물을 결국 자명한 진리로 받아들일 수 있다.

분류의 역사(Guibert, Laganier and Volle, 1971; Desrosières, 2000; Desrosières and Thevenot, 2002)는 인공물인 분류가 어떻게 우리가 보는 경제적 사회적 상을 형성하고 그러면서 또 이런 현실, 즉 사회적경제라는 현실의 일부를 가리는지 보여준다. 결국 과거와 현재의 분류를 포함해 분류를 연구하고 분류들이 시간이 지나면서 어떻게 성공하고 서로 겹치는지를 연구하면 분류의 임의적 성격이 드러난다. 세 명의 저명한 통계학자인 Guibert, Laganier and Volle(1971)은 이러한 깨달음을 다음과 같이 적절히 표현했다.

은유적으로 말하면, 경제학자는 자신이 어떤 안경을 통해 경제를 보는지에 관심이 없다. 그는 자신이 보는 것에만 관심을 기울인다. 우리가 끼고 있는 안경을 보려면 먼저 그것을 벗을 필요가 있고, 그러면 시야가 흐려진다. 분류에 관한 논의도 그때까지 견고함을 보장하던 수치들을 허약하고 수정될 수 있고 의심스럽기까지 한 것으로 만든다. 한때는 뚜렷했던 윤곽이 기분 나쁘게도 흐릿해진다.

참고 문헌

Archambault, E., *The Non-Profit Sector in France,* Manchester, Manchester University Press, 1997.

Archambault, E. and Kaminski, P., "La longue marche vers un compte satellite de l'économie sociale," *Annals of Public and Cooperative Economics,* 2009, Vol. 80, issue 2, pp. 225-246.

Archambault, E. and Prouteau, L., "Mesurer le bénévolat pour en améliorer la connaissance et satisfaire à une recommandation internationale," *RECMA, Revue internationale de l'économie sociale,* 2009, Vol. 314, pp. 84-104.

Archambault, E., Accardo, J. and Laouisset, B., *Rapport du groupe de travail "Connaissance des associations,"* No. 122, Paris, CNIS, 2010.

Barea, J. and Monzón, J. L., *Manuel pour l'établissement des comptes satellites des entreprises de l'économie sociale: coopératives et mutuelles,* Liège, CIRIEC, 2006.

Bouchard, M. J., Ferraton, C., Michaud, V., "First Steps of an Information System on the Social Economy : Qualifying the Organizations", *Estudios de Economía Aplicada,* vol. 26 no 1, April 2008, pp. 7-24.

Bouchard, M. J., Cruz Filho P. and St-Denis, M., *Un cadre conceptuel pour déterminer la population statistique de l'économie sociale au Québec,* Report for the Institut de la statistique du Québec. Montréal, UQAM, Canada Research Chair on the Social Economy and CRISES, No. R-2011-02, 2011.

Desrosières, A., *La politique des grands nombres: Histoire de la raison statistique,* Paris, La Découverte, 2000.

Desrosières A. and Thévenot, L., *Les catégories socio-professionnelles,* Paris, La Découverte, 2002.

European Commission, *European System of Accounts, ESA 1995,* Luxembourg, Eurostat, 1995.

European Commission, *European System of Accounts, ESA 2010,* Luxembourg, Eurostat, 2010.

Elbers, W. and Lau, S., "Corridors of Power: The Institutional Design of North- South NGO Partnerships," *Voluntas,* 2013, Vol. 24, pp. 48-67.

Flecher, D. and Pelletan, J., "Le concept d'industrie et sa mesure: origine, limites et perspectives. Une application à l'étude des mutations industrielles," *Economie et Statistique,* 2007, Vol. 405-406, pp. 13-46.

Foucault, M., *Surveiller et punir. Naissance de la prison,* Paris, Gallimard, 1975.

Foucault, M., *Les mots et les choses. Une archéologie des sciences humaines,* Paris, Gallimard, 1966.

Foucault, M., *The Order of Things,* 1966, New York, Random House, Vintage Books Editions, April 1994.

Gadrey, J., *L'utilité sociale des organisations de l'économie sociale et solidaire,* Summary report for DIES and MIRE, 2003.

Giddens, A., *The Constitution of Society, An Outline of the Theory of Structuration,* Berkeley and Los Angeles, University of California Press, 1984.

Guibert, B., Laganier, J. and Volle, M., "Essai sur les nomenclatures industrielles," *Économie et Statistique,* 1971, Vol. 20, pp. 21-36.

Hawrylyshyn, O., "Towards a Definition of Nonmarket Activities," *Review of Income and Wealth,* 1977, Vol. 23, pp. 79-86.

International Labor Office, *Manual on the Measurement of Volunteer Work,* Geneva, 2011.

INSEE, *Tableaux harmonisés de l'économie sociale,* http://www.INSEE.fr/fr/themes/detail.asp?ref_id=eco-sociale.

Kaminski, P., *Le compte des institutions sans but lucratif en France,* Paris, INSEE, Rapport de mission, 2005.

Ostrom, E. and Crawford, S., "Classifying Rules," in E. Ostrom (ed.), *Understanding Institutional Diversity,* Princeton, Princeton University Press, 2005.

Prouteau, L. and Wolff, F.-C., "Le travail bénévole; un essai de quantification et de valorisation," *Economie et Statistique,* 2004, Vol. 373, pp. 33-56.

Putnam, R., *Bowling Alone. The Collapse and Revival of American Community,* New York, Simon and Schuster, 2000.

Salamon, L. M. and Anheier, H. K., "In Search of the Nonprofit Sector II: The Problem of Classification, 1992," *Voluntas, Vol. 3, No 3,* pp. 267-309.

Salamon, L. M. and Anheier, H. K, "The International Classification of Nonprofit Organizations – ICNPO. Revision 1.0," *Johns Hopkins University Nonprofit Sector Project,* Working paper No. 19, 1996.

Salamon, L. M., and Sokolowski, W. S. (eds.)., *Global Civil Society. Dimensions of the Non-profit Sector,* Vol. 2, West Hartford, Kumarian Press, 2004.

Stiglitz, J., Sen, A. and Fitoussi, J.-P., *Mesure des performances économiques et sociales,* La Documentation Française, 2009.

United Nations Statistics Division, *Handbook of Non-Profit Institutions in the System of National Accounts,* Statistical Papers, series F, No. 91, 2003.

United Nations, European Commission, International Monetary Fund, OECD and World Bank, *System of National Accounts 1993,* New York, 1994.

United Nations, European Commission, International Monetary Fund, OECD and World Bank, *System of National Accounts 2008,* New York, 2009.

Vanoli, A., *Une histoire de la comptabilité nationale,* Paris, La Découverte, 2002.

국제 비교:
비영리 부문 측정에서
얻을 수 있는 교훈들

레스터 M. 샐러먼
미국 존스홉킨스대학 교수, 존스홉킨스대학 시민사회연구소 소장

S. 보이치에호 소콜로프스키
미국 존스홉킨스대학 시민사회연구소 선임연구원

메건 A. 해덕
미국 존스홉킨스대학 시민사회연구소 국제연구프로젝트 관리자

지난 30년 동안 지구적이라고도 할 만한 "결사체 혁명"(Salamon, 1994)이 전 세계를 휩쓸면서 전 세계 거의 모든 곳에서 자발적인 민간 활동이 일어났다. 새로운 통신 기술과 질 높은 공공서비스에 대한 대중의 요구, 시장이나 국가가 우리 사회의 상호 연결된 사회적 경제적 난제에 제대로 대응하지 못하는 데 대한 불만, 국제 지원을 받을 수 있는 가능성, 자신의 기술과 지식을 사회에 영향을 끼치는 데 사용하려는 교육받은 개인의 급속한 증가의 산물인 이 "결사체 혁명"은 시장과 국가 사이에 있거나 시장과 국가를 넘어선 사회적 공간에 있는 폭넓은 단체와 활동에 새롭게 주의를 기울이고 에너지를 쏟았다.

이런 일련의 단체의 등장은 우리가 시장과 국가, 사회의 관계를 생각하는 방식을 크게 바꾸고, 세계 인구의 반 이상이 민주 정부를 맞이하고 사회에서 이전에 배제되었던 사람들에게 힘과 권한을 주는 데 이바지하는 새로운 계기가 되었다. 이전에는 발전된 서양에만 있다고 생각되었던 시민사회 부문도 알고 보니 전 세계에서 발견되는 주요 경제 세력으로서 교육과 보건에서 사회적 지원까지 폭넓은 서비스를 제공하고, 문화와 오락에서 중요한 쟁점에 대한 옹호 활동은 물론 정치적 직업적 이익 대변과 국제 협력 촉진까지 수많은 형태의 사회 활동을 촉진하고 있었다.

그리고 이런 폭넓은 현상이 정치적으로 더욱 중요해지고 정당성도 높아지면서 이는 그것을 개념화하여 이해하고 분석하려는 다양한 노력을 낳았다. 하지만 이런 일련의 단체와 활동은 엄청나게 다양하고 그것을 일관된 하나의 부문으로 다루는 일도 새로울 뿐 아니라 뿌리 깊은 이데올로기적 선입견마저 존재하여, 이 부문에 무엇이 포함되고 이것을 어떻게 정의해야 하는지를 둘러싸고 종종 혼란과 논쟁이 일어났다. 비영리 부문을 비교 연구하려면 그런 문제들이 먼저 해결되어야 하는데 말이다.

현재 시민사회 부문 단체에 대한 정의 가운데 국제적으로 널리 받아들여지는 공식 정의는 국민계정체계(System of National Accouts: SNA)라는 틀 안에서만 발견할 수 있다. SNA는 경제 원리에 기초한 엄격한 회계 관행에 따라 경제활동을 측정한 것을 편집하는 방법에 대한 일련의 표준 권고안으로 국제적으로 합의된 것이다. SNA에서는 비영리단체라는 일련의 단위들을 세 가지 핵심 특징으로 식별한다. 첫째, 비영리단체는 "조직"이다. 즉 법률이나 관습에 따라 경제적 거래에 종사하는 개별 조직으로 인정받은 경제 단위이고, 따라서 경제적 거래에 대해 정기적으로 기록하는 경제 계정이 있거나 있을 수 있다. 둘째, 이런 조직은 어떤 이익이 발생하더라도 그것을 소유자나 관리자 등에게 배분해서는 안 된다. 셋째, 이런 조직은 정부의 통제를 받지 않는다. 물론 비영리단체는 일반적으로 시민사회 부문에 포함된다고 여겨지는 일련의 단위와 활동의 일부이지만, 이 부분집합이 경제적으로는 시민사회 활동의 대부분을 차지한다.

SNA 안에서 비영리단체를 인정한 것은 2003년에 『비영리단체 위성계정 핸드북』(*Handbook on Nonprofit Institutions in the System of National Accounts*)이 나오면서 도입된 비교적 새로운 현상이다. 『핸드북』은 국민경제 통계에서 비영리단체가 하는 일을 포착하는 절차를 확립한 것으로는 처음 국제 승인을 받았다. 뒤이어 2011년에는 자원봉사활동의 양과 성격, 가치에 대한 공식 자료를 수집하는 도구로 처음 국제 승인을 받은, 국제노동기구(International Labor Organization: ILO)의 『자원봉사활동 측정 매뉴얼』(*Manual on the Measurement of Volunteer Work*)이 나왔다. 이는 경제 통계에서 아주 획기적인 일이었다. 이전까지 사용된 회계 규칙들은 비영리단체가 거의 눈에 보이지 않게 했기 때문이다.[1] 이런 돌파구가 마련된 것은 많은 부분 존스홉킨스대학 시민사회연구소(Johns Hopkins Center for Civil Society Studies: JHU/CCSS)의 획기적 연구 덕분이다. "비영리 부문 비교 연구 프로젝트"(Comparative Nonprofit Sector Project: CNP)로 알려진 이것은 여러 나라의 시민사회 부문을 체계적

---

1 SNA에서 비영리단체가 어떻게 다루어졌는지를 자세히 논의한 것으로는 Edith Archambault가 쓴 장을 보라.

으로 "매핑"하여 비교 연구한 선구적인 것이었다. 아래에서 설명하겠지만, 존스홉킨스대학 시민사회연구소는 나라마다 비영리단체가 지닌 특수한 속성(법률적 지위나 자금 조달 형태)에 관계없이 비영리단체를 식별하고 자원봉사활동을 포함한 투입 노동과 영업비용, 수입원과 수입의 흐름 같은 비영리단체의 핵심 차원을 양적으로 측정하는 방법론을 개발했다. 이 방법론이 40개가 넘는 나라에서 성공적으로 사용되자 앞서 말한 대로 국제연합 통계국과 ILO에서 그것을 비영리단체와 자원봉사활동을 정의하고 측정하는 공식 방법론으로 채택했다.

이 장의 목적은 CNP 프로젝트가 이러한 과제에 어떻게 접근했는지를 설명하는 것이다. 이를 통해 사회적경제 부문에 유용한 통찰을 제공하여, 비영리 부문보다 훨씬 폭넓은 이 부문도 국제 통계에서 포착할 수 있었으면 하는 바람에서다. 이를 위해 우리는 먼저 이 프로젝트가 기본적으로 어떤 접근법을 썼는지를 이런 접근법에 기준이 된 것들을 포함하여 검토하고, 사회적경제/시민사회 부문 중에서도 이 프로젝트에서 초점을 맞춘 비영리 부문을 어떻게 개념화했고 기본적으로 채택한 방법론은 무엇인가를 설명한다. 그런 뒤에 이러한 분석을 더 폭넓은 사회적경제나 시민사회 영역으로 확장하고자 하는 사람들에게 이 접근법이 줄 수 있는 몇 가지 교훈을 살펴보겠다.

1. 존스홉킨스대학 비영리 부문 비교 연구 프로젝트: 접근법

존스홉킨스대학 시민사회연구소와 전 세계 연구자 팀이 추진한 CNP는 처음으로 국가 간 비교가 가능하도록 비영리단체를 체계적으로 개념화하고 측정하기 위한 경험 연구로 구상되었다. CNP는 지금도 진행되어, 새로운 나라들이 계속 참여하고 있다. 이 절에서는 기본적으로 어떤 기준에 따라 이 연구가 진행되었고, 탐구 대상인 사회적 현상의 범위는 어떻게 정했으며, 기본적으로 어떤 방법론이 채택되었는지를 본다.

1.1. 핵심 기준

CNP는 먼저 어떤 기준에 따라 이 연구를 진행할지를 정했다. 무엇보다도 이러한 기준은 다음과 같은 접근법을 보장하기 위한 것이었다.

- **비교할 수 있어야 한다**: 발전 수준이 다르고 종교적 문화적 정치적 전통이 크게 다른 나라들도 서로 비교할 수 있어야 한다.
- **체계적이어야 한다**: 연구 범위에 포함되는 조직에 공통으로 적용할 수 있는 정의와 그런 조직들을 구분할 수 있는 공통된 분류 체계를 활용한다.
- **협력적이어야 한다**: 우리의 정의와 분석이 지역의 지식이라는 단단한 토양에 뿌리를 두고 앞으로도 지역의 경험을 토대로 연구를 추진할 수 있도록 지역의 분석가들에게 폭넓게 의존한다.

그래서 각 나라에서 프로젝트의 모든 단계에서 우리를 도울 지역 책임 연구자를 모집했고, 프로젝트를 진행하는 동안 계속 이 책임 연구자들과 만나 연구 전략을 세우고 진척 상황을 검토하고 접근법을 조정했다.

- **협의해야 한다**: 각 나라의 연구가 그 나라의 특수한 상황에 대응하고 지역에서 연구 결과를 이해하고 널리 확산시킬 수 있도록 지역의 시민사회 활동가와 정부 지도자, 언론, 재계가 연구에 적극 참여하도록 한다.

- **경험적이고 객관적이어야 한다**: 가능하면 언제나 주관적 인상을 넘어 조사 대상인 사회 현실에 대한 상당히 신뢰할 만한 경험적 자료를 개발한다.

- **제도화할 수 있어야 한다**: 공식 통계 자료 수집과 보고 체계에 통합될 수 있을 정도로 국제 통계 관행에 맞는 절차와 개념을 사용한다.

1.2. 비영리 부문의 개념화

비교는 구체적으로 무엇을 비교할지 정할 때 상당히 주의를 기울여야 가능하다. 개념적으로 분명하지 않고 지식도 부족한 데다 이데올로기적으로 함축하는 바도 있어, 이 분야를 개념화하는 일에는 주의를 기울여 접근해야 했다. CNP는 이 문제에 상향식으로 접근했다. 즉 지역의 책임 연구자들과 협력하여 프로젝트에 참여한 나라의 실제 경험에서 우리의 정의와 분류 체계를 도출했다. 그 과정에서 목적은 언제나 우리가 다룰 다양한 나라에서 이 부문에 있는 다양한 주체들을 충분히 포괄할 수 있을 정도로 폭넓고, 이런 주체들을 전통적으로 사회적 삶을 구성하는 두 주요 부문이었던 시장과 국가를 구성하는 주체들과 충분히 구분할 수 있을 정도로 뚜렷하며, 이 부문의 국가 간 비교가 가능한 자료를 개발할 수 있을 정도로 조작할 수 있는 정의를 만들어내는 것이었다.

이 과정에 비영리 부문의 구조와 운영의 다섯 가지 특징에 대한 합의가 이루어졌고, 이를 가리켜 우리는 "구조와 운영 방식에 기초한 정의"라고 부르게 되었다. 이 정의에 따르면, 비영리 부문은 다음과 같은 독립체들로 이루어졌다.

- **공식적으로 설립되었는가 또는 법률에 따라 등록되었는가에 상관 없이 운영에 어떤 구조와 규칙성이 있는 조직.** 이러한 정의에는 정식으로 등록된 집단뿐 아니라 등록되지 않은 비공식 집단도 포함된다. 결정적으로 중요한 것은 이 집단이 법률적으로나 공식적으로 인정받은 집단인가가 아니라 조직에 어떤 영속성과 규칙성이 있는가 하는 것이다. 이는 정기모임과 회원제도, 문서로 되어 있든 구전으로 내려오는 것이든 참여자들이 정당하다고 인정하는 일련의 의사결정 절차로 나타난다.
- 이렇게 조직에 초점을 맞추면 앞서 지적한 대로 "독립체"에 초점을 맞추는 국제 경제 통계 체계에 맞는 접근을 할 수 있다. 하지만 이는 "시민사회"를 개념화하면서 이 개념을 확장하여 그 안에 비공식 조직뿐 아니라 대중운동과 시위 같은 개인적 형태의 사회 행동까지 포함하는 일부 학자들이 사용하는 것보다 포괄 범위가 좁다는 말이기도 하다.

- **정부에서 지원을 받더라도 제도적으로 국가와 분리된 민간 조직.** 이 기준은 시민사회 조직과 정부기관을 구분하면서도 지금 많은 시민사회 조직이 그렇듯이 전체 수입 가운데 상당한 몫을 정부에서 얻는 조직도 배제하지 않는다. 이 기준은 CNP 정의를 국민계정체계에서 사용하는 정의와 구분 짓는다. 앞서 지적했듯이 국민계정체계에서는 조직을 경제의 어떤 부문으로 분류할지 결정할 때 조직의 수입원을 고려한다.

- **주로 영리를 추구하지 않고 어떤 이익이 발생해도 소유자나 조합원, 이해관계자에게 분배하지 않는 조직.** 이 기준은 비영리단체를 영리기업과 구분 짓고, 따라서 CNP 접근에 요구되는 명확성과 조작 가능성 기준도 충족시킨다. 대다수 나라에서는 이런 이익 분배 제한을 이용해 이 부문의 법률적 구조를 정의하기 때문이다. 이는 CNP 정의를 기존의 통계 관행과도 일치시켜, 우리가 국제 통계 체계에 따라 CNP의 자료 수집 작업을 할 수 있는 가능성을 높였다. 그러나 동시에 이러한 특징은 많은 협동조합과 상호조합을 프로젝트의 초점에서 벗어나게 한다. 적어도 그런 조직에서 어떤 잉여든 그것을 조합원에게 분배할 수 있는 경우에는 그랬다. 하지만 그런 분배를 금지하는 법률에 따라 운영되는 상호조합이나 협동조합은 포함되었다.

- **내부 거버넌스를 위한 자체 메커니즘이 있어 마음대로 운영을 중단할 수 있고, 기본적으로 자신의 일에 대한 통제권이 있는 자율적 조직.** 이 기준은 비영리단체를 자회사나 정부 단위 같은 다른 법률적 독립체를 대리하는 조직과 구분 짓는다.

- **가입이나 참여가 법률적으로 요구되거나 의무적이지 않고, 개인의**

선택이나 동의에 따라 이루어지는 자발적 조직. 이 기준은 비영리 단체를 개인의 동의가 아니라 출생에 따라 가입이 결정되는 친족 기반 집단(예를 들면, 확대 가족이나 부족, 카스트)과 구분할 때 유용하다.

그 결과 비영리 부문의 정의가 공식 조직뿐 아니라 비공식 조직도 포괄하고, 세속적 조직뿐 아니라 종교적 조직도 포괄하고, 공공에 봉사하는 조직뿐 아니라 직능단체처럼 조합원에게 봉사하는 조직도 포괄하는 아주 폭넓은 정의가 되었다. 또한 이 정의는 주관적 판단(예를 들면, 어떤 조직이 공익에 봉사하는가 아닌가 하는 판단)이나 조직의 법률적 지위(이것은 대개 나라마다 다르다)가 아니라 분명하게 조작할 수 있는 기준에 따른 것이다.

1.3. 자료 수집 방법

CNP 방법론에서 두 번째로 중요한 요소는 비영리단체 활동을 다차원적으로 측정할 수 있고 나라 간 비교도 할 수 있는 일련의 표준 방법과 양적 자료 수집 전략을 세운 것이다. CNP 방법론은 흔히 그릇된 인상을 주는 조직의 수 같은 변수를 채택하지 않고 조사 대상인 조직이 실제로 수행하는 활동의 다양한 수준을 한층 분명하게 보여줄 수 있는 변수에 초점을 맞춘다. 그리고 이를 위해 비영리 부문에서 하는 활동의 다양한 측면을 객관적으로 측정하여 나라 간 비교를 할 수 있는 여섯 가지 경험적 차원을 확인했다. 그것은 다음과 같다.

1. 유급 피고용인의 수, 전업노동 종사자(full-time equivalent: FTE)[2] 기준으로 전환

2. 자원봉사자의 수, 전업노동 종사자 기준으로 전환

3. 지출 총액

4. 정부의 지불로 발생하는 수입액

5. 민간 자선으로 발생하는 수입액

6. 판매와 서비스 수수료, 회비로 발생하는 수입액

필요한 자료를 수집하기 위해서는 일련의 연구 프로토콜을 만들어 찾을 자료의 항목을 정하고 필요한 자료를 확보하는 방법을 제시했다. 자료 수집 전략의 주요 목적은 프로젝트를 진행하는 각 나라에서 가능하면 최대한 정부기관에서 수집한 행정 자료와 통계 자료를 이용하여 비영리 부문 전체에 대해 이 여섯 가지 자료를 만들어 내는 것이다. 연구 팀은 기존 자료만으로 충분하지 않거나 그런 자료를 전혀 이용할 수 없을 때에만 특별 조사를 의뢰하여 새로운 자료를 수집한다.

이 부문의 상을 그리는 데 또 하나 도움이 되는 것으로 존스홉킨스대학 시민사회연구소와 CNP의 지역 책임 연구자는 이 부문에서 활동하는 조직들을 주요 활동에 따라 구분할 수 있는 분류 체계도 만들어냈다. 가능하면 되도록 국제 표준에 맞는 정의를 내리려고 했

---

2 FTE로 전환하면 사람 수를 세는 것보다 투입된 노동력을 더 정확하게 측정할 수 있다. 실제 노동시간의 차이를 고려하기 때문이다. 파트타임 종사 문제는 특히 자원봉사자에게 심하다. (FTE는 투입된 총 노동시간을 전업노동 종사자의 연간 평균 노동시간으로 나눈 값으로 정의된다ㅡ옮긴이 주.)

듯이 이 분류 체계도 되도록 기존의 국제표준산업분류(International Standard Industrial Classification: ISIC)를 기준으로 하려고 했다. 국제표준산업분류는 일반적인 국제 통계 연구에서 사용되는 구조이다. 하지만 프로젝트를 시작할 때 표준으로 사용되던 국제표준산업분류 제3차 개정판이 비영리단체가 주로 종사하는 활동 분야에서는 충분히 상세하지 않아 국제비영리단체분류(International Classification of Non-profit Organizations: ICNPO)라는 더 상세한 분류 체계를 만들어냈다. 그리고 위에서 말한 여섯 가지 측면을 양적으로 측정한 것을 비영리단체 활동이 집중되는 경향이 있는 분야별로 분류했다.

CNP 방법론의 또 하나 중요한 측면은 함께 협의하고 협력하여 자료를 수집하고 검증하는 과정을 거친 것이다. 이는 계속 델파이 방법[3](Linstone and Turoff, 1975)을 적용하여 이루어낼 수 있었다. 프로젝트의 개념 틀을 만들 때부터, 즉 잠정적 정의를 내리고, 경계에 있는 조직을 처리하는 방법을 정하고, 분류 체계를 만들 때부터 자료 수집 전략을 세우고 자료를 수집하고 검증하고 분석하여 최종 보고를 할 때까지 연구 과정 전체를 관련된 모든 이해관계자의 합의를 토대로 하였다. 우리는 프로젝트에 참여한 나라마다 그 나라에서 연구를 이끌며 존스홉킨스대학 시민사회연구소 연구 팀과 지역 전

---

3 델파이 방법은 구조화된 의사소통 과정을 통해 전문가 집단이 합의에 이르기 위한 기법이다. 이 방법은 처음에는 군사적 예측에 사용되었으나 지금은 많은 분야에 널리 채택되었다. 이 방법은 많은 변종이 있지만, 모두 반복적 의사소통 과정을 이용한다. 먼저 전문가들이 자신의 전문 의견을 내면 다른 전문가들이 그것을 검토하고 논평하는 식이다. 그리고 그렇게 반복해서 의사소통을 하다 보면 전문가들이 받은 피드백을 고려하여 자신이 처음 내린 판단을 수정하게 된다. 이 과정은 미리 횟수를 정해서 하기도 하고 합의가 이루어질 때까지 계속하기도 한다.

문가와 이해관계자들 사이에서 연락책을 맡을 지역 책임 연구자를 모집한다. 지역 책임 연구자들은 프로젝트가 진행되는 동안 계속 정기적으로 만나 연구 전략을 세우고 진행 과정을 검토하고 CNP 접근법을 목적에 맞게 조정해나간다. 이들은 또 지역에서 동료 연구자들을 모집하여 프로젝트를 지원하도록 한다. 그 결과 연구 팀과 함께 전 세계에서 적어도 150명의 지역 연구자가 프로젝트의 기본 과제를 개발하고 수행했다.

이런 협력적 접근은 프로젝트에 참여한 모든 나라의 지역적 맥락에서 비영리단체의 구조와 운영 방식을 토대로 CNP 정의를 개발하고 시험하고 적용하는 데 결정적 역할을 했다.[4] 이제 프로젝트가 20년이 되었는데도 CNP에 새로 참여하는 각 나라 연구 팀은 지역 환경에 그러한 정의를 적용할 수 있는지 시험하여 그것이 지역 수준에서 시민사회 조직을 얼마나 잘 포착하는지 본다. 이렇게 하는 것은 무엇보다도 제안된 개념이 지역 맥락에서 그리스 신화에 나오는 프로크루스테스 침대 같은 역할을 하는지 보기 위해서다. 제안된 개념을 억지로 끼워 맞춰 대부분의 관찰자가 시민사회 부문의 핵심 요소라고 보는 조직을 잘라내 버리거나 그 범위를 넓혀 아무리 상상력을 발휘해도 시민사회 부문에 속하지 않는 조직을 포함하는 식으로 말이다. 그러나 CNP 정의가 어떤 지역 조직 형태를 시민사회 부문에 포함시키거나 배제시킨다고 해서 그것이 꼭 지역 상황에 잘 맞지 않는다고 말할 수는 없다. 대부분의 상황에서 연구자들은

---

4 이렇게 시험한 결과는 모두 CNP 조사보고서 시리즈의 일환으로 펴낸 출판물 자료에서 볼 수 있다 (http://ccss.jhu.edu/).

경계에 있어서 형식적으로는 정의의 기준에 맞지만 지역에서는 시민사회 부문에 포함되지 않는다고 여기는 사례(예를 들면, 노동조합이나 정당, 국교회)나, 정의의 기준에 완전히 맞지는 않지만 지역에서 시민사회 부문에 포함된다고 보는 사례(예를 들면, 어떤 유형의 협동조합과 상호부조 조직)를 보게 되기 때문이다.

이렇게 적합도를 검증하는 절차를 거친 결과 지금까지는 CNP 정의가 지역 현실에 그런 대로 잘 맞는 것으로 나타났으나, 몇 가지 예외도 있었다. 먼저 국제 정의 기준에는 맞지만 지역에서는 시민사회 부문으로 여기지 않는 단체들이 있다. 캐나다에서는 여기에 병원과 대학이 들어간다. 이것을 공공 부문으로 여기기 때문이다. 영국에서는 스포츠 조직이 여기에 포함된다. 또한 지역에서는 시민사회 부문으로 보는데 국제 정의 기준에는 맞지 않는 단체들도 있다. 예를 들면 스위스와 스칸디나비아 반도에 있는 나라들의 국교회나 덴마크의 자위대가 그렇다. 시민사회 단체가 다양한 것을 생각하면 이런 예외가 존재하는 것이 놀라운 일은 아니다. 오히려 이런 예외의 존재는 CNP에서 이 부문을 개념화하면서 제시한 조작적 기준이 식별력이 있음을 확인해준다. 지역에서 어떻게 여기든 상관없이 연구 범위에 있는 단위들을 효과적으로 식별할 수 있게 해주니 말이다. 그러나 예외의 존재는 CNP 정의가 개별성을 고려하지 않고 획일성을 강요하는 프로크루스테스 침대가 되지 않으려면 비영리 단체를 국제적으로 측정할 때 모듈 방식으로 접근할 것을 요청한다. 모듈 방식으로 접근하라는 것은 국제 기준에는 맞지만 지역 기준에는 맞지 않는 단체나, 지역 기준에는 맞지만 국제 기준에는 맞지 않는 단체의 자료는 따로 확인하라는 것이다. 연구의 초점에 따라 이 통계치를 쉽게 더하거나 뺄 수 있게 말이다. 무엇보다도 프로젝트의 결과를 제시할 때 이렇게 모듈 방식으로 접근한 덕분에 지역에서도 이런 결과에 대한 "소유권"을 쉽게 주장할 수 있었다.

프로젝트에 참여한 나라에서 적합도 검정을 마치면, 함께 협력하여 자료 수집 전략을 세운다. 그러려면 기존 자료의 출처와 그것이 포괄하는 범위를 확인하고, 필요하면 빠진 정보를 보완할 수 있는 도구를 개발해야 한다. 그래서 자료가 수집되면 중간 결과를 프로젝트에 참여한 다른 연구자들과 체계적으로 의사소통하여 자료의 내적 일관성을 검정해야 한다. 자료 검정 과정에서 중요한 것은 국가 간 비교를 통해 일정한 범위 밖에 있는 값이 있는지 확인하는 것이다. 이 방법은 얻은 결과의 질을 시험하는 데 아주 유용한 것으로 나타났다. 그 값이 실제로 정상 범위를 벗어난 것을 반영한 것인지 아니면 자료를 수집하고 편집하는 과정에 사람이 실수하여 생긴 결과인지를 결정하기 위해 더 연구가 필요한 결과를 확인할 수 있었기 때문이다.

결과의 질을 더욱 보장하기 위해 각 나라에서 프로젝트를 진행할 때 그 나라의 특수한 상황에 대응하고 연구 결과를 지역에서 이해하고 널리 알릴 수 있도록 지역의 시민사회 활동가와 정부 지도자, 언론, 실업계도 프로젝트에 적극 참여하도록 하는데, 이를 위해 우리는 프로젝트에 참여한 각 나라에 자문위원회를 두고, 국제 수준에서도 같은 위원회를 조직한다. 자문위원회에서는 프로젝트의 접근 방식의 모든 측면을 검토하고 결과를 해석하는 데 도움을 주고 연구 결과를 널리 알리고 그것이 의미하는 바를 충분히 생각하도록 돕는다. 지금까지 비영리 부문과 자선 부문, 정부, 실업계 지도자들이 모두 합쳐 600명 이상 이런 자문위원회를 통해 프로젝트에 참여했다.

이런 노력은 지금까지 6개 대륙에서 다양한 문화적 전통과 경제 발전 수준을 보여주는 43개 나라 시민사회 단체의 규모와 구성, 자금 조달에 대한 가장 폭넓은 지식을 낳았다.

1.4. 공식 자료의 원천 개발

CNP의 성공은 비영리단체에 관한 자료를 포괄적으로 수집할 수 있다는 것을 증명하였다. 하지만 CNP 접근 방식에는 한 가지 단점이 있었다. 노동집약적이라서 비용이 많이 들고, 따라서 계속하기가 매우 어렵다는 것이었다. 그러나 CNP 자료에 대한 공공의 수요가 높아, 자료 생성을 제도화하여 비영리 부문에 대한 정보를 계속 이용할 수 있게 하려면 한층 영구적인 해결책이 필요했다. 그래서 공식 통계를 내는 방법을 바꾸는 길을 찾는 쪽으로 초점이 이동했다.

다행히 국제연합 통계국(United Nations Statistics Division: UNSD)과 ILO 모두 이러한 노력에 부응하여 비영리 부문과 자원봉사활동에 대한 공식 자료를 만들어내는 CNP 접근 방식을 채택하고, 존스홉킨스대학 시민사회연구소에 국제 전문가 팀과 협력하여 정부 통계에 사용할 공식 안내서를 내달라고 했다. 이런 노력의 결과로 2003년에 국제연합 통계국은『비영리단체 위성계정 핸드북』을 냈고, 이것은 국민 경제 통계에서 비영리 조직이 하는 일을 포착하는 절차로 처음 공식 인정을 받았다. 이어 2011년에는 ILO에서『자원봉사활동 측정 매뉴얼』을 냈고, 이것 역시 자원봉사활동의 규모와 성격, 가치에 관한 공식 자료를 수집하는 도구로 처음 국제 승인을 받았다. 정부는 이런 도구를 이용하면 이미 정부 통계기관에 존재하는 전문지식과 자원을 활용하여 자료를 수집할 수 있어 대규모 전국 조사와 연구 노력에 따르는 엄청난 비용을 절감할 수 있을 뿐 아니라 시민사회 부문과 자원봉사활동에 관한 새로운 자료도 풍부하게 생산할 수 있다. 따라서 정부나 이해관계자들이 서로 비슷한 나라나 이질적인 나라의 연구 결과를 비교할 수도 있고, 이를 통해 자신의 노력을 평가하고 개선할 수 있는 객관적 자료도 얻을 수 있을 것이다.

국제연합『핸드북』은 비영리조직을 정의하는 기준으로 역시 같은 다섯 가지 조작적 기준을 명시하고, 이른바 "비영리단체 위성계정"[5]에서 측정할 재무 변수를 모두 만들어내고, 비영리단체와 특히 관련 있는 추가 자료 요소도 구체적으로 밝힌다. 여기에는 피고용인과 자원봉사자의 수, 투입된 자원봉사활동의 화폐가치, "시장" 비영리단체의 비시장 산출물의 가치[6]뿐 아니라 제품과 서비스의 판매로 받는 수익금에 포함된 정부 지출액과 상환액도 포함되고, 받은 보조금이나 기부금, SNA 용어로 말하면 "현금 이전이나 현물 이전"도 출처(정부 대 민간)에 따라 분류한다.

CNP 프로젝트는 민간 연구자들이 존스홉킨스대학 시민사회연

---

5 '비영리조직이나 부문'과 '비영리단체', '시민사회 조직(civil society organization)이나 부문'이라는 용어는 여기서 서로 바꿔 쓸 수 있다. 이 용어들 사이에 미묘한 차이가 있지만 모두 문헌에서 일련의 공통된 조직이나 단체를 일컫는 말로 널리 쓰이는데, 여기서는 이 장에서 제시한 정의에 맞는 일련의 특정한 조직을 일컫는 말로 쓰인다. 비영리단체는 국제연합 국민계정체계에서 채택된 용어라서 공식 국가 자료에서 더 널리 쓰인다. '시민사회'라는 말을 명사로 쓰지 않은 것은 그 안에는 이 장에서 제시한 정의에 포함되는 조직이나 단체보다 훨씬 많은 것이 포함되기 때문이다.

6 이것은 비영리단체가 무료나 시장 가격 이하로 제공하는 제품이나 서비스의 가치를 말한다. 그런데 비영리단체가 SNA에서 법인기업으로 분류되면, 그것의 비시장 산출물은 일반적으로 보고되지 않는다.

구소와 협력하여 실행하지만,『핸드북』에 따라 비영리 부문 위성계정을 작성하는 일은 정부 통계기관이 자신의 법적 의무를 수행하는 과정에 실행한다(하지만 CNP 지역 책임 연구자 및 존스홉킨스대학 연구 팀과 협력해서 한 경우도 많았다). 이런 접근의 주요 혜택은 비영리단체 위성계정이 공식 통계의 지위를 얻는 것이다. 존스홉킨스대학 시민사회연구소는 이러한 비영리 부문 자료 수집 방법을 전 세계로 널리 퍼뜨리고 기술 지원을 하고 이러한 방법의 실행을 촉진하는 캠페인을 벌였다.

2003년에『핸드북』이 나온 이래 16개 나라에서 적어도 1년 치 비영리단체 위성계정을 작성했고, 이 가운데 8개 나라는 몇 년 치 위성계정을 냈다.

2. CNP가 끼친 영향

이러한 노력은 무엇을 이루었을까? 오래 남을 기여를 했다면 그것은 무엇일까? 이러한 질문에 명확히 대답하기는 어렵다. 이 프로젝트를 진행하는 동안 우리 세계에서 많은 힘이 작용하여 비영리 부문과 이것이 한 나라나 전 세계의 삶에서 하는 역할에 영향을 끼쳤다. 따라서 이런 다른 요소의 영향과 우리 연구의 영향을 분리하는 것은 결코 쉬운 일이 아니다. 게다가 우리 연구가 끼친 영향을 분명하게 말해주는 증거를 찾아서 증명하기도 어렵다. 그런 증거는 다른 사람의 마음과 연구에 있어 어쩌다 모습을 보일 뿐이다. 저 먼 곳에서 어떤 학자가 우리가 쓴 글이나 책을 읽고 보내는 전자메일이나 국제

연합개발계획(UNDP) 관료가 연설하면서 우리 연구에 대해 언급하는 말에서, 유럽의회의 결의안에서, 그 밖에 그럴 듯한 곳이나 전혀 뜻밖인 곳에서. 그러나 이런 어려움에도 우리는 우리 연구가 아주 의미 있는 결과를 냈고 앞으로도 계속 그럴 것이며 이것이 결코 완벽하지는 않아도 구체적인 증거로 증명될 수 있다고 믿는다. 우리가 성취한 것 가운데 특히 다섯 가지는 주목할 만한 가치가 있는 것 같다.

2.1. 비영리 부문의 개념화

여기서 보고한 연구가 성취한 것 가운데 가장 의미 있는 것은 아마 비영리 부문을 정의할 수 있고 연구할 수 있는 사회행동 영역으로 개념화하는 데 기여한 것일 것이다. 오늘날에는 그것을 깨닫기 어려울 수 있지만, 25년 전에 우리 연구가 시작되었을 때는 "비영리"나 "시민사회" 부문이라는 것에 대해 합의된 정의가 없었다. 지배적 패러다임은 사회 현실이 시장과 국가 두 부문으로 이루어진 것처럼 그렸다. 두 부문 사이에 별개의 경제 부문을 이룰 정도로 공통된 특성을 지닌 제3부문이 있다는 생각이 대부분의 곳에는 존재하지 않았다. 그런 단체가 분명히 존재하는 곳에서도 다양한 유형의 조직들—병원, 사회서비스 기관, 환경단체—사이의 차이가 두드러져 보여, 이 부문에 공동의 정체성이 있다는 생각이 아직 떠오르지 않았다. 다양한 부분적 정의만 세계 여기저기서 유행했고, 대개는 개별 국가 안에서 그랬다. 그래서 영국에서는 학자들과 실천가들이 "자선단체"와 결사체를 구분했고, 많은 개발도상국에서는 "NGO"라는 용어를 썼지만 자선단체와 민간병원, 사립대학, 종교 계열의 원조기관을 배제했다. 어떤 나라에서는 거기에 협동조합이 포함되고, 어떤 나라에서는 그렇지 않았다. 마지막으로 통계기관에서도 미국 대학이나 병원처럼 법률에 따라 영리를 추구하지 않는 경제 단위들을 수입에서 수수료의 비중이 높은가 정부 보조금의 비중이 높은가에 따라 경제 자료에서 영리기업에 속하는 것으로 취급하기도 하고 정부부문에 속하는 것으로 취급하기도 했다. 더군다나 이 큰 부문의 다양한 부분들─의료, 교육, 개발, 사회서비스, 예술, 문화─이 놀라울 정도로 서로 고립된 채 운영되어, 서로 상당히 공통점이 있다는 것도 거의 인식하지 못했고, 당연히 그에 따라 행동하지도 않았다.

우리가 우리 동료 연구자들과 만들어낸 기본 정의와 그에 따른 ICNPO 분류 체계는 둘 다 엄청난 토론을 야기했지만, 지금은 비영리 부문을 정의하는 국제 표준으로 널리 받아들여졌다. 그 과정에 그것들은 사람들이 다양한 관점에서 이 부문과 이 부문에 포함되는 것들을 이해하는 통로가 된 언어와 일련의 개념을 만들어냈다. 특정한 유형의 조직을 포함하거나 배제해야 한다고 주장하며 이 정의를 두고 싸우는 사람들도 이 정의를 기준으로 삼고 이 정의에서 시작한다.

2.2. 이 부문의 가시성과 신뢰성 증대

우리 CNP 프로젝트는 시민사회 부문에 관한 자료 가운데 가장 먼저 나왔으면서도 가장 포괄적인 자료를 일부 만들어냈다. 이는 비영리 부문의 가시성과 신뢰성을 엄청나게 끌어올렸다. 우리 연구 전에는 비영리 부문이 언론이나 정책 논쟁, 학계에서 푸대접을 받았다. 거의 언급되지도 않았고, 언급되더라도 헌신적인 공상적 박애주의자들이나 하는 하찮은 일로 여겨졌다. 그런데 우리 연구는 비영리 부문이 한 나라의 GDP에 금융업과 보험업, 부동산업을 모두 합친 것만큼이나 기여하고 건설업과 수도와 전기, 가스 같은 공익사업보다도 GDP에 더 많이 기여할 정도로 경제적으로 엄청난 영향력이 있음을 증명하여, 그런 이미지를 크게 바꾸는 데 기여했다. 이러한 깨달음은 분명 언론과 정책입안자는 물론 이 부문 자체의 의식에도 침투하였다. 이렇게 우리 자료를 사용하고 이를 통해 이 부문에 대한 인식이 크게 높아졌다는 증거는 주요 언론과 유럽연합 정책 문서와 법률 제정, 국제연합 보고서와 결의안, 주요 관료와 국제기구 요인들의 연설 등 많은 곳에서 볼 수 있다. 우리가 예전부터 줄곧 함께 일하고 있는 뉴질랜드 사회개발부 관리가 말한 대로,

> CNP 프로젝트는 뉴질랜드 비영리 부문의 가시성과 발언권에 큰 영향을 끼쳤다. CNP 프로젝트 덕분에 이 부문에 대한 이해가 크게 높아진 것을 보고 개인적으로도 아주 기뻤다. 학계부터 경제 전문가와 정치가, 사회비평가까지 아주 다양한 사람들이 이 부문이 경제 세력으로서뿐 아니라 뉴질랜드 사회를 떠받치는 기둥으로서도 아주 중요하다는 것을 깨닫고 있다.

2.3. 새로운 통찰/새로운 개념화

처음으로 국제 수준에서 시민사회 부문에 관한 경험적 자료를 일

부 만들어내는 과정에 우리 연구는 비영리 부문과 이것이 놓인 사회경제적 맥락에 관한 다양한 관습적 믿음에도 도전했다. 우리 연구를 통해 우리는 비영리 부문을 낳고 그것의 범위와 지형을 결정하는 요인을 설명하는 대안 이론—시민사회 발전의 사회기원론—도 만들어낼 수 있었다(Salamon *et al.*, 1996; 2000. 이것이 최근에 나온 우리 책 Salamon, 2014에서는 더 확장되었다). 이러한 통찰과 개념화는 제3부문을 공부하는 사람들뿐 아니라 더 일반적으로는 사회정책과 사회생활을 공부하는 사람들 사이에서도 엄청난 지적 동요를 불러일으켰다. 우리 연구로 얻게 된 통찰과 개념화 가운데 몇 가지를 소개하면 다음과 같다.

- **주요 경제 세력**: 비영리 부문이 많은 나라에서 경제활동인구의 10% 이상이 종사하고 통신업이나 운수업, 건설업 같은 주요 산업과 어깨를 나란히 할 정도로 중요한 경제 세력이라는 발견.
- **수입 구조**: 전 세계적으로 자선 기부금이 비영리 활동의 재원에서 차지하는 비중이 전에 믿었던 것보다 훨씬 작다는 깨달음. 우리 자료는 전 세계적으로 비영리 부문의 수입 가운데 12~13%만 자선 기부금에서 오고 사업소득(프로그램 서비스 요금, 판매수입, 회비, 투자수입 등)과 정부 보조금으로 부족한 부분을 채운다는 것을 보여준다.
- **자원봉사자의 역할**: 전업노동 종사자 기준으로 전환하면 자원봉사자가 비영리 부문의 노동력 가운데 40% 이상을 차지한다.
- **복지국가의 신화**: 이전에 많은 사회과학 분석과 대중 토론에서 그린 "복지국가"의 이미지는 정부를 보건과 복지 서비스의 주

요 제공자로 그려 심각한 오해를 불러일으켰다는 발견. 그러나 우리 연구는 이전에 고전적인 "복지국가"로 여겨졌던 많은 나라에서도 비영리 부문이 엄청나게 많이 활동한다는 것을 증명했다. 이런 나라들 가운데 많은 나라에—특히 가톨릭 인구가 상당히 많은 나라에—정말로 존재하는 것은 "복지 파트너십"이라는 것이다. 즉 핵심 사회복지서비스를 제공하는 경제적 책임은 정부에서 지지만, 이런 서비스의 대부분은 민간 비영리단체를 통해 전달된다는 것이다.

• **자원봉사자가 유급 직원을 대체한다는 잘못된 인식** : 자원봉사자가 유급 고용 일자리를 대체한다는 인식이 특히 노동조합에 널리 퍼져 있는데, 이것은 잘못된 생각이다. 우리가 만들어낸 자료는 자원봉사자와 유급 직원의 관계가 제로섬 관계라는 이런 인식에 도전한다. 우리 자료는 오히려 유급 직원과 자원봉사자의 관계가 양(+)의 관계에 있음을 시사한다. 즉 유급 직원이 많을수록 자원봉사자가 더 많이 동원되는 것 같다는 것이다. 이는 자원봉사자를 동원하는 방법으로 자원봉사 기능을 신중하게 관리하는 것이 중요함을 잘 보여준다.

• **정부와 비영리 부문이 역관계에 있다는 신화** : 영어권 나라에 특히 널리 퍼져 있는 이러한 신화는 정부와 비영리단체가 경제적으로는 경쟁자이고 정치적으로도 대개 적이라고 한다. 이런 신화는 비영리단체에 대한 대중적 담론에도 많이 깔려 있지만, 학문적 이론으로도 표현된다. 그런 이론 가운데 하나가 "정부 실패"로 알려진 것인데, 이것은 정부가 제공하는 집합재에 대한 수요가 집합재의 질에 따라 달라지는데 공공 예산은 다수의 합

의가 필요한 탓에 집합재에 대한 공공 재정 지원이 제약을 받게 된다고 주장한다. 그리고 공공 재정 지원이 줄어들면 민간 자선단체가 충족되지 않은 수요를 메우게 되고, 그 결과 비영리 부문이 증가한다고 한다. 또 한 이론은 정부의 사회지출의 "구축" 효과를 주장한다. 이 이론에 따르면, 정부의 사회지출은 민간 자선과 비영리 활동을 구축한다고 한다. 두 이론은 모두 정부와 비영리조직 사이에 역관계가 존재한다고 한다. 즉 국가가 확장되면 비영리 부문이 줄어들고, 비영리 부문이 줄어들면 국가가 확장된다는 것이다. 하지만 우리 자료는 두 이론 중 어느 것도 참이 아님을 보여준다. 서유럽에 있는 나라 대부분을 포함해 사회지출을 가장 너그러이 하는 나라들이 비영리 부문이 가장 큰 나라들에 속한다. 게다가 네덜란드나 캐나다처럼 문화가 다양한 나라들은 비영리단체와 경쟁하지 않고 협력하여 "집합재"에 대한 공공 지원 예산을 상당히 확대할 수 있었다. 따라서 공공예산의 축소가 아니라 확대가 비영리 부문의 성장을 낳았다. 이런 현실을 설명하기 위해 우리는 대안 이론을 개발했고, 그것이 공공 부문에 대한 "새로운 거버넌스" 이론과 앞서 언급한 비영리 부문의 "사회기원론"이다.

2.4. 정책에 끼친 영향

우리 연구는 언론과 연구자, 정책입안자의 의식에 뚫고 들어가 공공 정책에도 영향을 끼치기 시작했다. 우리 연구가 정책을 추진하는 계기가 되었다고 분명히 말한 사례 가운데 몇 가지만 소개하면 다음과 같다.

- 존스홉킨스대학 비영리 부문 비교 연구 결과는 일본에서 1990
년대 말에 상당히 새로운 비영리 법을 추진하는 데 폭넓게 이
용되었다. 이 법은 일본에서 그 전까지 인정받지 못한 비영리
조직들이 법률적 지위를 확보할 수 있는 메커니즘을 제공했다.
- 이 프로젝트의 연구 결과는 이탈리아에서 비영리를 더욱 지원
하는 법률적 장치를 추진하려는 비슷한 노력에서 두드러진 역
할을 했고, 프랑스와 이탈리아에서 제3부문을 담당하는 특별
부처의 존재에 정당성을 제공하는 데 기여하였다.
- 국제연합은 우리 연구를 제3부문과 자원봉사에 대한 새로운 정
책을 세우는 기초로 삼았다. 국제연합 사무총장이 2001년 자원
봉사자의 해의 일환으로 채택한 명령의 진척 상황을 보고할 때
도 우리 연구를 분명하게 언급하며 이를 더욱 진척시킬 것을
촉구했다.
- 유럽의회는 비영리 부문과 자원봉사활동을 더욱 지원하는 유
럽 정책을 촉구하는 주요 결의안을 통과시키며 그것의 정당성
을 뒷받침해주는 중요한 근거로 우리 연구를 들었다.
- 노르웨이 정부도 우리 연구와 노르웨이에 있는 우리 동료 연구
자들의 연구에 기초해 제3부문을 지원하는 폭넓은 정책을 채
택했다. 이 정책의 일환으로 노르웨이 정부는 『핸드북』을 기반
으로 정기적으로 비영리 부문에 대한 "위성계정"을 작성했다.
- 인도는 지난 5개년 계획에 따라 많은 부분 우리가 제공할 수 있
었던 자료에 근거하여 비영리조직을 지원하는 일련의 정책을

펼쳤다. 역시 이러한 정책의 일환으로 정부는 약 300만 개에 이르는 비영리조직을 폭넓게 조사하고, 우리 연구소의 도움을 받아 비영리 부문 위성계정을 개발했다.

2.5. 학문 공동체를 세우다

마지막으로 우리 연구는 크게 성취한 것도 있지만 비영리 연구와 자선 분야를 연구하는 국제적인 학문 공동체를 낳는 데도 기여했다. 이 연구를 시작할 때는 전 세계적으로 이런 일련의 단체에 대한 학계의 관심이 아주 제한되어 있었다. 이것을 주제로 연구하는 학자도 거의 없고, 연구하는 사람들도 거의 눈에 보이지 않거나 신뢰받지 못했다. 게다가 그들은 대개 혼자 고립되어 연구하고 있었다.

그런데 우리가 프로젝트에 참여하는 나라의 지역 책임 연구자들에게 의존하여 합의된 분석 틀을 구성하는 협력적 접근 방식을 활용하기로 결정한 덕분에, 프로젝트를 진행하는 동안 그 전까지 전혀 연결도 되지 않고 지역과 각 나라의 관점을 인정한다는 공동의 목표의식도 없던 학자들 사이에 강한 유대감이 형성되었다. 프로젝트를 진행하는 동안 모두 합쳐 적어도 200명의 연구자가 이러한 노력에 적극 참여했다. 여기에는 프로젝트에 참여한 40개가 넘는 나라에서 연구를 이끈 지역 책임 연구자와 이들이 다시 이 연구에 참여하게 한 서너 명의 동료 연구자들이 포함되었다. 이 밖에도 프로젝트에는 약 600명에서 800명이 동원되어 각 나라에서 만든 자문 위원회에 참여하여, 결과를 검토하고 정의를 평가하고 분석 과정에도 참여했다.

국제적으로 제3부문 연구 공동체를 대표하는 학회인 국제 제3부문 연구회(International Society for Third-Sector Research)도 상당 부분 존스홉킨스대학 비영리 부문 비교 연구 프로젝트의 산물이라고 할 수 있다. 연구회의 초대 회장도 프로젝트의 이스라엘 지역 책임 연구자였다. 초대 부회장은 프로젝트 책임 연구자였다. 이사회의 다른 핵심 구성원들도 프로젝트와 연결되어 있었다. 오늘날 비영리 부문 연구를 주도하는 학자들 가운데는 이 프로젝트를 통해 이 분야에 첫발을 내딛은 사람도 많다.

국제연합『핸드북』이 나오면서 이러한 과정은 지금도 국가 통계기관 수준에서 반복되고 있다. 국가 통계기관에서 일하는 사람들이 이『핸드북』을 실행하는 일을 하면서 그들 안에서 지금도 완전히 새로운 비영리단체 전문가 네트워크가 형성되고 있는 것이다.

장기적으로 보면 이렇게 예외적일 정도로 재능 있는 사람들을 많이 동원하여 비영리 부문과 자원봉사활동에 관심을 집중시킨 것이야말로 어쩌면 여기서 말한 우리 연구의 기여 가운데 가장 길이 남을 기여일 것이다. 앞으로도 계속 비영리 부문을 지탱하고 그러기위해서 필요한 대중과 학계의 관심을 떠받치는 것도 이 학자들과 활동가들의 에너지와 관심일 것이기 때문이다.

3. CNP에서 얻을 수 있는 교훈

앞에서 증명한 대로 존스홉킨스대학 시민사회연구소는 전 세계 많은 나라에서 기술적인(descriptive) 양적 연구를 설계하고 실행한 폭넓은 경험이 있고, 정부 통계기관과 일하면서 SNA의 통계 기록에서 비영리단체를 확인할 때 자문도 해주었다. 그렇다면 이 프로젝트가 20년 이상 진행되면서 쌓인 경험에서 어떤 교훈을 도출할 수 있고, 이런 경험이 시민사회 단체들에 대한 기술적 연구를 어떻게 촉진할 수 있을까?

교훈 1: 현재 구조 안에서 하라. 적어도 통계 역량이 중간 수준은 되는 나라는 공식 통계에 시민사회 조직에 대한 자료가 흔히 믿는 것보다 훨씬 많이 있다. 아주 최근까지도 비영리와 시민사회 단체들은 공식적으로 생산되는 통계 자료에서 거의 빠져 있었다. 이렇게 빠진 이유로는 일반적으로 받아들여지는 정의의 부재와 이런 단체들은 어떤 의미 있는 경제적 비중도 없다는 믿음, 최근까지는 SNA 통계 기록에서 그것들을 따로 확인할 필요가 없었다는 믿음 등을 들 수 있고, 이는 다시 이런 단체들에 대한 경제 자료는 있더라도 거의 존재하지 않는다는 잘못된 믿음을 강화했다.

하지만 사실은 정반대가 참이다. 특히 OECD와 기타 선진국에서는 그렇다. 대부분의 나라에서는 관할권 안에서 활동하는 거의 모든 경제 단위에 대한 행정 자료를 폭넓게 수집하고, 그들의 경제활동에 대한 정기조사를 하고 전수조사도 한다. 이런 자료와 조사에는 비영리와 시민사회 조직도 포함된다. 문제가 있다면 비영리와 시민사회 조직을 그런 조직으로 식별하지 않는 것뿐이고, 이것이 국제연합『핸드북』이 바로잡은 문제다.

CNP 접근 방식이 거의 50개 나라에서 비영리 부문을 기술하는 자료를 수집하는 데 성공했다는 것은 기존 구조 안에서 관련 자료를 확인하는 것이 유용함을 증명해준다.

교훈 2: 기존 통계 기록에서 비영리와 시민사회 단체를 확인하는 것이

가능하다. 자료가 존재할 뿐만 아니라 이런 조직들을 따로 확인할 수도 있다. 일반적으로 기존의 행정 기록과 통계 기록에는 대부분 아직 "비영리 깃발"이 없다. 즉 특정한 제도 단위가 비영리단체인지 아닌지를 말해주는 자료 요소가 없다. 그러나 그런 "깃발"이 존재하더라도 이런 깃발을 만들어내는 데 사용되는 비영리 지위에 대한 정의가 국제연합 『핸드북』과 일치하지 않는 탓에 그것의 유용성은 제한적일 것이다. 이러한 문제를 극복하는 가장 성공적인 접근 방식은 기존 자료에서 쉽게 확인할 수 있는 비교적 동질적인 단위 집단에 비영리단체의 정의에 명시된 조작적 기준을 적용하는 것이다.

비영리단체를 확인하는 절차는 먼저 있을 수 있는 가장 낮은 수준의 집합체인 집단을 확인하는 것으로 시작된다. 그런 집단으로는 예를 들면 특정한 유형의 면세조직이나 결사체, 협동조합, 상호조합, 재단, 비주식 법인, 명칭에 소유 형태(민간 대 공공) 같은 다른 정보가 들어 있는 어떤 활동 분야에 있는 단위처럼 특정한 법률적 지위를 가진 제도 단위들이 있을 것이다. 다음 단계는 어떤 델파이 방법 같은 것을 써서 각 집단에 있는 조직들이 정의에 명시된 조작적 기준에 모두 맞는지 보는 것이다. 아니면 기존 행정 미시자료나 통계 미시자료를 조작적 기준에 부합한다고 알려진 단위들의 목록과 대조해보아도 될 것이다.

존스홉킨스대학 시민사회연구소에서 다룬 나라에서는 대부분 이런 접근방법을 통해 대다수 비영리단체를 성공적으로 확인할 수 있었다.

교훈 3: 어떤 자료 요소를 측정하려면 그에 맞게 특화된 도구를 개발할 필요가 있다. CNP 접근 방식의 경우에 기존 체계에서 자원봉사

활동의 양과 성격에 관한 자료를 찾아내는 것이 일반적으로 가능하지 않았다. 비영리단체 전체 노동력에서 자원봉사자가 차지하는 비중이 평균 약 40%라서, 국제연합『핸드북』에서는 비영리단체 위성계정에 그들의 수와 그들이 기여하는 것의 가치를 포함하도록 요구한다. 하지만 이러한 요구는 그에 맞는 자료가 극히 제한적이라서 실행하기가 극히 어려운 것으로 드러났다. 몇몇 선진국을 제외하면 자원봉사활동에 관한 정보가 공식 통계에서 다루어지지 않는다. 민간의 후원을 받아 자원봉사활동의 규모를 측정하려는 조사들은 비교적 작은 표본과 대개는 비교할 수 없는 다양한 방법론, 서로 사뭇다른 정의를 사용한다. 그래서 그런 조사에서 나오는 결과들은 측정치가 서로 크게 다르다(Salamon *et al.*, 2011). 이는 이런 결과의 신뢰성에 심각한 문제를 제기하고, 그것이 비영리단체 위성계정에 포함될 자격을 박탈한다. 비영리단체 위성계정은 엄격한 품질 기준을 고수하기 때문이다.

위에서 설명한 대로 이러한 문제를 해결하기 위해 존스홉킨스대학 시민사회연구소는 ILO와 손잡고 자원봉사자가 기여하는 바를 측정하는 국제 표준을 개발하였고, ILO의『자원봉사활동 측정 매뉴얼』(Salamon *et al.*, 2011, 2013)은 그것을 정리한 것이다(Salamon *et al.*, 2011, 2013). 이 새로운 매뉴얼을 국가 통계기관들이 채택하면 전 세계에서 자원봉사활동에 관해 이용할 수 있는 자료들이 큰 영향을 받아, 오랫동안 자원봉사활동의 규모와 경제적 가치를 체계적으로 측정하여 국가 간 비교를 할 수 있는 방법을 찾는 데 걸림돌이 되었던 많은 문제가 해결될 것으로 보인다.

교훈 4: 나라 간 결과를 비교하는 접근 방식의 가치. CNP 프로젝트는 성격상 자신도 모르게 궤도에서 크게 벗어날 위험을 안고 있었다. 그 전에는 프로젝트에 참여한 각 나라의 비영리 활동의 규모와 분포가 알려져 있지 않았기 때문에 당연히 자료 수집 과정에 기준으로 삼거나 참조할 만한 것이 없었다. 통계 자료라는 것이 본래 선택 과정에 편향이 일어나거나 다양한 측정 오류가 있을 수 있어 반드시 얻은 결과의 질을 시험하여 있을 수 있는 문제를 찾아내는 검증 절차를 개발해야 했다.

그래서 잠정 결과가 나오자 나라 간 비교를 했는데, 이는 결국 아주 가치 있는 일로 드러났다. 어떤 나라도 서로 동일하지 않지만 다양한 나라들도 나라 간 비교를 해보면 어떤 범위 안에 있다. 예를 들면, 우리 연구 기간(1995~2008년) 중 전형적인 해에 가장 발전한 나라들의 1인당 국민소득도 10,000달러에서 25,000달러 범위 안에 있었다. 이에 비추어 보면 어떤 특정한 나라의 1인당 국민소득이 이 범위 안에 있지 않다고 말하는 자료는 그러한 결과가 진짜인가 아니면 통계 오류에 따른 결과인가 하는 의문을 자아내기 마련이고, 따라서 그것을 더욱 자세히 검증하게 된다.

이런 논리에 따라 CNP 프로젝트에 참여한 각 나라의 잠정 결과가 모이자 이것을 가지고 다양한 방법으로 나라 간 비교를 했다. 그래서 결과들 사이에 큰 편차가 있으면 존스홉킨스대학 팀이 지역 책임 연구자와 함께 자료와 자료 수집 방법론의 질을 재검토하고 이런 불일치를 어떻게 설명할 수 있을지에 대해 합의를 보았다. 이러한 접근방법으로 시험한 "귀무가설"은 다른 일이 없는 한 관계된 나라들 간에 어떤 의미 있는 편차도 존재하지 않는다는 것이었고, 따라서 관찰된 편차는 방법론적 절차에 문제가 있거나 자료의 신뢰성이 낮은 탓에 생긴 인위적 결과였다. 그래서 이 "귀무가설"이 방법론적 절차나 자료의 질에 대한 비판적 검토를 통해 참임이 확인되면 다시 더 정확한 추정치를 냈다. "귀무가설"이 기각되면, 즉 방법론이나 자료의 질에 문제가 없는 것으로 드러나면, 우리는 편차가 진짜 존재한다는 결론을 내리고 그것을 사회적 요인이나 경제적 요인, 역사적 요인으로 설명할 필요가 있었다.

이런 절차는 얻은 결과의 질을 효과적으로 평가하고 가능하면 편향된 결과나 오류에 따른 결과를 수정할 수 있게 해주었다.

교훈 5: 이해관계자들 간 협력이 성공적 자료 수집의 비결이다. 여러 나라 비영리단체에 관한 포괄적 자료를 수집하는 일은 과학이라기보다는 예술이다. 그러려면 자료의 출처를 확인할 때부터 자료에서 비영리단체를 식별하는 방법을 설계하여 실제로 추정치를 내고 이런 추정치의 질을 평가할 때까지 전 과정에 걸쳐 많은 판단을 스스로 내려야 하기 때문이다. 이런 과정에는 세 유형의 행위자들이 협력할 필요가 있다.

1. 국민계정과 비영리활동의 법률적 조직적 측면, 통계 자료 시스템에 전문 지식이 있는 개인들
2. 다양한 자료를 내고 국민계정 작성을 관리하는 정부기관
3. 정책입안자와 언론, 연구 공동체, 비영리단체 지도자 등 앞으로 자료를 이용할 이해관계자들

이런 세 행위자 집단의 참여와 협력이 성공적 자료 수집에 반드시 필요하지만, 이런 참여와 협력을 확보하기가 아주 힘들 수도 있

다. 무엇보다도 먼저 정부 통계기관은 어떤 자료를 생산하고 공개할지 자유롭게 결정하기보다 어떤 특정한 자료에 대한 공공의 요구가 있을 때 이에 응하는 방식으로 행동한다. 그런 공공의 요구는 일반적으로 나라의 정치 지도자나 행정 지도자에게서 오고, 간접적으로는 실업계나 언론, 학계, 시민사회 같은 다양한 유권자 집단에서 온다. 따라서 비영리단체 위성계정을 작성하는 과정에 무엇보다도 먼저 해야 할 것은 공공에서 비영리 부문에 관한 신뢰할 수 있는 자료를 요구하도록 하는 것이다.

하지만 공공의 요구만으로는 충분하지 않다. 위성계정을 내는 책임을 맡을 정부기관이 조직적으로나 방법론적으로나 그 일을 할 만한 역량이 있다는 확신이 있어야 한다. 그러려면 공공이나 민간에서 추가 자금 지원이 있어야 하고, 비영리단체와 이것을 통계 자료시스템에서 처리하는 방법에 관한 추가 전문 지식이 제공되어야 한다. 그래서 이 시점에는 자금 지원을 할 만한 곳이 있는지 확인하고 전문가를 모집할 필요가 있다. 또 전문가와 통계기관, 기타 이해관계자들이 정기적으로 효과적인 의사소통을 하도록 하고 일의 진척상황을 모니터링할 코디네이터를 고용하는 것도 도움이 된다.

존스홉킨스대학 시민사회연구소는 비교 프로젝트에 참여한 모든 나라뿐 아니라 비영리단체 위성계정을 낸 대부분의 나라에서도 이런 협력 모델을 활용했다.

교훈 6: 숫자는 스스로 말하지 않는다. 비영리단체 부문에 관한 자료를 성공적으로 모으는 것이 통계기관이나 이들과 협력하는 전문가들의 최종 목적이지만, 이런 숫자를 이용해 정책 목표를 달성하려는 이해관계자들에게는 이런 자료를 공개하는 것이 중요하다.

정부 통계기관 같은 자료 생산자의 책임은 자료가 공공의 영역으로 나가면 끝난다. 그때부터 자료를 찾는 것은 이용자의 책임이 된다. 정례적으로 나오는 자료는 이용자 대부분이 그것의 존재와 공개 시기, 그것을 찾을 수 있는 장소를 안다. 하지만 비영리단체 위성계정처럼 처음 나오거나 간헐적으로 나오는 자료는 일반 대중이 잘 모를 수 있다. OECD와 다른 선진국에서 생산되는 통계 자료는 어마어마하여 비영리단체 위성계정은 언제 나왔는지도 모르게 그 물결에 "떠내려 갈" 수도 있다는 사실로 인해 상황은 더욱 복잡해질 수 있다.

따라서 되도록 많은 사람이 시민사회 조직에 관한 자료가 새로 나온 것을 알도록 특별한 노력을 기울이는 것이 좋다. 이를 위해 존스홉킨스대학 시민사회연구소는 국가 수준에서 통계기관과 지역 이해관계자들이 함께 통계 결과가 나온 것을 널리 알리는 행사를 마련하도록 권고한다. 자료를 이해하기 쉬운 형태로 제시하고, 그것을 국제적 맥락에 놓아 비교하도록 하면 더욱 좋을 것이다. 이런 행사를 하면 당연히 정책입안자와 언론, 학계, 국제연합개발계획이나 ILO처럼 자료를 낸 통계기관 대표가 참석하게 될 것이다. 국제적인 자료를 포함할 수 없다면, 그것은 따로 내도 될 것이다.

교훈 7: 위성계정을 작성하여 비교할 수 있는 자료를 내고 국제 통계 시스템이 업데이트될 때마다 보조를 맞추려면 계속 모니터링하는 것이 필요하다. 비영리단체 자료를 널리 알릴 때 마지막으로 해야 할 일은 국제사회도 그것을 이용할 수 있게 하는 것이다. 이 일은 외국인은 공식 웹페이지에서 비영리단체 자료를 찾기 어렵게 하는 언어 장벽, 이런 자료를 제시하는 표준 형식의 결여, 국제 홍보의 부족 등 많은 요인으로 복잡해질 수 있다. 게다가 국제연합의 『핸드북』과 ILO의 『자원봉사활동 측정 매뉴얼』이 존재한다고 해서 그것이 일관되게 적용되는 것도 아니다. 그래서 나온 자료를 찾아서 비교하기 어려울 수 있다.

이런 문제를 해결하기 위해 존스홉킨스대학 시민사회연구소는 이용할 수 있는 비영리단체 위성계정 자료의 국제 정보 센터 역할을 맡았고, 이에 따라 다음과 같은 일을 한다.

1. 전 세계에서 비영리단체 위성계정을 작성하는 과정을 정기적으로 모니터링하는 일
2. 비영리단체 위성계정을 낸 기관에서 공개한 자료를 입수하는 일
3. 이런 자료를 표준 형식으로 전환하는 일
4. 이용할 수 있는 자료의 나라 간 비교를 하는 일
5. 이렇게 비교 분석한 결과를 생산하고 전 세계에 널리 알리는 일

덧붙이면, 비영리단체와 자원봉사활동 측정에 영향을 미치는 국제 통계 시스템이 정기적으로 업데이트되어, 2008년에 국민계정체계가 개정되자(UN, 2009) 2013년 ILO 국제노동통계전문가회의에서 자원봉사활동을 공식 노동 형태로 포함시키는 문제를 제기했다. 이에 따라 존스홉킨스대학 시민사회연구소는 계속 그러한 변화가 비영리단체와 자원봉사활동에 어떻게 영향을 미치는지 확인하고, SNA 개정판에 비영리단체를 포함시켜 비영리단체의 지위가 향상되도록 로비를 하고, 필요하면 개정판 안내서도 수정하도록 했다. 그래서 2008년 국민계정체계가 개정될 때, 존스홉킨스대학 시민사

회연구소는 제도 부문에서 비영리단체를 따로 식별하고 비영리단체를 다루는 문제를 따로 장을 만들어 포함시키도록 하는 데 성공했고, 그 결과 『핸드북』의 개정에도 동의했다. 따라서 개정되는 『핸드북』에서는 SNA에 일어난 변화, 그중에서도 특히 핵심 계정에서 비영리단체를 여러 하위 제도 부문으로 분류하도록 권고한 것을 고려하고, 비영리단체를 정부 계정으로 분류하는 새로운 가이드라인을 분명히 하고, 국제표준산업분류가 개정된 것(국제표준산업분류, 제4차 개정판)도 고려하여, 비영리단체를 분류하는 새로운 가이드라인도 분명히 할 것이다. 또한 『핸드북』은 많은 곳에서 제3부문을 한층 폭넓게 개념화한 것을 인정하고, 앞으로 공식 통계를 낼 때 협동조합과 상호조합은 물론 소셜 벤처나 사회적기업에 관한 측정치도 포함하는 것을 고려할 필요가 있을 것이다. 존스홉킨스대학 시민사회연구소는 2013년 10월에 열린 제19차 국제노동통계전문가회의에 앞서 노동 개념 수정을 둘러싼 ILO 토론에도 참여했는데, 이때 결국 각 나라에서 정기적으로 노동에 관한 측정을 할 때 자원봉사활동도 공식 노동 형태로 포함시키기로 결의했다(ICLS, 2013).

결론

이 장에서는 존스홉킨스대학 시민사회연구소에서 비영리단체와 자원봉사활동에 관해 측정하고 자료를 수집할 때 기준이 된 것들을 개관하였다. 존스홉킨스대학 시민사회연구소는 두 가지 유형의 활동에 참여한다. 많은 나라에서 비영리단체에 관한 양적인 거시경제 자료를 수집하는 일과 그런 자료를 국제적으로 받아들이는 국민계 정체계에 통합하여 분석하고 해석하는 일이다. 이런 활동의 주요 목적은 한 나라의 맥락에서나 국제적 맥락에서나 비영리단체 부문에 관해 경험적으로 기술한 것을 내는 것이다. 이는 세계시민단체연합(Civicus)의 시민사회지표(Civil Society Index)나 미국국제개발처(USAID)의 NGO 지속가능성 지표(NGO Sustainability Index) 같은 다른 국제 프로젝트와 다른 점이다. 이것들의 주요 목적은 규범적 표준을 바탕으로 질적 평가를 하는 것이기 때문이다.

CNP는 두 가지 혁신을 도입했고, 이는 지금까지는 나라 간 비교를 할 수 있는 가장 포괄적인 비영리단체 자료집합을 수집하는 데 아주 성공적인 것으로 드러났다. 첫 번째 혁신은 국제적으로 "수송 가능한" 표준이 되는, 비영리 부문에 대한 조작적 정의를 도입하여 다양한 나라에서 비영리단체를 경험적으로 확인할 수 있게 한 것이다(Salamon and Anheier, 1992). 두 번째 혁신은 주로 기존의 행정 기록과 통계에 의존하는 표준 자료 수집 방법론을 개발한 것이다. 이 방법론에서 본질적인 부분은 세 유형의 행위자, 즉 전문가와 정부 통계기관, 시민사회 이해관계자들 간 체계적 협력이다.

CNP가 개발한 접근방법은 결국 SNA 틀 안에서 비영리단체 위성계정을 작성하는 것으로 제도화되었다. 이는 시민사회 부문의 거시경제적 측면을 기술하는 더 폭넓은 통계 시스템 안에서 주요 구성요소를 이루며, 주로 시장에서 활동하는 협동조합과 상호조합을 대상으로 하는 사회적경제 위성계정을 보완한다.

존스홉킨스대학 시민사회연구소는 거의 50개 나라에서 이 방법론을 실행하여 상당한 경험을 얻었고, 이는 사회적경제를 개념화하고 그것의 규모와 범위를 측정하려는 현재의 노력에 중요한 통찰을 제공할 수 있다. 그 가운데는 기존 구조 안에서 작업하면 그 안에 이용할 수 있는 자료가 흔히 믿는 것보다 훨씬 많이 존재한다는 통찰도 있다. 물론 어떤 자료 요소들은 우리 목적에 맞는 특별한 도구를 개발할 필요가 있지만 말이다. 하지만 측정할 수 있다고 해서 그런 자료를 성공적으로 개발할 수 있는 것은 아니다. 정부와 시민사회 행위자 간 협력과 끊임없는 모니터링이 성공적 자료 수집과 확산의 비결이다.

참고 문헌

IICLS, *Resolution I: Resolution concerning statistics of work, employment and labor under-utilization,* International Conference of Labor Statisticians, 2013,
http://www.ilo.org/wcmsp5/groups/public/---dgreports/---stat/documents/normativeinstrument/wcms_230304.pdf.

Linstone, H. A. and Turoff, M., *The Delphi Method: Techniques and Applications,* Reading, Mass., Addison-Wesley, 1975.

Salamon, L. M., "The Rise of the Nonprofit Sector," *Foreign Affairs,* Vol. 74, No. 3 (July/August), 1994, https://www.foreignaffairs.com/articles/1994-07-01/rise-nonprofit-sector.

Salamon, L. M. (ed.), *New Frontiers of Philanthropy: A Guide to the New Tools and New Actors that are Reshaping Global Philanthropy and Social Investing,* New York, Oxford University Press, 2014.

Salamon, L. M. and Anheier, H. K., "In Search of the Nonprofit Sector: I. The Question of Definitions," *Voluntas. International Journal of Voluntary and Nonprofit Organizations,* Vol. 3, No. 2, November 1992, pp. 125-151.

――, "Social Origins of Civil Society: Explaining the Nonprofit Sector Cross-Nationally," *Comparative Nonprofit Sector Working Paper,* No. 22, Baltimore, The Johns Hopkins Center for Civil Society Studies, 1996.

Salamon, L. M., Sokolowski, S. W. and Anheier, H. K., "Social Origins of Civil Society: An Overview," *Comparative Nonprofit Sector Working Paper,* No. 38, Baltimore, The Johns Hopkins Center for Civil Society Studies, 2000.

Salamon, L. M., Sokolowski, S. W. and Haddock, M. A., "Measuring the Economic Value of Volunteer Work Globally: Concepts, Estimates, and a Roadmap to the Future," *Annals of Public and Cooperative Economics,* 2011, Vol. 82, No. 3, pp. 217-252.

Salamon, L. M., Sokolowski, S. W., Haddock, M. A. and Tice, H. S., *The State of Global Civil Society and Volunteering,* Baltimore, Johns Hopkins University, Center for Civil Society Studies, 2013.

United Nations, *Handbook on Nonprofit Institutions in the System of National Accounts,* New York, United Nations, 2003.

United Nations, *System of National Accounts 2008,* New York, United Nations, 2009.

그럼 사회적경제기업은 무엇을 "생산하는가"?

시빌 메르텐스
벨기에 리에주대학 HEC-경영대학 부교수

미셸 마레
벨기에 리에주대학 HEC-경영대학 사회적경제연구소 선임 연구원

머리말

어떻게 정의하든 사회적경제기업도 기업으로 볼 수 있는 조직이라는 것은 일반적으로 받아들여지는 사실이다. 우리가 말하는 기업이란 그것의 법률적 지위나 자금 조달 방법에 상관없이 제품이나 서비스를 생산하거나 유통하도록 설계된 독립체이다.[1]

사회적경제기업이 제품과 서비스를 제공하는 다른 민간 기업과

---

1 우리가 사용하는 기업의 개념은 유럽 법의 틀 안에서 정의된 것이다(1991년 4월 23일에 유럽공동체 사법재판소에서 내린 호프너 판결: aff. C-41/90).

비교했을 때 두드러지는 것은 비자본주의적 목적에 따라 운영된다는 것이다. 이를 보여주는 것이 세 가지 특징, 즉 활동의 사회적 목적과 이익 분배의 제한, 민주적 거버넌스다(Defourny and Nyssens 2011, Mertens and Marée 2010, Barea and Monzón 2006, Bouchard *et al.*, 2008). 이러한 특징은 우리의 논의에서 두 가지 중요한 의미를 지닌다. 첫째는 세계의 많은 곳에서는 사회적경제기업이 특정한 법률적 형태를 띠고, 일반적으로는 결사체나 협동조합인 이런 법률적 형태가 이런 조직이 생산 활동을 하는 데 걸맞은 제도적 틀을 제공한다는 것이다. 둘째는 사회적 목적을 추구한다는 것은 대개 적어도 부분적으로는 비시장 자원(공공 재정 지원, 민간 기부, 자원봉사활동)에 의지해 생산 비용을 충당한다는 것이다.

이런 두 가지 차이는 양적 측정에 중요한 영향을 끼치는데, 그것은 경영 지표(수익률과 구성비 등)를 측정하기 위해서든 거시경제 수준에서 통계를 내기 위해서든 관습적 측정 방식은 대개 사회적경제기업이 생산하는 것을 양적으로 정확히 이해하는 데 적절하지 않다는 것이다.

여기에는 두 가지 이유가 있다. 첫째는 관습적 측정 방식은 자본주의적 목적을 가진 기업을 위해 설계되어 사회적경제기업에는 별로 쓸모가 없어 보인다는 것이다. 예를 들어 "투자수익률(ROI)"을 보자. 이것은 기업에 투자한 자본의 수익률을 측정하여 비용 대비 편익의 관점에서 투자의 타당성을 평가하려는 것이다. 이것을 그대로 사회적경제기업에 적용하면 어떨까? 그 대답이 부정적이라는 것은 쉽게 상상할 수 있다. 최근에 관습적 측정 방식의 한계를 넘어 "사회적" 투자수익률("social" return on investment: SROI)[2]을 정의하려는 시도에서도 볼 수 있듯이, 재무 성과만으로 사회적경제기업에서 발생하는 이익을 분석하는 것은 무분별한 일일 것이다.

둘째는 앞에서 말한 것과 관련이 있는데, 기업의 생산 활동이나 부가가치, 즉 기업이 국민총생산(Gross National Production: GNP)에 기여하는 바는 일반적으로 시장에서 전달하는 정보를 이용해 측정한다는 것이다. 하지만 사회적경제기업이 생산하는 것을 시장에서 언제나 완전히 평가할 수 있는 것은 아니다. 사실 사회적 목적을 추구하면 때로는 비시장 제품이나 서비스를 제공하게 된다. 즉 생산 비용을 완전히 충당할 정도로 대가를 지불하도록 요청하지 않는다. 특히 이런 가격을 지불할 수단과 동기가 있는 사람만 접근하거나 그것에 소비하도록 하고 싶지 않기 때문이다. 게다가 어떤 제품과 서비스의 소비(와 생산)는 직접 소비자가 아닌 다른 사람에게도 흔히 긍정적 효과를 낳는다. 하지만 이런 효과는 시장 메커니즘을 통해 지불되지 않는다. 다른 한편으로 이는 공공 재정 지원이나 민간 기부, 회비, 자원봉사활동 같은 이른바 비시장 자원의 동원을 정당화한다. 이런 자원을 사회적경제기업이 동원할 수 있는 것은 사회적경제기업은 공유재(공공기관에서는 공유재로 인정되면 적어도 어느 정도라도 자금을 지원한다)나 민간 주체들에게 긍정적 외부효과로 인식되는 것을 생산하기 때문이다(Santos, 2012; Young, 2007). 따라서 시장은 혼자서는 사회적경제기업이 생산하는 것의 복잡성을 드러내기에 충분한 메커니즘이 아닌 듯하다. 그렇다면 생산한 것이 대부분 시장에서 교환되는 자본주의 기업의 경우처럼, 사회적경제기업도 화폐가치나 화폐의

---

2 특히 www.thesroinetwork.org을 보라.

양으로 표현되는 결과로 평가할 수 있을까?

이 장에서는 이 두 번째 질문에 대답하려고 한다. 우리가 정말 드러내고 싶은 것은 사회적경제기업이 생산하는 것이 이렇게 복잡한데 주요 개념적 이론적 문제가 그에 대한 정확한 평가를 방해한다는 것이다. 특히 그것을 화폐가치로 평가하려고 할 때는 말이다. 우리가 이를 드러내는 과정은 세 단계로 나뉜다. 우리는 먼저 사회적경제기업이 생산하는 것이 기존의 국민계정 틀에서는 어떻게 고려되는지 검토한다(1절). 이어서 사회적경제기업이 실제로 생산하는것을 모든 측면에서 고려하려면 "넓은 의미의 생산" 개념을 도입할 필요가 있음을 예를 들어 설명한다(2절). 마지막으로 "넓은 의미의 생산"을 왜 화폐가치로만 측정할 수 없는지를 보여줌으로써 사회적경제기업이 국민총생산에 실제로 기여하는 바를 측정할 수 있다는 생각을 버릴 필요가 있다는 결론에 이른다(3절). 대신 우리는 사회적경제기업의 생산 활동이 복잡한 것을 인식하자고 호소하고, 다른 틀에서 이런 생산을 측정하는 것을 지지하는 제안을 한다.

1. 오늘날 국민계정에서 사회적경제기업은 어떻게 고려되는가

국민계정에서 국민총생산은 민간 기업이든 가계든 공공 행정기관이나 비영리조직이든 상관없이 모든 경제 조직이 활동을 통해 생산한 것을 모두 측정하여 통계를 낸 것이다. GNP는 사실 세 가지 동일한 접근 방법을 통해 얻어진다(European Commission *et al.*, 2009). 발생한 부가가치를 모두 더하거나, 분배된 주요 수입을 모두 더하거나, 경제 주체들이 최종적으로 지출한 것을 모두 더하는 방식이다. 여기서는 첫 번째 접근 방식만 살펴볼 텐데, 이것은 모든 생산 단위가 실제로 창출한 가치를 모두 더하는 방식, 즉 생산된 것(산출물)의 가치에서 생산 과정에서 소비된 것(투입물이나 중간 구매*)을 빼는 방식이다.

그런데 이런 계산에서 가치는 실제로는 가격에 기초한 개념이다. 시장경제에서는 기업이 생산하는 것이 가격으로 평가되는 교환가치를 낳고, 따라서 기업에서 생산한 것의 가치가 교환된 양에 단위 가격을 곱해서 얻어지는 양에 지나지 않는다. 이 양에서 시장 가격으로 가치가 평가되는 중간 구매를 빼면 기업의 부가가치, 즉 그것이 GNP에 기여한 것이 나온다. 이런 추론을 생산하는 것을 모두 시장에서 판매하는 기업에는 쉽게 적용할 수 있다. 그러나 활동이 전부 또는 일부가 시장 밖에서 제품과 서비스를 제공하는 일로 이루어진 기업에는 어떨까?

이것은 국민계정을 작성하는 사람들이 공공서비스의 가치를 평가하려고 했을 때 이미 한 질문이다. 학교에서 제공하는 교육서비스를 무료로 제공할 경우 그 가치는 얼마나 될까? 국민계정 전문가들이 제안하는 대답은 고전이 되었다. 가격이 없을 경우 비시장 생산의 가치는 생산 비용으로 측정한다는 것이다(European Commission *et al*., 2009). 따라서 이 가치는 중간 구매를 빼면 기본적으로 피고용인이 받는 보수, 즉 피용자보수가 된다.

---

* 이 장에서 말하는 "중간 구매"는 국민계정체계에서 "중간 소비"에 해당한다. 주요 국민계정 항목(총산출, 중간소비, 부가가치, 피용자보수, 생산 및 수입세, 보조금, 영업잉여, 총고정자본형성)에 대한 설명은 이 책의 304~305쪽에 실린 〈부록 6〉을 참고하라―옮긴이 주.

그렇다면 시장에서 제품을 파는 활동도 하고 비시장 서비스를 제공하는 활동도 하는 혼성 기업은 어떨까? 이런 조합은 드물지 않을 뿐더러 많은 사회적경제기업에서 관찰된다. 한 예로 취약계층을 받아들여 관리하면서(비시장 생산) 폐기물을 재생하고 재활용하는 일을 제공하는(시장 생산) 노동통합 사회적기업을 보자. 이런 경우에 국민계정은 단순한 기준에 따른다(United Nations, 2003). 즉 제품과 서비스의 판매로 얻는 수입이 전체 자원(기부금과 회비, 공공 보조금도 포함)에서 차지하는 비율이 50% 이상이면 일반적으로 부가가치를 계산하는 방법(총산출에서 중간 구매를 빼는 방식)을 적용하고, 그렇지 않으면 비시장 생산으로 간주하여 공공서비스의 경우처럼 생산 비용으로 부가가치를 계산하는 방법을 적용한다.

위성계정[3]은 앞서 말한 관습적 방식을 보여주는 좋은 예이다. 비영리단체의 위성계정에는 사실 매출액으로 부가가치가 계산되는 조직도 포함되지만, 공공서비스처럼 생산 비용으로 부가가치가 계산되는 조직도 포함된다.[4] 다음 표는 비영리단체 위성계정을 낸 세 나라에서 비영리단체들이 GNP에 기여한 바를 그런 방식으로 계산한 결과를 보여준다.[5]

---

3 Fecher and Ben Sedrine-Lejeune가 쓴 장을 보라.

4 하지만 주목해야 할 것은 『비영리단체 위성계정 핸드북』에서는 비영리단체 위성계정의 어떤 표에서는 제3의 방법을 쓰도록 권고한다는 것이다. 생산 비용이나 시장 자원 중 높은 쪽을 토대로 산출물의 부가가치를 계산하는 것이다(United Nations, 2003, 4.80-4.87). 하지만 실제로 그런 방식으로 부가가치를 계산한 표는 거의 나온 적이 없다.

5 프랑스에서는 공공 보조금으로 자금을 조달하는 비영리조직은 모두 생산 비용을 토대로 부가가치를 계산한다.

나라	양		GNP에서 차지하는 비율
벨기에 (2010)	19,712.2	백만 유로	5.5%
캐나다 (2008)	35,600	백만 캐나다 달러	2.4%
	100,700	백만 캐나다 달러 (*)	7.1%
프랑스 (2002)	45,771	백만 유로	2.9%

(*) 병원과 대학을 포함했을 때

출처: Belgium: ICN 2012; Canada: Statistics Canada 2009; France: Kaminski 2006.

앞서 말한 접근 방식의 첫 번째 한계는 프랑스의 경우를 제외하면 부가가치를 계산하는 방법이 모든 조직에 똑같이 적용되지 않는다는 점이다. 두 번째 한계는 시장 생산자로 간주되는 조직의 부가가치가 과소평가된다는 점이다(Mertens, 2002). 이런 조직에서 생산하는 것을 매출액으로만 평가하지만, 생산하는 것 대부분은 다른 자원(민간 기부금과 보조금 등)으로 자금이 조달되는 비시장 생산이기 때문이다. 앞서 예로 든 노동통합 사회적기업의 경우 자원의 55%는 시장에서 오고(재활용된 제품의 판매) 나머지는 기부금과 공공 이전으로 이루어진다고 가정해보자. 이 경우 국민계정에서는 기업의 총산출을 계산할 때 재활용된 제품을 판매한 것만 고려한다. 따라서 기업 안에서 비시장 자원으로 수행되는 훈련과 관리 활동은 고려되지 않는다.

이런 한계도 있지만 더 근본적으로 질문해야 할 것은 국민계정에서 비시장 생산을 계산하는 방법이 타당한가 하는 것이다. 사실 공공서비스와 관련해서든 사회적경제기업과 관련해서든 우리는 이러한 생산에는 회계 자료만으로 평가할 수 없는 차원이 있고, 따라서 그것의 부가가치가 과소평가될 수 있다는 점을 드러내고 싶다.

2. 사회적경제기업의 생산 개념의 확대를 위하여

우리가 제안하는 추론은 어떤 공공서비스나 어떤 사회적경제기업에도 적용할 수 있지만, 편리하게 앞서 본 전형적인 노동통합 사회적기업을 예로 들어보자. 이러한 유형의 기업은 제품이나 서비스를 생산하는 영리 활동(폐기물의 재생과 재활용, 건물 개보수, 유기농 채소 재배 등)을 통해 노동시장에서 주변으로 밀려난 노동자의 사회적 재통합과 노동시장 재통합에 기여한다. 이런 기업의 매출액은 그 기업의 시장 산출물의 가치를 표현한다. 그러나 앞서 보았듯이 시장 산출물은 기업 활동의 한 측면일 뿐이다. 이런 기업에서는 피고용인에게 훈련 서비스와 사회적 지원도 제공한다. 이런 서비스는 시장에서 교환되지 않아, 그것을 위한 자금은 다른 성격의 자원(공공 재정 지원, 민간 기부)으로 확보된다. 따라서 시장 가격으로 계산되는 매출액은 당연히 이런 비시장 활동은 표현하지 않는다.

하지만 더 근본적인 것은 이런 재통합 사명이 누구보다도 먼저 피고용인에게 큰 "영향"[6]을 끼치지만(더 높은 자격과 재사회화), 사회적 결속이라는 면에서 사회에도 큰 영향을 끼친다는 것이다. 이것이 노동시장의 순기능 중에서도 중요한 것이다. 따라서 매출액으로 기업이 생산한 것을 측정하는 전통적 방식은 이런 개인이 얻는 "혜택"(재통합되

---

6 Uzea and Duguid가 쓴 장을 보라.

는 사람들이 얻는 혜택)과 사회적 "혜택"을 반영하지 못한다.

　달리 말하면, 노동통합 사회적경제기업에서는 흔히 생각하는 것보다 훨씬 폭넓게 비시장 활동이 이루어지고, 따라서 수혜자와 사회 전체나 일부에 끼치는 영향을 고려하려면 생산 개념 자체를 확대할 필요가 있다. 국민계정체계 안에서 기업의 생산 개념을 다시 정의하려는 시도가 없더라도(European Commission *et al.*, 2009), 사회적경제기업이 GNP에 실제 기여하는 바를 파악하려면 이런 시도가 반드시 필요하다고 본다. 물론 그것을 측정할 수 있다면 말이다. 우리는 이미 그런 넓은 의미의 생산을 개념화할 수 있는 방법을 자세히 설명한 바 있다(Mertens and Marée, 2013). 따라서 여기서는 〈그림 1〉을 토대로 간략히 종합하여 설명한다.

〈그림 1〉 사회적경제기업이 넓은 의미에서 생산하는 것

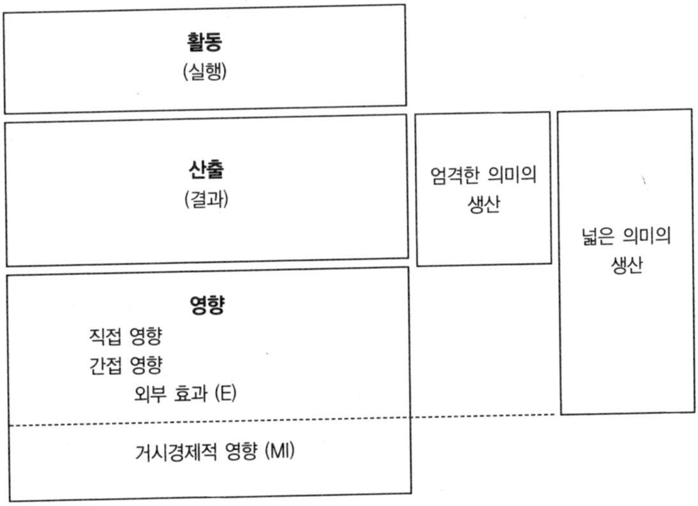

활동 (실행)		
산출 (결과)	엄격한 의미의 생산	넓은 의미의 생산
영향 직접 영향 간접 영향 외부 효과 (E) ───────────── 거시경제적 영향 (MI)		

〈그림 1〉에서 제안한 다양한 개념을 살펴보자.

사회적경제기업에서 다양하게 *실행하는 것*은 사회적경제기업의 **활동**을 말하고, 이 맥락에서는 제공된 서비스에 해당한다. 따라서 재활용을 하는 기업의 경우에는 수집한 폐기물의 양과 재활용하여 판매한 제품의 수뿐만 아니라 재통합 과정에 노동자를 훈련하고 지원하는 시간까지 포함된다.

실행은 결과를 낳는데, 이것은 "서비스를 직접 받는 사람"("수혜자"나 "이용자"라고도 한다)이 제공되는 서비스를 통해 직접 얻는 혜택을 말한다. 노동통합 사회적기업의 경우에 서비스를 직접 받는 사람이 당연히 폐기물 수집의 대상이 되는 가계와 재활용 제품의 구매자이지만, 제공되는 지원 덕분에 재사회화하고 자격 조건도 높아져서 혜택을 보는 노동자도 포함된다. 결과는 사실 엄격한 의미의 생산을 뜻하는 산출(output)이다. 마지막으로, 이러한 산출은 수혜자들에게는 *직접 영향*(고용 가능성 증대, 즉 일자리를 찾을 수 있는 능력 향상)을 낳고, 다른 경제 주체와 나머지 지역사회에는 *간접 영향*을 낳는다.

그런데 여기서 간접 영향 중 외부효과(E)와 거시경제적 영향(MI)을 구분할 필요가 있다. 직접 영향과 마찬가지로 우리가 여기서 정의하는 의미의 외부효과도 개인의 효용에 영향을 끼친다. 따라서 〈표 1〉에서 볼 수 있듯이 외부 효과도 사회적경제기업이 생산하는 것의 한 측면을 구성한다고 보아야 한다. 외부효과는 대개 어떤 지역의 모든 개인에게 영향을 끼친다는 점에서 집합적 성격을 지닌다. 따라서 재활용 분야에서 활동하는 노동통합 사회적기업의 서비스가 사회 결속에 이바지하거나 자원을 더 잘 이용하거나 환경을 보호하는 데 이바지한다면, 그 기업의 활동은 직접 수혜자(가계와 고객, 기업의 피

^{고용인})뿐 아니라 사회 전체에도 영향을 끼친다.

거시경제적 영향은 개인의 효용 변화의 측면이 아니라 기업 활동이 다른 조직이나 GNP와 고용 규모, 일반적 가격 수준, 공공 예산 같은 거시경제 지표에 끼치는 영향의 측면에서 분석되어야 한다. 물론 사회적경제기업의 거시경제적 영향은 사회경제적 수준에서 그것이 하는 역할을 평가할 때도 중요한 역할을 한다. 특히 돈을 절약하는 것(비용 절감, 지출 방지 등)이 중요한 문제다. 예를 들면 공공 예산에서 사람들을 재통합하는 데 드는 비용을 줄인다는 것은 노동통합 사회적기업의 대표들이 공공 당국에 할 수 있는 주요 주장이다. 우리가 노동통합 사회적기업의 영향을 평가하려고 하면서 이런 유형의 효과를 고려하지 않는다면 제대로 된 논쟁이 아닐 것이다. 하지만 이런 효과는 사회적경제기업의 활동에서 비롯된 효용 변화가 아니다. 따라서 외부효과와 달리 거시경제적 영향은 기업이 생산하는 것 가운데 하나로 볼 수 없다(Gadrey, 2002).

요약하면, 우리는 〈그림 1〉에 설명된 연쇄 효과를 바탕으로 산출과 직접 영향, 외부효과 형태의 간접 영향을 합하여 이것을 새로운 개념인 넓은 의미의 생산이라고 한다.

3. 사회적경제기업이 넓은 의미에서 생산하는 것을 측정하여 GNP에서 고려할 수 있을까?

사회적경제기업이 생산하는 것을 넓게 보면 이것을 화폐가치로 측정하는 문제가 제기될 수밖에 없다. 더 구체적으로 말하면, 이런 확대된 생산으로 발생하는 부가가치를 측정하여 사회적경제기업이 GNP에 실제로 기여하는 바를 추정할 수 있을까? 우리가 넓은 의미의 생산에 포함하자고 한 직접 영향과 간접 영향은 성격상 시장 메커니즘에 의지하지 않으며, 따라서 그것에는 비시장 차원이 있다.[7] 따라서 그것을 측정하는 문제는 시장을 거치지 않는 제품이나 서비스를 평가하는 더 일반적인 문제를 제기한다. 이런 환경에서는 두 가지 주요 측정 범주가 존재하는데(Mertens and Marée, 2012), 그것은 바로 국민계정의 틀 안에 있는 회계적 측정과 잠재가격의 재구성에 기초한 이른바 경제적 측정이다. 아래에서 두 가지를 차례로 살펴보자.

넓은 의미의 생산의 회계적 측정

그 이름에서 알 수 있듯이 생산의 회계적 측정은 관찰된 돈의 흐름을 이용하여 기업이 생산한 것의 가치를 평가한다. 따라서 이런 흐름이 위에서 정의한 넓은 의미의 생산 개념에 맞는 지표인지 물을 필요가 있다. 〈그림 2〉는 다시 앞에서 언급한 개념들을 가지고 생산의 회계적 측정의 문제점을 보여준다.

우리가 그냥 매출액을 이용하면 위에서 언급한 대로 시장 생산을 측정한 것을 얻게 된다. 비용을 통해 생산한 것을 측정하면 당연히

---

7 영향에 대한 이러한 성찰은 때로 시장 가격으로 평가되는 것 이상의 (긍정적이거나 부정적인) 결과를 낳는 활동을 하는 다른 유형의 기업에도 적용된다. 하지만 우리에게는 그것이 사회적경제기업의 맥락에서 특히 중요한 것 같다. 이런 결과를 추구하는 것이 원래 그런 기업의 목적이기 때문이다.

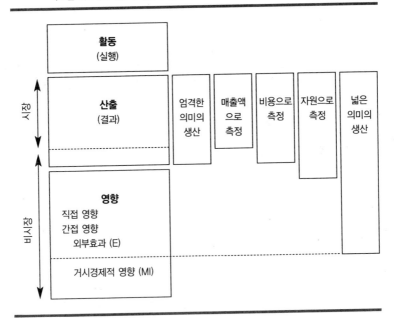

전체 산출에서 비시장 부문이 차지하는 몫을 고려하여 엄격한 의미의 생산을 측정하게 된다. 그러나 어느 경우든 어떤 직접 영향(수혜자에게 끼치는 영향)과 간접 영향(다른 개인이나 지역사회에 끼치는 영향)을 고려하지 않아 생산한 것이 과소평가된다. 달리 말하면, 현재의 국민계정 체계로는 넓은 의미의 생산을 정확히 측정할 수 없다.

　하지만 우리가 예를 들면 두 접근 방식에서 간과한 비시장 생산의 자원 측면을 고려하여 국민계정의 관례를 고칠 수 있지 않을까? 구체적으로는 "재원을 통한" 평가는 민간 부문에서 발생하는 부가가치와 공공 부문에서 발생하는 부가가치를 따로 계산하는 방식에서 직접 영향을 받았는데(Mertens, 2002), 이것은 바로 기업이 생산을 하기 위해 조달하는 다양한 자원(매출액, 회비, 공공 재정 지원, 기부금)을 모두 합한 다음 거기서 중간 구매 비용을 빼는 방식이다. 이런 유형의 평가에서는 자원을 어느 정도는 자금 제공자가 제공되는 서비스에 대한 "수요"를 표현한 것으로 해석할 수 있으며, 이런 수요의 표현은 "생산이 일어날 수 있도록" 자원을 동원하는 것으로 나타난다.

국민계정에서는 무시하지만,[8] 자금 조달이나 자원을 통해 비시장 생산을 평가하는 것은 시장 생산을 평가하는 방식과도 일맥상통하며, 나중에 다시 보겠지만 경제학자들이 제품과 서비스의 가치를 측정하는 방법으로 옹호하는 "선호에 기초한" 접근 방식에 더 부합한다. 이런 방식으로 평가할 때 특히 기부와 자원봉사활동처럼 "무료로" 기여하는 것을 포함하여 기업이 조달하는 모든 유형의 자원을 고려하면 더욱 그렇다. 한 예로 우리는 Perrot(2006)가 "사회적 부가가치"를 계산하려고 시도한 것을 들 수 있다. 이것은 화폐 자원(매출액, 공공시장, 보조금, 고용 장려금, 회비, 기부, 유산)과 비화폐 자원(현물 기여, 무료 서비스, 서비스 교환, 의무 면제, 세금 공제, 자원봉사활동)을 폭넓게 셈에 넣는다.[9] 물론 그런 방식으로 접근하려면 이 두 번째 범주의 자원에도 화폐 가치를 매겨야 한다. 예를 들면, 자원봉사활동은 유급 노동시간에 드는 비용을 토대로 유추하여 계산하는 방식으로 말이다.[10]

따라서 자원을 토대로 비시장재를 평가하는 접근 방식이 사회적

---

8 하지만 주목해야 할 것은 국민계정 전문가들도 어떤 공공 보조금이 가격의 일부나 전체를 충당하는 형태를 띨 때는 그것을 매출액으로 본다는 것이다. 이 경우에는 일반적으로 부가가치를 계산하는 방식(민간 부문에서 발생하는 매출액에 매출액으로 간주되는 보조금을 합한 값에서 중간 구매를 빼는 방식)이 조달 자금을 통해 부가가치를 계산하는 방식과 비슷하다.

9 Deshayes(1988)가 농업협동조합의 부가가치 개념을 넘어서기 위해 제안한 것에도 주목할 필요가 있다.

경제기업의 생산을 평가하는 데 더 적합하다면, 그것은 넓은 의미의 생산도, 즉 산출뿐만 아니라 생산으로 발생하는 영향도 평가할 수 있지 않을까? 이에 대한 대답은 부분적으로는, 그리고 부분적으로만 그렇다는 것이다. 사실 비시장재를 생산하는 데 자원을 제공하는 사람들은 (반드시) 직접 수혜자는 아니다. 그들은 제품이나 서비스의 제공에서 유용성을 발견하는 이해관계자들이다. 달리 말하면 〈그림 2〉에서 볼 수 있듯이 그들은 기여를 함으로써 발생하는 영향 중 어떤 것에 가치를 부여하는 것이다.

안타깝게도 회계적 접근 방식으로는 사회적경제기업이 생산하는 것을 부분적으로밖에 측정할 수 없다는 것은 비시장재에 대한 자금 조달이 일반적으로 기여의 최적 수준을 밑돌기 때문이다. 이런 불일치는 여러 가지 이유로 설명할 수 있다. 먼저 개인의 자발적 기여(기부와 자원봉사활동 등)는 개인이 이 생산에 부여하는 유용성보다 낮은 수준에서 이루어진다. 잘 알려진 "무임 승차자" 현상이 존재하기 때문이다.[11] 실제로 어떤 잠재적 기여자가 어떤 제품과 서비스의 생산에 자금을 제공하지 않는 것은 그래도 어쨌든 그것이 생산될 거라고 생각하기 때문이다. 게다가 실제로 이루어지는 기여도 대개 자선의 성격을 띠어, 어떤 제품과 서비스를 생산하는 데 드는 비용으로 합의된 "가격"으로 볼 수 없다. Kahneman and Knetsch(1992)이나 뒤이은 많은 학자들에 따르면, 많은 경우에 이런 기부는 제품과 서

---

10 존스홉킨스대학에서 국제노동기구(ILO)의 후원을 받아 수행한 연구를 보라:
http://www.ilo.org/global/publications/books/WCMS_167779/lang—fr/index.htm.

11 Olson(1965)이 이론화한 이 현상은 개인이 의도적으로 공공재에서 얻을 수 있는 혜택은 누리면서 그 비용을 부담하지 않거나 일부만 부담하는 것을 말한다.

비스 자체의 가격보다 "도덕적 만족"을 얻기 위해 지불하는 가격으로 해석하는 것이 옳다. 이것을 가리켜 "기부의 자기만족 효과"라고 한다. 이렇게 말하면 지나쳐 보일 수 있지만, 일반적으로는 도덕적 만족이라는 동기는 선호를 충분히 표현했다면 기여했을 양보다 떨어지는 수준으로만 자발적 기여를 하게 한다.

마지막으로, 공공 재정 지원이 어떤 식으로든 비시장 생산의 가치를 대변하지 않고 이 생산의 영향을 모두 고려하지 않는 것을 설명하는 두 가지 주장이 나올 수 있다. 첫째는 일반적으로 정치적 결정과 공공 예산 탓에 사회의 바람과 그것의 구체적 실현 사이에 간극이 생기는 것은 흔한 일이다. 사실 개인들이 어떤 것이 충족될 필요가 있다는 것을 인식하더라도 그것을 충족시키기 위해 조달해야 하는 자금의 형태(세금과 보조금)를 생각하면 자신의 지불 의사를 충분히 표현하지 않는 것 같다. 오늘날에는 서비스 제공에서 공공 당국이 하는 역할에 의구심마저 일어 더욱 그렇다. 달리 말하면, 사회에서 가치가 있다고 보는 제품과 서비스에 대해 자금 조달이 충분히 이루어지지 않는 경향이 있다.

더군다나 비시장 활동에 대한 공공 지원이 예산으로 나타날 때 그 활동의 인식된 가치만큼 자금 지원이 이루어지지 않을 수도 있다. 이런 불일치는 비시장재는 수요와 공급이 연결되지 않기 때문이다. 시장재의 경우에는 일반적으로 수요가 높으면 가격이 올라가고, 따라서 가치도 높아진다. 그러나 비시장재의 경우에는 그것에 할당되는 자금이 그것을 생산하는 데 필요하다고 추정되는 비용과 밀접한 관계가 있다. 우리가 어떤 활동이 긍정적 영향을 끼친다고 보아 상당한 가치를 부여해도 그것을 실현하는 데 필요한 비용은 그

제1부

사회적경제 통계를 낼 때 다루어야 할 방법론적 문제들

가치에 비해 적을 수 있다. 따라서 제공되는 자금의 양이 제품과 서비스의 가치를 말해주지만 가치 자체를 측정한 것은 아니다.

앞서 이야기한 것에서 우리는 비시장재의 가치를 평가하는 회계적 접근 방식은 비시장재 생산으로 발생하는 모든 영향에 가치를 부여하지 않거나, 그것의 가치를 불완전하게 평가할 뿐이라는 결론을 내릴 수밖에 없다. 달리 말하면, 국민계정이라는 현재의 도구로는 넓은 의미에서 사회적경제기업이 생산하는 것을 화폐가치로 측정할 수 없고, 따라서 그것이 GNP에 실제로 기여하는 것도 측정할 수 없다.

넓은 의미의 생산의 경제적 측정

우리에게 넓은 의미의 생산의 "경제적 측정"이란 이 생산에서 비시장 생산이 차지하는 부분에 잠재 가격을 매겨서 그것을 화폐가치로 측정하는 것을 말한다. 정의상 비시장재의 시장 가격은 없으므로, 우리는 대신 시장이 작동하는 방식에 영향을 받은 방식으로 접근하려고 한다. 즉 제품과 서비스의 가치는 개인의 선호에 달려 있다는 원칙에서 출발하여 비시장재를 시장에 내놓았을 때 개인이 지불하려는 가격에 따라 그것에 가격을 붙이는 것이다. 공공정책과 주요 기반시설을 평가하는 방법에서 비롯된 이러한 접근 방식은 이 가격을 평가하는 여러 가지 기법을 낳았다(더 자세한 설명은 Mertens and Marée, 2012를 보라).

따라서 우리가 비시장재의 "간접적 화폐가치"라고 할 수 있는 것이 사실은 개인의 선호의 직접 결과가 아니라 환경 분야에서 평가하는 방법에서 영향을 받은 대안 방법에 기초한 추정치, 즉 대체비용, 기회비용, 예방된 지출, 절약된 시간, 인간의 삶의 질 등을 평가한 것이다. 더 직접적인 접근 방법은 개인이 기꺼이 지불할 의향이 있는 "지불의사가격"(willingness to pay: WTP)에 의존하는 방법일 것이다. 그 이름이 말해주듯이 이는 곧 개인이 비시장재의 혜택을 누리기 위해 돈으로 얼마나 가치를 치를 의지가 있는지를 관찰하여 그것의 가치를 측정하겠다는 것이다.[12] 따라서 우리는 대체재나 보완재의 가격을 통해 측정할 수 있을 때는 이른바 "드러난" 선호에 기초하여 지불의사가격을 확인할 수 있고, 가상의 시장을 상정하고 모의실험을 통해 조사하여 측정할 때는 "표현된" 선호에 기초하여 지불의사가격을 확인할 수 있다(이것은 가상가치평가법(contingent valuation method: CVM)으로 알려져 있다).

앞에서 언급한 사회적 투자수익률(social return on investment: SROI)은 최근에 이런 기법을 사회적경제기업에 적용한 것이다. 사실 가능하면 언제나 비시장재를 측정하는 다양한 방법에 기대어 발생하는 각 유형의 영향에 화폐가치를 매기는 방식으로 사회적경제기업의 "사회적 이익"을 하나의 양으로 표현할 필요가 있다(ESSEC 2011).

비시장 생산의 경제적 측정은 이론적으로는 매력적이지만 어떤 틀에 적용하든 언제나 강한 의구심을 낳는다(Mertens and Marée, 2013). 먼저 사회적 투자수익률 분석에서 가상가치평가법을 이용해 개인의 지불의사가격을 측정하는 방법이 우리가 아는 한 한 번도 실제

---

12 아니면 개인이 어떤 제품과 서비스를 포기하는 대신 돈으로 얼마나 받고 싶은지("수용의사가격"(willingness to accept: WTA)를 조사하여 측정할 수도 있다. 여기서는 두 측정 방법을 따로 구분하지 않는다.

로 적용된 적이 없다는 것을 인식해야 한다. 이는 대개 이 방법은 단순성을 가장하여(사람들에게 어떤 서비스에 대해 지불할 의사를 묻는 방식으로) 모집단을 대표하는 표본을 선정하여 조사해야 하는데 그러려면 아주 많은 시간과 에너지가 드는 탓이다. 사실 이렇게 표본 조사를 통해 다양한 집단들 사이에서 사회적경제기업의 영향을 평가한다는 것은 비현실적이다. 이런 평가 방식은 공공 프로젝트나 환경 피해 추정 같은 일정한 규모의 평가에만 써야 한다. 대체재나 보완재의 가격을 통해 지불의사가격을 측정하는 것도 이론적으로는 쉬워도 실제로 해보면 대개 어렵다. 결코 어떤 제품이나 서비스를 완벽하게 보완하거나 대체할 수 없고, 따라서 이런 식으로 얻는 추정치는 추정하려는 제품이나 서비스의 가치를 짐작하게 해줄 뿐 그대로 말해주지 않는다.[13]

더 근본적으로는 우리가 드러난 지불의사가격이든 표현된 지불의사가격이든 지불의사가격을 통해 비시장재의 화폐가치를 평가하는 것이 타당한지 물어야 한다. 경제적 분석을 통해 화폐가치를 측정할 수 있다는 주장이 실제로 근거가 있고, 개인의 선호나 지불하려는 의사를 토대로 진짜로 의미 있는 화폐가치를 평가할 수 있을까? 많은 경제학자는 물론 제3부문과 사회적경제기업 부문에서 일하는 사람들 가운데서도 우리는 지불의사가격을 이용해 비시장재의 가치를 평가하는 방식에 우호적인 태도를 본다(예를 들면, Handy,

---

13 예를 들면 대체재가 추정하려는 재(財)와 정말로 동일한 서비스를 제공하는 재라고 볼 수 있는 경우는 드물다. 이런 점에서 SROI 안내서에서 제안하는 것도 무척 의심스럽다. 예를 들면(ESSEC 2011, p. 36을 보라), 장애인이 어떤 조직의 지원 서비스를 받아 정신건강이 개선될 때, 그 영향을 피할 수 있는 심리 상담 비용을 통해 평가할 수 있을까?

2003를 보라). 그러나 우리가 지불의사가격 접근 방법이 환경 부문에 도입된 이래 많은 비판의 대상이었다는 사실에 침묵할 수 있을까(특히 Hausman, 1993을 보라)? 이러한 비판은 방법론(예를 들면 가상가치평가법에서 모집단을 대표하는 자료를 수집할 수 있는 가능성과 관련하여)을 향한 것이기도 했지만, 특히 〈표 2〉에서 볼 수 있듯이 개념적 성격을 띤 것이기도 했다. 비판이 그런 방법의 밑바탕에 있는 가정과 관계가 있기 때문이다(더 자세한 것은 Mertens and Marée, 2012을 보라).

비시장재에 대한 개인의 선호를 확정하기 어렵고, 효용의 변화도 확정하기 어려우며, 이른바 "비사용" 가치를 고려하기 어렵고, 마지막으로 개인의 선호를 단순히 합하는 방식은 한계가 있다는 주장은 모두 지불의사가격 접근 방식으로 비시장재의 화폐가치를 평가하는 데 주의해야 한다는 생각을 뒷받침하는 주장들이다. 그런데 안타깝게도 이 모델의 밑바탕에 있는 전제들이 대개 명확하지 않거나 드물게만 명확하게 제시되는 탓에 그것이 지닌 한계가 그것이 지닌 매력―비시장재의 화폐가치를 평가할 수 있다는 것―에 가려 잘 보이지 않는다. 따라서 사회적 투자수익률 분석에 관한 문헌들이 지불의사가격을 이용해 화폐가치를 평가하는 것을 거리낌 없이 옹호하는 것도 놀라운 일이 아니다. 그러나 지난 20년 동안 환경 분야에서 이루어진 화폐가치 평가에 대한 비판[14]은 사회적 투자수익률에서 권고한 대로 지불의사가격을 이용해 영향을 평가하려는 시도에도 그대로 적용된다.

---

14 더 구체적으로는 가상가치평가법에 대해 최근에 비판적으로 분석한 것으로는 Hausman(2012)을 보라.

〈표 2〉 비시장재에 대한 지불의사가격 접근 방법의 개념적 한계

	가정	반대	결과
1	모든 개인은 세계의 모든 상태에 대해 자신의 효용 함수를 최대화한다 (선호의 완전성과 이행성)	소비자의 제한된 합리성	선호를 확정하기 어려움
2	개인은 자신의 효용 변화에 화폐가치를 매긴다 (기수적 효용)	소비자의 제한된 합리성	효용 변화를 확정하기 어려움
3	효용을 개인의 복지로 환원할 수 있다	복지의 변화로 환원할 수 없는 "비사용 가치"의 존재	비사용 가치를 (또는 충분히) 고려하지 않음
4	제품과 서비스의 가치는 개인의 주관적 가치의 단순한 합이다	소비자의 "제한된 깨달음": 개인의 주관적 가치의 합과는 구분되는 "사회적으로 구성된" 가치의 존재	사회적 가치를 (또는 충분히) 고려하지 않음

요약하면, 비시장 생산에 잠재 가격을 매기는 것은 방법론적으로 나 개념적으로 여러 가지 문제를 낳아, 우리 의견으로는 이런 접근 방법은 넓은 의미에서 사회적경제기업이 생산하는 것을 측정하기에 적절하지 않고, 따라서 그것의 "진짜" 부가가치를 측정하기에도 적절하지 않다.

결론

지금까지 사회적경제기업이 생산하는 것에 대한 정의와 측정방

법을 분석했는데, 그 결과는 분명 역설적이다. 우리는 한편으로는 이런 유형의 기업이 생산하는 것에는 그것이 직접 수혜자에게 끼치는 영향뿐 아니라 사회 전체에 끼치는 영향까지 포함해 비시장 차원이 있는데 이것이 국민계정의 틀에서는 일반적으로 과소평가된다는 것을 예를 들어 보여주었다. 그리고 다른 한편으로는 비시장 생산을 측정하는 두 가지 방법, 즉 회계적 측정 방법과 경제적 접근 방법을 모두 검토하고, 두 방법 중 어느 쪽도 사회적경제기업이 낳는 영향을 남김없이 모두 화폐가치로 측정할 수 없다는 결론에 이르렀다. 달리 말하면, 사회적경제기업이 GNP에 기여하는 바를 충분히 측정할 수 있는 적절한 계산 방법은 없는 듯하다.

이런 역설이 발생하는 것은 사실 국민계정체계가 생산을 모든 차원에서 파악하는 데 한계가 있기 때문이다. 국민계정체계는 생산 활동의 직접 영향과 간접 영향을 긍정적 영향이든 부정적 영향이든 그것이 생산 활동과 관련하여 돈의 흐름을 발생시키지 않는 한 측정할 수 없다(우리는 이것을 가리켜 영향의 "비내부화"(non-internalization)라고 할 수 있을 것이다). 산업의 환경 훼손은 부정적 영향을 보여주는 좋은 예인데, 이것은 생산 활동의 부가가치와 그것이 GNP에 기여하는 바를 측정할 때 고려되지 않는다.[15] 마찬가지로 사회적경제기업과 공공서비스처럼 성격상 많은 긍정적 영향을 낳는 생산 단위도 국민계정에서 부가가치를 측정하지만, 그 부가가치가 그 조직이 사회에 실제

---

15 외부효과는 (긍정적 외부효과든 부정적 외부효과든) GNP에 직접 반영되지 않지만, 일반적으로 예상하는 방식과는 정반대의 방식으로 GNP에 간접적으로 영향을 끼칠 수 있다. 예를 들면, 수질 오염이나 토양 오염(부정적 외부효과)은 그것을 바로잡기 위한 지출을 낳아 GNP를 증가시킬 수 있다.

로 기여하는 바를 그대로 보여주는 것은 아니다.

사회적경제기업이 생산하는 것을 정확히 정의하는 일은 당연한 관심사이며, 따라서 국민계정체계와 경제 분석에서 제안하는 측정 도구에 한계가 있음을 아는 것이 중요하다. 물론 그렇다고 해서 현재의 국민계정체계에 따라서든 더 나은 새로운 도구를 이용해서든 사회적경제기업의 부가가치와 그것이 GNP에 기여하는 바를 측정하는 일을 그만두라는 말은 아니다. 하지만 그렇게 해서 추정된 것을 사회적경제기업이 실제 생산하는 것을 측정한 것으로 해석하지는 말아야 한다.

우리가 제안하는 "넓은 의미의 생산"이라는 개념은 사실 국민계정체계가 아닌 또 다른 틀의 정의를 전제로 한다. 구체적으로는 부가가치라는 관습적 개념—화폐의 양으로 GNP에 기여하는 바를 측정한 것—을 넘어 사회적경제기업이 생산하는 것을 (그리고 공공서비스가 생산하는 것도) 국민계정체계를 보완하는 어떤 다른 절차에 따라 측정할 필요가 있다는 말이다. 그런 보완적 절차에서는 하나의 척도, 예를 들면 화폐가치라는 척도로 측정하는 것을 포기하고, 심지어 "가치"라는 개념을 피할 수도 있을 것이다. 물론 이러한 제안은 지적 만족감을 주는 장점은 있지만 거시경제 수준에서 이 문제를 다루는 것을 사실상 포기하자는 말일 수도 있다.

따라서 중재가 필요하다. 먼저 우리가 완벽하게 하려고 하면 문제의 복잡성 탓에, 특히 개인에게 끼치는 영향을 정의하고 측정하는 문제의 복잡성 탓에 일련의 상호보완적인 지표, 즉 양적 지표와 질적 지표, 화폐적 지표와 비화폐적 지표를 토대로 측정해야 하는데, 이렇게는 어떤 것을 집계하려는 시도도 할 수 없다.[16] 아니면 그냥 거시경제 수준에서 측정할 수도 있지만 이 경우에는 넓은 의미에서 사회적경제기업이 생산하는 것을 만족할 수 있을 정도로 반영하는 자료를 생산하는 것을 포기해야 한다. 하지만 이렇게 서로 대립하는 두 갈래 길 사이에 떠오르는 길이 있다. 첫째, 위성계정은 어떤 산업이나 조직 유형에 특수한 양적인 비화폐 지표를 개발하여 사용하도록 권한다. 이런 지표들은 공공정책을 다양한 기준으로 평가하거나 사회적경제기업이 생산하는 것을 시간에 따라 종적으로 비교하거나 이 부문에 대한 국제 비교를 하고자 할 때도 쓸 수 있다.[17] 둘째, 넓은 의미에서 사회적경제기업이 생산하는 것을 집계할 수 있게 해주는 신뢰할 만한 지표를 얻는 것이 불가능해 보이니, 대신 넓은 의미에서 사회적경제기업이 생산하는 것을 측정하는 방법에 관한 정치적 합의에 도달하기 위해 (이해관계자들 사이에) 성찰하고 숙의하는 접근 방식을 도입할 필요가 있다. 다양한 기준을 토대로 한 접근 방식은 분명 이런 성찰과 논쟁을 분명히 하는 데 도움이 될 것이다.

---

16 지난 몇 년 사이에 다양한 지표로 기업의 비재무 "성과"를 측정하려고 시도하면서 여기서 권하는 원칙에 따르고 비용–효과 분석 영역과도 연결할 수 있는 많은 도구가 개발되었다: TBL(triple bottom line), IRIS(Impact Reporting and Investment Standards), "SAN"(Social Accounting Network), GRI(Framework and Global Reporting Initiative) 등. Mouchamps(2014)는 이런 도구를 사회적 기업에 적용할 수 있는지 분석하자고 제안한다.

17 이와 관련해서는 Archambault가 쓴 장과 Artis, Bouchard and Rousseliére이 쓴 장을 보라.

참고 문헌

Barea, J. and Monzón, J. L., *Manuel pour l'établissement des comptes satellites des entreprises de l'économie sociale: coopératives et mutuelles*, Brussels, CIRIEC, 2006.

Bouchard, M. J., "Methods and Indicators for Evaluating the Social Economy," in Bouchard, M. J. (ed.), *The Worth of the Social Economy. An International Perspective*, Brussels, Peter Lang/CIRIEC, 2009, pp. 19-34.

Bouchard, M. J., Ferraton, C. and Michaud, V., "First Steps of an Information System on the Social Economy: Qualifying the Organizations," *Estudios de Economía Aplicada*, Vol. 26, No. 1, April 2008, pp. 7-24.

Defourny, J. and Nyssens, M., "Approches européennes et américaines de l'entreprise sociale: une perspective européenne," *RECMA, Revue internationale de l'économie sociale*, No. 319, 2011, pp. 18-36.

Deshayes, G., *Logique de la coopération et gestion des coopératives agricoles*, Paris, Skippers, 1988.

ESSEC, *Guide du retour social sur investissement (SROI)*, Les Cahiers de l'Institut de l'Innovation et de l'Entrepreneuriat Social, Cergy Pontoise, 2011. (Translation and adaptation to French of Nicholls, J., Lawlor, E., Neitzert, E. and Goodspeed, T., A guide to social return on investment, Office of the Third Sector, The Cabinet Office, London, 2009).

European Commission, International Monetary Fund, Organisation for Economic Cooperation and Development, United Nations, World Bank, *System of National Accounts 2008*, New York, 2009.

Gadrey, J., "Les bénéfices collectifs des activités de l'économie sociale et solidaire: une proposition de typologie, et une réflexion sur le concept d'externalités," *Working Paper*, Université de Lille 1, 2002.

Handy, F., "Review of "The Price of Virtue" (2001)," *Nonprofit and Voluntary Sector Quarterly*, Vol. 32, No. 3, Sept. 2003, pp. 481-485.

Hausman, J. A. (ed.), *Contingent Valuation: A Critical Assessment*, North Holland, Amsterdam, 1993.

Hausman, J. A., "Contingent Valuation: From Dubious to Hopeless," *Journal of Economic Perspectives*, Vol. 26, No. 4, fall 2012, pp. 43-56.

Institut des Comptes Nationaux, *Le compte satellite des institutions sans but lucratif 2009-2010*, Banque Nationale de Belgique, Brussels, 2012.

Kahneman, D. and Knetsch, J. L., "Valuing Public Goods: The Purchase of Moral Satisfaction," Journal of Environmental Economics and Management, No. 22, Elsevier, Amsterdam, 1992, pp. 57-70.

Kaminski, P., *Les associations en France et leur contribution au PIB. Le compte satellite des institutions sans but lucratif en France,* Nanterre, ADDES, February 2006.

Mertens S., *Vers un compte satellite des institutions sans but lucratif en Belgique,* Thèse de doctorat en sciences économiques, Université de Liège, 2002.

Mertens, S. and Marée, M., "Les contours de l'entreprise sociale," in Mertens, S. (ed.), *La gestion des entreprises sociales,* Edipro, Liège, 2010.

Mertens, S. and Marée, M., "The Limits of the Economic Value in Measuring the Global Performance of Social Innovation," in Nicholls, A. and Murdock, A. (eds.), *Social Innovation: Blurring Boundaries to Reconfigure Markets,* Basingstoke, Palgrave MacMillan, 2012.

Mertens, S. and Marée, M., "La 'performance' de l'entreprise sociale: définition et techniques de mesure," *Revue Internationale PME,* Vol. 25, No. 3-4, 2013, pp. 91-122.

Mouchamps, H., "Weighing Elephants with Kitchen Scales. The Relevance of Traditional Performance Measurement Tools for Social Enterprises," *International Journal of Productivity and Performance Management,* Vol. 63, No. 6, 2014, pp. 727-745.

Olson, M., *Logic of Collective Action: Public Goods and the Theory of Groups,* Harvard, Harvard University Press, 1965.

Perrot, P., "Définition et mesure de la 'valeur ajoutée sociale' dans les associations," in RECMA, *Revue internationale de l'économie sociale,* Vol. 301, 2006, pp. 42-60.

Statistique Canada, *Compte satellite des institutions sans but lucratif et du bénévolat 2008,* December 2009.

United Nations, *Handbook on Nonprofit Institutions in the System of National Accounts,* New York, United Nations Publications, 2003.

구체적 사례에서
무엇을 배울 수 있을까?

The Weight of
the Social Economy

An International Perspective

**What can be learned from
specific studies**

제2부

구체적 사례에서 무엇을 배울 수 있을까?

238

프랑스 사회연대경제 통계의 구성:
다양한 행위자의 점진적 동원

———

다니엘 드무스티에
프랑스 그르노블 국립정치학교 경제학자

엘리사 브랄레
프랑스 사회연대경제지방회의 전국위원회 전 책임자

토마 게랭
프랑스 프로방스알프코트다쥐르 사회연대경제 지역회의 프로젝트 코디네이터

다니엘 로
프랑스 DISES 혁신과 사회적실험, 사회적경제관련부처간대표회의 전 기술고문

머리말

　프랑스 사회연대경제 통계의 역사는 프랑스 일반 통계의 역사 (Desrosières, 2000)와 마찬가지로 사회적으로 구성되고, 그 과정에 다양한 사회적 제도적 행위자들이 동원되어 그들의 견해와 저항이 반영된다. 프랑스에서 사회연대경제 통계는 1980년대에 관련 행위자들과 정부가 사회연대경제의 존재를 인식하면서 제도적 환경 바깥에서 이루어졌다. 지금은 이 과정에 프랑스 국립경제통계연구소(Institut national de la statistique et des études économiques: INSEE)[1]가 핵심 역할을 하지만, 사회연대경제 통계는 여전히 다수의 민간 행위자들에 의해 생

산된다. 더구나 사회연대경제가 경제 전체에서 차지하는 비중에 대한 합의가 점차 이루어져 사회연대경제 장관이 임명되고 관련 법률[2]이 제정되었는데도, 또한 사회연대경제에 대한 통계가 나오고 이에 대한 모니터링이 장기간에 걸쳐 이루어지는데도, 여전히 사회연대경제의 범위와 범주, 지표와 관련해서는 많은 문제가 남아 있다.

전반적으로 보면 사회연대경제 통계의 제도화는 여전히 진행 중이다. 우리는 이렇게 제도화가 늦어지는 것이 논쟁 중인 문제들의 기원과 성격 탓도 있고, 그 과정에 참여하는 행위자가 여전히 아주 다양한 탓도 있다고 본다.

이 장에서는 먼저 프랑스에서 1980년대에 사회연대경제 통계가 나오는 데 발판이 된 것들을 돌이켜본다. 그런 다음 그 과정에 참여한 다양한 이해관계자들과 사회연대경제 통계에 대한 그들의 견해를 밝힌다. 결론에서는 핵심 사회적 행위자들이 프랑스 사회연대경제에 관한 자료의 질을 개선하여 사회연대경제가 사람들에게 인정받고 제도적으로 인정받는 데 얼마나 중요한 역할을 했는지 살펴본다.

---

1 프랑스 국립경제통계연구소는 프랑스 경제금융부에 소속된 기관이다. 여기서는 프랑스 경제와 사회에 관한 정보를 수집하고 생산하고 분석하고 널리 알리는 데, 그리고 통계를 모니터링하는 과정을 조정하여 국제적인 통계 공간을 구축하는 데 기여한다. 2011년 현재 GENES(Groupe des ecoles nationales d'économie et statistique: GENES; 전국에서 통계와 경제학을 가르치는 학교를 감독하는 관청)의 고등교육과 연구 활동을 관리하고 감독하는 일도 한다. (우리나라로 치면 프랑스 통계청에 해당하는데 통계 교육까지 담당하는 것이 특징이다 — 옮긴이 주)

2 프랑스에서는 1980년대에 시작된 내각 개편과 정치 변화로 2012년에 사회적경제를 전문적으로 담당하는 부서가 신설되었고, 2014년에 이것이 새로 신설된 상업과 공예, 소비, 사회연대경제 담당 부처(Secrétariat d'État au Commerce, à l'Artisanat, à la Consommation et à l'Éonomie sociale et solidaire)로 통합되었다. 같은 해에 프랑스는 사회연대경제법을 채택했다.

1. 잇따른 조정과 개선으로 최근에야 이루어진 사회적 구성물

사회연대경제 통계의 역사는 10년 단위로 세 단계를 거쳐 진화했다. 1980년대는 운동과 호소의 시기였고, 1990년대는 정부가 점차 관여하게 된 시기였으며, 2000년대는 사회적경제 통계 연구소가 세워진 시기였다.

1980년대: 호소하고 야심차게 도전한 시기

사회적경제는 행위자들의 공통된 정체성이 인식되고(특히 1980년에 채택된 사회적경제헌장[3]을 통해) 정부의 인정을 받으면서(1981년에 사회적경제 관련부처간대표회의(Délégation interministérielle a l'économie sociale: DIES, 이하 사회적경제부처대표회의)[4]의 신설을 통해) 그것에 대한 내부 지식이 문제로 제기되었다. 사회적경제를 위한 은행인 신용협동조합(Credit Cooperatif)의 주도로 창설되어 많은 연구자와 통계학자의 지원을 받은 사회적경제기록개발협회(Association pour le developpement de la documentation sur l'économie sociale: ADDES)는 그때까지는 뭐라고 분명히 설명할 수 없는 아주 개별적인 조직들의 무리로 여겨졌던 사회적경제에 관해 통계를 낼 수 있는 신뢰할 만한 통계 시스템을 요청했다.

---

3 사회적경제헌장에서는 7개 조항에서 사회적경제에서 서로 인식할 수 있는 조직의 공통된 가치와 원칙, 특징을 공식화했다. 이것은 1995년에 개정되었다.

4 국가와 사회적경제의 관계를 개선하고 사회적경제를 촉진하기 위해 총리실 산하에 둔 위원회로, 사회부와 청년스포츠부, 고용부 장관의 조정과 감독을 받았다. 2010년에 사회통합국(Direction de la Cohesion Sociale)으로 통합되었다.

사회적경제기록개발협회(ADDES, 1983-2013)는 자체 기술위원회에서 조직한 연례 심포지움을 통해 기존 연구를 부각시키고 정부에 호소하려고 했다. 그것이 거둔 첫 번째 성과는 사회적경제가 다양한 소득과 산출, 고용 흐름에 기여하는 바를 확인하고 제시할 수 있는 위성계정을 구성한 것이다. 몇 년 동안 이 프로젝트를 진행할 수 있었던 것은 국립경제통계연구소에서 국가회계 전문 통계학자를 투입한 덕분이었다. 국립경제통계연구소는 사회적경제부처대표회의에도 간부를 파견하여 위성계정의 구축을 돕도록 했다.

첫 번째 결과는 주로 명부와 등록부(사회적경제조직 연합회 명부와 SIRENE[5]의 기업등록부)를 토대로 했고, 두 번째로 국립경제통계연구소가 사회보장 관련 자료[6]에서 집계한 1차 자료(기업과 설비, 고용 관련 자료)를 토대로 했다. 이 초기 단계가 지나자 관례에 따라 국립경제통계연구소는 사회연대경제 부문을 담당하는 부처에서 위성계정 작성을 지원하기를 원했다. 그래서 이 일은 사회적경제부처대표회의에서 특별히 위성계정 작성을 위해 임명한 통계 전문가가 맡았다.

동시에 파리 1대학인 팡테옹-소르본 대학 평생교육원에서 사회적경제를 가르치던 경제학자 클로드 비네(Claude Vienney)도 대학에서 신설하는 사회적경제 교육 프로그램의 윤곽을 잡으면서 이를 위해 사회적경제 교육연구 프로그램 기록을 위한 대학 간 자료은행(Banque

---

5 회사와 그 회사에서 세운 사무소와 시설의 국가식별체계와 등록부. INSEE에서 운영하는 Sirène에서 회사와 조직, 협회에는 SIREN 번호를 부여하고, 그런 회사와 조직, 협회에서 설립한 사무소와 시설에는 SIRET 번호를 부여한다.
6 이 자료는 프랑스 사회보장체계에 따라 유급직원이 있는 모든 고용주가 해마다 제출해야 하는 사회보장 관련 자료 신고서를 토대로 한 것이다.

de travail interuniversitaire pour la documentation des programmes d'enseignement et de recherche sur l'économie sociale: BTI DOPERES, 이하 대학간자료은행)을 만들었다. 소규모 학자 집단이 운영한 이 대학간자료은행에서는 사회적경제를 구성하는 다양한 부분들에 관한 정보를 수집하여 편찬했다.[7]

1980년대는 유아기였지만, 호소하고 야심하게 도전한 시기였다.

1990년대: 점차 정부가 관여한 시기

1980년대 말에는 사회적경제 담당 장관이 국립경제통계연구소의 의견에 동의해 사회적경제 부문의 호소에 응하기로 했다. 그래서 이번에는 이전 결과를 검토하고 필요와 목표를 평가한 뒤 사회적경제부처대표회의가 (국립경제통계연구소를 통해) 사회적경제기록개발협회에 또 한 명의 통계 자문역을 임명했다.

하지만 1990년 초에 국립경제통계연구소 소장에게 제출된 감사보고서는 사회적경제에 대해 회의적 견해를 표명했다. 감사보고서에서는 협동조합과 상호조합(기업으로 쉽게 식별할 수 있는)과 결사체(모호한 범주) 사이에 분명하게 선을 그으라고 권고했다. 또한 결사체에 대한 통계 자료는 전혀 수집되지 않았고, 사회적경제 전체에 대한 위성계정을 개발하는 것이 더 이상 우선순위가 아니며, 사회적경제 행위자들과 그들의 활동을 인식하고 더 가치 있는 통계 자료를 수집하는 데 더욱 중점을 두어야 한다고 권고했다.

1990년대 초에는 사회적경제조직 연합회 자료를 토대로 사회적

---

7 시대를 앞선 이 야심찬 프로젝트는 DIES의 지원에도 잠시 존재했다가 없어졌다.

경제조직의 4가지 주요 법률적 지위를 확인함으로써 이런 문제를 해결하기 위한 주요 토대를 놓았다. 그것은 『협동조합 연구 저널』 (*Revue des Etudes Coopératives*)[8]에서 네 가지 주요 주제로 다루어진 상호보험조합과 노동자생산협동조합, 상호의료조합, 농업협동조합이다 (RECMA, 1991). 사회적경제기록개발협회 연례 심포지움에서는 해마다 사회적경제부처대표회의 자문역이 국가 통계에서 진전된 상황을 보고하는 보고서를 제출했다. 하지만 여전히 사회적경제 행위자들은 공공 당국에서 이루어지는 느린 진전에 불만을 표시했다.

한편 연구 조사 집단들은 지방 연구도 했는데, 사회적경제부처대표회의의 자문역은 지방 연구를 위해서는 국립경제통계연구소의 지방사무소와 관계를 강화하는 것이 중요하다고 보았다.

1990년대에는 결사체의 활동이 갈수록 중요해지면서 통계에서 더는 무시할 수 없을 정도가 되었다. 그 결과 1990년대 말에 총리의 요청으로 국가통계정보위원회(Conseil national de l'information statistique: CNIS)[9]의 상업-서비스 부문에서 보고서를 냈다(CNIS, 1998, 2010). 이에 따르면, 결사체는 설문조사와 조사를 통해서만 모니터링되고 있었다. 즉 국립경제통계연구소에서는 가계를 대상으로 조사를 하고, Tchernonog(2007, 2013)은 결사체를 대상으로 조사했다. 보고서는 결사체로 설립된 기업에 대해 더 면밀하게 모니터링하도록 요청하여,

---

8 『협동조합 연구 저널』은 1921년에 샤를 지드(Charles Gide)와 베르나르 라베르뉴(Bernard Lavergne)가 창간했다. 협동조합뿐 아니라 상호조합과 결사체도 연구 분야에 포함되었고, 오늘날에는 프랑스어권에서 널리 참조하는 학술지(RECMA, Revue internationale de l'économie sociale)가 되었다.

9 1984년에 공식 통계의 생산자와 이용자가 함께 협의할 수 있는 기관으로 설립되어 새로운 필요에 대해 논의하고 국가 통계 프로그램 개발에 참여한다.

결사체가 기여하는 바가 큰 부문들에 대해 해마다 조사를 하는 프로그램을 만드는 토대를 놓았다. 결사체는 대부분 성격상 비영리라서 그동안 국립경제통계연구소의 연례조사 프로그램에서 다루어지지 않았기 때문이다. 그래서 보고서는 국가 통계기관에서 이 부문에 상당한 투자를 하도록 권고했지만, 결사체를 경제적 관점에서만 접근하지 않도록 했고, 결사체 활동의 진화를 한층 폭넓게 모니터링하는 것도 중요하다고 강조했다.

보고서에서 권고한 것 가운데 세 가지가 우선적으로 실행되었다. 그것은 SIRENE 등록부에서 유급 직원이 있는 결사체를 확인하고, DADS[10]를 활용하여 해마다 고용상황표를 작성하고, 매출세 신고서와 SIRENE 등록부를 맞춰보는 것이었다. 이는 이후에 결사체가 사회적경제에서 차지하는 비중을 측정하는 데 필요한 자료를 낳았다. 국립경제통계연구소의 미디피레네 지방사무소에 설치된 국립능력개발센터(le pôle de compétence nationale)는 사회적경제부처대표회의와 협의하여 사회연대경제에 관한 24가지 통계표를 내는 "도구"를 개발했고(1970년대에는 사회적경제라는 말이 쓰였는데, 1999년에 "사회연대경제"(SEE)라는 용어가 채택되었다), 해마다 정기적으로 행정 자료를 이용해 이 분야에서 간명하면서도 한층 신뢰할 만한 통계를 생산할 수 있게 되었다.

종합하면, 1990년대는 처음으로 사회적경제 통계가 구체적으로 나온 시기로, 전국 수준에서 사회적경제부처대표회의의 지원을 받

---

10 고용주가 해마다 작성하여 제출하도록 되어 있는 사회보장 관련 자료 신고서에는 직원 수와 그들의 총급여가 들어 있고, 이것을 토대로 사회보장세가 계산된다.

은 지방 활동(연구자들과 국립경제통계연구소의 지방사무소)이 특징적이었다. 그러나 결과적으로 보면 위성계정 프로젝트는 아직 추진되지 않았고, 사회연대기업은 특수한 지위를 가진 일련의 기업들과 동일시되었으며, 자료도 여전히 전체를 뭉뚱그린 간략한 자료라서 결사체를 협동조합이나 상호조합과 다르게 처리할 수 없었다.

2000년대: 연구소의 설립

2000년대 초에는 국가통계정보위원회에서 제안한 지침(여기에는 적절한 연구를 통해 통계에 더 적극 투자하라는 권고안 13번도 포함되어 있었다)에 따라 사회적경제부처대표회의에서 사회부 연구부서(Mission recherche du ministere des Affaires Sociales: MIRe)의 도움을 받아 주요 연구 프로그램을 실행하기 시작했다. 동시에 사회(연대)경제의 지방협의체도 구성되어, 직원을 고용해서 지방에서 사회연대경제가 차지하는 비중을 평가할 필요가 있었다. 지방 수준의 연구가 다소 조정이 되지 않은 상태로 진행되었고, 2007년에 처음으로 지방 연구소가 설립되기 시작했다(예를 들면, 프로방스알프스코트다쥐르와 아키텐). 사회적경제부처대표회의와 국립경제통계연구소, 사회연대경제지방회의 전국위원회(Conseil national des chambres régionales de l'économie sociale et solidaire: CNCRESS)[11]는 아주 다양한 측정 방법이 사용되고 있다는 것과, 그래서는 지방 수준에

---

11 사회연대경제지방회의(Chambres régionales de l'économie sociale et solidaire: CRESS)에서 2004년에 만든 CRESS 전국위원회는 구성원들이 서로 대화하고 자원을 공유하는 곳이다. 여기서는 15개 지방 연구소 네트워크를 관리하고 2년마다 『종합적으로 바라본 사회연대경제』(Panorama synthetique de l'ESS)와 『아틀라스』(Atlas)를 출판한다.

서 사회연대경제에 관해 측정한 것을 집계할 수도 없고 다른 경제 주체들과 비교할 수도 없다는 것을 깨달았다. 그래서 함께 모여 사회연대경제의 범위와 사회연대경제를 측정하는 균형 잡힌 방법론을 확립했다. 이로써 2008년에 프랑스 전국과 지방에서 사회연대경제를 관찰하고 측정할 수 있는 시스템이 개발되어("사회연대경제 통계 도구"와 "E12B 투자") 국립경제통계연구소에서 처음으로 전국 통계조사 결과를 발표할 수 있었다.[12]

사회연대경제에 관한 연구를 생산하고 공유하는 연구소들은 지역에 상관없이 모두 표준화된 과학적이고 일관된 방법론을 사용하며, 덕분에 사회연대경제 행위자들뿐 아니라 정부에서도 정책 결정을 할 때 도움이 되는 연구와 모니터링, 의사결정 지원, 예측 같은 기능을 할 수 있다. 연구소에서 사용하는 자료의 주요 원천은 국립경제통계연구소(DADS, 기업등록부, 지역 자료 등)이고, 자체 조사를 통해 얻은 자료뿐 아니라 다른 연구소와 연구와 통계 제공자들, 사회연대경제 행위자들의 네트워크, 공공기관에서 얻은 자료로 보완한다. 따라서 이것을 모두 합하면 프랑스에서는 수많은 자료가 동원된다.

연구소들은 운영위원회뿐 아니라 질 높은 연구 조사와 비판적인 학제 간 접근이 가능하도록 과학위원회도 함께 두어 사회연대경제 조직과 기업의 발전 과정을 보여주는 지표들을 정의하고 모니터링의 질 또한 높인다. 2009년부터는 지역 연구소들이 지방과 지역의 통계 자료를 생산하고, 사회연대경제지방회의의 전국위원회에서는

---

12 Guillaume Gaudron(2009), "L'économie sociale emploie un salarié sur 10 en 2006," INSEE Première, No. 1224, February 2009.

전국의 사회연대경제 조직과 기업들을 모니터링하고 연구자들의 도움을 받아 『해설 딸린 사회연대경제 지도』(Atlas commente de l'ESS)를 펴낸다. 후자에서는 통계표와 지리적 분포도, 많은 변화와 쟁점들에 대한 해설과 분석을 제시한다(CNCRESS; 2009, 2012, 2014).

양적 통계는 해가 갈수록 크게 진보했다. 그래서 이제는 장기간에 걸쳐 의미 있는 비교도 할 수 있고 다른 유형의 사업체들(사회연대경제가 아닌 민간기업과 공공 부문)과의 의미 있는 비교도 할 수 있다. 국립경제통계연구소는 이런 일련의 통계와 함께 이전의 범주를 보완하는 분석도 실시하도록 권고했다. 예를 들면 급여의 차이나 총부가가치에 대한 분석 같은 것인데, 이는 다시 내부 구조의 문제(특히 자회사의 경제 활동과 조합원의 경제 활동의 통합 여부 같은 문제. 그렇지만 서로 협력하는 집단들은 "통합된" 자료를 보여준다)를 제기한다. 또한 한층 개선된 지역별 분석(지방별, 광역별, 고용 지역별 분석)*도 새로운 문제를 제기하는데, 그것은 같은 비중은 같은 현실을 나타내는가, 또는 비중이 높으면 영향이 큰가 하는 문제이다.

나아가 2008년 위기는 시장 활동뿐만 아니라 공공 재정 지원에도 영향을 미쳐 2년마다 국립경제통계연구소에 정보를 전달하던 데서 더 나아가 더 주기적인 모니터링을 통해 현실을 제때 반영하도록 요청했다. 민간단체인 "연구와 연대"(Recherches et Solidarités, 2009, 2013)는 직접 접촉을 통해 약간 다른 통계 분야(URSSAF[13]와 농업종사자사회보험기구(Mutualité Sociale Agricole)에 분담금을 내는 고용주)의 경제 관련 자료를

---

* 프랑스의 지역 행정은 36,570개의 코뮌(commune: 시, 군), 96개의 데파르뜨망(département: 여러 시군이 모인 광역), 22개의 레지옹(région: 여러 광역이 모인 지방), 세 단위로 구분된다 — 옮긴이 주.

한층 신속하게 낼 수 있었다.

이런 통계 생산 시스템을 강화하기 위해 2014년에 통과된 사회연대경제법(Loi sur l'économie sociale et solidaire)에서는 사회연대경제지방회의 전국위원회가 자료를 수집할 때 조정하는 역할을 수행하는 것을 인정하고, 제8조에서 "통계를 통한 모니터링"을 할 수 있게 공공은행(프랑스은행과 공공투자은행)을 동원하여 경제활동과 수입원에 관한 자료를 제공하도록 했다. 하지만 사회연대경제법이 시행되었어도 사회연대경제가 일반 통계 분석에 완전히 통합되지 않았고, 경제 관련 자료를 자원봉사활동이나 조합원 같은 사회연대경제의 특수한 측면에 관해 말해주는 사회적 자료로 보완되지도 않았다.

하지만 그다음 단계는 경제 모델의 기초가 되는 연대 모델에 대한 한층 질적인 분석으로 시작된다. 이런 분석에서는 사회연대경제 기업의 성과와 효율성 지표를 더 분명히 하고, "사회적 유용성"을 평가하기 위해 절감된 비용이나 발생한 수입 같은 영향을 조사한다.

2. 이해관계자 분석: 안정화로 가는 길에서의 타협?

이렇게 사회연대경제 통계 생산 시스템이 확고하게 구축되지 않은 것은 관련 행위자들의 유형이 다양하고(지리적 위치나 역량, 합법성 등

---

13 사회보장과 가족수당 분담금 징수기관인 URSSAF(Unions de Recouvrement des Cotisations de Securite Sociale et d'Allocations Familiales)는 기업에서 사회보장과 가족수당 분담금을 징수하는 일을 정부로부터 위임받은 조직이다. 이 분담금을 재원으로 하여 프랑스의 주요 사회보장제도와 관련 프로그램 및 제도(실업보험, 교통당국, 국민주택기금, 국민연금, 보편적 보건의료서비스, 보완적 연금제도)가 운영된다(2014년 7월 2일에 접속한 Wikipedia의 내용을 각색함).

에서) 그들의 견해와 관심사, 목표도 다양해서 준거 틀이 안정적이지 않다는 점을 말해준다. 하지만 현재 사회연대경제 전체를 모니터링할 수 있는 시스템이 없는데도 사회연대경제법은 관련 행위자의 범위와 역할뿐 아니라 통계 생산의 범위와 역할도 안정시키려고 한다.

행위자가 다양하고 그들의 목표가 다양한 데서도 볼 수 있듯이 사회연대경제를 사회적으로 대표하는 것들이 다양하다는 문제도 사라지지 않았다. 사회연대경제의 범위와 위치, 역할은 여전히 논쟁거리다. 이런 상황에서 전국 수준의 연맹과 연합회의 대표자들은 시장의 경쟁자들을 향해서든(협동조합 부문의 경우) 공공 당국을 향해서든(결사체의 경우) 연맹이나 연합회에 속한 구성원들이 얼마나 많은지를 부각시키려고 한다. 이런 전국 수준의 대표자들은 그동안 주로 외적 원인에 의해 촉발된 변화를 목격했다. 먼저 1990년대에는 전국의 사회적경제가 지역의 연대경제로까지 확장되었고, 2000년대에는 사회적기업(사회적 목적을 추구하는 영리기업의 형태를 지닌)으로까지 확장되었다. 그런데 거꾸로 전국 수준의 연맹이나 연합회들은 일반적으로 저마다 자기 분야를 폭넓게 정의해야 한다고 주장한다. 협동조합은 자회사와 조합원을 포함하여 정의하고(그렇게 되면 이 부문의 고용인원이 적게는 30만 명에서 많게는 100만 명까지 된다), 결사체는 경제활동이 아닌 활동에서도 고용이 발생하는데 고용주의 기능을 경제활동으로만 축소하는 것(그러면 현재 활동하는 것으로 추정되는 결사체가 100만 개에서 20만 개 이하로 줄어들었다)에 의문을 제기해서 말이다. 또한 이들은 매출액이나 고용 면에서 경제적으로 기여하는 바를 부각시키거나, 아니면 자원봉사활동과 사회적 결속 또는 거의 고용을 하지 않는 조직들(농업설비이용협동조합이나 소농 유지를 위한 결사체, 경제활동을 통한 노동통합조직 같은)

이 궁극적으로 경제에 미치는 영향을 부각시킨다.

연구자들도 모두 사회연대경제에 대한 비전이 같은 것은 아니다. 연구소나 조직들과 연결되어 있어 갈수록 서로 고립되지 않고,[14] "사회연대경제 대학 간 네트워크"(Réseau inter-universitaire de l'ESS: RIUESS) 안에서 교류하는데도 그렇다. 이 네트워크는 해마다 컨퍼런스도 열어 비영리 부문과 협동경제, 연대경제, 사회적경제, 사회적기업이 한데 모인다. 이런 개념들은 경험적 분야에서도 서로 만나고 이론에서도 서로 만난다. 활동과 거버넌스 형태, 고용, 영향, 규제, 지역 개발 같은 연구 주제와 관련해서도 서로 만난다. 이렇게 연구자들은 분석의 정교함에서는 앞으로 나아가고 있지만, 이런 학문에서의 노동 분업 탓에 사회연대경제의 전반적 비전에서는 별로 진전이 없다.

하지만 지방 수준에서는 사회연대경제지방회의가 공공과 민간 자료를 동원하고 자체 조사를 실시하여 연합회와 파트너들, 연구자들의 접근 방식을 서로 결합시킨다. 사회연대경제지방회의 전국위원회는 더 폭넓은 문제를 책임지고 있어 아주 많은 자료를 동원하지만 자료를 통합하기보다 병치하는 식으로 조정 기능을 수행한다. 다른 중간지원조직들(사회적경제기록개발협회와 "연구와 연대" 등)은 더 질적인 분석이나 더 주기적인 통계를 통해서 이러한 접근법을 강화한다.

한편 정부기관(사회적경제부처대표회의와 마침내 신설된 사회경제부, 국립경제통계연구소)에서도 느리지만 진보가 이루어져, 이제는 책임자 임명에서 지방사무소 동원까지 투자가 한층 제도화되었다. 전국 수준에서는 국립경제통계연구소가 2005년부터 "사회연대경제 통계 도구"를

---

14 이 분야에 처음 투신한 P. Kaminsky와 J. P. Le Bihan, C. Vienney에 비하면.

이용해 사회연대경제의 기업과 설비, 일자리에 관한 통계를 계속 내고 있다. 그런데 이렇게 정부기관에서 내는 통계는 경제활동과 발생한 고용에 초점을 두고, 사회연대경제법에 따라 통계를 통한 모니터링이 의무화되면서 그러한 목표가 더욱 강화되었다. 또한 집합적 조직의 논리보다 기업 논리가 우세하여, 2014년에 국립경제통계연구소에서 실시한 전국 결사체 조사 프로젝트의 결과가 사회연대경제 통계와는 잘 맞지 않을 수 있다.

이런 다양성은 여전히 불확실한 측면을 많이 남긴다.

첫 번째 불확실한 측면은 연구의 범위와 관련한 것이다. 즉 결사체와 협동조합 그룹(자회사와 조합원), 협동조합, 상호조합, 결사체라는 법률적 지위가 없는 회사(사회적기업, 사회적 창업)로 설립된 기업들은 사회연대경제 범위에 들어가는가 하는 문제이다. 사회연대경제법에서 "사회연대경제의 결사체들"을 구체적으로 언급하고, 법률적 지위가 없는 기업들 가운데 사회연대경제에 속한다고 주장할 수 있는 기업을 정의하고 있는데도 그렇다.

두 번째 불확실성은 기업/집단이나 활동/행위, 고용/관여, 생산물/과정, 관계 같은 관련 범주들에 관한 것이다. 이는 고용과 노동을 모니터링할 때 보조금이 지급되는 계약뿐 아니라 자원봉사활동이나 유급 창업 활동처럼 중간 지위에 있는 것들도 통합하기 어렵게 한다. 마찬가지로 활동을 모니터링할 때도 주요 활동을 구분하기 어려울 경우(예를 들면, 직업훈련이나 능력개발) 대중교육이나 경제활동을 통한 사회통합 같은 다양한 활동의 차이와 교차점을 고려하지 않는다.

또 하나 제기되는 문제는 수집할 자료의 성격과 관련이 있다. 경제적(시장, 비시장, 비화폐) 자료와 사회적(참여, 조합원, 연대, 포용, 고용) 자료, 양적 자료와 질적 자료, 전국 자료와 지역 자료는 서로 통합하기 어려운 탓에 그냥 병치하게 된다. 통합을 하려면 사회연대경제를 위해 설계되지 않는 국가 통계의 범주를 수정하고 경제적 자료와 사회적 자료를 교배해야 하기 때문이다. 자료를 처리할 때도 단순히 집계할 것인가, "다른 고전적 경제"와 비교할 것인가, 아니면 사회연대경제의 특수성에 초점을 맞추어 새로운 지표를 개발할 것인가 하는 문제가 제기된다.

마지막으로, 통계의 이용과 관련해서도 불확실성이 존재한다. 표준화할 것인가, 차별화할 것인가? 일반법에 따를 것인가, 특수한 정책을 고안할 것인가? 성장에 기여할 것인가, 새로운 발전 모델의 부상에 기여할 것인가?

결론

적극적 역할을 하는 지배적 행위자가 없는 탓에 관련 행위자가 많지만, 이러한 점이 견해와 목표의 차이에도 불구하고 사회연대경제 통계를 개선하는 데 걸림돌이 되기보다는 원동력이 되었다. 그리고 양적 통계는 "셀 수 있는 것은 중요하다"는 의미에서 사회연대경제에 대한 인식을 높이는 데 중요한 도구가 되었다.

하지만 이런 시행착오를 통한 접근 방식과 다양한 자료의 원천과 자료 생산자의 동원은 사회연대경제지방회의 전국위원회의 조정에도 완전한 통합보다 병치를 낳았다. 따라서 어떤 진보도 불균등하고 느리고 부분적인 듯하다. 자료의 정당성도 언제나 획득되는 것은 아니다. 언제나 서로 정합성이 있는 조사에서 나온 자료가 아니기 때문이다(예를 들면, 연합회에서 생산된 자료, 전국 사업체 조사, 결사체 조사, 사업체 조사, 자원봉사활동 조사, 가계 조사).

여전히 필요한 자료보다 이용할 수 있는 자료를 수집한다는 점도 문제다. 하지만 자료의 밑바탕에 있는 다양한 접근 방식은 훨씬 폭넓은 자료 수집을 할 수 있게 해주고, 자료 생산자들이 서로 의문을 던지고 조정하도록 한다. 그래서 지금도 엄격하지 않은 통계 생산 시스템이 진화하고 있지만, 처음에 통계 생산에 참여한 훨씬 정치적이고 학문적이던 행위자들이 지금은 규범적 틀 안에서 자료를 구성하는 한층 기술적인 조직들로 대체되었다.

그래서 처음에 통계 생산 시스템 구축에 나섰던 사회적경제기록개발협회가 지금은 더 질적이고 전략적인 분석의 채택을 옹호하지만, 국립경제통계연구소는 표준화된 일련의 통계를 생산한다. 하지만 사회연대경제 통계를 진정으로 제도화하려면 국가 통계 시스템을 그에 맞게 고쳐야 하는 문제가 생긴다. 국가 통계 시스템은 정의상 규범적이고, 따라서 시간과 공간을 가로질러 비교를 하려면 그런 규범적인 국가 통계 시스템이 필요하지만, 그것은 여전히 사회연대경제의 특수성에 대해 제한적이다.

참고 문헌

ADDES, *Actes des colloques,* 1983-2013, http://www.addes.asso.fr/.

Chadeau, A., "Peut-on croire en l'économie sociale?," in *RECMA,* No. 38, 1991.

CNCRES, Observatoire national de l'ESS, *Panorama national de l'ESS en France et dans les régions,* 2008, 2010 and 2012.

CNCRES, ARF, CDC, Chorum, *Atlas de l'économie sociale et solidaire en France,* 2009.

CNCRES, Observatoire national de l'ESS, *Atlas commenté de l'économie sociale et solidaire,* 2012 and 2014.

CNIS, *Rapport de la mission "Associations régies par la loi de 1901,"* No. 44, November 1998.

CNIS, *Rapport du groupe de travail "Connaissance des associations,"* No. 122, December 2010.

Desrosières, A., *La politique des grands nombres, histoire de la raison statistique,* Paris, La Découverte, 2000.

Draperi, J.-F. (dir.), *L'année de l'économie sociale et solidaire,* Paris, Presses de l'économie sociale, Dunod, 2010.

Recherches & Solidarités, *Economie sociale: Bilan de l'emploi en 2010,* (and 2011, 2012, 2013) http://recherches-solidarites.org/etudes-thematiques/economiesociale/.

RECMA, Avant-propos pour une nouvelle chronique; les mutuelles d'assurance; les SCOP; la coopération agricole; la mutualité, Nos. 37 to 40, 1991.

Tchernonog, V., *Le paysage associatif français, mesures et évolutions,* Paris Juris Association-Dalloz, 2007, 2013.

벨기에 사회적경제 통계 생산:
상호조합과 협동조합을 중심으로

파비엔 페셰
벨기에 리에주대학 인문사회과학부 정교수

와파 벤 세드린-르젠
벨기에 리에주대학

1. 머리말

1.1. 통계의 필요성에서…

오늘날 사회에서 협동조합과 상호조합은 눈에 잘 보이지 않지만, 반대로 경제활동의 모든 분야와 영역에 확고히 자리 잡은 이런 조직의 중요성은 날로 커지고 있다. 협동조합과 상호조합은 수행하는 활동이나 추구하는 목표를 볼 때 사회적경제에 없어서는 안 되는 중요한 부분이다. 협동조합과 상호조합은 또 경제적 목표와 함께 사회적 목표를 추구하도록 되어 있어 사회적경제에서도 쉽게 확인할 수 있는 기업 형태이다. 이런 조직에 경제적 부가가치 창출은 활동의 최종 목적이 아니라 조직의 목표와 가치를 달성하는 수단이다.

오늘날 유럽연합에는 협동조합 기업이 약 24만 6,000개 있고, 여기에 가입된 시민 조합원이 약 1억 4,400만 명이며, 여기에 고용된 사람도 약 480만 명에 이른다. 또한 약 1억 2,000만 명의 유럽인이 상호의료조합에 가입되어 있어, 상호조합은 생명보험과 비생명보험 시장에서 상당한 점유율을 자랑한다. 상호조합은 유럽 보험시장 점유율이 25%에 이르고, 보험회사 수로 보면 전체 보험회사의 70%가 상호조합이다.

벨기에에서는 1970년대 사회 상황이 고용과 환경 분야의 문제를 해결하는 방안을 사회적경제를 통해 강구하려는 새로운 시도를 낳았다. 오늘날 새로운 협동조합들은 상호협력을 통해 가계와 기업, 사회조직의 경제적 사회적 문제들을 해결하는 방안을 제공하기 위해 등장했다. 그래서 우리는 지속 가능한 에너지 생산(예를 들면, 풍력 에너지)과 대안금융, 노동통합, 사회적 돌봄과 의료 같은 분야에서 추진되는 새로운 시도들을 본다.

벨기에의 역사적 제도적 환경에서 상호조합은 오랫동안 존재했다. 19세기에도 상호조합은 조합원에게 조합비를 받는 대신 조합원이 아프거나 사망하면 보험금을 지급했다. 제2차 세계대전 이후에 완전고용이 되면서 상호조합은 점차 공적 사회보장체계에 통합되었다. 그래서 지금은 상호조합이 의료보험 운영과 밀접하게 연결되어 있다. 벨기에에는 이런 상호의료조합 외에, '고전적인' 보험회사와 달리 자본 출자자에게 보상하기 위해 수익을 내는 것이 아니라 조합원에게 필요한 보험을 제공하기 위해 조합원과 지속적인 신뢰

관계를 쌓는다는 것을 주요 목적으로 삼는 상호조합들이 있다.

Barea and Monzón(2006)은 사회적경제기업들이 제도적으로 눈에 보이지 않는 이런 역설적 상황에 대해 다음 두 가지를 주요 이유로 설명한다.

첫째, 사회적경제의 개념과 범위, 사회적경제를 이루는 다양한 유형의 기업과 조직의 공통된 특성, 이들을 경제체제 안에서 움직이는 나머지 다른 조직들과 구분할 수 있게 해주는 특성이 분명하게 정의되지 않아, 연구 분야의 범위를 정확히 하기도 어렵고, 나라별로 서로 다르고 모순되기까지 하는 법률적 행정적 기준에 관계없이 국제적 수준에서 공통된 특성을 가지고 동질적 경제 행위를 하는 제도 단위들을 확인하기 어렵다.

둘째, 국민계정체계, 즉 국제연합의 1993년판 국민계정체계인 NAS 1993과 유럽 국민계정체계인 ESA 95(Eurostat, 1996)는 강력한 민간 자본주의 부문과 이를 보완하는 공공 부문으로 이루어진 혼합 경제 환경에서 주요 경제적 통계 자료를 수집하려는 수단으로 개발되었다. 따라서 그와 같이 민간 자본주의 부문과 공공 부문이 두 축을 이루는 제도적 환경을 중심으로 한 국민계정체계에서는 공공 부문도 아니고 자본주의 부문도 아닌 제3의 축이 들어설 여지가 없어, 자본주의 부문이 사실상 민간 부문 전체와 동일시될 수 있다. 그 결과 사회적경제기업과 조직들은 국민계정체계의 여러 제도 부문들로 흩어져 사라진다.* 그래서 협동조

---

* 이 장의 뒤에 실은 〈부록 7〉은 사회적경제기업이 국민계정체계에서 어떻게 여러 제도 부문으로 흩어져 있는지 보여주고, 〈부록 8〉은 국민계정체계의 각 제도 부문에 사회적경제 주체들이 어떻게 분포되어 있는지 보여준다. 또한 〈부록 9〉는 5개 제도 부문의 주요 활동과 기능을 설명해준다―옮긴이 주.

합이 조합원들에게 이익을 배분하는 영리기업으로 간주되고, 상호조합은 기업 부문에 속하는 금융기관으로 취급된다.

그래서 1980년대에 사회적경제기업을 식별하고 일정한 자격 기준에 따라 선별하는 방법을 개선하기 위해 벨기에에서는 물론 국제기관(예를 들면, 유럽경제사회위원회)에서도 다양한 노력이 이루어졌다. 벨기에에서는 왈롱 지방에 콘서트ES(ConcertES)라는 통계기관이 설립되고, 플랑드르 지방정부는 사회통합기업 통계 시스템의 개발을 요청했다. 유럽 수준에서는 그러한 노력이 1997년에 유럽 통계청에서 나온 『유럽연합의 협동조합과 상호조합, 결사체 부문』에 관한 보고서로 결실을 맺었다(Eurostat, 1997).

1.2. … 위성계정으로

국민계정의 중심체계로는 경제적 사회적 삶의 어떤 특정한 영역들을 측정할 수 없는 것을 고려하면, 위성계정은 사회적경제 통계를 내고 그것의 질을 높이는 데 유용한 도구이다.

"위성계정은 국민계정과 연결되어 있고 국민계정을 준거 틀로 하지만, 진화하는 틀로서 경제적으로나 사회적으로 관심 있는 분야의 자료를 모아 국민계정의 중심체계보다 한층 상세하고 유연한 정보를 제공한다"(Archambault, 2003). 그래서 위성계정은 국민계정의 개념 틀을 연장하고 완성해야 할 사명이 있다. 위성계정은 특정한 연구 분야(여기서는 사회적경제기업 분야)의 경영자나 공공 의사결정자, 전문가 등 이해관계자들이 거시경제 분석을 위해 쓸 수 있는 일관된 통계 정보 체계를 제공해 그 분야에 관한 양적 정보를 구성하는 수단이 된다.

그래서 국제연합은 이 도구의 유용성과 위력을 확신하고 비영리단체 위성계정을 작성하는 매뉴얼의 개발을 의뢰했다. 여기서 말하는 비영리단체에는 가계에 봉사하는 비영리단체와 그 밖의 제도 부문들에 흩어져 있는 비영리 민간단체는 모두 포함되지만, 비영리 부문의 협동조합과 상호조합은 배제되었다. 『비영리단체 위성계정 핸드북』(United Nations, 2003)은 완전히 국민계정체계인 ESA 95에 따라 작성되어 국민경제 통계에서 비영리단체의 성과를 포착하는 절차로서 처음으로 공식 인정을 받았다. 벨기에는 2004년에 최초로 가장 먼저 비영리단체 위성계정을 낸 세 나라 가운데 하나가 되었다(이탈리아, 오스트레일리아와 함께). 2003년에 『핸드북』이 나온 뒤 적어도 한 번 비영리단체 위성계정을 작성한 나라는 16개 나라에 이른다. 『핸드북』에 따라 위성계정을 작성하는 일은 정부 통계기관에서 한다.[1] 이러한 접근법의 주요 혜택은 비영리단체의 위성계정이 공식 통계의 지위를 얻는다는 것이다.

유럽연합 집행위원회는 이 『핸드북』을 연장하고 보완하기 위해 CIRIEC(Centre International de Recherches et d'Information sur l'Économie Publique, Sociale et Coopérative: 공공경제와 사회적경제, 협동조합경제에 관한 국제연구정보센터)에 협동조합과 상호조합의 위성계정 작성 매뉴얼을 만드는 일을 맡겼고, 2006년에 『사회적경제기업 위성계정 작성 매뉴얼: 협동조합과 상호조합』(이하 『매뉴얼』)이 출판되었다(Barea and Monzón, 2006). 그것의

---

1 이 책에서 Salamon, L. M., Sokolowski, S. M. and Haddock, M이 쓴 장을 보라.

첫 번째 목적은 위성계정에서 조사할 사회적경제기업의 개념적 범위를 분명히 하는 것이었다. 제안된 정의는 유럽에서 사회적경제를 대표하는 가장 저명한 조직들뿐 아니라 경제학 분야의 전문 문헌에서도 폭넓은 동의를 얻었다. 두 번째 목적은 협동조합과 상호조합의 위성계정을 ESA 95에 따라 만들어진 중심 틀인 국민계정체계에 따라 작성할 수 있게 가이드라인을 만들고 그럴 수 있는 방법론을 확립하는 것이었다. 그 결과 협동조합과 상호조합을 위한 위성계정은 비영리단체의 위성계정을 보완하는 것이 되었다.

2010년에는 유럽연합 집행위원회 기업산업총국(Directorate General Enterprise and Industry)의 재정 지원으로 유럽연합 회원국들이 협동조합과 상호조합 위성계정을 작성하기 위한 큰 프로젝트가 추진되었다. 이 프로젝트는 유럽연합 집행위원회의 '경쟁력과 혁신 프레임워크 프로그램'(Competitiveness and Innovation Framework Programme)[2]과 '혁신과 기업가정신 프로그램'(Programme for Innovation and Spirit of Enterprise)의 일환으로 추진되었고, 사회적경제기업이 제도적으로 눈에 보이지 않는다는 관찰된 사실에서 비롯되었다. 벨기에와 불가리아, 마케도니아, 세르비아, 스페인 다섯 나라가 선정되었다.[3]

이 장은 2007년도 벨기에 협동조합과 상호조합 위성계정의 핵심 지표들에 관한 벨기에 보고서 SATACBEL(Ben Sedrine et al., 2011)을 요

---

2 유럽연합 프레임워크 프로그램은 유럽연합 회원국의 연구 개발과 산업 경쟁력 강화를 위해 공동 연구 기금을 조성하여 지원하는 유럽연합 차원의 다자간 공동 기술 개발 프로그램이다. 경쟁 평가를 거쳐 과제를 선정하고 연구 컨소시엄 단위로 자금을 지원한다(통상자원부, 2011). (『지식경제용어사전』)
3 경험과 모범 사례를 나누고 다섯 나라에서 얻은 결과를 논의하기 위한 국제 세미나가 2011년 7월에 마드리드에서 열렸다.

약한 것이다. 협동조합과 상호조합이 벨기에 경제에서 차지하는 위치에 관련하여 여러 거시경제 집계 자료가 평가되고 검토되었으며, 이러한 목적을 달성하기 위해서는 벨기에 국립은행(Belgian National Bank) 안에 있는 벨기에 국민계정국(National Accounts Institute)과의 긴밀한 협력이 필요했다.[4]

이 작업 덕분에 정치적 의사결정자들과 이해관계자들은 사회적 경제 부문이라는 이 특정한 분야를 평가할 수 있는 엄격한 방법과 주요 정보 및 지표를 갖게 되었다. 그러나 협동조합과 상호조합을 둘러싼 국가적 상황과 현실이 나라별로 아주 달라, 얻은 결과를 국제적으로 비교할 때는 주의해야 한다.

2절과 3절에서는 법률-제도적 기준과 행위를 토대로 연구 대상의 모집단을 정의한다. 4절에서는 방법론을 설명한다. 5절에서는 집단별, 부문별, 분야별로 얻은 결과를 제시한다. 마지막으로 6절에서는 간략한 결론으로 이 장을 마무리한다.

2. 벨기에 사회적경제와 위성계정 모집단

2.1. 벨기에의 사회적경제에 대한 정의에서…

벨기에에서는 가장 일반적으로 받아들여지는 사회적경제의 의미

---

4 우리는 Catherine Rigo와 Marie Vander Donckt에게 특별히 감사해야 한다. 이들은 이 연구를 하는 동안 줄곧 아주 큰 도움과 지원을 해주었다. 하지만 이 보고서의 학문적 내용에 대한 책임은 온전히 저자들에게 있다.

제2부

구체적 사례에서 무엇을 배울 수 있을까?

가 사용되었는데, 그것은 사회적경제는 주로 협동조합이나 사회적 목적을 추구하는 기업, 결사체, 상호조합, 재단에서 제품이나 서비스를 생산하는 경제활동으로 이루어지며, 이들의 윤리는 다음과 같은 원칙들로 표현된다.

1. 단순히 이익을 추구하지 않고 집단이나 일반 이익 또는 조합원의 이익을 추구하고,
2. 자율적으로 운영하며,
3. 민주적 의사결정 과정을 따르고,
4. 수익을 분배할 때 자본보다 사람과 노동이 우선한다.

특히 이러한 정의는 왈롱 지방의 2008년 11월 20일 법령[5]으로 공식 승인을 받았고, 1990년에 왈롱 사회적경제 위원회(Conseil Wallon de l'Économie Sociale)에서 채택한 정의에서 영향을 받았다.

그러나 이러한 정의가 플랑드르 지방에서 사용되었던 정의와 정확히 일치하지는 않는다. 사실 벨기에 북부에서는 사회적경제 개념에 전통적으로 교육훈련을 통한 사회통합과 노동통합 프로그램만 포함되었다. 그래도 플랑드르 지방의 사회적경제 대표기구인 플랑드르사회적경제회의(Vlaams Overleg Sociale Économie)가 사회적경제를 한층 폭넓게 이해할 것을 제안하여, 지금은 그것이 여기서 적용한 왈롱 지방의 개념과 거의 일치한다.*

이러한 정의는 지방과 협력하기로 합의하면서 연방 수준에서도

---

5 Moniteur belge, 2008년 12월 31일.

받아들여졌다. 그것은 또 준거점으로서 많은 나라에 영향을 주었고, Barea and Monzón(2006)이 『매뉴얼』에서 다음과 같이 제안한 협동조합과 상호조합의 정의와도 완전히 일치한다.

> 의사결정의 자율성과 자유로운 조합원 제도가 있는 공식적으로 조직된 일련의 민간 기업으로, 제품을 생산하거나 서비스, 보험, 금융을 제공함으로써 시장을 통해 조합원의 필요를 충족시키기 위해 설립되고, 의사결정과 조합원들 사이의 어떤 수익이나 잉여의 배분도 각 조합원이 출자한 자본이나 지불한 수수료와 직접 연결되지 않으며, 조합원이 저마다 1인 1표의 투표권을 가진 조직들.

물론 이러한 정의는 사회적경제에서 시장 생산자로 이루어진 부분에도 적용된다. 하지만 『비영리단체 위성계정 핸드북』에서는 이들 조직이 연구 대상에 포함되지 않았다.

2.2. 표적 모집단의 정의로…

Barea and Monzón(2006)이 제안한 정의는 지금도 위성계정을 작성할 때 고려해야 할, 기업을 식별하는 기준이 되고 있다. 따라서 이 프로젝트의 목적에 따라 벨기에서는 세 가지 유형의 기업이 포함된다.

---

* 벨기에는 플랑드르 지방과 왈롱 지방, 브뤼셀 수도권 지방으로 나누어져 있다. 벨기에 남부에 있는 플랑드르 지방에서는 주로 프랑스어를 쓰고, 북부에 있는 왈롱 지방에서는 주로 네덜란드어를 쓴다—옮긴이 주.

2.2.1. 전국협동조합협의회의 인증을 받은 협동조합

벨기에 법에서는 협동조합도 다른 모든 영리기업과 마찬가지로 상법의 지배를 받는다. 그래서 협동조합은 유한책임 협동조합(société coopérative à responsabilité limitée: SCRL)이나 무한책임 협동조합(société coopérative à responsabilité illimitée: SCRI)의 형태를 띨 수 있다.

협동조합은 "조합원의 수와 출자금은 다를 수 있지만 조합원으로 이루어진 것"으로 정의된다(상법 제350조). 그러나 이러한 정의는 조합원의 수와 출자금이 다양할 수 있다는 것을 말해줄 뿐 협동조합 정신에 대해서는 아무것도 말해주지 않는다.

그 결과 입법자들은 다른 영리기업보다 협동조합에 한층 유연한, 따라서 덜 부담스러운 법률 체계를 제공했고, 이는 곧 그 안에서 어떤 협동조합의 이상에도 감화되지 않고 그저 더 제약적인 규칙을 피할 길을 찾은 많은 기업가의 관심을 끌었다. 이런 협동조합들은 '가짜' 협동조합으로 알려져 있다.

그저 법률적 편의성 때문에 협동조합이라는 지위를 선택한 기업들이 나타나는 것을 보고 입법 당국은 대응책으로 전국협동조합협의회(Conseil National de Coopération: NCC)를 만들어, 사회적경제의 원칙을 지키는 협동조합들이 NCC의 인증을 받음으로써 가짜 협동조합과 자신을 구분할 수 있게 했다.

1990년대에 협동조합의 지위를 개정한 것(1991년 7월 20일에 제정된 법. 1995년에 개정)도 협동조합의 평판을 흐리는 그런 남용을 막기 위해서였다. 하지만 이러한 개정으로 지나치게 주의를 주는 우를 범했다고 믿는 사람들도 있다. 법규가 지나치게 제약적인 탓이었다.

그러나 협동조합이 NCC의 인증을 받으면 제한된 범위에서라도 세금과 관련해서는 우호적인 제도의 혜택을 볼 수 있다는 점도 언급해야 할 것이다.

하지만 NCC의 인증으로 '진짜' 협동조합과 '가짜' 협동조합을 가를 수 있게 된 것은 아니라는 점도 지적해야 할 것이다. 사실 인증으로 관련 협동조합이 사회적경제의 원칙에 충실하다는 사실을 증명할 수 있지만, 같은 정신으로 운영되는 협동조합을 모두 포괄할 수 있는 것은 아니다.

(i) 많은 협동조합이 NCC의 인증을 받기보다 훨씬 폭넓게 적용되는 '사회적 목적'을 추구하는 기업이라는 지위를 선택했고,

(ii) 우리가 NCC의 인증을 받지 않았지만('사회적 목적'을 추구하는 기업이라는 인증도 마찬가지다) 협동조합의 원칙과 이상을 지킴으로써 사회적경제의 정신에 따라 일하는 협동조합의 존재를 배제할 수 없기 때문이다.

2.2.2. 상호조합

상호의료조합

벨기에에서는 상호조합이 의료보험 운영과 밀접한 관계가 있어, 국민의료상해보험원과 시민 사이에서 둘을 연결하는 역할을 한다. 그러나 상호조합이 하는 활동 가운데 이 부분은 의무적인 것이라서 사회적경제 영역에 속한다고 할 수 없고, 따라서 우리의 연구 대상에서 배제되어야 한다.

하지만 상호조합은 자유보험과 보충보험과 관련한 활동도 하고,

여러 가지 사회서비스도 제공한다. 따라서 상호조합이 하는 활동 가운데 이 부분은 우리의 연구 대상에 포함된다.

상호보험조합

벨기에 법에서는 상호의료조합이 공동기금(caisse commune)이나 상호보험조합(société d'assurance mutuelle)이라는 법적 형태를 띨 수 있다. 그리고 다른 모든 보험회사와 마찬가지로 은행금융보험위원회(Commission Bancaire Financière et des Assurances)의 인증과 통제를 받아야 한다.

상호보험조합은 조합원이 집합적으로 소유하고 조합원의 이익을 위해 행동하는 보험회사로 정의된다. 따라서 상호보험조합은 '고전적' 보험회사와 자신을 구분 짓는다. 전자를 후자와 구분 짓는 것은 무엇보다도 먼저 전자가 추구하는 주요 목적이다. 그것은 상호보험조합은 자본 출자자에게 보상하기 위해 수익을 내는 것이 아니라 조합원에게 필요한 보험을 제공하기 위해 조합원과 지속적인 신뢰 관계를 쌓는다는 것이다. 상호보험조합에는 보상해야 할 어떤 주주도 없다.

상호보험조합의 '조합원의 집합적 소유'라는 특성은 조합원이 보험 가입자이자 집합적 보험사업자라는 사실에서 온다. 이러한 특수성은 다른 무엇보다도 조합원이 회사 정책 결정에 참여하는 것으로 나타난다.

따라서 상호보험조합은 사회적경제 분야에 당연히 들어오고, 우리의 연구 대상인 모집단에 드는 데 필요한 기준에 완전히 들어맞는다.

2.2.3. 사회적 목적을 추구하는 기업

사회적 목적을 추구하는 기업(the company with social purpose: 이하 사회적 목적기업)은 사회적경제를 재편하면서 어떤 법률적 결함을 보완하여 사회적 목적을 추구하면서도 영리 활동을 할 수 있게 하려는 의도에서 비롯되었다. D'Hulstère and Pollénus(2008, p. 26)가 지적한 대로, "이 부활한 사회적경제는 이윤 추구라는 동기를 가진 영리기업이라는 지위(협동조합이라는 지위를 포함하여)와 영리 활동을 추구할 수 없게 되어 있는 비영리단체라는 지위 사이에 있는 중도를 찾을 필요가 있었다."

사회적목적기업이라는 지위는 1995년 4월 13일에 제정된 법에 의해 벨기에 법에 도입되었다. 사회적목적기업은 상법의 지배를 받는 영리기업이다(661조에서 669조까지).

사회적목적기업은 새로운 형태의 기업은 아니지만 이미 존재하는 다양한 영리기업이 채택할 수 있는 변종이다. 달리 말하면, 사회적목적기업은 자체 생명이 없어 합명회사나 유한책임합자회사, 유한책임회사, 유한책임협동조합이나 무한책임협동조합, 유한책임주식회사, 단순한 유한책임회사, 경제적이익집단 등 상법의 지배를 받는 이런저런 고전적인 법적 형태와 접목되어야 한다.

하지만 '사회적 목적'을 추구한다는 인증을 받으려면 기업의 정관에 상법 제661조 1항에 제시된 아홉 가지 원칙[6]이 반드시 포함되어야 한다(〈부록 1〉을 보라). 그래서 사회적 목적을 추구하는 기업이라

---

[6] 사회적목적기업의 아홉 가지 원칙은 사회적경제에 고유한 네 가지 원칙의 정신과 완전히 일치하고, 협동조합의 원칙도 받아들인다.

는 지위를 채택한 대다수 기업들은 협동조합의 탄생에도 기여했다.

3. 모집단과 활동 분야의 인구 통계

3.1. 모집단의 인구 통계

자료를 정리한 후(빈 곳을 채우고 중복되는 것은 빼고 다시 분류하고…) 법률적-제도적 기준에 따라 이 단계를 완수하면 우리는 연구 대상인 모집단을 실제로 구성하는 것들을 얻게 된다. 그래서 우리 연구는 결국 다음과 같은 모집단을 대상으로 한다.

—전국협동조합협의회의 인증을 받은 협동조합 461개 (집단 1: 'NCC' 협동조합)

—사회적 목적을 추구하는 기업 421개 (집단 2: '사회적목적기업')

—상호보험조합과 공동모금회 18개 (집단 3.1 : IM & CC)

—전국상호의료조합연합회 5개(여기에 가입된 상호부조 단체는 모두 포함되었지만 의무보험으로 분류되는 활동은 배제되었다) (집단 3.2)

지적해야 할 것은 이 단계에서는 NCC의 인증을 받은 협동조합 (따라서 우리의 연구 대상에 들어오는 협동조합)은 법률에 따라 협동조합이라는 법적 형태로 설립된 협동조합 가운데 아주 일부에 지나지 않는다(즉 4만 개에 이르는 벨기에 협동조합 가운데 1% 남짓밖에 안 된다)는 것이다. 그러나 NCC의 인증이 그것을 받은 협동조합들이 사회적경제의 원칙을 지킨다는 것을 선험적으로 증명해줄 수는 있어도 그것을 받는 쪽을 선택하지 않았지만 완전히 사회적경제의 정신에 따라 움직이는 협동조합의 존재를 배제할 수 없다는 것도 기억해야 한다. 사실 Van Opstal *et al.*(2008, p. 152)이 일깨우듯이, "나머지 39,500개 협동조합은 협동조합 사업 방식과 전혀 관계가 없다고 결론내리기 쉬울 것이다. 하지만 우리는 분명 인증을 받지 않았지만 활동과 조합원의 특성, 기능 면에서 인증을 받은 협동조합과 유사성을 보이는 협동조합이 많다는 것을 발견했다."

3.2. 모집단의 활동 분야

모집단 인구 통계를 살펴보면 국민계정의 중심 체계에 따라 모집단을 활동 분야별로 분류할 수 있다. 두 자리 숫자로 된 유럽경제활동분류체계(Nomenclature statistique des activité éonomiques dans la Communauté européenne: NACE)[7]에 따라 우리 모집단에 있는 세 집단(NCC 인증을 받은 협동조합, 사회적목적기업, 상호조합)의 활동 분야를 보면 〈표 3/1〉과 같다. 그리고 5.1.3절에서 우리가 얻은 결과 가운데 일부를 제시할 것이다.

〈표 3/1〉 NACE A60에 따라 분류한 모집단의 집단별 활동 분야

모집단의 활동 분야		
협동조합 (집단 1)	사회적목적기업 (집단 2)	상호조합 (집단 3)
01; 02	01; 02	
15; 22; 28; 29; 36; 40	15; 18; 20; 22; 26; 28; 29; 33; 36; 41	

	37	
45	45	
50; 51; 52	50; 51; 52	
55	55	
60; 61	60; 61; 63	
65; 66; 67	67	66
70; 71	70; 71	
72; 73	64^8; 72; 73	
74	74	
	80	
85	85	
91; 92; 93	91; 92; 93	

4. 집계 변수의 구성-방법론

4.1. 준거 틀

우리의 위성계정은 Barea and Monzón(2006)이 제안한 개념 틀에
토대를 두고 있지만, 그래도 방법론에서 주요 준거가 된 것은 다른
무엇보다도 유럽국민계정체계(European System of National and Regional Accounts: ESA)인 ESA 95에 정의된 틀이다.

---

7 부록 2에 두 자리 숫자로 된 NACE A60 분류표 전체가 실려 있다.

8 우리 표본에서는 NACE 64번 분야(원거리통신)와 컴퓨터 관련 분야를 한 단위로 쳤는데, 컴퓨터 관련 분야는 NACE 72~73번(컴퓨터와 연구개발 서비스)으로 통합되었다.

상기하면, ESA 95는 국제연합과 국제통화기금, 세계은행, 경제협력개발기구, 유럽공동체의 공동 후원으로 만들어진 국민계정체계(NAS 1993)의 유럽 판이다.

벨기에 국민계정국(NAI)은 벨기에 수준에서 현재 가격으로 국내총생산(GDP)을 결정하기 위해 적용하는 방법론을 설명하는 운용지침서[9]를 냈는데, 그것은 말하자면 벨기에의 제도적 법률적 상황과 회계 시스템을 고려하여 ESA 95를 벨기에에 적용하는 데 지침이 되는 것을 설명한 책이다. 우리의 방향과 선택, 방법론은 벨기에 국립은행의 전문가들이 흔히 『지침서』(*Inventaire*)라고 부르는 이 매뉴얼에서 왔다.

4.2. 집계 변수 계산 방법: 개관

벨기에에서 사회적경제기업 위성계정을 작성하려는 이 첫 번째 시도에서는 생산계정과 소득발생계정의 모든 변수뿐만 아니라 자본계정의 총고정자본형성까지 모두 통계를 냈다.

그래서 여기서 추계된 변수들[*]은 다음과 같다.

P1: 총산출

P2: 중간소비

B1g: 총부가가치

---

9 다음 URL: http://www.nbb.be/doc/DQ/F_method/M_Inventaire_SEC1995_FR_def.pdf에서 다운로드할 수 있다.

[*] 뒤에 실은 〈부록 6〉에서 주요 국민계정 항목에 대한 설명을 볼 수 있다—옮긴이 주.

D1 : 피용자보수

D29 : 기타 생산세

D39 : 기타 생산 보조금

B2g : 총영업잉여

P51 : 총고정자본형성

기준연도는 2007년이다(2009년 9월 31일에 나왔으니 일반적인 국민계정체계에서는 그렇다).

생산계정과 소득발생계정의 변수 추계는 두 주요 단계로 진행되었다.

4.2.1. 행정 개념

먼저 행정 개념에 따라 행정 자료와 미시경제 자료를 토대로 집계 변수의 측정이 이루어졌다. 계산은 개별 회계 자료를 활동 분야와 제도 부문별로 집계하는 것으로 시작되었다.

제도 부문과 활동 분야에 따라 어떤 것은 직접 계산 방법(계정 과목을 토대로 계산하는 방법)[10]이 적용되고 어떤 것은 간접 계산 방법(임시변통으로 추정할 목적으로 보완 자료나 대안 자료[11]를 토대로 계산하는 방법)이 적용되었다. 그래서 회계 자료의 상세함과 이용 가능성 수준에 따라 다음과 같이 기업들이 여러 범주로 나뉘었다.

---

10 기업연차보고서(벨기에 중앙은행의 금융통계부에 제출하는)나 완전한 연차보고서(금융기관의 경우).

11 주로 국가사회보장(National Social Security : NSS) 급여 자료와 부가가치세 신고 자료.

A1 → '완벽한' 연차보고서가 있는 대기업

A2 → (쓸 만한) 연차보고서가 없는 대기업

B1 → 총매출액과 총매입액이 포함된 약식 연차보고서가 있고
매출총이익이 0보다 큰 중소기업

B2 → 총매출액이나 총매입액이 없는 약식 연차보고서가 있고
매출총이익이 0보다 큰 중소기업

B3 → (쓸 만한) 연차보고서가 없는 중소기업

C1 → 총매출액과 총매입액이 포함된 약식 연차보고서가 있고
매출총이익이 0보다 작은 중소기업

C2 → 총매출액이나 총매입액이 없는 약식 연차보고서가 있고
매출총이익이 0보다 작은 중소기업

따라서 제도 부문과 활동 분야에 따라서도 적용된 방법이 다르지
만, 기업의 범주에 따라서도 적용된 방법이 다르다.

4.2.2. ESA 95 개념으로의 변환

행정 개념에 따라 집계된 변수들을 ESA 95의 기준에 맞게 수정
하려면 반드시 이 단계를 거쳐야 한다.

제도 부문 S11[12](비금융법인기업)에 대해서는 벨기에 국민계정국의
전문가들이 추천하는 다양한 유형의 수정 방안이 『지침서』(pp. 80~99)
에 설명되어 있다. 이것은 연차보고서에서 얻거나 구조화된 인터뷰

---

12 〈부록 3〉에 제도 부문의 분류법이 실려 있다.

를 통해 얻은 정보를 토대로 한다.

제도 부문 S12(금융법인기업)는 조사 대상인 이 부문의 하위 부문(S122나 S123, S124, S125)에 따라 수정할 필요가 있는 것이 다르다. 이 작업은 벨기에 국립은행이 전문가들이 했고, 그들이 ESA 95 개념에 맞게 수정한 변수를 우리에게 보내주었다.

4.3. 집계 변수 계산 방법 – 비금융법인기업(S11)

우리 모집단에서 제도 부문 S11로 분류된 집단 1(협동조합)과 집단 2(CSP)에 대해 계산을 따로따로 했다. 상기하면, 집단 3(상호조합)은 모두 제도 부문 S12로 분류된다. NACE에서 농업과 임업 분야의 집계 변수를 계산하는 방법은 일반적 방법과 다르다.

4.3.1. 행정 개념에 따른 집계 변수 계산(S11)

■ 범주 A1에 속하는 기업의 직접 계산 방법

범주 A1에 속하는 대기업들은 완벽한 대차대조표 서식에 따라 작성된 연차보고서를 금융통계부*에 제출하는 기업들이다. 따라서 "행정 개념에 따른" 미시경제 집계 변수를 계산하는 데 필요한 변수를 모두 이용할 수 있다.

---

* 벨기에 중앙은행에 소속된 기관으로, 벨기에에서 활동하는 거의 모든 법인의 연차보고서를 수집하고 전파하는 일을 한다. 수집된 자료는 통계와 분석에 사용된다 — 옮긴이 주.

〔 영업수익 〕

코드	설명
70	매출액
71	생산한 재화의 재고변동액
72	자체 생산한 고정자본
74	기타 영업수익
740	영업 보조금
741/9	잡다한 기타 영업수익[13]

〔 영업비용 〕

코드	설명
60	매입액
600/8	재판매용 재화와 원재료, 소모품 매입액[14]
609	매입한 재화의 재고변동액
61	기타 제품과 서비스 매입액(600/8에 들어가지 않는)
62	급여와 사회보장부담금, 연금
64	기타 영업비용
640	영업세 비용
641/8	잡다한 기타 영업비용[15]

---

13 741/9는 항목 741부터 749까지 합한 것을 말한다.
14 600/8은 항목 600부터 608까지 합한 것을 말한다.
15 641/8은 항목 641부터 648까지 합한 것을 말한다.

구체적 사례에서 무엇을 배울 수 있을까?

이 자료에서 출발하여 우리는 행정 개념에 따른 미시경제 집계
변수를 다음과 같이 추정할 수 있다.

행정 개념에 따른 집계 변수	회계 코드
(1) 총산출	70 + 71 + 72 + 74 - 740
(2) 중간소비	60 + 61 + 641/8
(3) 인건비	62
(4) 순 영업세 비용	640 - 740

그리고 위 집계 변수를 토대로 차감하면 총부가가치와 총영업잉
여("행정 개념"에 따른)를 얻을 수 있다.

행정 개념에 따른 차감 항목	회계 코드
(5) 총부가가치 = [(1)-(2)]	70 + 71 + 72 + 74 - 740 - 60 - 61 - 641/8
(6) 총영업잉여 = [(5)-(3)-(4)]	70 + 71 +72 + 74 - 60 - 61- 62 - 640/8

■ 범주 A2에서 C2에 속하는 기업의 간접 계산 방법

행정 개념에 따라 범주 A2와 B1, B2, B3, C1, C2에 속하는 기업
의 집계 변수를 계산할 때 쓰는 방법은 (완벽하거나 쓸 만한) 연차보고서
자료가 없을 경우 그 보완책으로 부가가치세 신고서에서 얻을 수 있
는 자료나 국가사회보장공단(National Social Security Office)에서 얻을 수
있는 급여 자료를 토대로 한다.

4.3.2. ESA 95 개념으로의 변환(S11)

위성계정을 작성할 때 다음 단계는 행정 개념에 따른 미시경제 집계 변수를 ESA 95 개념으로 변환하는 것이다. 그러려면 활동 분야별로 관련 회계 항목을 수정/재분류하여 ESA 95 개념으로 바꿔야 한다.

미시경제 집계 변수	수정 / 재분류	ESA 95 변수
70 + 71 + 72 + 74 - 740	---------------->	P1 총산출
600/8 + 609 + 61 + 641/8	---------------->	P2 중간소비
62	------------>	D1 피용자보수
640	------------>	D29 기타 생산세
740	------------>	D39 기타 생산보조금

ESA 95 개념에서 총부가가치(B1g)와 총영업잉여(B2g)는 차감을 통해 얻어진다. ESA 95 개념에 따른 집계 변수를 계산하려면 『지침서』에서 추천한 대로 다양한 방식으로 수정/재분류를 해야 한다(부록 4 참고).

4.3.3. NACE의 농업과 임업 분야에서 활동하는 기업의 경우

강조해야 할 것은 위에서 설명한 일반적 방법이 NACE 01(농업)과 02(임업) 분야에는 적용되지 않는다는 것이다. 이 활동 분야의 집계 변수를 추정하려면 가격과 양에 관한 자료를 토대로 특정한 방법을 써야 한다. 그래서 두 활동 분야에 대해서는 외삽법을 사용해 S11(비금융법인기업) 부문의 집계 변수로부터 우리 모집단의 집계 변수를 추정할 수 있었다.

농업 활동의 경우에는 가격과 생산량에 관한 기초 자료를 통계/경제정보총국(Directorate General Statistics and Economic Information: DGSEI)[16]에서 얻을 수 있다. DGSEI는 유럽연합 통계국을 위해 농업 경제계정도 작성한다. 총산출(P1)은 기초가격*으로 추정해야 한다. 생산자 가격에서 기초가격으로 이동하면 이 부문에서 받는 막대한 보조금을 고려할 수 있으며, 따라서 총산출(생산자가격으로 평가된)에 생산물에 대한 보조금을 더하고 생산물에 대한 세금을 뺄 필요가 있다. DGSEI에서는 중간소비(P2)도 비슷한 방법으로 결정한다.

임업 활동의 경우에는 왈롱 지방에서 생산량에 관한 자료가 나와, 이것을 토대로 전국의 생산량을 추정한다. 나무의 종류별 판매가격과 품질별 판매가격은 각 지방에서 얻을 수 있다. 더 자세한 정보가 없을 경우에는 총산출에 준하여 중간소비를 추정한다.

4.4. 집계 변수 계산 방법: 금융법인기업(S12)

금융법인기업의 집계 변수를 계산하는 방법은 활동 분야와 하위 제도 부문에 따라 다르다. 우리 모집단의 금융법인기업은 대부분 집단 3.1(상호보험조합)과 3.2(상호의료조합)에 퍼져 있고, 모두 하위 제도 부

---

16 DGSEI는 연방 공공서비스 경제와 중소기업, 중산층, 에너지를 책임지는 부서 가운데 하나다.

* 기초가격(basic price)은 생산자가 제품이나 서비스를 판매할 때 생산자가 실제 가져가는 몫을 측정하기 위한 것으로, 생산자 가격에서 정부에 납부하는 생산물에 대한 세금(생산물세)을 빼고 정부에서 받는 생산물에 대한 보조금(생산물 보조금)을 더한 값이다—옮긴이 주.

문 S125와 NACE 66번 활동 분야에 속하는 것으로 분류된다.

4.4.1. 상호보험조합과 공동모금회(집단 3.1)

사법 아래 있는 상호보험조합과 공동모금회(집단 3.1)의 경우는 생산계정과 소득발생계정의 집계 변수의 측정이 다음 두 가지에서 출발했다.

―하위 제도 부문 S125에 속하는 기업들의 집계 변수 구조
―우리 모집단의 변수 D.1(피용자보수)

집계 변수 P1과 P2, B1g, B2g, D29, D39는 외삽법을 이용해 하위 제도 부문 S125에 속하는 기업들의 집계 변수의 구조를 기준으로 추정했다(이것은 2007년도 국민계정에서 추출했다).

4.4.2. 상호의료조합(집단 3.2)

상기하면, 벨기에에서는 상호의료조합이 국가 사회보장체계에 통합되어 의무 의료보험의 운영과 밀접한 관계가 있다. 상호의료조합의 활동 분야 가운데 이 분야는 사회적경제에 아주 중요한 자율적 운영 원칙을 따르지 않아 사회적경제에서 배제해야 한다. 하지만 그와 나란히 자율적으로 보충보험과 다양한 사회서비스도 제공해, 이 활동 분야는 우리의 분석 분야에 완벽하게 통합된다.

그래서 우리 모집단에 들어가는 상호의료조합의 생산계정과 소

득발생계정의 집계 변수를 계산하려면 선택적으로 가입할 수 있는 보충보험이나 기타 사회서비스와 연결된 활동만 따로 분리시켜야 한다(그래서 의무적으로 하는 활동은 모두 배제해야 한다).

집계 변수의 측정은 상호조합과 전국상호조합연맹 감독기관(Office de controle des mutualités et des unions nationales des mutualités: OCM)[17]의 2008년 연차보고서에 얻은 포괄적 자료를 토대로 했다. 2007 회계연도의 재무제표가 사용되었다.

더 자세히 말하면, 기초 자료는 "임의 가입 보충보험과 혼전 저축에 대한 포괄적 소득 자료―상호조합의 일반적 상황"(Compte de resultats general de l'assurance libre et complementaire et de l'epargne prenuptiale - situation globalisee des entites mutualistes)에서 얻었다(OCM Report, pp. 114 참조). 그리고 이 포괄적인 계정에서 다음 두 가지를 추론했다.

―플랑드르 지방에서는 의무보험인 의료보험(Health Care Insurance)[18] 자료. 이 보험은 장기간에 걸친 자율성 축소에 영향을 받은 사람들의 비의료 지원과 서비스 비용을 부담하도록 설계되었다 (OCM Report, p. 99 참조).

―의무보험체계에 도입된 법정준비금인 추가준비금을 위한 특별 기금(Fonds spécial de réserve complémentaire).[19]

---

17 Office de controle des mutualites et des unions nationales des mutualites, Annual Report, Brussels, 2008, p. 162.

18 1999년 3월에 플랑드르 지방 법령으로 도입된 보험.

19 1994년 7월 14일에 제정된 의무보험에 관한 법으로, 1995년과 1996년에 준비금을 쌓을 목적으로 수수료를 부과하는 의무를 도입했다. 그래서 1997년 회계연도부터 보험 조직들은 만전지책으로 이 수수료를 부과했다.

4.5. 총고정자본형성(P51)의 계산

총고정자본형성(P51)은 국민계정의 개념 체계에 따라 주로 연차 보고서(Balance Sheet Centre)나 이것이 없으면 부가가치세 신고서에서 얻은 자료를 토대로 하여 측정했다. 때로는 구조화된 인터뷰를 통해 얻은 자료도 사용했다.

우리 모집단에는 행정 집계 변수에 각 활동 집단에 적절한 조정 계수를 적용하는 방법도 쓸 수 있었고, 적절한 자료가 없는 경우에는 피용자보수(D1)를 토대로 일정 비율을 추정하는 방법을 썼다.

5. 결과

이 절에서는 벨기에에서 처음 작성한 사회적경제기업 위성계정 결과를 제시한다. 2007년에는 생산계정과 소득발생계정의 변수들 (5.1절), 그리고 자본계정의 총고정자본형성(P51)(5.2절)을 집계했다.

5.1. 모집단의 집단별, 제도 부문별, 활동 분야별 생산계정과 소득발생계정 변수

5.1.1. 모집단의 집단별 결과

〈표 5/1〉에서 볼 수 있듯이 우리 모집단의 기업들은 총산출이 41억 4,900만 유로에 이른다. 총산출의 거의 59%(24억 3,500만 유로)는

인증을 받은 협동조합에서 나오고, 20%는 상호보험조합과 공동모금회(IM & CC)에서, 16%는 CSP에서, 마지막으로 5%는 상호의료조합(비의무 활동)에서 나왔다.

하지만 인증 협동조합 집단이 총산출에서는 큰 차이로 선두를 달렸지만, 부가가치에서는 그 자리를 IM & CC에 넘겨주었고, 총영업잉여에서는 CSP에 양도했다(나중에 강조하겠지만 압도적 비중을 차지하는 영업비용 때문이다).

그래서 IM & CC가 우리 모집단 전체가 창출한 부가가치 9억 4,200만 유로 가운데 3억 2,600만 유로를 창출하여 혼자서 총부가가치의 거의 35%를 낳았다. 'NCC' 협동조합은 26%, CSP는 25%, 마지막으로 상호의료조합은 14%의 부가가치를 낳았다.

우리 생산 단위의 영업비용(총자본소모를 포함하지 않은)은 모두 합쳐 36억 6,100만 유로였는데, 그 가운데 32억 700만 유로(88%)는 제품과 서비스의 중간소비, 6억 1,700만 유로(17%)는 피용자보수, 생산물세에서 보조금을 뺀 순생산물세는 -1억 6,300만 유로(-4%)였다.

이렇게 영업비용의 구성을 자세히 분석해보면 우리 모집단의 기업들에 가장 큰 부담이 되는 것이 제품과 서비스의 중간소비임을 알 수 있다. 이는 우리 모집단에서 'NCC' 협동조합의 경우에 특히 그렇다. 혼자서 우리 모집단의 중간소비 총액의 68%를 차지하고, 상호조합과 CSP는 각각 16%와 14%를 차지했다.

모든 집단의 급여와 임금을 모두 합하면 6억 1,700만 유로인데, 여기서 인증 협동조합과 CSP, 상호조합이 각각 42%와 22%, 37%를 차지했다.

기타 보조금을 뺀 순수 세액은 전체적으로 마이너스이다. 이러한

<표 5/1> 모집단의 집단별 생산계정과 소득발생계정 및 총계
－2007년도 현재 가격으로 추산

(단위: 천 유로)

	P1	P2	B1g	D1	D29	D39	B2g
집단 1 : 'NCC' 협동조합	2,435,428	2,187,043	248,385	258,053	4,811	62,454	47,975
집단 2 : CSP	678,027	442,466	235,561	133,581	6,111	57,382	153,252
소계(1과 2)	3,113,455	2,629,509	483,946	391,634	10,922	119,836	201,227
집단 3.1: IM과 CC	841,208	514,761	326,447	188,666	5,448	0	132,333
집단 3.2: 상호의료조합 (비의무 활동)	194,283	63,171	131,112	37,049	0	60,260	154,323
소계 (집단 3.1과 3.2)	1,035,491	577,932	457,559	225,715	5,448	60,260	286,656
총계	4,148,946	3,207,441	941,505	617,349	16,369	180,096	487,883

※ 주 : 상기하면, ESA 1995 항목의 코드의 의미는 다음과 같다. P1은 총산출, P2는 중간소비, B1g는 총부가가치, D1은 피용자보수, D29는 기타 생산물세, D39는 기타 생산물보조금, B2g는 총영업잉여.

상황은 전체적으로 이 부문이 받는 지원에 따른 결과이고, 특히 보조금이 상호의료조합(비의무 활동)의 자산계정으로 들어가 '기타 생산세'가 0이 되었기 때문이다.

5.1.2. 제도 부문별 결과

먼저 지적해야 할 것은 제도 부문 S11(비금융법인기업)에는 우리의 'NCC' 협동조합과 CSP(집단 1과 2)가 거의 모두 들어가고 S12(금융법인기업)는 거의 집단 3.1과 3.2로 분류된 상호조합으로만 이루어졌다는 점이다. 게다가 집단 3.1과 3.2는 또 거의 모두 하위 제도 부문 S125(보험회사와 연금기금)에 속한다. 따라서 제도 부문별 결과나 앞서 모집단의 집단별 분석 결과나 큰 차이가 없다.

그래도 제도 부문별로 보면 규모에 관해 더 분명히 알 수 있다. 사회적경제기업의 위성계정을 국민계정체계로 대체해, 우리 모집단의 결과를 전국 수준에서 집계된 해당 제도 부문의 결과와 직접 비교할 수 있기 때문이다.

〈표 5/2〉는 이런 결과를 보여준다. 그래서 우리는 대략 우리 모집단에 있는 기업들이 전국의 모든 기업(S11과 S12)이 산출하는 것에 0.7% 기여하고, 전국의 모든 기업(S11과 S12)이 창출하는 총부가가치에는 0.5% 기여한다고 말할 수 있다.

하위 제도 부문 S125로 분류되는 사회적경제기업의 기여는 특히 놀랍다. 이들 기업이 산출하는 것이 전국 수준에서 S125 부문이 산출하는 것에서 차지하는 비율이 12% 이상이고, 부가가치도 전국 수준에서 S125 부문이 창출하는 것에서 차지하는 비율이 14.5%다.

더 자세히 보려면, 우리 모집단의 집단들이 각 제도 부문(S11과 S12)에 어떤 규모로 분포되어 있는지가 〈부록 5〉에 나와 있다.

5.1.3. 활동 분야별 결과

대다수 사회적경제기업은 3차 산업 부문(활동 분야를 3개로 분류한 NACE A3에서 코드 3번)에 있다. 이 부문이 우리 모집단에서 창출하는 총부가가치에서 차지하는 비율이 92%나 되고, 총산출에서 차지하는

(단위 : 천 유로, %)

	P1	P2	B1g	D1	D29	D39	B2g
S11	3,027,382	2,546,076	481,307	360,906	10,484	119,805	229,722
전체 S11에서 차지하는 비율	0.5%	0.7%	0.3%	0.3%	0.5%	2.9%	0.3%
S12	1,121,564	661,365	460,199	256,443	5,886	60,292	258,162
그 중 S125	1,035,491	577,932	457,559	225,715	5,448	60,260	286,656
전체 S125에서 차지하는 비율	12.5%	11.4%	14.2%	12.1%	10.1%	99.9%	21.0%
전체 S125에서 차지하는 비율	3.2%	3.5%	2.9%	2.8%	1.5%	82.4%	4.0%
총계	4,148,946	3,207,441	941,505	617,349	16,369	180,096	487,883
전체 (S11+S12)에서 차지하는 비율	0.7%	0.8%	0.5%	0.5%	0.6%	4.3%	0.6%

※ 주: 상기하면, ESA 95 제도 부문 분류법에 따르면, 아래 코드의 의미는 다음과 같다. S11는 비금융법인기업, S12는 금융법인기업, S125는 보험회사와 연금기금.

비율은 78%, 피용자보수에서 차지하는 비율은 91%나 된다.

3차 산업 부문에서도 활동 분야를 6개로 분류한 NACE A6에서는 5번 활동 분야(금융과 부동산, 임대, 사업 활동)가 선두를 차지하고, 그다음이 4번 활동 분야(도매와 소매, 자동차와 오토바이, 개인과 가정용품의 수리, 호텔과 식당, 운송과 창고, 통신)였다.

주목해야 할 것은 2차 산업 부문(NACE A3에서 코드 2번)과 1차 산업 부문(NACE A6에서 코드 1번)은 우리 모집단이 창출한 총부가가치에서 차지하는 비중이 각각 거의 7%와 0.6%라는 점이다.

(단위: 천 유로)

A3	A6	P1	P2	B1g	D1	D29	D39	B2g
1		**15,684**	**9,755**	**5,930**	**4,715**	**25**	**1,122**	**2,312**
	1	15,684	9,755	5,930	4,715	25	1,122	2,312
2		**760,990**	**693,054**	**67,936**	**46,913**	**939**	**614**	**20,697**
	2	736,027	674,931	61,096	43,762	790	449	16,993
	3	24,936	18,123	6,840	3,151	149	165	3,705
3		**3,372,272**	**2,504,632**	**867,640**	**565,721**	**15,406**	**178,360**	**464,873**
	4	683,935	500,478	183,457	145,365	2,021	7,676	43,747
	5	2,387,829	1,750,954	636,876	362,946	13,033	135,342	396,239
	6	300,507	253,200	47,307	27,410	352	35,342	24,887
총계		**4,148,946**	**3,207,441**	**941,505**	**617,349**	**16,369**	**180,096**	**487,883**

※ 주: NACE A3과 A6에 대한 설명은 부록 2에서 볼 수 있다.

이 2차 산업 활동 중에서는 제조업과 에너지 분야(NACE A6에서 코드 2번)가 우리 모집단이 창출한 총부가가치에 6.5% 기여했는데, 건설 부문(NACE A6에서 코드 3번)은 0.7% 기여했다.

5.2. 집계 변수 P51 – 모집단의 집단별, 제도 부문별, 활동 분야별 결과

〈표 5/4〉와 〈표 5/5〉는 모집단의 집단별, 제도 부문별 총고정자본형성에 관해 설명해준다.

우리 생산 단위 전체의 총고정자본형성은 거의 2억 3,500만 유로에 이르는 것으로 추산되었다. 〈표 5/4〉에서 볼 수 있듯이, 전체의 42%는 CSP에서 왔고, 35%는 협동조합, 22%는 상호조합에서 왔다.

**〈표 5/4〉모집단의 집단별 총고정자본형성의 분포와 총계
–2007년도 현재 가격으로 추산**

(단위 : 천 유로, %)

	P51	%
집단 1 : 'NCC' 협동조합	82,989	35
집단 2 : CSP	97,842	42
집단 1과 2 소계	180,831	77
집단 3.1 : IM과 CC	45,663	19
집단 3.2 : 상호의료조합 (비의무 활동)	8,166	3
집단 3.1과 3.2 소계	53,829	23
총계	234,661	100

**〈표 5/5〉제도 부문별 총고정자본형성의 분포와 총계
–2007년 현재 가격으로 추산**

(단위 : 천 유로, %)

	P51
S11	178,759
전국 S11에서 차지하는 비율	0.4%
S12	55,902
그 중 S125	53,829
전체 S125에서 차지하는 비율	15.4%
전체 S12에서 차지하는 비율	2.1%
총계	234,661
전체(S11 + S12)에서 차지하는 비율	0.5%

출처 : ICN 2010, 자체 추계

〈표 5/5〉에서 볼 수 있듯이, 제도 부문별 분포에서는 다른 무엇보다도 비금융법인기업(S11) 부문이 금융법인기업(S12) 부문에 비해 훨씬 투자를 많이 하는 것으로 드러났다. 총고정자본형성에서 73%는 S11에 의해, 24%는 S12에 의해 이루어졌다.

이렇게 제도 부문별로 총고정자본형성을 보면, 국민계정의 개념 체계로 문제의 지표를 대체할 수 있다. 우리는 또 사회적경제기업 전체가 전국의 모든 기업이 투자한 총액에 0.5% 기여했다고 말할 수 있다. 특히 S125 부문에 있는 사회적경제기업들은 전국적으로 이 하위 제도 부문에서 이루어진 총고정자본형성에 15% 기여했다.

위에서 말한 결과들은 생산계정 지표들과 완벽하게 일치하고, 특히 예상한 대로 P1과 B1g는 더욱 그렇다.

〈표 5/6〉에는 우리 생산 단위의 활동 분야별(NACE A3와 A6) 투자 분포 상황이 자세히 제시되어 있다.

우리는 먼저 여기서 3차 산업 부문이 우리 모집단에 있는 기업 전체의 총투자액에서 차지하는 비율이 82%에 이를 정도로 두드러진 것을 확인할 수 있다. 이는 다시 앞서 본 집계 변수 P1의 결과와도 일치한다(상기하면, 총산출의 78%가 3차 산업 부문에서 나왔다). 하지만 나머지 1차 산업과 2차 산업 간 차이도 두드러진다. 즉 1차 산업 부문은 총산출에는 0.6% 기여하는데 총고정자본형성에는 13% 이상 기여한다. 이러한 결과는 농업 기업의 산출 구조(더 구체적으로는 농기계 공동이용 협동조합(coopératives d'utilisation en commun de matériel agricole: CUMA)에 가까운 농업협동조합의 존재)와 관련이 있다.

2차산업 부문에서는 건설 분야 활동(NACE A6에서 코드 3번)이 두드러지는데, 이는 이 활동의 성격으로 쉽게 설명할 수 있다.

마지막으로 3차산업 부문에서는 금융과 부동산, 임대, 기업 서비스 활동(NACE A6에서 코드 5번)이 투자액의 64.7%에 이를 정도로 비중이 크다.

(단위: 천 유로, %)

A3	A6	P51	%
1		**31,329**	**13.4**
	1	31,329	13.4
2		**10,008**	**4.3**
	2	3,498	1.5
	3	6,511	2.8
3		**193,324**	**82.4**
	4	24,444	10.4
	5	151,774	64.7
	6	17,105	7.3
총계		**234,661**	**100**

※ 주: NACE A3과 A6 코드에 대한 설명은 〈부록 2〉에서 찾을 수 있다.

6. 결론

이 장에서 제시한 SATACBEL 프로젝트는 벨기에에서 처음으로 위성계정을 작성할 수 있게 해주었다.

6.1. 법률적 제도적 기준을 토대로 모집단 정의

우리는 법률적 제도적 기준을 토대로 우리 모집단의 범위를 정했다.

사회적경제라는 개념은 전 세계 전문가와 과학자들 사이에서 많은 논쟁거리였다. 따라서 사회적경제의 통계적 지형은 선호하는 개념에 따라 달라질 것이다. 가장 널리 가장 일반적으로 받아들여지는 의미에서 사회적경제는 주로 협동조합이나 사회적 목적을 추구하는 기업, 결사체, 상호조합, 재단에서 제품 또는 서비스를 생산하는 경제활동으로 이루어지며, 이들의 윤리는 네 가지 원칙(단순히 이익을 추구하지 않고 집단이나 일반 이익 또는 조합원의 이익을 추구하고, 자율적으로 운영하며, 민주적 의사결정 과정을 따르고, 수익을 분배할 때 자본보다 사람과 노동이 우선한다는 원칙)으로 표현된다.

이러한 정의는 이 연구 분야의 범위를 정하는 데 토대가 되었고, 우리가 포함할지 배제할지 선택할 때 지침이 되었으며, 공공 부문과 영리를 추구하는 민간 부문을 가르는 선이 되었다.

벨기에에서는 주로 네 가지 유형의 조직이 사회적경제의 정의에서 말하는 원칙들을 지키는데, 그것은 다음과 같다.

―결사체(비영리단체, 재단, 비법인 결사체)
―진정으로 협동조합 방식을 추구하는 협동조합 기업
―사회적 목적을 추구하는 기업의 형태를 채택하는 기업
―상호조합

우리 위성계정은 상호조합과 협동조합, 사회적 목적을 추구하는 기업의 경제적 비중을 평가하면서도 이미 정기적으로 내는 비영리단체 위성계정과 쓸데없는 중복을 피하기 위해 결사체는 우리 모집단에서 배제했다.

그래서 나머지 세 조직을 우리 모집단으로 삼았는데, 물론 이런 조직들도 사회적경제의 기본 원칙에 충실할 때만 그랬다. 벨기에에서는 시간이 지나면서 다양한 지위와 법률이 도입되었다. 그래서 오로지 법률적 편의성 때문에 이러한 지위를 선택한 협동조합들도 등장해, 입법 당국은 이에 대한 대응으로 전국협동조합협의회(NCC)를 만들어 이곳의 인증을 통해 사회적경제의 원칙을 진짜로 지킨다는 것을 증명하도록 했다. 더 최근에는 (이미 존재하는 다양한 영리기업들이 채택할 수 있는) 사회적 목적을 추구한다는 것을 인증하는 제도도 생겼는데, 이것은 어떤 법률적 틈을 메워 사회적 목적을 추구하면서도 영리 활동을 할 수 있게 했다.

그다음 단계에서는 이러한 법률적-제도적 특수성을 고려하여 우리의 법률적-제도적 시스템을 토대로 모집단을 이루는 기업들의 명부를 작성했다. 그리고 그런 개별 자료들을 정리한 후(중복되는 것은 빼고 재분류하는 등…) 우리 연구는 결국 다음과 같은 모집단을 대상으로 하게 되었다. NCC 인증을 받은 협동조합 461개(집단 1: 'NCC'), 협동조합과 사회적 목적을 추구하는 기업 421개(집단 2: 'CSP'), 상호보험조합과 공동모금회(집단 3: IM & CC) 18개, 전국상호의료조합연합회 5개(여기에 가입된 상호조합은 모두 포함되었지만 의무보험으로 분류되는 활동은 배제되었다)(집단 3.2).

6.2. 방법론에의 기여

이 연구는 방법론에서 중요한 진전을 이루었다고 볼 수 있는데, 이는 지금까지 벨기에 수준에서나 유럽 수준에서나 사회적경제라는 이 특정한 분야를 기존 체계와 동질적인 방법으로 분석한 적이 없었기 때문이다.

그래서 국민계정의 중심 체계뿐 아니라 벨기에서 비영리단체 위성계정을 작성할 때 쓰는 방법론과도 일관성이 유지되도록 벨기에 국립은행 안에 있는 국민계정국의 방법론에 아주 가까운 것이 중요했고, 이런 이유로 이 프로젝트는 벨기에 국립은행과 국민계정국 전문가들과의 긴밀한 협력 아래 수행되었다.

그러나 이 프로젝트의 일정표와 복잡한 계정 구성을 고려하면—거시경제 분석을 위해—비교적 더 의미 있는 지표들(총산출, 중간소비, 부가가치, 피용자보수, 총영업잉여, 총고정자본형성)만 계산할 수 있다는 것이 분명해졌다.

SATACBEL 프로젝트는 벨기에서는 처음으로 핵심 거시경제 변수들에 대한 일련의 통계량을 기업 유형별(협동조합과 상호조합, CSP), 제도 부문별, 활동 분야별로 제시함으로써 의미 있는 통계 도구를 제공한다. 하지만 그렇게 얻은 자료를 국제 비교를 위해 쓸 때는 신중해야 한다. 연구 대상이 된 모집단의 인구통계가 나라마다 크게 다르기 때문이다. 이 위성계정은 방법론적으로나 통계적으로 한계가 있지만 사회적경제 분야의 가시성과 인지도를 높일 수 있고, 정치적 의사결정자들과 이 분야의 경영자들, 이 분야를 연구하는 전문가들에게 유용한 도구가 될 수 있다. 이후에도 다시 위성계정을 작성하고 범위를 확장해 다른 집계 변수들까지 계산하면, 사회적경제기업들을 체계적으로 측정하여 이들이 실제 경제에서 차지하는 비중을—다양한 지표를 통해—평가할 수 있을 뿐 아니라 이들 기업이 활동하는 분야에 대해서도 매핑을 할 수 있을 것이다.

이 통계 도구를 계속 발전시키고 확장하면 벨기에서나 유럽에서나 사회적경제조직들이 벨기에 공공 당국이나 유럽 기관들과 협력하여 사회적경제 분야의 제도적 가시성을 높이려는 지속적 노력에 크게 기여할 것이다. 그래서 일련의 문제를 새로운 시각에서 보면 벨기에나 유럽의 정책에 도움이 될 것이다. 여기서 몇 가지 예를 들면, 유럽 협동조합 지위를 모델로 하여 유럽 상호조합 지위의 필요성을 평가하고, 협동조합과 상호조합을 사업을 하는 형태로 더 많이 고려하여 경쟁의 규칙을 따르는 다른 여타 기업과 똑같은 조건에서 활동하게 하고, 유럽의 사회 통합 정책에서 협동조합과 상호조합이 수행하는 적극적 역할을 인정할 필요성을 언급할 수 있을 것이다.

참고 문헌

AISAM, *L'assurance mutuelle: qu'est ce que c'est? Pourquoi faire? Un guide pour les sociétaires et les collaborateurs*, Brussels, Edition Lieve Lowet, AISAM, http://www.amice-eu.org/userfiles/file/AISAM_What_is_Mutuality_fr.pdf.

Archambault, E., *Comptabilité nationale*, 6ᵉ edition, Paris, Economica, 2003.

Barea, J., Monzón, J. L., *Manual for Drawing up the Satellite Accounts of Companies in the Social Economy: Co-operatives and Mutual Societies*, Liège, CIRIEC, 2006.

Ben Sedrine, W., Fecher, F., Sak, B., *Comptes satellites pour les coopératives et mutuelles en Belgique. Première élaboration* (SATACBEL), Liège, CIRIEC, 2011.

D'Hulstère, D., Pollénus, J.-P., *La société à finalité sociale en questions et réponses*, Liège, Edipro, 2008.

European Commission, *Le Secteur coopératif, mutualiste et associatif dans l'Union européenne*, Luxembourg, Office des publications officielles des Communautés européennes, 1997.

Eurostat, *Système européen des comptes nationaux et régionaux: SEC 1995*, Eurostat, 1996, http://circa.europa.eu/irc/dsis/nfaccount/info/data/esa95/fr/titelfr.htm.

Institut des Comptes Nationaux, *Comptes nationaux. Le compte satellite des institutions sans but lucratif 2000-2004*, Bruxelles, Banque Nationale de Belgique, juin 2007.

Institut des Comptes Nationaux, *Comptes nationaux. Partie 2 –* Comptes détaillés et tableaux 1999-2008, Bruxelles, Banque Nationale de Belgique, octobre 2009.

Institut des Comptes Nationaux, *Méthode de calcul du produit intérieur brut et du revenu national brut selon le SEC 1995*, http://www.nbb.be/doc/DQ/F_ method/M_Inventaire_SEC1995_FR_def.pdf.

Monzón, J. L., Chaves, R., *Recent Evolutions of the Social Economy in the European Union*. Brussels, EESC/CIRIEC, 2016.

United Nations, *Handbook on Nonprofit Institutions in the System of National Accounts*, New York, United Nations, 2003.

Van Opstal, W., Gijselinckx, C., Develtere, P. (eds.), *Entrepreneuriat coopératif en Belgique, Théories et pratiques*, Leuven, Acco, 2008.

___

[부록 1] 사회적 목적을 추구하는 기업(CPS)의 9가지 원칙

제2조 2항에 언급된 법인격을 가진 기업이 구성원의 부의 증진을 목적으로 하지 않고 정관에 다음과 같은 규정이 있을 경우 사회적 목적을 추구하는 기업이라고 한다. 단 여기서 유럽주식회사(Societas Europaea: SE)와 유럽협동조합기업은 제외한다.

1. 구성원들은 제한된 이익만 추구하거나 전혀 이익을 추구하지 않아야 한다.

2. 추구하는 사회적 목적에 언급된 활동들이 어떤 목적에 헌신하는지 정확히 밝히고, 구성원의 자산에 대한 간접적 이익 창출을 기업의 주요 목표로 삼지 않아야 한다.

3. 기업의 내부와 외부 목표에 따라, 기업의 정관에 정해진 위계 구조에 따라, 유보금을 적립하는 정책에 따라 이익을 할당하는 정책을 분명히 밝혀야 한다.

4. 어떤 사람도 총회에서 대표되는 전체 투표권의 10분의 1을 초과하는 투표권은 행사할 수 없다. 한 명 이상의 구성원이 기업에 고용된 직원의 자격으로 총회에 참여할 경우에는 그 비율이 20분의 1로 감소한다.

5. 제한적이라도 기업에서 구성원을 위해 직접 이익을 창출할 경

우 그들에게 배분되는 이익이 1955년 7월 20일에 전국협동조합협의회를 설립하는 법을 시행하면서 출자금과 주식으로 실제 발행된 양에 적용하도록 한 수익률을 초과해서는 안 된다.

6. 해마다 관리자나 경영자는 기업이 어떻게 제2원칙에 따라 스스로 정한 목표를 달성하고자 했는지를 보고하는 특별 보고서를 제출해야 한다. 이 보고서는 특히 투자와 영업비용, 보상과 관련한 지출이 기업의 목표를 달성하는 데 도움이 되는 방식으로 이루어졌는지를 분명히 해야 한다.

7. 어떤 직원이나 기업에 고용된 후 1년 안에 사원*의 지위를 획득할 수 있도록 특별한 규칙과 절차를 마련해야 한다. 이 조항은 완전한 시민의 자격을 누리지 못하는 직원에게는 적용되지 않는다.

8. 더 이상 고용 계약에 의해 기업에 묶이지 않는 직원은 고용 계약 종료 후 1년 안에 사원의 지위를 상실하도록 특별한 규칙과 절차를 마련해야 한다.

9. 기업을 청산할 경우에는 모든 부채를 상환하고 구성원에게 출자금을 반환한 뒤 잉여가 생기면 그것을 기업의 사회적 목적에 가장 가까운 것에 할당해야 한다.

---

* 여기서 사원(associé)이란 주식 소유를 통해 기업 거버넌스에 참여할 수 있는 회사의 구성원을 말한다─옮긴이 주.

[부록 2] 유럽경제활동분류체계(NACE 2003)

활동 분야를 3개로 분류한 NACE (A3)

코드	활동 분야	NACE 제1판 기준
1	농업, 수렵, 임업, 벌목업, 어업, 양식어업	A + B
2	제조업, 에너지와 건축 포함	C + D + E + F
3	서비스 활동	G에서 P까지

활동 분야를 6개로 분류한 NACE (A6)

코드	활동 분야	NACE 제1판 기준
1	농업, 수렵, 임업, 벌목업, 어업, 양식어업	A + B
2	제조, 에너지 포함	C + D + E
3	건축	F
4	도매와 소매, 자동차와 오토바이, 개인과 가정용품의 수리, 호텔과 식당, 운송과 창고, 통신	G + H + I
5	금융과 부동산, 임대, 기업 서비스	J + K
6	기타 서비스 활동	L에서 P까지

활동 분야를 60개로 분류한 NACE (A60)

코드-번호	코드-설명
C01	농업과 수렵 생산물 및 관련 서비스
C02	임업과 벌목업 생산물 및 관련 서비스
C05	어업과 기타 어업 생산물 및 어업 관련 서비스
C10	석탄과 갈탄, 토탄
C11	원유와 천연가스: 원유와 가스 채굴에 따른 서비스, 조사는 제외
C12	우라늄과 토륨

제2부

구체적 사례에서 무엇을 배울 수 있을까?

C13	금속
C14	기타 광업과 채석 생산물
C15	식료품과 채소
C16	담배 제품
C17	섬유
C18	의류: 모피
C19	가죽과 가죽 제품
C20	목재 및 나무와 코르크 제품 제조업, 가구 제외
C21	펄프와 종이, 종이제품
C22	인쇄물과 기록매체
C23	코크스와 석유정제품, 핵연료
C24	화학물질과 화학제품, 화학섬유
C25	고무와 플라스틱 제품
C26	기타 비금속 광물제품
C27	1차 금속
C28	금속가공제품, 기계와 장비 제외
C29	달리 분류되지 않은 기계와 장비
C30	사무용 기계와 컴퓨터
C31	달리 분류되지 않은 전기용 기계와 기기
C32	라디오와 텔레비전, 통신장비와 기기
C33	의료와 정밀, 광학기기, 시계
C34	자동차와 트레일러, 세미트레일러
C35	기타 운송장비
C36	가구와 달리 분류되지 않은 제품
C37	재생 2차 원료
C40	전기에너지와 가스, 증기, 온수

C41	저수와 정수, 물 유통 서비스
C45	시설물
C50	자동차와 오토바이 판매와 유지, 수리 서비스 : 자동차 연료 소매 서비스
C51	도매와 중개무역 서비스, 자동차와 오토바이 제외
C52	소매 서비스, 자동차와 오토바이 제외: 개인 및 가정용품 수리 서비스
C55	호텔과 식당 서비스
C60	육상 운송과 파이프라인 운송 서비스
C61	수상 운송 서비스
C62	항공 운송 서비스
C63	운송 관련 서비스; 여행사 서비스
C64	우편과 원거리통신 서비스
C65	금융중개 서비스, 보험과 연금기금 서비스 제외
C66	보험과 연금기금 서비스, 의무사회보장 서비스 제외
C67	금융중개 관련 서비스
C70	부동산 서비스
C71	기사 없는 기계 장비와 개인 및 가정용품 임대 서비스
C72	컴퓨터와 관련 서비스
C73	연구개발 서비스
C74	기타 기업 서비스
C75	공공 행정과 국방 서비스: 의무사회보장 서비스
C80	교육 서비스
C85	보건의료와 사회복지 서비스
C90	하수와 쓰레기 처리 서비스, 위생과 이와 비슷한 서비스
C91	달리 분류되지 않은 회원조직 서비스
C92	오락과 문화, 체육 서비스

제2부

구체적 사례에서 무엇을 배울 수 있을까?

C93	기타 서비스
C95	피고용인이 있는 개인 가구
C99	국외 조직과 단체가 제공하는 서비스

[부록 3] 제도 부문의 분류(ESA 1995)

S. 1 국내 경제

S. 11 비금융법인기업

S. 12 금융법인기업

      S. 121 중앙은행

      S. 122 기타 화폐 금융기관

      S. 123 기타 금융중개기관, 보험회사와 연금기금 제외

      S. 124 금융보조기관

      S. 125 보험회사와 연금기금

S. 13 일반 정부

S. 14 가계

S. 15 가계에 봉사하는 비영리단체

S. 2 국외 부문

[부록 4] ESA95 개념으로 변환하기 위한 수정

	수정의 유형	수정 계수 계산 시 토대가 되는 항목
(a)	"순 영업세 비용"에서 생산물세와 불공제 부가가치세 빼기	640
(b)	연차보고서의 급여를 ESA 95의 급여에 맞추어 조정	62
(c)	재무 결과에서 현금 지불 할인액을 매출액과 매입액으로 이동	70
(d)	매출액과 매입액, 재고증감액에서 재판매 재화 매입액 빼기	70
(e)	유동자본 보유 손익을 영업수익과 영업비용에서 빼기	74-740
(f)	토지 임대료와 임차료를 매출액과 매입액에서 빼기	74-740
(g)	자체 개발한 R&D 비용은 P.1에서 빼고, 매입한 R&D 비용은 P.2로 이동	72
(h)	기부금을 매입액에서 빼기	600/8+61
(i)	매입하거나 자체 개발한 소프트웨어의 자본화	72
(j)	자본화된 창업비용을 중간소비로 이동	600/8+61
(k)	은행 제비용을 금융비용에서 서비스 매입액으로 이동	600/8+61
(l)	손해보험금 중 보험가입자에게 보상금으로 지불된 것을 매입액에서 빼기	600/8+61
(m)	손해보험 보상액을 기타 영업수익에서 빼기	74-740
(n)	이자 보조금을 금융소득에서 영업 보조금으로 이동	740
(o1)	특별소비세를 매입액과 영업세 비용, 매출액에서 빼기	70
(o2)	제약업의 거래세를 영업세 비용과 매출액에서 빼기	N/A
(o3)	매출액으로 들어간 기타 생산물세 빼기	740
(o4)	영업세 비용으로 들어간 생산물세를 매출액으로 이동	740
(p1)	자체 생산한 현물 급여를 매출액에 더하기	62
(p2)	매입한 현물 급여를 매입액에서 빼기	62

제2부

구체적 사례에서 무엇을 배울 수 있을까?

(q)	봉사료를 매출액과 급여에 더하기	70
(r)	이사에 대한 보상액을 분배된 수익에서 서비스 매입액으로 이동	600/8 61
(s)	재판매용 매입 부동산을 매출액과 매입액에서 빼기	70
(t)	재고변동액과 투자 자산을 매출액으로 이동	70
(v)	외국에서 발생한 부가가치 빼기	N/A
(w)	재고증감에 따른 보유 손익 빼기	C_C (부가가치)
(x)	추가 (병원, 창작물, 주거서비스, 자체 숙박시설, 가사서비스)	N/A
(y)	미신고 고용 외삽 추정	C_C (부가가치)
(z)	재판매용 재화와 관련 없는매입액과 매출액(경매, 운에 좌우되는 게임, 에너지) 조정	C_C
(aa)	지불한 기타 생산물세(D.29)와 지불받은 기타 생산보조금(D.39)의 차액과 보험료 빼기	640
(ab)	보호받는 일자리를 제공하는 기업의 재분류	N/A
(ac)	아웃소싱과 관련한 매출액과 매입액의 포괄적 계산	N/A
(ad)	산출 접근 방식과 지출 접근 방식 모두 고려	640
FISIM	중간소비를 FISIM에서 FISIM 활동 분야로 할당	C_B (중간소비)

※ 주 —N/A: 연구 대상인 모집단에는 채택되지 않은 수정
—FISIM: 간접적으로 측정된 금융중개서비스
—C_C: 행정 개념의 총부가가치(〈표 4/1〉에 설명)
—C_B: 행정 개념의 중간소비(〈표 4/1〉에 설명)

[부록 5] 제도 부문별 생산계정 및 소득발생계정과 총계

–모집단의 집단별 분포, 2007년도 현재 가격으로 추산

(단위: 천 달러, %)

	P1	P2	B1g	D1	D29	D39	B2g
S11	**3,027,382**	**2,546,076**	**481,307**	**360,906**	**10,484**	**119,805**	**229,722**
집단 1 'NCC' 협동조합	2,349,355	2,103,610	245,745	227,325	4,373	62,422	76,470
모집단 S11에서의 비율	78%	83%	51%	63%	42%	52%	33%
집단 2 CSP	678,027	442,466	234,561	133,581	6,111	57,382	153,252
모집단 S11에서의 비율	22%	17%	49%	37%	58%	48%	67%
S11 총계 (%)	100%	100%	100%	100%	100%	100%	100%
S12	**1,121,564**	**661,365**	**460,199**	**256,443**	**5,886**	**60,292**	**258,162**
집단 3.1 상호보험조합	841,208	514,761	326,447	188,666	5,448	0	132,333
모집단 S12에서의 비율	75%	78%	71%	74%	93%	0%	51%
집단 3.2 상호의료조합	194,283	63,171	131,112	37,049	0	60,260	154,323
모집단 S12에서의 비율	17%	10%	28%	14%	0%	100%	60%
집단 1 'NCC' 협동조합	86,073	83,433	2,640	30,728	438	32	-28,495
모집단 S12에서의 비율	8%	13%	1%	12%	7%	0%	-11%
S 12 총계 (%)	100%	100%	100%	100%	100%	100%	100%
총계	**4,148,946**	**3,207,441**	**941,505**	**617,349**	**16,369**	**180,096**	**487,883**

※ 주: CSP는 2개만 S12 부문에 속해, 그 2개는 집단 1인 'NCC' 협동조합에 포함되었다.

[부록 6] 주요 국민계정 항목에 대한 설명*

항목	설명
총산출	일정 기간 동안 생산된 산출물인 재화와 서비스를 시장에 판매한 가격으로 평가하여 합산한 총액을 말한다.
중간소비	생산 과정에 투입되어 소비된 재화와 서비스의 가액을 말한다.
부가가치	생산 활동에 의해 새로 창출된 가치로, 총산출에서 중간소비를 차감하여 구한다.

제2부

구체적 사례에서 무엇을 배울 수 있을까?

피용자보수	일정 기간 피고용자가 제공한 노동의 대가로 고용주로부터 받은 현금 또는 현물 형태의 급여와 피고용자를 위한 사회보장기금과 연금기금, 보험에 납부한 고용주 분담금도 포함한다.
생산 및 수입세	재화와 서비스의 생산이나 판매, 사용에 대해 부과되는 세금이다.
보조금	산업 진흥이나 제품의 시장가격 인하 등 정부의 정책 목적을 위하여 정부가 생산자의 생산비용 일부를 부담한 것이다.
영업잉여	부가가치 총액에서 피용자보수와 고정자본소모, 순생산 및 수입세를 차감한 것으로, 각 산업 부문의 기업잉여, 순지급이자, 토지에 대한 순지급임료 등 재산소득의 형태로 나타난다.
총고정자본형성	당해 기간에 소진되지 않고 여러 회계연도에 걸쳐 생산에 이용되는 재화를 자본재라고 하며, 생산 주체에 의한 자본재 구입을 총고정자본형성이라고 한다.

※ 주: 『우리나라 국민계정체계』(한국은행, 2015), p. 47~58에 설명된 내용을 표로 구성함.

[부록 7] 사회적경제기업 위성계정에 포함되는 협동조합과 상호조합 및 기타 비슷한 사회적경제기업[*]

제도 단위	ESA 95에서의 제도 부문					사회적 경제기업
	비금융 법인기업 (S-11)	금융 법인기업 (S-12)	일반정부 (S-13)	가계 (S-14)	가계봉사 비영리단체 (S-15)	
기업 (C)	C₁	C₂				
공공비시장생산자 (G)			G			
가계 (H)				H		
민간비시장생산자 (N)					N	
협동조합과 상호조합 및 기타 비슷한 사회적경제 기업 (K)	K₁	K₂				K = K₁ + K₂

출처: Barea and Monzón(2006), p. 39.

[부록 8] 국민계정체계에 따른 사회적경제 주체의 분류[*]

제도 부문		생산자 유형
시장 생산자	비금융기업법인	· 협동조합 (노동자, 농업, 소비자, 교육, 교통, 주택, 의료 등) · 사회적기업 · 기타 결사체 기반의 기업 · 기타 민간시장생산자 (몇몇 결사체와 기타 법인) · 사회적경제 비금융조직에 봉사하는 비영리단체 · 사회적경제가 통제하는 비금융기업법인
	금융기업법인	· 신용협동조합 · 상호보험조합과 상호공제조합 · 보험협동조합 · 사회적경제 비금융조직에 봉사하는 비영리단체
	일반정부	
비시장 생산자	가계	· 가계에 봉사하는 소규모 비영리단체
	가계에 봉사하는 비영리단체	· 사회행동-결사체 · 사회행동-재단 · 기타 가계에 봉사하는 비영리단체

[*] 사회보장체계 관리조직과 의무적으로 가입해야 하거나 비사회적경제기업에서 통제하는 상호조합은 제외.

[**] 자발적인 가입과 참여, 전략과 운영의 자율성이 보장되는 비영리단체로서 취약계층이나 사회적으로 배제된 사람 또는 배제될 위험이 있는 사람이나 집단에게 사회재나 가치재를 무료 또는 경제적으로 의미 없는 가격으로 공급하거나 제공함으로써 사회복지 목표를 달성하고자 하는 비시장생산자. 이들 조직은 사회행동 제3섹터로서 당연히 사회적경제에 속한다.

출처: Monzón & Chaves(2016), p. 13.

[*] 〈부록 6, 7, 8〉은 원서에 없으나 독자의 이해를 돕기 위해 덧붙임 ─ 옮긴이 주.

제2부
구체적 사례에서 무엇을 배울 수 있을까?

제도 부문		생산자 유형	주된 활동과 기능
비금융기업법인		민간시장생산자	재화와 비금융 서비스의 시장 생산
금융기업법인		민간시장생산자	보험을 포함한 금융 중개와 보조적 금융 활동
일반 정부		공공비시장생산자	개별 또는 집합 소리를 위한 비시장 산출물의 생산과 공급 및 국민소득과 부의 재분배를 위한 거래
가계	소비자로서의 가계	시장생산자 또는 자가최종사용목적의 민간생산자	소비
	기업가로서의 가계		시장 산출물과 자가최종사용목적의 산출물 생산
가계에 봉사하는 비영리단체		민간비시장생산자	개별 소비를 위한 비시장 산출물의 생산과 공급

출처 : Barea and Monzon(2006), p. 30.

시민사회와 국가, 학계의 공동 연구
: 브라질 연대경제 매핑에서 얻을 수 있는 교훈들

루이스 이나시오 가이거
브라질 우니시노스대학 정교수

머리말

사회연대경제가 북반구에서나 남반구에서나 갈수록 많은 관심을 받고 있다. 활동가들과 연구자들은 사회연대경제가 지닌 상호성과 시민사회가 창조한 자율적인 시민 공간을 통해 나라와 대륙을 가로질러 민주주의를 전파하는 성향을 높이 평가한다. 그래서 사회연대경제는 한 나라 수준에서나 수준에서나 사회 현안을 둘러싼 논쟁에서 주된 주제가 되었다.

북반구에서는 사회연대경제가 주로 프랑스와 벨기에, 스페인에서 기원하여 캐나다 퀘벡으로 퍼져나갔다. 그것은 자율적이고 민주적인 운영 형태를 확립하려는 일련의 집합적 시도로 이루어졌다. 이런 시도들에서 권력을 공유하고 소득을 분배하는 방식은 자본보다 사람을 우선시하고 조합원과 지역사회에 서비스를 제공하는 것을 목표로 삼은 결과이다. 따라서 경제활동과 그것을 통한 잉여는 그 자체가 목적이 아니라 수단이다. 돈을 벌기 위한 것이 아니라는 말이다.

라틴아메리카에서는 연대경제가 대개 조합원을 위해 경제적 이익을 추구하지만 삶의 질 향상과 시민 참여의 증진도 함께 추구하는 경제조직을 가리킨다. 이런 목표는 주로 관련 노동자들의 참여를 포함한 상당한 노력을 통해 이루어진다. 이런 시도들은 자신이 속한 사회와 지역사회에서 배태되어 보건의료와 교육, 환경보호 분야에서도 많은 기능을 수행한다. 연대경제에서 결사체를 통한 경제적 실천은 민주주의의 원칙과 협동에 대한 헌신이 특징이고, 생산수단과 노동과정, 경영자원의 공동 출자를 수반한다.

라틴아메리카에서 연대경제는 다수의 사회 부문과 주체, 제도를 포괄한다. 세계 운동으로서는 자본주의경제 체제에 대한 이론적 비판에 참여하지만, 대개는 훨씬 실천 지향적이고 기업들이 개인과 사회, 환경을 위한 목적을 달성하도록 지원하는 데 노력을 집중한다. 이런 기업에는 협동조합은행, 상호성에 기초한 제품과 서비스의 교환, 상업적 네트워크, 그리고 무엇보다도 경제활동을 통해 일자리를 창출하고 자기들 사이에서든 사회 전체에서든 연대에 기초한 관계를 실험하기 위해 자유롭게 모인 사람들의 수많은 공식 비공식 결사체가 포함된다.

브라질에서는 비영리와 자주관리 경험이 연대경제의 지울 수 없는 자취이다. 지난 몇 년 동안 이런 시도들이 붐을 이룰 정도로 널리 관찰된 것은 어느 정도는 브라질 노동시장을 강타한 구조적 위기와 국가의 철수로 더욱 커진 위기의 영향 탓이라고 할 수 있다. 그러나 연대경제 붐을 설명해주는 또 하나 중요한 요인은 사회운동과 노동조합, 시민단체가 결집하여 서로 돕고 경제적으로 협력하는 관행을 확립하고 북돋우는 데 흔들림 없이 헌신한 데서 찾을 수 있다. 농촌이나 도시 주변에서 지역사회에 토대를 둔 수많은 작은 시도들이 오랫동안 뿌리를 내리면서 연대경제를 실천하는 관행들을 도입했고, 그것이 널리 퍼지면서 폭넓게 인정받았기 때문이다.

북반구의 사회적경제뿐 아니라 라틴아메리카의 연대경제도 특정한 상황과 시기와 연결된 현상에 해당한다. 예를 들면, 연대를 지향하는 가치를 추구하는 역사가 줄곧 지속되지는 않았어도 그 뿌리가 깊은 브라질에서는 1980년대부터 점차 연대경제가 나타나기 시작했다. 이러한 역사에는 수차례에 걸쳐 노동자에 대한 연대를 표명한 것도 포함된다. 물론 이것도 전국 상황이나 지방 상황에 따라 크게 다를 수는 있지만 말이다. 그래서 이런 차이를 알기에 우리는 애써 널리 적용되는 보편적 개념을 찾기보다는 어떻게 하면 연대경제가 특정한 상황에서 가장 잘 실행될 수 있을지를 탐구하는 데 더 관심이 있다.

브라질에서는 이것이 여전히 중요한 도전 과제이다. 2013년 4월에 두 번째 연대경제 전국 매핑이 마무리되었다. 이 일은 전국을 찾아다니며 연대경제기업을 확인하는 방식으로 이루어졌다. 그 결과 거의 2만 개 기업이 확인되었는데, 그 가운데 대다수는 결사체(59.9%)였고, 그다음으로 많은 것이 비공식 집단(30%)이었으며, 협동조합(8.8%)은 그보다 훨씬 적었다. 이 두 번째 매핑은 많이 지연되고 (원래는 2010년에 마치도록 되어 있었다) 3만 개 이상 기업을 매핑하겠다는 처음 목표에 미달했지만, 아주 중요한 공동 연구를 통해 이루어졌다. 전반적으로는 첫 번째 전국 매핑(2005~2007년)과 두 번째 전국 매핑(2009~2013년) 모두 현재 브라질에서 연대경제에 대해 갖고 있는 지식이 얼마나 부족한지를 잘 보여준다. 하지만 수집된 경험적 자료의 양이나 개발된 독특한 방법론을 보면 두 차례의 전국 매핑 모두 그런 부족함을 극복하는 데 가치 있는 기여를 했다.

연대경제에 대한 지식이 충분하지 않은 점은 먼저 연대경제의 전형적 조직들에 대한 통계 정보가 부족한 것으로 드러난다. 두 번의 전국 매핑을 제외하면 이용할 수 있는 조사 결과들이 폭넓은 정보를 제공하지 않으며, 그런 조사마저 연속성이 없고 체계적으로 이루어지지도 않아 자료를 서로 비교할 수 없다. 그래서 두 번의 전국 매핑을 제외하면 연대경제의 통계 모집단이나 연대경제기업의 주요 형태들이 지닌 특징에 관해 말할 수 있는 것이 거의 없다. 통계에 일관성이 없으니 협동조합처럼 안정적 규제 틀이 있고 상당히 제도화된 부문들도 분석하기 어렵다.

두 번째로는, 가장 일반적 형태의 연대경제조직에 대한 체계적이고 포괄적인 통계가 있었더라도 이용할 수 있는 조사들의 지배적 상태를 보면 그런 통계가 대부분 적절하지 않았을 것이다. 이는 연대경제기업들이 오로지 그들의 목표나 독특한 역동성에 더 걸맞은 대안이 없는 탓에 현재 이용할 수 있는 제도적 구조—보통은 결사체나 협동조합—가운데 하나를 채택하는 경향이 있기 때문이다. 그래서 그들은 그런 구조를 비공식성을 피하기 위한 임시방편으로 생각한다. 따라서 연대경제는 결사체나 협동조합 같은 조직 형태를 빌리더라도 그런 부문과 자신을 동일시하지 않는다. 대신 브라질의 규제 틀에 이 실천 분야에서 나타난 구체적 경험과 개념을 더 잘 반영하는 새로운 법률적 형태가 포함되어야 한다는 요구를 만장일치로 지지한다.

세 번째로는, 연대경제에 가장 잘 맞는 법률적 틀은 무엇인가에 대한 합의가 이루어지지 않아 연대경제에 대한 어떤 포괄적 자료 조사도 조사 대상인 모집단을 정의하는 기준을 개발해야 한다는 것이다. 실제로 매핑을 할 때도 가장 큰 도전 과제 가운데 하나가 처음으로 경제 조직이나 이와 비슷한 **연대 기반** 시도들을 분류하는 일련의 기준을 정해 연대경제의 범위를 확정하는 것이었다. 이러한 도전은 방법론적인 것이면서 동시에 정치적인 것이라서 매핑 이전과 이후에 일련의 격렬한 논쟁을 불러일으켰다. 그래서 중요한 발걸음을 내디뎠지만 모든 사람이 동의하는 결정에 이르지는 못했다. 사회적 행위자들은 계속 서로 모순되는 인식과 개입 과정을 보이고, 그 결과 한 조직이 어떤 경우에는 연대경제에 포함되고 어떤 경우에는 배제되었다. 첫 번째 매핑 결과 지배적 인식은 연대경제의 경계를 넓히자는 것이었다. 두 번째 매핑은 이러한 흐름을 강화하여, 연대경제의 내부가 다양하고 연대경제가 비슷한 조직이나 주변 조직과 서로 연결되어 있다는 것을 더 정확히 이해할 수 있게 해주었다.

하지만 이런 포용적 인식 과정의 밑바탕에는 연대경제 분야를 조심스럽게 분석해야 한다는 전제가 있다. 이는 두 번의 매핑이 제기한 네 번째 도전 과제로 이어지는데, 그것은 그때까지 브라질에서는 연대경제의 지표와 통계에 관한 논쟁이 거의 없었다는 것이다.

첫 번째 매핑 결과가 거의 분석에 대한 관심을 불러일으키지 않은 것도 이를 보여주는 것 가운데 하나다. 첫 번째 매핑 결과를 생산하는 데 많은 대학이 기여했는데도 그랬다. 이런 문제의 밑바탕에는 다시 그런 대안경제 경험을 분석할 때 특정한 사례를 바탕으로 논리를 풀어나가고 분석도 연구자와 연구 대상인 현실의 직접적 관계에 결정적 가치를 부여하는 질적 연구가 지배적이라는 문제가 있다. 사실 그런 분석도 엄격한 방법론에 따라 이루어진다면 관련 사례의 특수성을 포착할 수 있지만, 그런 결과를 일반화하기는 어렵고 연대경제의 지배적 특성을 평가하는 데도 크게 기여하지 못한다. 그런 방식으로 접근하면, 예를 들어 연대경제의 흐름을 확인할 수도 없고 연대경제의 발전에 가장 걸림돌이 되는 것이나 그것을 촉진하는 요소를 평가할 수 없다.

이런 것들이 브라질에서 연대경제에 대한 지식 상태가 어떤 결론에 이를 정도로 확고하지 못한 주요 요인들인데, 이런 상태는 쓸모없는 논쟁이나 비생산적 토론을 낳을 뿐이다. 따라서 여기서 상당한 진전을 이루려면 무엇보다도 초점을 바꾸어 새로운 방법론적 도구를 제시해야 한다. 앞서 언급한 대로, 전국 매핑은 부족한 점도 있지만 이러한 방향으로 나아가는 첫걸음이었다.

우리의 논의는 다음과 같다. 우리는 먼저 특히 지구의 북반구에서 널리 받아들여지는 연대경제에 대한 제도적 접근의 타당성과 관련하여 남반구의 현실을 이해하는 데 필요하다고 믿는 것들을 제시할 것이다. 그리고 목적을 드러내기 위해 비공식 연대경제의 경우를 부각시킬 것이다(1절), 그다음 브라질에서 가장 일반적 형태의 연대경제조직들에 대한 통계 생산 상태를 평가할 것이다. 이를 통해 우리는 이런 사회적 실천을 객관적으로 드러내는 데 개념적으로나 방법론적으로 어떤 유용한 발전이 있을 수 있는지를 분명히 보여줄 수 있을 것이다(2절). 나아가 연대경제에 대한 공동 연구 조사의 중요성을 부각시킨 뒤 개념적 수준에서나 방법론적 수준에서 매핑이 주는 교훈을 되도록 많이 배우고 지배적인 지적 전망에 비추어 그것에 어떤 한계가 있는지도 확인할 것이다. 그리고 마지막으로 장차 어떤 연대경제 통계 시스템이 개발되어야 하는지를 개관하기 위해 일반적으로 고려해야 할 몇 가지를 제시할 것이다(3절).

1. 지구 남반구의 연대경제

경제적 연대 원칙은 19세기에 산업자본주의가 나타날 때부터 널리 퍼져, 북반구의 많은 나라와 남반구의 몇몇 나라에서 결사체와 상호조합, 협동조합 같은 사회적경제의 흐름을 낳았다.[1] 연대주의는 갈수록 프롤레타리아화가 진행되면서 일어난 사회적 혼란 속에서 발생했다. 이런 다양한 흐름은 모든 사회 구성원이 경제활동으로부터 공정한 혜택을 받는 데 목목적을 두었기 때문에 처음부터 자율적이고 참여적인 운영 형태를 채택했다.

또한 사회적경제가 20세기 초에 약해지는 조짐을 보이기 전에는 경제를 시장 원리와 자본 축적이라는 합리성의 틀에서만 보는 흐름

---

[1] 남반구와 북반구는 일반적으로 신식민주의 연구의 언어, 그중에서도 특히 보아벤투라 데 소우자 산투스(Boaventura de Sousa Santos)의 언어로, 세계 경제체제와 지정학적 체제의 주변부와 중심부를 은유적으로 일컫는 말이다(Souza Santos and Meneses, 2009).

에 대항했다. 그런 점에서 사회적경제는 복지국가를 건설하는 데도 상당한 역할을 했다. 1970년대에는 케인즈(Keynes)식 규제가 위기를 맞고 그로 인해 사회적 불균형이 심해지면서 일련의 새로운 사회적 실험들이 나타나(Gaiger and Laville, 2009) 결사체와 연대에 기반을 둔 경제적 실천이 다시 활기를 띠었다. 특히 유럽과 퀘벡에서는 사회적경제가 다시 비판적이고 참여적인 성향을 드러냈고, 남반구에서도 유사한 실험이 나타나기도 하고 되살아나기도 했다. 그리고 이런 맥락에서 아주 폭넓은 조직 형태─즉 결사체와 비공식집단, 협동조합, 자주관리기업, 빈민들에 대한 사회서비스와 지원 분야에서 나타난 지역적 시도들, 사회경제기업, 연대금융뿐 아니라 그런 조직을 육성하고 대표하는 관련 메커니즘─가 기존 고용 시스템이나 소득창출 시스템에서 주변부로 밀려나거나 개인적 열망이나 집합적 열망을 충족시키지 못한 사회 범주들 사이에 널리 퍼졌다.

그래서 유럽과 남아메리카의 많은 부분에서는 아래서 사회적경제나 연대경제로 부를 새로운 사회적경제에 관해 말하는 것이 정당화되었다. 앞서 언급했듯이, 남아메리카에서 더 일반적인 개념은 조합원을 위해 고용과 소득을 낳을 뿐 아니라 예를 들면 사회적 혜택이나 공공의 인식 제고, 시민 참여의 가능성을 통해 넓은 의미에서 삶의 질을 향상시키려는 경제적 시도들로 이해되는 연대경제이다. 연대란 생산 영역에서 협동하고 생산수단의 사회화를 통해 임금 노동에 일반적인 자본과 노동의 분리를 없애기 위해 협동하는 것을 말한다. 이런 이유로 남아메리카에서는 많은 저자가 연대경제를 자본주의경제와는 다른 독특한 것이나 그와 분리된 것으로 보거나 아니면 장차 자본주의를 대체할 대안으로 본다. 하지만 이런 종류의 경제가 많은 미묘한 차이와 편차를 보여도, 남반구와 북반구가 갈수록 사회적경제나 연대경제를 서로 이해하면서 반세계화를 중심으로 전 세계에서 목표와 행동을 일치시키기 위해 함께 노력하고 있다.

이런 대안경제 실험은 공통된 특성이나 현재의 수렴 현상을 보면 어느 정도 같은 역사적 과정이며, 따라서 특정한 맥락마다 어느 정도 미세한 조정은 필요해도 거의 동일한 분류와 분석 범주로 측정할 수 있다. 이는 국제노동기구(ILO)의 최근 보고서에서도 나타났는데(Fonteneau et al., 2011), 이 보고서에서는 협동조합과 상호조합, 결사체, 사회적기업이 전 세계에서 가장 일반적이고 따라서 대표적인 사회연대경제 형태임을 확인했다. 유럽의 소액금융 네트워크와 연관성이 있다고 보는 아프리카의 **톤틴**(tontine)* 같은 다른 형태들도 이런 주요 형태의 지역적 표현이거나 비공식 변형태인 경향이 있다 (같은 곳, p. 2). 하지만 이런 변형태들은 대개 하나의 범주로, 즉 **기타** 유형으로 분류되어, 그것을 지칭하는 말이 각각의 차이가 구분되지 않는 모호한 총칭이 된다. 그리고 이런 변형태의 내용에서 발견되는 특수한 측면이나 그것의 역사적 기원에 관한 논의는 이런 지역의 민중 계층의 궁핍과 취약한 처지를 강조하고, 비공식 경제의 경우에는 특히 그렇다(같은 곳, p. 14).

그런 절차는 우리가 남반구의 현실을 제대로 이해하지 못하게 가로막는다. 남아메리카에서는 1980년대에 연대경제가 나타나면서

---

* 톤틴(tontine)은 우리나라의 계모임 같은 것으로, 사람들이 공동으로 저축을 하여 구성원끼리 소액 대출을 하거나 공동의 목표를 위해 사용하는 비공식 소액금융제도이다 — 옮긴이 주.

길고 풍부한 민중의 연대주의 역사가 다시 이어지며 그에 대한 지지가 되살아났다. 연대경제는 남아메리카 전체에서 콜럼버스 이전에 생긴 자생적 형태와 해방된 노예들(브라질에서는 킬롬볼라)이 채택한 집산주의 체제를 비롯해 아주 오래된 선례들이 있다. 대륙의 다양한 풍경에는 주변부의 저개발 경제에 통합된 임금노동자의 불안정한 상황에 의해 결정된 현실도 있지만, 지역공동체, 그중에서도 특히 원주민들이 가까스로 그들의 생활 방식을 지키고 자본주의 노동시장이 들어오는 것을 지킨 지역도 있다. 후자는 대개 문화적 주변화와 극도의 빈곤을 대가로 치른다.

이런 다양한 지형은 서로 대조적인 국가적 상황이나 지역적 상황으로 인해 더욱 증폭되어 사회적경제나 연대경제의 전체 상을 그리기 어렵게 한다. 이는 왜 남아메리카에 대중연대경제와 공동체경제, 노동경제, 사회경제, 좋은 삶(Good Living) 같은 서로 다른 용어와 양상들이 공존하고, 그것들이 왜 비공식 집단경제에서 협동조합 부문까지 널리 퍼져 있는지도 설명해준다. 만일 이런 대안경제 실험들 사이에 공통분모가 있다면, 그것은 이런 실험에 직접 참여한 사람들이 그들의 고유한 사회성 탓에 주변부 자본주의에서 나타난 사회의 계율에 따라 살 수 없거나 살기를 거부한다는 것이다. 그리고 많은 경우 이는 경제적 관계와 사회적 관계가 뒤얽혀 있어 상호성과 신뢰가 지배하는 사회체제를 버리지 않겠다는 의지의 표명이다. 연대경제는 본질적으로 그런 삶의 형태를 열망하고, 따라서 그런 삶의 형태를 구하거나 구축하기 위해 노력한다(Gaiger, 2008).

따라서 북반구에서 연구할 때 쓰는 분석의 범주들을 남반구에 무차별적으로 적용할 수 없다. 남아메리카에 있는 대부분의 나라에는

19세기 유럽에 뿌리를 둔 결사체나 상호조합 부문이 없다. 남아메리카에서 꽤 많은 나라에 존재하고 그중에서도 특히 브라질에 존재하는 유일한 부문이 협동조합 부문인데, 이것도 넓은 의미의 사회적경제에서 차지하는 비중이 아주 작다(Gaiger and Anjos, 2012).[2] 적어도 20세기에 포퓰리즘 정권이 등장해 국가가 경제와 사회의 발전 방향을 책임질 때까지는 많은 지방에 공동체와 결사체의 삶이 존재했고 지금도 주목할 만하며 노동운동이 자주관리를 빈번하게 제안했는데도 그렇다. 그런데 남반구의 연대경제를 현대 경제학의 규범과 관료주의적 합리성에 따라 채택하게 된 법률적 형태로 다루는 일을 흔히 본다. 이런 법률적 형태를 거부하는 사람들은 비공식적 존재로 남아 있는데도 그렇다. 그러나 이런 시각에서 보면 연대경제를 추진하는 내생적 원리를 고려하지 않고 연대경제의 의미를 해석하기 쉽다. 북반구에 관한 모범적 연구에서 증명된 대로, 그런 경향은 분명하게 정의된 가치와 경험에 따른 역사적 저항의 존재를 무시한다(Petitclerc, 2007).

공식화되고 제도화된 형태의 사회연대경제를 대상으로 하는 제도적 접근 방식은 그런 형태가 생겨난 북반구의 현실에 더 적합하다. 남반구에 그런 접근 방식을 적용하면 측정하고 평가하기 어렵다. 일반적으로는 그러려면 남반구에서 경제적 연대를 구성하는 실

---

2 남아메리카에서는 "사회적경제"라는 말이 제도화된 부문이 존재하든(어느 정도는 아르헨티나에서처럼) 존재하지 않든 상관없이 적용된다는 점에서 아주 일관성 없이 사용된다. 일반적으로 "사회적경제"는 보다 초기 형태의 연대경제를 가리킬 뿐이라서 갈수록 "사회연대경제"라는 말을 더 선호한다. 따라서 사회적경제에 대한 전형적인 통계 자료를 이용할 수 없다. 베네수엘라에 초점을 맞춘 개념적 분석으로는 Bastidas-Delgado(2001)를 보라.

제 관행들을 자세하고 철저하게 개관한 다음, 제도적 형태들을 남반구에서 자발적으로 채택했는지 남반구에 억지로 떠안겼는지, 아니면 남반구에서 그것을 거부하고 비공식 상태를 선택했는지 추론해야 한다.

북반구의 현실과 남반구의 현실에서 가장 크게 다른 점은 사실 **비공식성**이다. 아프리카와 라틴아메리카에서 모두 비공식성은 연대경제에서 주목하는 대중경제의 특징이다. 위에서 언급한 ILO의 평가에서 은연중에 말하는 바와는 반대로(Fonteneau *et al.*, 2011), 비공식성은 **기타** 사례의 특성이 아니라 **가장 중요한 사례** 가운데 일부의 특성이다. 따라서 경제적 연대의 지배적 형태에서 특징적인 것은 비공식성과 그것의 독특한 내부 논리다. 따라서 이 문제를 더 자세히 다룸으로써 이 연구는 남반구 어느 나라에서나 연대경제의 통계 분류 체계의 토대를 놓기 전에 반드시 연대경제를 개념적으로 더 분명하게 이해하고 흔히 쓰는 분석 범주들을 재구성할 필요가 있다는 것을 증명한다.

라틴아메리카에서 비공식성의 역사는 대개 인구가 농촌 지역에서 도시 공간으로 갈수록 빠른 속도로 이동한 지난 50년에 걸쳐 이루어졌다고 본다. 대개 도시의 공식 노동시장은 일자리를 찾는 대다수 사람들을 흡수할 수 없었고, 그들을 점차 경제에 통합할 수단도 없었다. 그래서 이들은 스스로 살 방도를 찾아야 하는 처지에 내몰려 임시 노동으로 생계를 꾸릴 수밖에 없었다. 이는 다시 도시의 풍경을 바꾸어 주변부 동네를 만들고 비공식경제가 거대한 현상으로 널리 확산되는 결과를 낳았다.

예전에는 비공식성이 자본주의의 주변부에 남은 것이나 산업예

비군이라는 기능적 요소로 해석되었다. 그런 견해는 일반적으로 비공식성을 현대 경제에 대한 반작용에 지나지 않는 것으로 보았고, 그래서 결핍과 무능력을 보여주는 것으로 보았다. 따라서 어떤 주체적 능력도 없다고 보았기에 이런 주변부 부문들에 주변부 자본주의의 비판 이론도 관심을 기울이지 않았다(Pamplona, 2001; Lopes, 2008). 그러나 많은 지배적 이론과 정책은 이 비공식 부문에 주목했고, 이들을 영세사업자 지원을 통해 시장에 통합시킬 목적으로 사회부조 프로그램의 대상으로 전환시켰다(Gaiger and Corrêa, 2010).

하지만 시간이 지나도 비공식성이 사라지지 않고 널리 퍼지자 그것을 저항과 사회적 동원이라는 대중 전략에 포함해야 한다는 믿음이 생겼다. 그래서 칠레와 페루, 브라질, 우루과이 같은 나라에서 도시 주변부에 주택과 도시 서비스, 소득, 고용을 위해 싸우는 조직된 운동(예를 들면 파벨라두스와 포블라도레스*)이 나타났다(Bell Lara, 1997). 지역 사회에서 주도하는 이런 움직임들이 크게 증가하자 점차 시민 조직과 교회, 개발 기관들도 관심을 기울였고, 특히 마이크로크레디트 단체들이 그랬다. 이런 시도들은 대부분 선구적인 여성은행을 통해 가동되기 시작해, 풀뿌리 공동체와 근린조직, 가족농조합을 낳고, 1980년대에 이미 연대경제의 선구자인 첫 번째 집합적 소득 창출 경험을 낳았다.

그러자 비공식성이 공동체적 유대와 결사체주의를 촉진하는 나름의 사회적 논리를 가진 이른바 대중경제에 속하는 것으로 재해석

---

* 파벨라두스(favelados)와 포블라도레스(pobladores)는 모두 빈민가 사람들이나 슬럼가 사람들을 뜻한다─옮긴이 주.

되었고, 이런 새로운 시각은 이전 이론에서는 조명 받지 못한 비공식성을 부각시켰다.[3] 예를 들면 Coraggio(1999)는 대중경제가 소규모 경제 주체들이 활동하는 사회관계망과 분리될 수 없는 개별 전략이나 집합적 전략을 통해 공동으로 노동기금을 조성하는 나름의 합리성이 있고 따라서 그런 전략의 효과성은 비공식성이 촉진하는 상대적 자유에 달려 있다고 본다. 따라서 어떤 사회 해방 프로젝트에서나 비공식 경제에 전형적인 물질적 사회적 자산을 과소평가하지 말고 정당하게 평가해야 한다.

2007년에는 **비공식 집단**이 첫 번째 전국 매핑에서 조사한 모든 기업 가운데 36.5%를 차지했다. 그 가운데에는 성공을 거두어 크게 번창했는데도 비공식적 특성을 그대로 간직한 곳도 여럿이었다 (Gaiger, 2011). 그런 경우에는 노동자들이 환경에 끊임없이 적응하는 태도를 버리고, 생산 요소에 대한 통제를 강화하고 미래의 결과를 예측할 수 있게 해주는 행동을 취했다. 달리 말하면, 그들은 자신이 새로운 제도를 만들어내고 자신이 추구하는 변화에 영향을 끼칠 수 있는 세력이라고 본다. 이런 변화는 노동자들이 자신의 사회적 관계에 의지할 때 잘 일어나고, 이를 통해 개인적 유대와 전통이 협력 관계에 토대를 둔 기업가적인 연대경제 논리로 바뀐다(Razeto, 1990). 그런 새로운 토대를 갖추면 기업이 가난한 사람들의 물질적 삶에 영

---

3 이런 낙관주의가 때로는 이상주의로 변했다. 비공식 경제와 대중경제를 두 개의 세계로 분리하여 대중경제의 공동체적이고 전투적인 면에만 초점을 맞추고, 개인주의와 불평등을 낳는 전제적 관행을 비롯해 그 안에 다양한 원칙과 다양한 생존 방식이 공존하는 것을 무시하는 경향을 보인 탓이다 (Gaiger, 2009). 그러나 어쨌든, Lopes(2008)에서 볼 수 있듯이, 비공식성을 다룬 문헌을 포괄적으로 검토해보아도 이 주제에 관해 일관되게 일치하는 견해는 찾을 수 없다.

향을 끼치는 불안정과 불확실성을 극복하는 데 기여할 수 있는데, 그러면 경제의 명령에 덜 종속되고 노동자들에게 더 많은 몫의 잉여가치를 재분배하기 때문이다(Gaiger, 2006). 경제 문화의 관점에서 보면, 그런 기업은 연대의 의도적 실천과 일상적 실천을 촉진해 연대의 실현에도 기여한다.

그래서 비공식성은 적절한 제도적 틀이 없더라도 비공식 기업의 운영 규칙을 따른다는 점에서 제도화된 경제 형태 가운데 하나가 된다. **비공식과 대중, 연대 기반**은 같은 말은 아니지만 서로 바꿔 쓸 수 있는 말이다. 남반구에서는 이것들이 서로 겹쳐 비공식성의 논리를 대다수 연대경제기업의 속성이자 현대 경제 상황의 토대로 보게 된다.

게다가 결사체와 협동조합, 상호조합, 기타 사회적경제기업 같은 제도적 형태의 존재가 북반구와 남반구에서 의미하는 바도 다르다. 더 구체적으로 말하면, 남반구에서는 그런 존재가 북반구에서보다 연대경제의 원칙의 실현을 덜 의미한다. 전반적으로 북반구와 남반구에서는 서로 다른 동기에서 경제적 연대가 요청되었고, 따라서 이런 노력이 구체화된 법률적 형태와 구조가 서로 같은 이름으로 불리더라도 그것을 동의어나 서로 연관 있는 것으로 받아들여서는 안 된다. 남반구와 북반구의 이런 용어상의 혼란을 없애려면 남반구에서 말하는 경제적 연대의 의미를 분명히 하고, 나아가 그 기준과 지표, 연대 정신이 표현된 제도적 장치들을 분명히 해야 할 것이다.

2. 개념적 통계적 틈

브라질의 공식 통계에서는 연대경제에서 가장 일반적인 조직 형태를 어떻게 나타낼까? 이런 형태들을 따로 분리해서 보면 통계 자료가 충분하지 않았다는 것을 알 수 있다. 나아가 연대와 그것이 지닌 각각의 경제적 합리성에서 진짜로 나타나는 것은 무엇인지 확인하기 위해 그런 현실을 분명히 밝히는 것이 유용하다는 것도 알 수 있을 것이다.

앞서 말한 개념적 문제들은 연구자들이 비공식 경제에서 나타나는 연대 현상에 관심을 기울이지 못하도록 가로막는다.[4] 그러나 이런 문제도 비공식성에 대해 부정적 견해를 낳지만, 여기에는 비공식 경제에 대한 최소한의 체계적 통계도 없다는 문제도 있다. 마지막으로, 이용할 수 있는 정보가 있더라도 모두 관습적인 경제적 범주에 토대를 둔 것이어서 설사 유용한 통찰을 제공하더라도 그것에 의지했다가는 위험할 수 있다.

브라질에서는 브라질 지리통계원(Instituto Brasileiro de Geografia e Estatistica: IBGE)이 인구조사와 경제총조사 등의 조사와 통계 분석을 수행하는 주요 정부기관이다. IBGE는 지금까지 비공식 경제에 관한 전국 조사 프로젝트는 1997년과 2003년에 각각 한 번씩 두 번밖에 하지 않았지만(IBGE, 2005), 그때부터 이 부문에 관한 주요 양적 연구에

---

4 이 주제에 관한 우리 연구 가운데 하나는 어떤 계몽적 결론에 도달했다. 연대는 비공식 기업에 네트워크와 외부 지원을 제공하여 그들의 고립을 깨고 생존 가능성을 높인다는 것이다. 같은 조건에서 모여 자주관리라는 합리적 선택을 한 사람들 속에 있는 기업이 됨으로써 이런 형태의 연대경제는 조합원의 참여를 촉진하고, 비공식 영세기업과 달리 이익의 공정한 분배를 지향한다(Gaiger, 2011).

필요한 자료를 제공했다.[5] 이 프로젝트에서는 시장 판매(식량의 자급자족이 아니라)를 목적으로 혼자서 일하거나 가족 구성원이나 무급 피고용인 또는 5인 이하의 피고용인과 함께 일하는 사람들이 소유한 비농업 부문 일과 생산 단위를 "비공식 기업"의 범주로 분류했다. 여기서 법률적 형태를 갖추지 않은 것이 부차적 문제로 간주된 이유는 이 생산 단위들이 자본과 노동의 격차가 크지 않은 점이 특징이기 때문이다(IBGE, 2005). 따라서 이런 생산 단위들은 임금노동을 토대로 운영하지도 않고, 수익률을 핵심 변수로 여기지도 않는다. 그래서 비공식성의 주요 기준이 법인격의 부재가 아니라 기업의 자본과 육체적 행위자를 분리할 수 없는 특수한 역학관계다.[6] 또한 경제적 운영이 구성원의 필요와도 분리되지 않는데, 그들이 없으면 사업이 의미가 없고 그것을 떠받치는 기둥인 노동이 사라지기 때문이다.

　하지만 사람들은 대개 비공식 경제의 역학관계를 경제적으로 운영 규모가 작고 가족을 기반으로 사업을 하는 탓으로 보고, 흔히 두 가지를 모두 비효율성과 연결시킨다(Pamplona, 2001; Lautier, 2004). 그러나 IBGE에서 채택한 기준은 기업의 자본과 구성원이 분리되지 않

5　"[IBGE에서 사용하는] 부문 분류는 생산 단위의 조직 형태와 관련이 있고(기업 접근 방식) 고용 개념은 일자리의 성격을 나타낸다(노동 접근 방식)는 것을 이해해야 한다"(Hallak Neto *et al.*, 2009: 15). 비공식성에 관한 브라질 문헌에서는 거의 후자가 지배적이다.

6　브라질 국민계정체계의 관점에서 보면 국제연합의 규정에 따라 "비공식 부문을 가계 제도 부문에서 낮은 수준의 조직이 특징이고 생산 요소인 노동과 자본이 분명하게 구분되지 않으며 주로 시장을 위해 생산하는 비농업 부문 생산 단위로 분류되는 하위 부문으로 이해할 수 있다. 가계 제도 부문에는 같은 생활공간을 공유하고 소득과 부의 일부나 전부를 공동 소유하고 주로 주택과 음식 같은 어떤 유형의 제품과 서비스를 집합적으로 소비하는 사람들의 소집단으로 정의되는 소비와 생산 단위가 포함된다. 이 부문에는 자영업자와 법인이 아닌 기업의 고용주로 이루어진 생산 단위도 포함된다. '법인이 아닌 기업'이라는 표현은 이 생산 단위가 그것을 소유한 가계 구성원과 분리된 독립적인 법률적 실체가 아니라는 것을 강조한다"(Hallak Neto *et al.*, 2009: 8-9).

아 경제 조직이자 "인적 구성체"로 운영되는 연대경제의 고유한 특성과 일치한다. 낮은 복잡성이나 비전문 경영을 넘어 그런 기준을 채택한 근거가 사실과 부합한다. 이렇게 이해하면, 비공식 경제의 **정신**과 관련된 이런 특성을 공식화한 형태의 연대경제도 잃지 않고 보존해야 할 것이다(Hespanha, 2010; Gaiger, 2012d).

같은 정신으로 비공식 연대 기업이 이용할 수 있는 공식적 대안이 있는데도 왜 그것을 상황에 따라 채택하고, 그런 공식적 대안을 채택하는 것이 왜 문제가 되는지도 논리적으로 설명할 수 있다. 그런 기업의 기업가는 대개 인간관계와 연대, 복지를 희생시키면서까지 주로 기업의 효율성과 생존 가능성에 따라 결정되는 경제 행위를 채택하도록 요구하는 법률적 틀에 관심이 없다. 좋아하지도 않는데 분수에 맞지 않게 시간과 자원을 들여 의무를 다하는 것에도 관심이 없다. 마지막으로, 대부분이 역사적으로 그들을 예속시킨, 전문지식과 관료주의적 합리성을 통해 성취되는 효율성을 위해 비공식성이라는 **자유**를 포기할 생각도 없다.

그래서 우리는 역사적 맥락마다 독특한 환경이 있겠지만 무엇보다도 이러한 이해가 노동자와 생산자, 소비자가 **결사체**와 **협동조합**을 브라질에서는 법적으로 인정되는 집합적 경제활동에서 신뢰와 협력을 유지할 수 있는 유일한 제도적 대안으로 채택하게 했을 거라는 가설을 제시한다. 하지만 그런 대안을 선택하면 행위자들은 그것들이 저마다 가진 단점과 마주하지 않을 수 없었다. 그럼 먼저 결사체의 경우를 보고, 이어서 협동조합의 경우를 보자.

이 주제를 다룬 몇 안 되는 연구 가운데 하나는 도시에서 재활용 쓰레기를 수집하는 사람들이 스스로 협동조합을 결성해 저항했으나 결국 더 유연하고 그들의 개인적 이익과 필요에 적합한 결사체를 선호하게 된 사례를 검토했다(Souza, 2005). 사실 결사체는 연대경제에서 가장 널리 사용되는 법률적 지위다. 첫 번째 매핑에서는 기업의 52%가, 두 번째 매핑에서는 59.9%가 결사체였다. 그런데 동시에 같은 비율로 비공식 기업의 비율이 감소한 것을 보면 결사체가 비공식성에서 벗어나기로 한 사람들이 선호하는 대안으로 유용하다고 가정해도 좋을 것이다. 하지만 결사체는 합리적 선택 방안이기는 해도 여전히 여러 가지 중요한 이유로 완전한 해결책은 아니다.

결사체는 법률적으로는 무엇에 해당할까? 브라질에서는 결사체의 법률적 틀이 아주 폭넓다. 결사체가 반드시 경제적 목적이 있어야 하는 것도 아니고, 교회와 재단, 정당 같은 비교적 확립된 제도에 속하지 않으면 공동의 활동을 위해 연합한 사람들의 집단은 모두 결사체에 포함되기 때문이다. 결사체의 활동이 결사체의 사회적 목적에 부합하고 조합원 개인의 부를 증진하는 데 사용되지 않는다면 경제적 배당을 할 수도 있고 임금을 받는 전문가를 고용할 수도 있다. 다른 조직에 하청을 주거나 자회사를 설립할 수도 있고, 이런 조직이나 자회사가 결사체와 같은 기준에 얽매이지 않고 수익을 추구할 수도 있다. 그래서 결사체라는 법률적 틀에는 모호함과 모순이 깃들 여지가 많다. 하지만 결사체에는 연대경제에 아주 중요한 요소도 있다. 조합원이 결사체에 얼마나 출자했든 상관없이 평등하게 의사결정권을 행사할 수 있다는 점이다.

도시 주변부의 주민자치조직과 문화 센터, 축구 클럽 같은 큰 프로스포츠 클럽도 결사체로 간주된다. 그래서 그런 폭넓고 이질적인 것들에 대한 규제가 불가능한 탓에 결사체는 기본적으로 자신이 속한 활동 분야에 요구되는 조건에 따라야 한다. 브라질의 제3부문과 유사하게 결사체는 무엇이 특징이고 무엇이 그들을 하나가 되게 하는가보다 무엇이 아닌가(또는 무엇이어서는 안 되는가)로 정의된다(Fernandes, 1994; Gaiger, 2012a). 전반적으로 결사체는 전체를 아우르는 사회적 정체성도 없고 통계 기록을 하는 감독기관도 없는 부문이다.[7]

결사체 뒤에는 대중적 결사체주의 등 많은 이야기가 있다. 1970년대부터 일어난 인구 이동으로 오늘날의 도시 지역이 형성되면서 결사체는 주택에 대한 권리와 더 나은 생활조건을 위해 조직하고 싸울 때 널리 쓰는 도구였다. 브라질이나 칠레 같은 나라에서는 지역사회 조직이 하는 역할이 민주주의 투쟁이나 정당 교체와 좌파 정권 수립을 위한 선거 투쟁 같은 더 넓은 사회운동에서 한 축을 담당하기도 했다. 또한 결사체는 지역에서 주도하는 사업을 이끌고 제도적으로 뒷받침하는 역할도 했다. 그 결과 소득 창출과 경제 발전을 위한 지역사회 기반 프로젝트가 결사체로 법률적 뒷받침이 될 경우 이를 결사체로 혼동하기 쉽다. 하지만 그 경우 본질적으로 경제적 목적을 추구하는 기업에 사회적 성격의 지역사회 활동이 부가되어 법률적으로 회색지대에 남는 결과를 낳는다. 가장 일반적인 타협안은 완전한 비공식성을 피하기 위해 결사체라는 법인격을 이용하면서 기업의 공식화는 미루어 법률에 따른 경제활동에 부여되는

---

7 브라질에서는 기업가적인 재단과 비영리단체만 통계를 내고, 두 조직의 합이 대략 제3부문과 맞먹는다. 가장 최근에 이 주제를 다룬 연구(IBGE, 2012)는 2010년에 이런 종류의 단체가 29만 개가 넘어 브라질기업등록청(Cadastro Geral de Empresas Brasileiras: CEMPRE)에 등록된 비영리조직 전체의 52.5%에 해당한다고 했다. 그러나 그런 통계도 같은 어려움에 부딪힌다. 지역사회 주도 사업이나 조직과 비정부조직, 자선단체, 재단처럼 이질적인 것들을 사적인 것인가 아니면 비영리 지향인가만을 토대로 설명하고 비교하는 것은 생산적이지 않다.

특권과 혜택은 포기하는 것이다.[8]

농촌 사회의 연대경제도 오랫동안 비슷한 각본에 따라 움직였다. 그래서 대개는 소농들의 결사체가 공동사업체에 고용되어 생산이나 유통, 서비스 활동을 한다.[9] 법률적으로 불가피할 경우에는 조합원이 개인사업체로 등록하여 그 사업체에 가족농으로 고용된다. 결사체는 포괄적 지위라서 다양한 경제 전략을 추구할 수 있다. 결사체라는 지위를 취하는 것은 어떤 점에서 일종의 속임수다. 결사체는 연대 기업이 제도적으로 인정을 받아 반쯤 공식적으로 운영되면서도 지원과 보조금을 받을 수 있게 해주기 때문이다. 하지만 몇몇 연구(Pinto, 2006)에서 볼 수 있듯이, 결사체주의는 실용주의를 넘어선 **정신**이다. 그것은 집합적으로 정체성을 구축하고 연대를 실천하는 길이고, 그래서 지금은 재평가되고 있다. 따라서 농촌과 도시에서 연대 기업은 일반적으로 더 폭넓은 집합적 구조에 들어가, 브라질에서 많은 영세기업과 소기업들이 겪는 버림받고 고립된 상황을 극복할 수 있게 해준다.[10] 그들의 경제적 목적을 사회적 목적과 분리

---

8 비공식 경제도 기본적으로 공공 당국의 규정에 따라야 한다. 그런데 비공식 경제는 신용에 접근할 수 없고 어떤 활동에는 반드시 필요한 환경이나 위생 관련 허가도 받을 수 없어, 그런 활동은 어쩔 수 없이 은밀하게 할 수밖에 없다.

9 브라질에서 농촌 결사체주의는 19세기에 소규모 가족농이 농촌 지역을 점유할 때부터 그들에게 중요한 역할을 했다. 그러나 대체로 농촌 결사체주의는 나름의 독특한 이미지도 없고 그것을 대표하는 메커니즘도 없었다. 게다가 이들을 과두지배체제에서 톱니바퀴 같은 역할을 하도록 끌어들이거나 부추기는 일도 많았다. 게다가 내륙에서는 결사체를 결성하거나 결사체에 대한 지지를 얻으려면 대신 조합원들이 영주─독재자나 과두지배자─에게 충성해야 했다. 그들 가운데서 정치권력이 나오고 지배 엘리트계급이 나왔기 때문이다.

10 예를 들면, 영세기업과 소기업에 대한 정책과 지원 프로그램의 부재, 그들끼리 협력하는 관행의 부족, 제한된 결사체 네트워크, ("불가피한 창업"으로) 기업의 수가 증가하면서 발생한 경쟁에 아주 취약한 것.

제2부
구체적 사례에서 무엇을 배울 수 있을까?

하는 것은 인위적인 일일 것이다(Gaiger, 2011; 2012d).

그런 연결을 유지하기 위해 연대 기업이 찾은 세 번째 방안은 **협동조합**이다. 정치적으로 연대경제는 브라질의 공식적 협동조합주의에 의문을 제기했다. 협동조합이 지키도록 되어 있는 원칙과 브라질에서 이 부문이 역사적으로 전개된 양상이 일치하지 않았기 때문이다. 협동조합의 법률적 측면과 관련해서는 특히 그랬다.[11] 그래서 전통적 협동조합주의를 대체하고 협동조합이 원래 받아야 할 신뢰를 회복할 새로운 모델이 기대되고 있다. 전통적 협동조합주의가 신뢰를 잃은 것은 내부 민주주의가 부족하거나 다른 기업이 사회적 비용을 피하기 위해 아웃소싱을 위한 사업체로 세운 가짜 협동조합이 많은 탓이다.

결사체와 마찬가지로 연대 협동조합이 널리 확산되는 것도 실용적 관점에서 보면 이해할 만하다. 브라질 협동조합법과 연대경제의 열망 사이에 간극이 큰데도, 법은 평등주의를 토대로 협력하여 경제적 목표를 추구하면서 수익을 목적으로 하지 않는 활동을 하고 싶은 사람들이 자유로운 조합원 제도를 통해 설립하는 기업에 걸맞은 대안을 제공하지 못한다. 그래서 자주관리기업과 신용조합, 제품을

---

11 브라질에서는 군사정권 시절, 그러니까 구체적으로는 1971년에 전국 수준에서 협동조합법이 제정되었다. 이 법은 협동조합 부문의 이해를 수용하려고 했고, 그때부터 협동조합 부문은 대표조직 조항에서 유일하게 전국조직으로 인정받은 브라질협동조합연합회(Organização das Cooperativas Brasileiras: OCB)의 통제를 받았다. 그러나 이 법은 협동조합을 육성하고 규제하기에 너무 포괄적일 뿐 아니라 관료주의적 요건을 부과하여 연대 기업의 공식화를 가로막았다. 예를 들면 협동조합을 설립하는 데 필요한 조합원의 수를 최소 20명으로 정한 것이다. 이런 역사적 기원과 정치적 성향으로 인해 OCB는 새로운 부문을 끌어들일 수 있는 정당성이 없고, 이것이 브라질농업개혁협동조합연합회(Confederação das Cooperativas de Reforma Agrária no Brasil: CONCRAB) 같은 독자적인 흐름을 설명해준다. 이것은 토지 없는 농촌 노동자들 운동과 연결되어 있다.

생산하거나 서비스를 제공하는 기업이 협동조합이라는 공식적 지위를 통해서만 합법적으로 설립될 수 있다. 게다가 협동조합법을 보완하는 일련의 복잡하고 대개는 구체적이지 않은 법도 따라야 하는데, 이것은 협동조합과 다른 기업을 구분하지 않아 이런 동형화가 협동조합에 악영향을 끼친다.

첫 번째 매핑 때 등록된 협동조합은 대부분 지난 15년 동안에 활동을 시작했다. 이런 제도적 형태가 *이론적으로는* 자주관리와 경제적 연대를 선택한 노동자들의 이익에 부합하는 타당한 대안이라고 확신했기 때문이다. 첫 번째 매핑과 두 번째 매핑 사이에는 몇 년의 간격이 있어, 두 번의 매핑으로 협동조합 수에 일어난 변화를 포착할 수 있다. 그런데 뒤에서 언급할 **눈덩이** 방법론 탓에 정확하지는 않아도 첫 번째 매핑과 두 번째 매핑 사이에 협동조합의 비율은 증가하지 않고 9.7%에서 8.8%로 오히려 감소했다. 감소세가 크지 않고 어쩌면 방법론의 결함 탓일 수도 있지만, 증가할 거라고 예상한 것에 비추어보면 이런 후퇴는 뜻밖이다. 브라질에서는 연대경제를 지원하는 프로그램이 협동조합의 설립과 강화에 초점을 맞추었기 때문이다. 그런데 오래전에 제도화되었는데도 여전히 논란거리인 이 세 번째 방안이 비공식성보다 훨씬 매력적이라고 본 것이 문제였던 듯하다.

협동조합주의는 19세기 말에 유럽 이민자들이 극도로 빈곤하고 궁핍한 상황을 극복할 방법으로 처음 브라질에 들여왔다. 이 초기에는 소비자협동조합뿐 아니라 신용조합과 농업협동조합도 나타났고, 특히 이 나라의 남부에서 그랬다. 소비자협동조합은 1950년대와 1960년대에 널리 확산되었다. 그러나 뒤에는 도시 협동조합이

침체되는 조짐을 보이면서 확산과 생존에 많은 장애를 낳았다. 농업협동조합은 주로 군사정권에서 점차 장려했는데, 농업 생산량을 늘려 수출을 증대하려고 했기 때문이다. 1970년부터는 브라질에서 지배적인 농업협동조합이 전통적으로 농업 수출 경제에 중점을 둔 보수적 엘리트 집단의 지배를 강화하고, 경제력에 지나치게 민감한 정경유착의 고리 역할을 했다. 이는 농업협동조합이 정부 정책이나 국가와 협상하고 거래하는 지도자의 역량에 크게 의존하는 것을 설명해준다.

이러한 틀은 사회 통제와 국가 개입 정책으로 지탱되었고, 이는 농촌 지역의 협동조합 노동자에게 어떤 의미 있는 변화도 가져오지 않았다. 이 모델은 오히려 몇 십 년 전까지만 하더라도 협동조합을 경제를 발전시키고 지역사회를 강화하는 도구로 높이 평가한 소농들 사이에 협동조합에 대한 불신만 확산시켰다. 한편 도시 협동조합주의는 1980년대에 많은 노동자협동조합이 결성되면서 새로운 추진력을 얻었다. 그러나 노동자협동조합이 가장 널리 확산되었을 때는 이것이 주로 노사관계를 한층 유연하게 하고 서비스를 아웃소싱하고 노동비용을 줄이는 수단으로 이용되었다고 지적하는 연구도 여럿이다(Lima, 2007). 그래도 연대경제의 첫 번째 흐름 가운데 하나인 노동자인수기업(fábricas recuperadas: '되찾은 공장'이라는 뜻) 같은 진정한 협동조합도 확인되었다.

오늘날 주요 협동조합들은 시장에서 수익성을 추구하고 전문적이고 효율적인 경영에 열중하는 자본주의 기업으로 기능한다. 하지만 그 반대편에는 빈민들의 기본적 필요와 사회경제적 포용에 초점을 둔 도시 주변부의 작은 협동조합들도 있다. 이런 협동조합들은 성격상 평등주의적이고, 공동으로 운영한다는 사실을 높이 평가하고, 자신을 연대경제와 동일시한다(Nunes, 2001; Anjos, 2012). 그 옆에는 가짜 협동조합들도 있는데, 이들은 협동조합이라는 법률적 틀을 이용해 낮은 비용으로 인력을 착취하면서 기업의 위계구조뿐 아니라 자본과 노동의 사회적 분업도 그대로 유지한다(Leite and Georges, 2012; Gaiger and Anjos, 2012). 따라서 브라질 협동조합 부문은 활동의 성격과 규모, 협동조합 조직의 복잡한 정도가 이질적이고, 근본적으로는 이데올로기적 원칙도 이질적이다.

협동조합에 대한 통계 자료는 이용할 수 있는데, 이는 모든 기업은 노동이나 신용, 보건의료, 상업 같은 자신의 활동 분야를 담당하는 감독기관에 정기적으로 보고서를 제출해야 하기 때문이다. 이런 보고서들은 상세하여 직원의 고용과 해고, 조합원의 변동, 거래 활동의 규모 같은 구체적인 것들을 분석하는 데 유용할 수 있다. 하지만 브라질 경제총조사 같은 아주 광범위한 통계 시리즈는 협동조합을 다른 기업처럼 취급해 뜨문뜨문 가끔 특정 정보만 제공하고, 특히 농업협동조합의 경우는 더욱 그렇다. 이런 행정 기록 외에 브라질협동조합연합회(Organização das Cooperativas Brasileiras: OCB)는 다양한 분야의 협동조합에 관한 정보를 가지고 있고, 특히 이를 통해 조합원과 일자리, 주요 경제 수치의 변화를 알 수 있다. 그러나 그런 자료를 OCB에 의무적으로 제공하도록 되어 있지 않아, 그런 정보가 존재하는 협동조합 전체를 아우르지 못해 누락되거나 잘못된 것도 있고 연속성도 없다. 게다가 공식 기록과 마찬가지로 협동조합 실천의 성격을 식별할 수도 없고, 그것의 민주적 연대적 성격을 확인할 수도 없다.[12]

마지막으로, 북반구의 사회적경제를 특징짓는 흐름들이 브라질에서도 나타났지만, 그것은 가끔씩 나타나는 단편적이고 그리 폭넓지 않은 경험이었다. 협동조합의 경우처럼 몇 차례 상당한 비중을 차지한 적도 있지만, 자신의 고유한 상과 지배적 경제 형태에 대한 대안으로서의 역할을 유지하는 데 큰 장애가 되는 것들에 부딪혔다. 그래서 그 역할이 자본주의 경제 발전의 사회적 비용을 벌충하는 장치나 부차적인 세력으로 축소되었다. 하지만 그에 맞서는 흐름으로 연대경제가 등장했고, 이것은 주로 거의 알려지지 않고 그 가치도 거의 인정받지 못한 이전의 다른 형태의 연대에서 비롯되었다. 전반적으로 연대경제는 지난 20년 동안, 때로는 공정무역 같은 국제적 노력의 영향으로 나타난 새로운 양태의 많은 집합적 행동 가운데 하나이다. 그것의 발전은 분명하게 정의된 개념 체계나 적절한 지표, 조화로운 규제 틀, 대표적인 통계도 없이 일어났다. 전국 매핑은 이런 문제들을 해결하지 못했지만 분명하게 지적했고, 여기에 그 가치가 있다.

3. 전국 매핑의 기여와 한계

브라질에서는 연대경제에 관한 첫 번째 연구들을 대중운동을 지

---

12 한 예로 위에서 언급한 가짜 노동자협동조합의 확산은 이 부문의 수치를 크게 부풀려 아주 많은 비판을 불러일으켰을 뿐 아니라 협동조합 자체에 대한 불신도 키웠다. 통계가 진짜 협동조합과 가짜 협동조합을 구분하지 못해 규제기관에 이 임무가 떨어졌는데, 이것도 지나친 엄격함에 대한 불만을 낳았다.

원하는 단체에서 후원하고 촉진했고, 그 연구 결과들이 소식지와 잡지, 책으로 출판된 뒤에야 이 주제는 학계의 관심사가 되었다. 먼저 이미 결사체와 협동조합을 연구하던 연구단체에서 이 주제에 관심을 기울이기 시작했고, 시간이 지나자 대학들도 대중적인 협동조합 창업지원센터를 세우고 이 분야의 사회적 프로젝트들을 추진하기 시작했다. 이렇게 초기부터 성찰과 행동 사이에서 일어난 밀접하고 대개는 장기적인 상호작용이 연대경제에 대한 지식 생산의 특징이었고, 연구 활동은 대학의 울타리 안에서만 일어나지 않았다. 이 주제를 연구하는 연구자와 교수들은 대개 실천 지향의 지원 프로그램에 관여하고, 공개 토론과 논쟁에도 참여한다. 연구 프로젝트는 사회적 행위자들의 요구와 연결해 진행되고, 연구와 평가에 재정 지원을 하는 공공정책과 연결된다. 전반적으로 이 주제를 연구하는 학문 분야는 시민사회와 정치단체, 국가와의 활발한 교류가 두드러진다.

이런 협력적 관행은 두 번의 전국 매핑에서 가장 많은 옹호를 받았다. 매핑은 이용할 수 있는 방법론에 어떤 대안들이 있는지를 평가한 후 이에 따라 연구기관과 정부의 지원을 받아 연대경제 행위자들을 동원하는 과정으로 수행하기로 했다. 그 목적은 이미 연구된 기업들이 잇따라 또 어떤 기업들이 있는지를 확인하는 방식으로 되도록 자료 수집의 범위를 넓히는 것이었다(눈덩이 효과). 이는 무엇보다도 가장 잘 알려지지 않아 제대로 평가받지 못하고 조직된 연대경제 부문에 거의 통합되지 않은 현실을 발견하고 인식하는 데 참여한 모든 사람의 헌신으로 이루어졌다. 전국의 오지에 들어가 이런 실험을 하는 주인공들을 눈에 보이는 행위자로 바꾸고 싶었기 때문이다. 전국에 있는 농촌 지역과 오지로 들어가기 위해 230개 단체와 수백 명의 인터뷰어들이 첫 번째 매핑에 참여했고, 참여를 위한 훈련도 받았다. 첫 번째 매핑은 거의 3년 동안 진행되었는데, 같은 기간에 연대경제는 엄청나게 확산되는 순간들을 겪었고, 전국에서 가장 규모가 큰 회의들도 열렸다. 첫 번째 매핑은 이 나라의 현실을 완전히 조사하지는 못했지만, 결국 비용 대비 편익 비율로 보나 연대경제의 참여자들과 파트너, 지원자, 네트워크를 포함하는 협력적 연구만이 연대경제에 대한 새로운 지식을 가져다준다는 사실로 보나 선택한 전략이 전통적 연구 방법에 뒤떨어지지 않았다.[13]

매핑이 이루어지기 전에는 연대경제를 대표하는 체계화된 자료가 부족해 브라질에서는 경험적 연구들이 대개는 사례 연구를 통한 질적 접근 방식으로만 주로 이루어졌다. 연대경제기업의 구조적 경향이나 의미 있는 특성 변화를 확인할 수 있는 포괄적인 경험적 분석은 아주 드문 경우에만 이루어졌다. 그 결과 연대경제에 대한 많은 논문이 경험적 토대나 사실에 바탕을 둔 지속 가능한 이론적 전제 없이 선험적 추론이나 추측에 머물렀다. 하지만 매핑은 그런 한계를 극복할 수 있는 가능성을 열었다(Miranda, 2011; Anjos, 2012; Gaiger, 2012b).

매핑의 첫 번째 가치 있는 기여는 연대가 윤리적 핵심 가치이고

---

13 첫 번째 매핑이 장기간에 걸쳐 이루어지면서 집계와 자료의 표준화에서 문제가 생겼다. 그러나 첫 번째 매핑의 가장 큰 가치는 과학적 엄격함이 아니라 그것이 첫 번째 포괄적인 전국 조사였다는 사실에 있다. 그것은 실제로 브라질을 구성하는 17개 연방 단위(주)에 있는 2,274개 지방자치단체에서 수행되었다. 수집된 정보는 기업의 초기 상황과 발전 전략, 조합원에게 제공되는 혜택, 사회적 환경에 관한 것이다. 첫 번째 매핑의 개념적 토대와 방법론은 www.sies.mte.gov.br에서 찾을 수 있다.

기업 운영에서도 중요한 구성요소인 기업이 광범위하게 존재한다는 사실을 증명한 것이다. 달리 말하면, 이런 기업들은 자주관리와 협력, 공정, 모든 조합원의 복지 추구라는 원칙이 효율성과 배치된다고 보지 않고, 오히려 그런 원칙을 지키기에 효율성과 생존가능성이 보장된다는 것을 발견한 것이다. 첫 번째 매핑에 대한 주요 분석(Gaiger, 2007)에서는 연대경제기업의 이념형이라는 개념(베버의 의미에서)을 시험하고 개발하여 기업가정신과 연대주의의 조합이 어떻게 그런 조직을 독특한 사회경제적 존재로 바꿀 수 있는지를 자세히 조사하려고 했다.[14] 일반적으로 주목할 부분은 연대기업은 몇몇 예외도 있지만 합리성에 따른 일련의 관행을 일구어내어 연대와 경제적 성과를 동시에 달성한다는 것이다. 나아가 연대주의가 강할수록 기업가정신도 높아진다는 사실이 발견되었다. 이런 규칙은 언제나 적용되지는 않아도 이런 기업의 성공률과 생존율이 상당한 부분을 설명해준다. 그리고 이는 다시 그런 관행을 **또 다른** 경제의 표현으로 해석하는 이론도 강력하게 뒷받침해준다.

매핑 프로젝트는 선입견에 의문을 제기한다. 노동자들이 서로 협력해서 운영하는 조직이 상당수 존재한다는 것을 확인해줌으로써 매핑은 연대경제가 살아 있고 그것이 단순한 비공식성이나 부차적인 결사체주의, 가짜 협동조합과는 분명히 구별된다는 것을 보여준

---

14 이 개념은 연대경제조직이 다양하지만 그들에게 어떤 수준의 축적과 성장을 가져다주는 논리를 따르는 경향이 있다는 가정을 토대로 한 것이다. 그런 논리는 그들에게 안정과 실현 가능성도 제공하지만, 이를 위해 경영과 협력적 노력에 대한 조합원의 참여를 토대로 경제적 합리성을 추구하는 특성도 부여한다. 이 분석은 다면적 접근 방법을 토대로 하여 연대기업에서 기업가적 경향과 연대를 추구하는 경향이 나타나는 정도를 평가하는 것으로 마무리되었다.

다. 또한 매핑의 어떤 자료들은 놀라움을 자아낸다. 예를 들면, 연대기업에서 일하는 여성의 비율이 남성의 비율보다 높고, 여성의 지역사회 참여와 사회적 참여 또한 두드러져 여성이 지도자 역할을 하는 기업의 비율도 상당히 높다는 것이다. 또 선입견과 달리 브라질의 동북부에 있는 시골 지방에 그런 기업이 놀라울 정도로 집중되어 있는데, 이는 이들 지방에 정치적 지배 구조와 단절된 자생적 결사체주의가 널리 퍼져 있는 것으로 어느 정도 설명할 수 있다. 이 주제는 코로넬리즘무(coronelismo)*와 과두 지배적 후견제도에 대한 연구에서도 검토되었다(Singlemann, 1975; Domingos and Hallewell, 2004). 매핑 자료는 결사체와 협동조합이 19세기에 시작된 유럽 이민 물결의 여파로 주로 남부에서 처음 나타났다고 주장하는 지배적 해석에서 무시한 결사체의 흐름이 존재함을 증명해준다.

지식인과 연대경제의 행위자들에게도 *새로운* 현실을 드러냈다는 점에서 매핑의 본질적 가치는 인식론적인 것이다. 매핑은 연대경제의 초상을 부분적으로만 드러냈지만, 지평을 넓히고 사회적 경계를 뛰어넘어 그 전까지 비난받거나 불신 받았던 영역이 인정받게 하려는 예외적 노력이었다. 이 나라의 내륙에 있는 이 잃어버린 곳들이나 도시 주변부에서는 사람들이 현대 자본주의경제의 시각에서 보면 중요하지 않지만, 연대와 상호성에 기반을 둔 생활 방식의 보고로서는 아주 가치 있는 주변적인 사회경제적 환경에서 산다. 대중문화에 배태되어 있어 그런 일차적인 형태의 사회적 결속은 그런 것

---

* 코로넬리즘무는 코로넬리스(coroneles)라는 대지주와 그들의 영향력 아래 있는 유권자들의 몰표에 기반을 둔 일종의 후견주의 체제다 ―옮긴이 주.

을 일구어내는 사람들의 생존과 고결한 인간성에 없어서는 안 될 기능을 수행한다. 그것은 연대경제의 또 하나의 하위 부문으로 치부해도 좋을 그저 시대착오적인 형태의 연대도 아니고 보다 최근에 나타난 연대의 불완전한 형태도 아니다.

그래서 *새로운* 범주의 사회적 행위자들이—사실은 그들이 선조이지만—연대경제의 장에 들어와 포럼과 대표기관에 모습을 나타내기 시작했다. 소규모 어부들과 킬롬불라(Quilombolas), 원주민, 고무채취자 등 전통적 인구 집단들이 등장하여 연대경제 조직 수가 크게 증가하고 공공정책의 혁신도 요구했다. 예를 들면 소규모 어부들은 어부 연대 네트워크를 조직했는데, 이것은 매핑에서 확인한 가장 오래된 네트워크 가운데 하나다. 또한 매핑 이후 특정한 사회적 범주들(여성, 사회복지 프로그램 수혜자, 위기 청소년, 장애인이나 정신질환이 있는 사람들)이 공공정책에서 갈수록 많이 고려되어, 지금은 연대경제에서 더욱 두각을 나타낸다.

이런 진보적인 사회적 확장은 두 번째 매핑에서 더 잘 기록되었다. 이때는 연대기업에 종사하는 사람들의 특징을 보여주는 변수들이 추가로 포함되었기 때문이다.[15] 그러나 이러한 확장은, 이 분야에 큰 영향을 끼친 칼 폴라니(Karl Polanyi)와 신경제사회학에서 지적한 대로, 경제적 영역을 정의하는 현재의 경계가 자의적이고 적절하지 않다고 믿을 만한 이유도 제공했다. 연대경제의 사회적 행위자들 사이에서도 계속 논쟁거리인 이것은 사실 매핑에서도 방법론적 교착

---

15 두 번째 매핑에는 특히 연대기업에 종사하는 사람들의 교육적 직업적 윤리적 측면에 관한 정보가 훨씬 많이 포함되었다. 웹사이트 http://sies.ecosol.org.br/에 자료가 공개될 것이다.

상태를 낳았다. 연대기업에서는 경제적 영역을 넘어 사회적이나 문화적 성격을 지닌 비물질적 필요와 열망에 부응하는 활동도 많이 한다. 따라서 각 연대기업의 참여자들이 우선적으로 추구하는 목적이나 그들의 사회적 특성을 확인하기 어려울 수 있다. 게다가 기업들이 구조적으로나 기능적으로도 복잡하다. 집합적 활동뿐 아니라 개별적 활동도 하고, 그것이 지속적일 수도 있지만 일시적일 수도 있고, 그것의 중요도가 가변적이라 조합원의 참여 형태도 달라질 수 있기 때문이다. 따라서 이런 유동성과 부정확한 지형 탓에 기업들과 그들의 활동을 분류 체계에 맞추기 어려울 수 있다.

매핑은 이런 다양성을 포괄하여 코드화하여 비교할 수 있게 함으로써 우리의 개념적 도구를 재평가할 수 있는 원료를 제공한다. 그래서 연대기업들이 채택한 제도화된 형태들을 잠시 제쳐놓을 수 있게 해준다. 그런 형태로는 연대기업의 성격을 확실하게 반영할 수 없고, 열린 사회적 과정의 존재를 인식할 수도 없기 때문이다. 지금은 제도화로 나아가도록 독려하는 추세인데, 기업이 이미 정해진 선택 방안 가운데 하나를 선택해야 할 때 조직 형태로 채택하는 방안들을 분석할 때는 언제나 그러한 사실을 고려해야 한다. 매핑 때 기록한 기업의 관행들을 더 면밀히 검토하는 것도 좋을 것이다. 하지만 그러려면 먼저 매핑의 유산인 몇 가지 장애물과 어떤 지적 습관들을 극복해야 한다. 그럼 이 도전 과제를 더 자세히 살펴보자.

매핑에서는 조사 대상인 모집단을 확인하기 위해 연대 기반 경제조직일 가능성이 있는 것을 최대한 많이 포괄하도록 일련의 기준을 선택했다. 그런 조직은 영구적인 경제적 목표가 있고, 한 가족 단위 이상에 속하는 조합원들의 소유나 통제 아래 있으며, 그들 스스로 목표 활동(생산이나 서비스, 판매, 소비)을 수행하며, 따라서 가끔씩만 조합원이 아닌 노동자를 고용하고, 집합적 관리 시스템을 통해서 그런 활동을 해야 했다. 이런 최소한의 기준을 따르는 조직은 모두 조사 대상 모집단에 포함되었지만, 기준을 재해석하거나 그것을 보완하는 요건을 추가하여 상황에 따라 제한적인 기준을 적용한 매핑 팀도 여럿 있었다. 한 예가 조합원이 아닌 노동자를 고용한 다수의 기업을 제외한 것이다. 그런데 이는 다시 다양한 기술이 필요한 조직에서는 조합원과 필요한 숙련노동자의 수를 조정할 필요가 있고 노동력의 수요가 들쭉날쭉할 때 연대기업에 적절한 노사관계로 받아들일 수 있는 것은 어떤 것인가 하는 논쟁을 불러일으켰다. 그러나 진정한 자주관리는 자본과 노동의 사회적 분업과 양립할 수 없다는 암묵적 합의와 결합하여 이런 기준들이 다른 나라에서는 흔히 사회적경제나 사회연대경제로 분류되는 많은 조직을 매핑에서 제외하는 결과를 낳았다. 게다가 유급 노동 고용이나 부적절한 사업 운영 모델로 인해 자본주의경제에 속한다는 의심을 받은 협동조합도 많이 제외되었다.

혼성인 경우를 고려하여 포함할 수 있게 해주는 기준은 하나도 없었다. 달리 말하면, 어떤 측면에서만 연대경제에 해당하는 기업을 평가해 이런 기업을 주변적이거나 불완전하거나 상황에 따라 달라지는 변형태로 포함할 수 있게 해주는 기준은 하나도 없었다. 하지만 가장 큰 장애물은 사회적 행위자들과 중간에서 조정하는 사람들이 이분법적으로 포함하지 않으면 배제하는 식으로 현실을 분류한 경향이었다. 위에서 언급한 예처럼 이는 연대경제를 노사관계에 토대를 둔 자본주의 세계와 완전히 대립되는 위치에 놓았다. 이념적으로도 사회에 대한 두 프로젝트, 두 총체성 사이에는 적대적 논쟁이 있다. 게다가 두 극단이 모두 목적론으로 얼룩져, 현실의 실천을 이상화하는 불빛에 비추어 검토하게 한다(Edelwein, 2009).

그런 특징을 가진 설명 틀을 선택하면 일반적으로 꼭 현실에 부합하지는 않는 약간 부담스럽고 지나친 선험적 추론으로 나아가게 된다.[16] 브라질에서는 이런 현상을 전문화된 집단에서 관찰할 수 있다. 여기서는 연대경제 지표에 대한 논의(Kraychette and Carvalho, 2012)가 사회변혁의 시각과 연결된 규범적 접근 방식이 지배적이다. 그런 상황에서는 사실에 대한 인식이 견해의 밑바탕에 있는 이데올로기적 가정과 그들의 정치적 전략에 좌우되게 된다. 이는 공공 영역이나 사회운동에서 벌어지는 논쟁에서는 이해할 수 있지만, 현실을 객관화하고 이론적 개념적으로 파악하기에는 충분하지 않다.

마지막으로 고려할 것들

브라질에서는 위에서 확인한 문제들에 대한 체계적 성찰은 부족해도 법률 체계와 지표, 통계가 부적절한 문제는 예외다(Wautiez et al., 2003). 만일 사람들이 끈질기게 요구하는 법률 체제를 세운다면, 북반구에서 채택한 개념과 전국 통계에서 볼 수 있듯이, 이 분야를 설명하기가 쉬워질 것이다(Bouchard, 2008; Bouchard et al., 2011). 또한 연대경

---

16 이 주제는 특히 Santos(1999; 2004)가 지적했다. 특히 브라질의 경우에 관한 논의는 Gaiger(2012c)를 보라.

제라는 개념을 진부한 것으로 만들거나 경제 부문별로 도구화하는 것도 피할 수 있을 것이다. 풀어야 할 중요한 매듭은 사람들이 원하는 규제 틀을 세울 때 어디서부터 출발해야 할지가 분명하지 않은 것이다. 연대경제는 단순히 경제적인 것이 아니라서, 연대기업에 고유한 합리성을 모르면 이 일이 복잡해질 수밖에 없고 쉽지도 않을 것이다.

따라서 그런 문제를 풀려면 연대경제의 성격을 포괄적으로 분석하고, 나아가 연대기업이 조직 형태로 채택하는 것들과 그런 선택이 연대기업에 끼치는 영향을 검토할 필요가 있다. 그런 시도의 근거를 평가할 때 실체적 기준 위에 법률적 기준을 놓지 말고 연대경제의 독특한 성격에서 출발해야 한다. 적당한 수의 사례를 통해 이론적 모델이 확인되면, 다음 단계는 분석 대상인 기업들이 기존의 포맷에 들어맞는지 조사하고, 만일 그렇지 않다면 그것이 어떻게 결사체라는 법률적 형태를 낳는지 조사해야 할 것이다.

방법론을 추천한다면, 그것은 연대 기반 실천의 아주 다양한 양태들을 포괄하는 대표적인 자료들을 분석한 다음 일정한 기준에 따라 그것들을 선별하고 비교하는 것이다. 규칙적 패턴과 구조적 편차를 조사하면 앞서 확인된 변형들이 반영된 유형 분류 체계를 세워 일정한 기준에 따라 기업들을 선별하고 분류하려는 노력에 진전이 일어날 수 있을 것이다. 유형을 명확하고 자세하게 구분하는 기준을 세우는 프로젝트가 이루어지면, 질적 연구든 양적 연구든 특정한 상황을 파악하기 위한 연구든 다른 분류 체계와의 비교 가능성을 높이기 위한 연구든 유형 분류와 제안된 지표들을 개선하기 위한 연구든 장래 연구에 보탬이 될 것이다. 마지막으로 이 과제의 이론적 방법론적 측면에 초점을 맞추면, 명백한 선험적 추론이나 반론을 미리 차단하려는 경향을 피할 수 있다는 점에서 훨씬 현실적이고 실현 가능하며 효과적인 제안을 할 수 있을 것이다.

참고 문헌

Anjos, E., *Práticas e sentidos da economia solidária. Um estudo a partir das cooperativas de trabalho,* Doctoral thesis in Social Sciences, São Leopoldo, Unisinos, 2012.

Bastidas-Delgado, O., "Economía social y economía solidaria: intento de definición," *Cayapa – Revista Venezolana de Economía Social,* Vol. 1, No. 1, 2001, http://www.sa ber.ula.ve/handle/123456789/18604.

Bell Lara, J., "Informalisation et nouveaux agents économiques: le cas de l'Amérique Latine," *Alternatives Sud,* Vol. 4, No. 2, 1997, pp. 19-39.

Bouchard, M. J. (ed.), *Portrait statistique de l'économie sociale de la région de Montréal,* Montreal, Canada Research Chair on the Social Economy, 2008.

Bouchard, M. J., Cruz Filho, P. and St-Denis, M., *Cadre conceptuel pour définir la population statistique de l'économie sociale au Québec,* Cahiers de la Chaire de Recherche du Canada en Économie Sociale, R-2011-01, Montreal, Canada Research Chair on the Social Economy / CRISES, 2011.

Coraggio, J., *Política social y economía del trabajo,* Madrid, Miño y Dávila Editores, 1999.

Domingos, M. and Hallewell, L., "The Powerful in the Outback of the Brazilian Northeast," *Latin American Perspectives,* vol. 31, No. 3, 2004, pp. 94-111.

Edelwein, K., *Economia solidária: a produção dos sujeitos (des) necessários,* Doctoral thesis in Social Work, Porto Alegre, PUCRS, 2009.

Fernandes, R., *Privado, porém público: o Terceiro Setor na América Latina,* Rio de Janeiro, Relume-Dumará, 1994.

Fonteneau, B. *et al., Economía Social y Solidaria: nuestro camino común hacia el trabajo decente,* Turin, International Training Center of the ILO, 2011.

Gaiger, L., "A racionalidade dos formatos produtivos autogestionários," *Sociedade & Estado Magazine,* Vol. 21, No. 2, 2006, pp. 513-44.

——, "A outra racionalidade da economia solidária. Conclusões do Primeiro Mapeamento Nacional no Brasil," *Revista Crítica de Ciências Sociais,* Vol. 79, 2007, pp. 57-77.

——, "A economia solidária e o valor das relações sociais vinculantes," *Katálysis Magazine,* Florianópolis, UFSC, 2008, Vol. 11, No. 1, pp. 11-19.

——, "Antecedentes e expressões atuais da Economia Solidária," *Revista Crítica de Ciências Sociais,* 2009, Vol. 84, pp. 81-99.

——, "Relações entre equidade e viabilidade nos empreendimentos solidários," *Lua Nova Magazine,* 2011, Vol. 83, pp. 79-109.

——, *From the Popular Economy to the Third-Sector; Origins and Buoyancy Forces of the Solidarity Economy in Latin America,* VII Congreso Internacional Rulescoop, Valencia, Universitat de València, 2012a, http://www.congresorulescoop2012.es/comunicaciones/?search-by=autor&searchtema= 0&search-keyword=0&search-string=gaiger.

——, "La présence politique de l'économie solidaire. Considérations à partir de la première cartographie nationale," in Georges, I. and Leite, M. (eds.), *Les nouvelles configurations du travail et l'Économie sociale et solidaire au Brésil,* Paris, L'Harmattan, 2012b, pp. 231-258.

——, "Avances y límites en la producción de conocimientos sobre la Economía Solidaria en Brasil," in Coraggio, J.L. (ed.), *Conocimiento y Políticas Públicas de Economía Social y Solidaria, Problemas y Propuestas,* Quito, Instituto de Altos Estudios Nacionales (IAEN, la Universidad de postgrado del Estado), 2012c, pp. 55-84.

——, *The Uniqueness of Solidarity Entrepreneurship in the Fight against Social Exclusion,* Second ISA Forum of Sociology, Buenos Aires, 2012d, http://isarc10internetforum.wikispaces.com/ISA+2012+Session+13.

Gaiger, L. and Anjos, E., "Solidarity Economy in Brazil: The Relevance of Cooperatives for the Historic Emancipation of Workers," in Piñero, C. (ed.), *Cooperatives and Socialism: A View from Cuba,* Hampshire, Palgrave Macmillan, 2012, pp. 212-234.

Gaiger, L. and Corrêa, A., "O microempreendedorismo em questão; elementos para um modelo alternative," *Política & Sociedade – Revista de Sociologia Política,* 2010, Vol. 9, No. 17, pp. 205-230.

Gaiger, L. and Laville, J.-L., "Economia solidária," in Cattani, A. *et al.* (eds.), *Dicionári internacional da outra economia,* Coimbra, Almedina, 2009, pp. 162-168.

Hallak Neto, J., Namir, K. and Kozovits, L., *Sector and Informal Employment in Brazil,* Special IARIW-SAIM Conference on Measuring the Informal Economy in Developing Countries Kathmandu, Nepal, 2009, http://www.iariw.org.

Hespanha, P., "From the Expansion of the Market to the Metamorphosis of Popular Economies," *RCCS Annual Review* (an Online Journal for the Social Sciences and Humanities), No. 2, 2010, http://rccsar.revues.org/210#entries.

IBGE *(Instituto Brasileiro de Geografia e Estatística), Economia informal urbana 2003, 2005,* http://www.ibge.gov.br/home/estatistica/economia/ecinf/2003.

——, *As fundações privadas e associações sem fins lucrativos no Brasil 2010,* Rio de Janeiro, IBGE, 2012.

Kraychete, G. and Carvalho, P., *Economia popular solidária; indicadores para a sustentabilidade.* Porto Alegre, Tomo Editorial, 2012.

Lautier, B., *L'Économie informelle dans le Tiers-Monde,* Paris, La Découverte, 2004.

Leite, M. and Georges, I. (eds.), *Les nouvelles configurations du travail et l'économie sociale et solidaire au Brésil,* Paris, L'Harmattan, 2012.

Lima, J., "Workers' Cooperatives in Brazil: Autonomy vs Precariousness," *Economic and Industrial Democracy,* 2007, Vol. 28, No. 4, pp. 589-621.

Lopes, E., "Informalidade: um debate sobre seus distintos usos e significados," *News and Reference Bulletin,* 2008, Vol. 65, No. 1, pp. 49-70.

Miranda, D., *A democracia dialógica: uma análise das iniciativas da Economia Solidária,* Doctoral thesis in Social Sciences, São Leopoldo, Unisinos, 2011.

Nunes, C., "Cooperativas, uma possível transformação identitária para os trabalhadores do setor informal," *Sociedade e Estado,* 2001, Vol. 16, No. 1-2, pp. 134-158.

Pamplona, J. B., "A controvérsia conceitual acerca do setor informal e sua natureza político-ideológica," *Cadernos PUC,* São Paulo, 2001, No. 11, pp. 11-78.

Petitclerc, M., *Nous protégeons l'infortune. Les origines populaires de l'économie sociale au Québec,* Montreal, VLB Éditeur, 2007.

Pinto, J., *Economia solidária; de volta à arte da associação,* Porto Alegre, UFRGS, 2006.

Razeto, L., *Las empresas alternativas,* Montevideo, Editorial Nordan-Comunidad, 1990.

Singlemann, P., "Political Structure and Social Banditry in Northeast Brazil," *Journal of Latin American Studies,* 1975, Vol. 7, No. 1, pp. 59-83.

Sousa Santos, B., "Porque é tão difícil construir uma teoria crítica?," *Revista Crítica de Ciências Sociais,* 1999, Vol. 54, pp. 197-215.

————, "A Critique of Lazy Reason: Against the Waste of Experience," in Wallerstein, I. (ed.), *The Modern World-System in the Longue Durée,* London, Paradigm Publishers, 2004, pp. 157-197.

Sousa Santos, B. and Meneses, M. P., *Epistemologias do Sul,* Coimbra, Almedina, 2009.

Souza, J., *Possibilidades e limites da associação na estruturação de unidades locais de reciclagem. O caso da Associação NORA – Novo Osasco Reciclando Atitudes – dos trabalhadores com materiais recicláveis,* Master's dissertation in Applied Social Sciences, Universidade do Vale do Rio dos Sinos, 2005.

Wautiez, F., Soares, C. and Lisboa, A., "Indicadores de economia solidária," in Cattani, A. (ed.), *A outra economia,* Porto Alegre, Veraz, 2003, pp. 281-291.

제2부

구체적 사례에서 무엇을 배울 수 있을까?

일본 사회적경제의 규모와 범위 산정 :

포괄적 통계 생산을 위해
도전해야 할 과제들

———

쿠리모토 아키라
일본생협총합연구소 이사, 도쿄 호세이대학 연대기반사회연구소 교수

머리말

일본의 사회적경제는 괄목할 만한 성장을 이루며 몇몇 사회경제적 영역에서 중요한 역할을 해왔다. 비영리 부문은 사회서비스와 의료서비스, 다양한 수준의 교육 분야에서 주요 제공자였다. 협동조합 부문은 대부분의 식품 분야에서 중추적 역할을 했다. 농업협동조합은 국제협동조합연맹(ICA)에서 선정한 세계 300대 협동조합에서 규모가 가장 큰 협동조합 조직으로 평가받았고, 소비생활협동조합*은 유럽 소비자협동조합 못지않게 2,600만 회원을 거느린 강력한 소비자 조직으로 성장했다.

하지만 사회적경제는 강력한 기업 부문이나 공공 부문에 비해서 눈에 잘 보이지 않는다. 사회적경제는 하나의 부문으로서의 정체성도 부족하고 조직들 간 응집력도 부족해 정부나 언론, 학계로부터 별로 인정받지 못했다. 이렇게 눈에 보이지 않는 이유로는 여러 가지가 있지만, 가장 중요한 것은 제도적 분리다. 따라서 사회적경제 전체에 대한 통계도 없고, 이는 일반 대중이 사회적경제를 인식하는 데 큰 걸림돌이 되었다. 일본 민주당 정부는 "새로운 공공"을 주제로 하는 원탁회의를 열어 처음으로 공식 문서에서 주로 사회적경제에 해당하는 "시민 부문"을 촉진하자고 제안했지만, 이후 재집권한 자유민주당(이하 자민당) 정부는 후속 조치를 취하지 않았다.

정부 지원을 받는 기관인 일본경제산업연구소(Research Institute of Economy, Trade and Industry: RIETI)에서는 2010년과 2012년에 제3부문의 전체 상을 파악하기 위해 이 부문을 포괄적으로 조사했다. 그래서 조사 대상에 협동조합과 근린주민조직뿐 아니라 폭넓게 정의되는 비영리 부문까지 광범위하게 포함되었다. 이 조사를 통해 우리는 사회적경제조직의 특성과 과제에 대해 배울 수 있었다.

이 글에서는 일본 사회적경제의 규모가 상당하다는 것을 보여주고, 그런데도 왜 법률적-행정적 맥락에서나 정치경제학적 맥락에서는 이 부문이 눈에 잘 보이지 않는지를 설명한다. 그리고 기존 통계자료를 바탕으로 사회적경제조직의 범위와 규모를 간단히 설명하고, 제3부문에 대한 RIETI 조사의 방법론과 주요 조사 결과, 정책적 함의를 보여준다. 마지막으로 사회적경제조직 전체를 포괄하는 통

---

* 일본에서는 소비자협동조합을 소비생활협동조합이라고 한다─옮긴이 주.

계를 낼 때 고려해야 할 몇 가지 권고 사항을 제시한다.

1. 상당한 규모의 일본 사회적경제

일본 사회적경제는 그동안 국가 주도의 자본주의에서 엄청나게 성장했고 몇몇 사회경제적 영역에서 중요한 역할을 했다. 비영리 부문에서는 사회복지법인이 노인과 아동, 장애인을 위한 사회서비스의 주요 제공자 역할을 부여받았고, 의료법인은 의료서비스 제공에서 지배적 위치를 차지하고 있다. 사립학교법인은 고등교육의 70% 이상을 담당한다. 1995년에 고베 지진이 일어났을 때는 수많은 시민이 사고 현장으로 달려가 피해자를 돕는 자원봉사활동을 벌였고, 그렇게 자원봉사자들이 밀려들자 1998년에는 특정한 비영리활동을 촉진하는 법(일명 비영리조직법)이 제정되기에 이르렀다. 이에 따라 새롭게 탄생한 특정한 비영리조직(non-profit organization: NPO)들이 지난 10년 동안 우후죽순으로 늘어나 그 수가 4만 개를 넘어섰다. 이들 신구 비영리단체들은 비영리단체 위성계정을 통해 측정한 결과 GDP의 약 5.2%를 차지하고 고용에서도 10.0%를 차지한다(Salamon et al., 2013). 이러한 GDP 기여도는 캐나다(8.1%)와 미국(6.6%)보다 작지만 호주(4.9%)와 프랑스(4.7%)보다 큰 셈이다.

협동조합 부문에서는 농업협동조합이 대부분의 식품 분야(소고기의 63%, 쌀의 50% 등)에서 줄곧 중추적 역할을 하고, 농업정책에도 강력한 영향력을 행사했다. ICA에서 선정한 세계 300대 협동조합 순위에서 볼 수 있듯이, 농업협동조합은 세계에서 가장 규모가 큰 협동조합 조직 가운데 하나다. 2006년에 전국농업협동조합연합회는 공급과 마케팅 분야에서 1위를 차지했고, 전국공제농업협동조합연합회는 보험 분야에서 2위를, 농림중앙금고는 12위를 차지했다. 이들은 일본에서 가장 규모가 큰 유통회사와 보험회사, 은행 가운데 하나다. 소비생활협동조합은 2,600만 명의 조합원(일본 가구의 40% 이상을 포괄)과 3조 3,000엔의 총매출(식품유통업 전체 매출액의 5.8%에 해당)을 자랑하는 강력한 소비자 조직으로 성장했다. 이는 전국의 소비생활협동조합을 모두 합하면 소매유통기업인 이온과 이토-요카도 그룹에 이어 업계 3위 규모에 해당한다. 소비생활협동조합의 조합원 수와 총매출액은 2010년 유럽소비자협동조합연합회 회원 조합의 전체 조합원 수의 97%와 총매출액의 37%에 해당하며, 이는 일본 소비생활협동조합이 유럽 소비자협동조합보다 크게 성장했다는 말이다. 보험협동조합은 생명보험 계약 전체에서 차지하는 비율이 24%에 이르고, 협동조합은행은 저축의 24%와 대출의 18%를 담당한다. 따라서 협동조합은 일본 안에서나 국제적으로나 규모가 엄청나다.

2. 사회적경제의 제도적 분리

하지만 사회적경제는 강력한 기업 부문이나 공공 부문에 비해 눈에 잘 보이지 않는다. 사회적경제는 하나의 부문으로서의 정체성도 부족하고 조직들끼리 응집력도 부족해 정부나 언론, 학계로부터 별로 인정을 받지 못했다. 이처럼 가시성이 떨어지는 이유를 다양하게 설명할 수 있지만, 가장 중요한 이유는 제도적 분리다.

의료와 복지, 교육 분야의 전통적 비영리 부문은 통제 수준은 달라도 다양한 부처의 통제를 받았다. 예를 들어, 사회복지법인은 세제 혜택을 받고 건설과 운영에서도 공공의 재정 지원을 받을 뿐 아니라 퇴직 관료를 경영진으로 받아들여 대개 표면상으로만 자율적인 준정부조직(quasi-autonomous non-governmental organization)으로 여겨진다. 반면에 의료법인은 의료와 관련해 엄격한 규제를 받지만 세제 혜택은 없다. 새롭게 탄생한 풀뿌리 조직인 특정한 NPO 법인들은 세제 혜택도 없고 여전히 규모도 아주 작으며 영향력도 아주 미미하다. 또한 절반 이상의 연간 예산이 500만 엔이 안 되며, 이는 곧 정규 직원을 고용할 수 없다는 말이다. 따라서 비영리 부문은 재정은 튼튼하지만 그만큼 정부 의존도가 높은 전통적 비영리조직과 정반대의 특성을 지닌 신생 비영리조직들로 양극화되어 있다. 의료협회 같은 이익집단들은 개별 산업의 특정 이익은 적극적으로 촉진하지만 영국의 전국자원봉사단체협의회(The National Council for Voluntary Organisations: NCVO)와 같이 전체 비영리 부문을 대표하는 기구는 없다.

협동조합은 유형에 따라 각각의 법률과 감독 부처로 분리되었다.[1] 농업협동조합은 농업정책을 수행하는 대리자 역할을 하도록 장려되어 정부의 폭넓은 지원을 받았을 뿐 아니라 경쟁으로부터도 보호받았다. 따라서 협동조합이면서도 정부의 하청업체이자 이익집단으로 여겨졌다. 이와 대조적으로 소비생활협동조합은 소규모 소매업체들의 압력으로 도입된 비조합원 거래와 지역 간 거래의 전면 금지 같은 강력한 규제 때문에 불리한 처지에 놓였다. 따라서 보호주

---

1 1900년의 산업조합법은 1945년 이후 산업 정책의 필요에 따라 여러 협동조합법으로 대체되었다.

의 정책은 농업협동조합과 소비생활협동조합에 상반되는 영향을 미쳐 저마다 독특한 조직문화와 정치적 성향에 기여했다. 노동자협동조합은 수십 년 동안 운동을 벌였는데도 법률적으로 인정을 받지 못했다. 협동조합들은 또한 산업정책에 따라 구분되어 있어, 다양한 유형의 협동조합을 아우르는 포괄적인 통계도 없고 협동조합 부문 전체를 대표하는 조정 기구도 없다.

이러한 분리는 법률 체계와 행정 체계, 정치경제학으로 설명할 수 있다. 일본의 법률 체계를 보면, 1896년에 제정된 민법 제33조에 모든 법인은 이 법률의 규정에 따라 설립하도록 되어 있었다(법인 법정주의). 제35조는 영리조직의 설립에 관한 조항이고, 제34조는 학술 활동이나 예술, 자선, 예배, 종교, 기타 공익을 목적으로 하는 공익 법인에 관한 조항이었다.[2] Pekkanen(2000)이 주장하듯이, "이것은 법적 사각지대를 만들어낸다. 비영리이지만 '공익'을 추구하지 않는 집단은 대부분 어떤 식으로도 조직을 설립할 법률적 근거가 없었다." 그래서 특정한 사회적 필요에 부응하는 비영리단체를 위한 법률이 많이 만들어졌지만, 1998년에 특정한 비영리단체를 위한 법이 제정되면서 Pekkanen(2000)이 지적한 틈이 메워졌다.

법인 형태는 특정 법률에 의해 권한을 부여받은 감독 당국과 일대일로 상응한다(표 1 참조). 사회적경제조직은 "비영리" 범주로 분류된다. 지역 법무국에 등록만 하면 법인으로 설립되고 기업 경영에서 상당한 자율성이 허용되는 영리기업과 대조적으로, 비영리법인과 공익법인은 법인 설립과 거버넌스, 자금 조달 등 다양한 문제에

---

2 현재 이 조항들은 제33조에 통합되었다.

서 엄격한 감독을 받는다. 또한 인가와 승인, 허가, 인증 같은 관할 당국의 조처에 따라 설립되고, 거버넌스와 재무도 일련의 법률이나

〈표 1〉 일본의 법인 유형

범주	법인	법률	감독 당국
영리	주식(합자)회사	회사법	해당 부서들이 기능적 문제 담당
	일반합자회사		
	유한합자회사		
	유한책임회사		
비영리	공익법인	공익법인 인가법	내각부
	일반법인	일반법인법	내각부
	사회복지법인	사회복지법	후생노동성
	의료법인	의료서비스법	후생노동성
	사학법인	사학법인법	문부과학성
	종교법인	종교법인법	문부과학성
	특정비영리활동법인	특정비영리법인 촉진법	내각부
	농업협동조합	농업협동조합법	농림수산성
	어업협동조합	어업협동조합법	농림수산성
	산림협동조합	산림협동조합법	농림수산성
	소비생활협동조합	소비생활협동조합법	후생노동성
	중소기업협동조합	중소기업협동조합법	경제산업성, 재무성
	신용금고	신용금고법	재무성
	노동금고	노동금고법	후생노동성, 재무성
	노동조합	노동조합법	후생노동성
공공	지방정부	지방자치법	총무성
	독립행정법인	IAC 일반규칙법	해당 부처
	국립대학법인	국립대학법인법	문부과학성

조례, 명령, 행정 지침에 상세히 명기된 대로 따라야 한다. 게다가 공공 정책과 행정 재량권에 좌지우지되다 보니 자신의 특정한 이익을 보호하려는 강력한 이익집단이 되었다. 농업협동조합과 의료협회 같은 가장 강력한 압력집단이 이런 비영리조직들 사이에서 발견되는 이유다.

공익법인은 2000년대에 들어와서 제도 개혁이 이루어졌다. 기존 공익법인 체계는 법인 설립과 지속적 관리감독에서 폭넓은 재량권을 가진 관할 관청(정부 부처와 도도부현)이 공공 보조금을 유용하고 아마쿠다리(은퇴한 정부 관료를 공기업이나 사기업에 낙하산 인사를 하는 관행)를 위해 고위직을 꿰차는 식으로 사익을 추구하는 수단으로 이용하여 비난을 받았다. 법인과 과세제도 개선을 위한 발판이 마련되자 2006년에 세 가지 법안이 일본 의회에서 통과되어 2008년에 시행되었다. 세 법안은 '일반사단법인과 일반재단법인에 관한 법률'과 '공익사단법인과 공익재단법인의 허가에 관한 법률', 이 두 법률의 시행에 관한 '관련 법안들의 조정에 관한 법률'이다. 새로운 법률이 제정되면서 2001년에 스포츠클럽과 동창회 같은 비영리조직과 비공익조직의 설립에 관한 법률로 제정된 중간법인법*이 그 안에 흡수되어, 새로운 법률 아래서는 법인 설립과 자선단체 지위가 분리되었다. 따라서 이제 사람들은 어떤 종류의 정부 허가 없이도 지역 법무국에 등록만 하면 일반사단법인이나 일반재단법인을 설립할

---

* 중간법인이란 스포츠클럽이나 동창회처럼 영리기업과 비정부기구나 기타 공익을 추구하는 비영리 기구의 중간에 있는 조직을 말하고, 중간법인법은 이런 중간법인을 위한 법으로 제정되었다—옮긴이 주.

수 있고, 신설된 공익법인위원회라는 독립 기구에서 법률에 규정된 요건을 충족하는 공익법인으로 인가를 받으면 자선단체 지위를 얻을 수 있다. 원래는 특정한 NPO를 포함한 일반비영리조직법을 제정하려 했는데, 배당금지 조항이 명문화되지 않아 특정한 NPO법은 계속 존재했다.

정부에 산업정책을 수립하고 집행할 권한이 있어, 각 산업의 위계 구조에서 최상층에 있는 협회(교카이 단타이)들은 저마다 관련 부처의 해당 부서와 접촉하거나 정치가의 힘을 동원하여 자기들의 이익을 도모하려고 한다. 그래서 서로 이해가 맞으면 3자가 결탁하는 구조가 나타났다. 협회는 대개 국가 보조금과 전직 관료들을 받아들여 자기들이 누릴 수 있는 특별한 혜택에 보답하고, 투표권과 돈을 기부하는 방식으로 국회의원에게 로비를 벌여 특정 산업의 특수한 이익을 추구한다. 제2차 세계대전 이후 일본에서 자민당 국회의원(족의원)과 재계, 관료 간 3자 관계를 가리켜 흔히 "철의 삼각관계"라고 불렀다. 일본 정치경제의 특성을 나타내는 이러한 관계를 가리켜 Aoki(2011)는 "칸막이된 다원주의" 또는 "관료제 다원주의"라고 한다. 사회적경제에서는 농업협동조합과 의료협회가 관련 산업의 공공정책을 수립할 때 정부 부처 및 자민당과 결탁해 자기들 이익을 도모했다.

게다가 연구자들 사이에서도 사회적경제 개념에 대한 합의가 이루어지지 않아, 자원 부문과 비영리 부문, 협동조합 부문, 민간 부문, 사회적 부문 같은 명칭이 서로 경합을 벌인다. 또한 포괄적 통계의 부족은 더 폭넓은 인식 확장에 심각한 약점이 되고 있다. 사회적경제기업들은 흔히 지역사회기업이나 사회적기업으로 일컬어졌는데,

두 가지 명칭 모두 경제산업성이 사회적경제기업을 자기 관할권에
두려고 사용했으나, 사회적경제기업을 제도화하려는 정치적 시도
는 없었다. 아직 사회적경제를 위한 공공정책도 마련되지 않았다.
민주당 정부는 "새로운 공공"을 주제로 한 원탁회의를 열어 처음으
로 공식 문서로 주로 사회적경제에 해당하는 "시민 부문"을 촉진하
자고 제안했다.[3] 또한 2011~2012년에 지진과 쓰나미 피해를 입은
지역의 복구에 특히 중점을 둔 지역사회기업을 장려하는 몇 가지 조
치도 취했지만,[4] 2012년에 자민당 정부가 다시 들어선 뒤 그에 따른
후속 조치는 없었다.

제3부문에 대한 연구도 미국의 비영리조직 학파와 유럽의 사회
적경제 학파로 나뉘어 있다. 전자가 비영리와 자원 부문, 사회적기
업에 중점을 두고 있다면, 후자는 사회적경제 개념과 협동조합과 상
호조합을 포함한 사회적경제기업을 널리 확산시키고 있다. 두 학파
사이에는 의사소통도 아주 제한적으로 이루어지고, 개별 연구자들
도 대개 다른 연구자에게는 거의 신경쓰지 않고 각자 의제만을 추
구한다. 일본 NPO학회도 거의 특정한 NPO에만 초점을 맞추고, 일
본협동조합학회도 농업경제학자와 농업협동조합 간부 직원들이 지
배하고 있다.

---

3 시민 부문은 특정한 NPO, 사단법인/재단법인, 사립학교법인, 사회복지법인, 의료법인, 협동조합, 비
법인 근린주민조직과 주로 공익을 위해 일하는 영리 조직들로 이루어졌다.
4 "새로운 공공"을 지원하는 프로젝트(약 100억 엔)와 주로 특정한 NPO를 통한 지역사회 고용 창출
을 위한 프로젝트(약 30억 엔).

제2부
_____

구체적 사례에서 무엇을 배울 수 있을까?

3. 사회적경제의 범위와 규모[5]

사회적경제조직에 관한 통계를 내려면 몇 가지 문제를 해결해야 한다. 먼저 사회적경제조직으로 분류할 수 있는 개체의 범위를 결정해야 한다. 서로 다른 법의 규제를 받는 비영리조직과 협동조합은 확실히 여기에 포함되지만, 상호조합은 자격 여부와 관련하여 한 가지 독특한 문제가 있다. 상호조합은 1946년의 보험업법에 따라 내각총리장관의 허가를 받아야 설립할 수 있다. 원래는 협동조합들이 제2차 세계대전 이전에 이미 조합원의 생명과 재산을 보호하는 보험을 제공하고 싶어했다. 그러나 자기들의 기득권을 지키려는 보험회사들의 강력한 저항에 부딪혀 그렇게 할 수 없었다. 그래서 서로 다른 협동조합 법과 정부 부처의 규제를 받는 협동조합 보험, 즉 공제를 조직해야 했다. 오늘날에는 5개 생명보험회사가 상호회사[6]로 운영되고, 나머지는 2002년부터 탈상호화했다. 이들은 자신이 사회적경제에 속한다고 보지 않고, 보험계약자의 혜택보다 수익을 우선시하는 행동으로 소비자의 비난도 자주 받았다. 국제협동조합보험연합회는 이들을 자체 통계에 포함시켰지만, 일본협동조합보험연합회의 요청에 따라 "설립 당시의 역사적 상황과 무관하게"라는 설명을 덧붙였다.

가장 폭넓은 정의에는 근린주민조직(도시 반상회나 자치회, 농촌 집락)

---

5 이 절은 원래 2011년에 아키라 쿠리모토 교수가 발표한 것이다.
6 2012년 세계협동조합모니터(The World Co-operative Monitor)는 닛폰생명보험(5위)과 메이지야스다생명보험(10위), 스미토모생명보험(11위), 후코쿠(富國)생명보험, 아사히생명보험을 세계 300대 협동조합기업 명단에 올렸다.

같은 비법인 조직이 포함될 수도 있다. 이런 조직에는 조합원 자격이 자동으로 부여되어 대부분의 가계가 포함되는데, 이는 대개 사회적경제조직의 원칙인 자발적인 조합원제도에 어긋나는 것으로 여겨졌다. 이런 조직은 전국 방방곡곡에 존재하지만, 대다수가 법인화되지 않았다.[7] 흔히 행정 말단 조직으로 보지만, 도시와 농촌에서 점차 사라지고 있다. 노동조합은 기업 노조로 조직되었고, 1950년대 중반부터 시작된 급속한 경제부흥기에는 임금 인상에 강력한 영향을 끼치기도 했다. 그러나 조합원 수의 지속적 하락도 막지 못하고(현재는 전체 노동력의 18%에 지나지 않는다), 엄청난 수의 불안정 노동자를 양산한 기업의 생존 전략에 저항하지도 못했다.

사회적경제조직 전체를 포괄하는 통계는 여러 가지 이유로 아직 이용할 수 없다. 정부의 총무성 통계국에서 실시하는 경제총조사는 기업의 구조와 경제활동에 관한 가장 완벽한 통계를 제공한다. 그런데 영리법인은 법인 형태(주식회사, 일반 및 유한합자회사, 유한책임회사, 상호회사 등)에 따라 상세히 분류하지만 비영리단체와 협동조합 등은 "기타 법인"[8]이라는 하나의 범주로 분류해 과학적으로 분석하기 어렵다.[9]

2004년에 경제사회연구소에서 국제연합의 『비영리단체 위성계

---

7 이것의 기원은 도쿠가와 시대의 고닌구미(5호제)까지 거슬러 올라갈 수 있지만, 현대사에서는 제2차 세계대전 중에 이웃끼리 서로 상부상조하거나 감시하기 위해 조직되었다. 1952년에는 연합군 총사령부가 금지하면서 자율적 결사체로 재편되었다.

8 설문지에서는 공익법인과 사단법인/재단법인, 사립학교법인, 사회복지법인, 종교법인, 의료법인, 노동조합, 농업/수산업협동조합, 중소기업협동조합, 공제조합, 국민건강보험조합, 신용금고 등을 "기타 법인"의 사례로 제시했다.

9 그래서 위성계정 방법론이 유용하다. 이 책에서 Fecher and Ben Sedrine-Lejeune가 쓴 장을 보라.

정 핸드북』에 따라 비영리단체(non-profit institution: NPI)의 규모를 측정
했다. 여기에는 사회복지법인과 의료법인, 사립학교법인, 종교법인,
공익법인, 특정한 NPO, 비법인단체가 포함되었다. 경제사회연구소
는 기존 자료를 바탕으로 중간소비, 부가가치 같은 핵심 화폐 변수
뿐 아니라 유급 고용과 조합원 제도 같은 구조적 변수도 기존 자료
를 바탕으로 측정했고, 비영리단체의 특성을 파악하기 위해 비시장
산출과 자원봉사자 고용과 같은 변수들도 추산했다. 그 결과 국제
비영리단체분류(International Classification of Non-profit Organizations: ICNPO)를
토대로 비영리단체 부문과 집단의 위성계정 표가 작성되었다.

〈표 2〉 비영리단체 위성계정에 포함된 조직과 자료의 출처

범위	법인 형태	정보를 얻은 자료의 출처
협의	특정한 NPO 비법인단체	시민단체들에 대한 기초조사
광의	+ 공익법인 사회복지법인 의료법인 사립학교법인 종교법인 등	공익법인에 관한 조사 민간 비영리조직에 관한 조사 오늘날의 사립학교 재정 의료 경제에 관한 조사

이들 비영리조직은 일본 전체 GDP에서 차지하는 비율이 약

---

8 설문지에서는 공익법인과 사단법인/재단법인, 사립학교법인, 사회복지법인, 종교법인, 의료법인, 노
   동조합, 농업/수산업협동조합, 중소기업협동조합, 공제조합, 국민건강보험조합, 신용금고 등을 "기타
   법인"의 사례로 제시했다.
9 그래서 위성계정 방법론이 유용하다. 이 책에서 Fecher and Ben Sedrine-Lejeune가 쓴 장을 보라.

4.2%(20조 7,000억 엔)에 이르렀고, 이는 비영리 부문이 전기기계산업 (16조 7,000억 엔)과 통신서비스업(10조 8,000억 엔)보다 규모가 훨씬 크다는 말이었다. 1990년에는 그 비율이 2.2%였으니 크게 성장한 셈이다. 부가가치는 의료서비스 분야가 비영리 부문 전체가 창출한 부가가치에서 차지하는 비율이 반 이상(55.4%)이었고, 사회서비스 (18.4%)와 교육/연구 분야(17.8%)가 그 뒤를 이었다. 고용도 전업노동 종사자(FTE) 기준으로, 비영리 부문의 피고용인과 자원봉사자가 전체 고용에서 차지하는 비중이 각각 7.3%와 3.6%였다.

〈표 3〉 2004년 국내총생산에서 비영리단체가 차지하는 비중

분류	부가가치 (단위 : 1조 엔)	명목상 GPD에서 차지하는비중
NPI (국민계정체계에 기초)	20.7	4.2%
NPI (비시장 산출 포함)	24.1	4.8%
NPI (비시장 산출과 자원봉사자의 기여 포함)	28.7	5.8%

출처 : Economic and Social Research Institute, Cabinet Office, National Accounts Quarterly, No. 135, 2008.

협동조합 관련 통계는 다양하고 파편적이라서 이 부문의 전체 상을 그리기도 어렵고 국민경제에서 이 부문이 차지하는 비중을 파악하기도 어렵다. 농림수산성은 농업과 수산업, 산림협동조합에 관한 아주 자세한 통계를 이 부문에 비해 엄청나게 큰 1차 산업에 관한 통계의 일부로 낸 적이 있다. 후생노동성도 소비생활협동조합의 규모가 아주 큰데도 이에 대한 공식 통계가 별로 없다. 중소기업협동

조합은 해당 부처나 노동조합의 공식 통계가 없고, 새롭게 나타나는 노동자협동조합들은 아직 제도적으로 인정받지 못해 공식 통계가 없다. 협동조합에 관한 공식 통계 자료들이 〈표 4〉에 나와 있지만, 전체 조합원 수가 거의 1억 명에 이른다. 이는 일본 전체 성인 인구와 거의 맞먹는 수라서, 동종 협동조합이나 이종 협동조합에 중복 가입된 사람이 상당수에 이른다는 뜻일 것이다. 예를 들어, 소비생활협동조합에서는 사람들이 여러 협동조합에 중복 가입하는 일이 다반사인데, 공식 통계에서는 이를 전혀 고려하지 않았다. 협동조합에 가입한 가구의 수를 세겠다는 구상도 하지 않았다. 몇몇 전국 협동조합연합회에서는 그동안 경영을 위해 아주 상세한 통계를 냈지만, 이것들도 서로 다른 방법론과 포괄성으로 인해 문제가 없지 않다.

〈표 4〉 일본 협동조합의 주요 통계

구분	협동조합 수	조합원 수 (단위: 천 명)	직원 수 (단위: 천 명)	매출액 (단위: 10억 엔)	연도
농업	844	943	23	7,626	2007
수산업	2,747	40	1	1,373	2007
임업	736	159	1	31	2007
소비생활	1,093	6,318	12	3,541	2007
중소기업	*	*	*	*	
기타 신용	292	1,914	13	*	2008
기타 보험	4,105	442	0	*	2008
노동자	*	*	*	*	
합계	9,817	9,816	49	12,571	

* 표시는 이용할 수 있는 통계 자료가 없다는 뜻임
출처: Kurimoto(2011), 공식 통계를 바탕으로 구성.

4. 제3부문에 대한 RIETI 조사

정부 지원을 받는 기관인 일본경제산업연구소(RIETI)는 2010년에 제3부문의 전체 상을 파악하기 위해 나고야대학교의 우시로 후사오 교수가 이끄는 연구 집단을 구성했다. 이전에는 특정한 NPO에만 초점을 맞추어 비영리조직을 논의했는데, 그에 비하면 이 제3부문은 사회적경제에 해당해, 여기에는 폭넓게 정의된 비영리 부문뿐 아니라 협동조합과 근린주민조직, 사회적경제기업이 포함된다.

4.1. 조사 방법론

우리는 2010년과 2012년에 제3부문의 특성과 운영 문제에 대한 인구통계학적 조사를 실시했다.[10] 경제총조사에서 "기타 법인"과 "비법인단체"로 분류된 조직들을 조사의 대상으로 삼았다.[11] 2009년에는 넓은 의미의 제3부문에 속하는 이들 조직이 전체 사업체와 고용 인구에서 차지하는 비율이 각각 6.9%와 11.5%였는데, 1999년에는 각각 5.4%와 9.1%였던 것에 비하면 이들 조직의 사업 규모가 꾸준히 커졌다는 것을 알 수 있다. 2010년에는 12,500개 조직에 설문지를 보내 3,901개 조직(31.2%)에서 유효한 응답을 받았고, 2012년에

---

10 RIETI는 질문지를 보내고 응답을 집계하는 일은 일본 도쿄상공리서치에 아웃소싱했다.

11 경제총조사는 통계법(No. 53, 2007년 5월 23일)에 명시된 경제 구조에 대한 기초 통계를 얻는 설문조사다. 그것은 기존 사업 및 산업 통계를 통합하여 포괄적 통계자료를 구축하려는 것이다. 자료는 도도부현 및 중앙정부(MIC와 METI)에서 위촉한 모든 지자체에서 지정한 조사관의 방문과 우편 발송을 통해 수집된다. 모든 사업체는 이 법에 따라야 한다. 2009년에 처음 실시한 설문조사에서는 635만 개의 사업체로부터 자료를 수집했다.

는 14,000개 조직 가운데 3,656개 조직(26.1%)이 유효한 응답을 했다. 이들 조직은 층화표본추출법으로 추려졌다. 각 법인 형태의 모집단에 비례해 표본의 수를 정한 다음 각 집단에서 표본을 무작위로 추출한 것이다. 우편물이 반송된 경우에는 주소를 재확인하여 설문지를 다시 보냈다.

<표 5> 2012년 조사의 모집단과 표본

구분	모집단*	표본
기타 법인	163,109	11,900
비법인단체	29,245	2,100
합계	192,354	14,000

* 2009년 경제총조사를 토대로 함.

두 번째 조사에서 응답한 조직은 <표 6>에 나와 있는 것과 같다. 일반사단법인과 일반재단법인, 공익사단법인과 공익재단법인, 특정한 NPO의 응답자 비율은 증가했지만, 농업협동조합과 소비생활협동조합의 응답자 비율은 얻은 자료의 대표성에 의문이 제기될 정도로 감소했다. 그러나 시간과 비용의 제약으로 이를 바로잡기 위한 조치가 전혀 이루어지지 않았고, 매칭 테스트도 이루어지지 않았다.

설문지는 RIETI 연구 집단이 조직의 운영을 미시적 수준에서 파악할 수 있도록 설계되었다. 두 번째 조사에서는 효과적인 비교를 위해 설문지의 기본 구조는 바꾸지 않았지만 이 부문의 상을 더 상세히 파악하기 위해 조직의 유형을 늘렸다. 설문지에서는 다음과 같은 질문을 했다.

구분	응답한 조직의 수	비중 (%)
일반사단법인	127	3.5
일반재단법인	60	1.6
공익사단법인	113	3.1
공익재단법인	141	3.9
이행 중인 법인/재단	325	8.9
사회복지법인	513	14.0
사립학교법인	126	3.4
의료법인	87	2.4
특정한 NPO	378	10.3
직업훈련법인	125	3.4
범죄자갱생법인	68	1.9
소비생활협동조합	26	0.7
농업협동조합	41	1.1
수산업협동조합	61	1.7
삼림협동조합	41	1.1
중소기업협동조합	328	9.0
금융협동조합	155	4.2
보험협동조합	25	0.7
공익법인	88	2.4
기타 법인	422	11.5
법인 전체	3,250	88.9
비법인	406	11.1
합계	3,656	100.0

I. 조직에 관한 질문

법인 형태; 사업장 수; 임원의 수와 보수; CEO의 나이와 보수,
경력; 감사의 수와 직업; 직원의 수와 보수; 자원 봉사자의 수와 자

원봉사활동 시간 ; 고용 조건 ; 채용 인원과 방법 ; 훈련 체계 ; 법인설
립 연도 ; 설립 지원

II. 거버넌스에 관한 질문

정보 공개 ; 회의 빈도 ; 감사(내부 또는 외부) 방식

III. 활동에 관한 질문

활동 분야 ; 활동의 성격 ; 사업 영역

IV. 재정에 관한 질문

비용의 구성(이전과 인건비, 간접비용) ; 수입의 구성(사업소득과 자선소득) ;
바우처 제도와 관련 사업을 통한 수입

V. 향후 전망에 관한 질문

활동 분야나 사업 영역, 고용, 재정을 확대할 의향

설문에 대한 응답을 집계해 법인 형태별로 제3부문 조직의 특성
을 보여주는 표를 만들었는데, 여기서 예를 들면 사업 운명과 개인
돌봄, 연구기관과 학술 진흥, 보조금과 국제교류처럼 활동 분야와
활동 양태의 상관관계를 보여주는 교차 분석도 이루어졌다.

4.2. 주요 조사 결과

첫 번째 조사 결과와 두 번째 조사 결과 사이에 큰 변화가 없어, 두

번째 조사의 주요 결과만 보면 다음과 같다.

- 응답한 조직의 84.5%는 유급 직원이 있었는데, 특정한 NPO의 30%는 유급 직원이 없었다. 평균 직원 수는 41.6명이었지만, 중앙값은 겨우 4.0명이었다. 가장 높은 연간수입의 중앙값은 877만 엔이었고, 가장 낮은 연간수입의 중앙값은 135만 엔이었다. 응답 조직의 65.1%는 시간제 직원을 고용하고 있었다.
- 응답 조직의 16.5%는 무보수 자원봉사자가 있었는데, 중앙값은 11명이었고 평균 노동시간은 월 6시간이었다. 응답 조직의 6.3%는 유급 자원봉사자가 있었는데, 중앙값은 7명이었고 평균 노동시간은 월 15시간이었으며, 800엔의 시급을 받았다.
- 활동 분야는 조직의 목적에 따라 매우 다양했다. 주요 활동 분야는 경제활동(15.9%), 아동 돌봄(9.5%), 노인 돌봄(9.0%), 장애인 지원(8.5%), 지역 개발(7.8%), 직업 훈련(4.6%), 의료서비스(4.1%), 안전한 식품 공급(3.7%) 등이었고, 기타 활동도 아주 다양했다.
- 응답 조직의 60~75%는 사무실에서 이해관계자에게 정보(정관과 연차보고서, 재무제표)를 공개했고, 인터넷에서 정보를 공개한 것은 응답 조직의 18~27%뿐이었다. 금융협동조합과 공익재단은 인터넷 이용률이 가장 높은 편에 속한다.
- 응답 조직의 97.7%가 감사를 받았다. 그 중 87%는 내부 감사를 받았고, 30%는 공인회계사와 세무사 같은 전문가에게 외부 감사를 받았다. 대체로 규모가 큰 조직은 외부 감사를 받았다.
- 경비는 664만 엔(비법인)에서 10억 9,699만 7,000엔(금융협동조합)에 이르렀고, 평균은 5,036만 엔이었다. 특정한 NPO의 중앙값

은 1,567만 엔에 불과했는데, 이는 곧 정규직원을 거의 고용할 수 없다는 말이기도 하다. 지출 내역은 이전(63.6%)과 인건비(13.4%), 기타 비용(15.0%), 간접비용(8.0%)으로 이루어졌다.

그 밖의 흥미로운 조사 결과는 수입의 원천과 성격이 다양한 수입 구조였다. 수입의 원천은 개별 시민과 공공 부문, 영리법인 부문, 제3부문으로 이루어졌고, 수입의 유형은 사업소득과 자선소득이다. 전자에는 제품과 서비스 매출액과 위탁사업 수수료, 바우처 제도 서비스 급여가 포함되고[12], 후자에는 보조금과 기부금, 회비[모금] 등이 포함된다. 공공 부문의 기여도는 의료법인(95.7%)에서 가장 높다. 이는 의료법인이 공공에서 보조금을 아주 많이 받는다는 말이 아니라 의무의료보험제도를 통해 지불을 받는다는 말이다. 사회복지법인의 경우는 88.6%의 수입이 공공에서 오는데, 그 중 78.8%는 노인 장기요양보험에서 오고 9.8%는 공공 보조금이었다. 비영리 부문의 수입 유형은 사업소득이 69%를 차지해 자선소득보다 훨씬 규모가 컸다. 미국이나 영국에 비해서도 그 규모가 훨씬 컸는데, 이는 "보조금에서 계약으로"의 전환이 상당히 진행되었음을 보여준다. 반대로 개인과 법인 기부금은 미국이나 영국보다 훨씬 적었다. 소비생활협동조합은 시장 거래를 통해 얻는 수입이 99%였다.

---

12 여기서 바우처 제도는 보다 광범위한 의미로 사용되어 서비스 사용자들은 의료보험과 장기요양보험 같은 공공 보험에서 서비스 비용을 상환 받는 서비스 제공업체들을 선택할 수 있다.

〈표 7〉 제3부문의 수입의 원천과 성격 (%)

수입의 원천	근로	자발	기타	합계
개별 시민	16.3	8.6		24.9
공공 부문	23.2	7.6		30.8
법인[기업] 부문	15	0.6		15.6
제3부문	6	2.5		8.5
기타			19.8	19.8
합계	60.5	19.3	19.8	99.6

〈표 8〉 비영리 부문의 수입의 원천과 성격 (%)

수익원	근로	자발	기타	합계
개별 시민	11.7	3.9		15.6
공공 부문	50.5	10.5		61.0
법인 부문	5.3	1.6		6.9
제3부문	1.7	1.1		2.8
기타			13.8	13.8
합계	69.2	17.1	13.8	100.1

우리는 공공에서 오는 수입의 정도와 수입 유형에 따라 제3부문의 조직을 분류할 수 있다. 여기서 더 높거나 더 낮다는 것은 평균보다 많거나 적다는 말이다. 영역 I에는 공공의 바우처와 위탁사업을 통해 수입을 얻는 조직이 포함된다. 의료법인과 사회복지법인, 특정한 NPO는 이 범주에 들어간다. 영역 II에는 보조금과 기부를 통해 공공에서 자금을 조달하는 비교적 소수의 조직이 포함된다. 영역 III에는 민간 부문에서 수입을 얻는 조직이 포함된다. 협동조합은 시장에서 거래하는 일반적인 조직이고, 일반 사단법인/재단법인과 공

익 사단법인/재단법인도 그보다 정도는 덜하지만 이 범주에 들어간
다. 영역 IV에는 민간 부문에서 수입을 얻지만 개인(부모와 졸업자 등)
으로부터 상당히 많은 기부를 받는 조직이 포함된다. 사립학교법인
이 이 범주에 들어간다. 따라서 수입 구조는 제3부문 조직의 특성을
명확히 보여주었다.

〈그림 1〉 제3부문 조직의 수입의 원천에 따른 분류

구분	← 공공에서 오는 수입이 더 높은 조직	공공에서 오는 수입이 → 더 낮은 조직
↑ 사업소득이 평균보다 높은 조직	I 의료법인 사회적경제기업 특정한 NPO	III 협동조합 일반재단법인 일반사단법인 공익사단법인 공익재단법인
사업소득이 평균보다 낮은 조직 ↓	II 직업훈련법인 범죄자갱생법인 기타 법인	IV 사립학교법인 비법인

4.3. 몇 가지 정책적 함의들

이 조사는 제3부문 조직의 활동 범위와 규모가 아주 다양하다는
것을 드러냈고, 이는 제3부문 조직의 역량, 그 중에서도 특히 수입
구조를 전체적으로 파악하는 데 유용했다. 이것은 이 부문 전체에
관한 포괄적 정보를 수집하려는 최초의 시도였다. 게다가 이러한 접

근은 법인 형태별 조직의 특성을 밝혀, 법인 형태별로 조직의 역량을 강화하려면 어떤 제도적 개선이 필요한지를 설계할 때 유용한 정보를 제공했다. 설문지를 토대로 조직으로부터 정보를 수집하려면 상당수의 표본이 필요했다. 그러나 협동조합은 비영리조직에 비해 표본 수가 너무 적어 신뢰할 만한 자료집합을 수집하려면 표본 수를 늘려야 했다.

이 조사는 일본의 공공정책과 이 부문의 결집에 눈에 띄는 영향을 미치지는 못했지만, 우리는 몇 가지 정책적 함의를 도출할 수 있다. 무엇보다도 먼저 우리는 일반법인(사단법인과 재단법인)의 수가 급증했다는 것을 알 수 있다. 응답한 조직의 수가 2010년에는 84개였는데 2012년에는 187개로 늘어났다. 조직의 수도 2012년 8월 현재약 24,000개에 이르러, 1년 사이에 약 9,500개가 증가했다. 앞서 언급한 대로 2006년에 이루어진 공익법인 개혁은 이전의 공익법인과 특정한 NPO, 중간법인을 아우르는 표준비영리조직법을 만들려는 것이 목적이었다. 하지만 당시 최우선 목표는 관할 관청에서 설립하여 파견된 공무원들이 일하고 공공의 재정 지원을 받는 법인의 수를 줄이는 데 있었다. 그것은 결국 배당금지 조항이 명문화되지 않고 공인을 받은 법인 외에는 비재무적 인센티브가 도입되지 않았다는 점에서 미완의 개혁으로 끝났다. 그 후로 일반법인이 빠른 속도로 설립되어, 몇 년 있으면 그 수가 특정한 NPO보다 많아질지도 모른다. 이는 결국 사람들이 공식 인가를 받아야 하는 특정한 NPO보다는 정부의 간섭을 받지 않고 설립할 수 있는 일반법인을 선택한다는 뜻이다. 일반법인은 규모가 아주 다양한 반면 특정한 NPO는 공공에서 많은 돈을 들여 설립을 장려했는데도 1998년에 도입된 이래 여전히 규모가 아주 작다.[13] 그래서 적절한 지원 구조가 도입되면 머지않아 일반법인이 비영리조직의 지배적 형태가 될 듯하다. 게다가 공익법인 개혁은 사회복지법인과 사립학교법인, 의료법인을 비롯한 다른 유형의 비영리조직의 개혁으로 이어져야 한다. 또한 정부 부처의 통제를 받지 않고 일반협동조합을 자유롭게 설립할 수 있도록 협동조합기본법을 설계할 필요도 있다. 그러면 우리가 제도적 분리가 특징인 오래된 구조를 바꾸어 사회적경제가 눈에 보이게 만들 수 있을 것이다.

제도적 분리는 일부 사회서비스에 대한 진입 장벽을 낮춤으로써 줄일 수도 있다. 예를 들면, 비거주형 노인돌봄서비스는 2000년에 발효된 장기요양보험법에 따라 영리법인과 비영리법인을 비롯한 다양한 유형의 공급자에게 개방되었지만, 양로원은 규정에 명시된 요건을 충족하는 사회복지법인만이 짓고 운영할 수 있다. 그러한 장벽은 정부의 관할 조직 통제를 용이하게 위해 도입되었지만 서비스 공급자들 간 효과적 경쟁과 혁신을 크게 저해했다.

오래된 비영리조직과 협동조합이 사람들의 새로운 사회경제적 필요를 충족시킬 수 있는 새로운 조직을 설립하고 사회적경제 전체의 성장과 발전에 기여할 수 있는 자원(재원과 인력, 경험 등)이 많다는 사실도 입증되었다. 따라서 분사 방식으로 사회적경제기업을 세우고 사회적경제조직 간 네트워크를 형성하도록 지원하여 창업을 돕는다면 오래된 비영리조직과 협동조합도 활력을 되찾을 수 있을 것

---

13 특정한 NPO는 중앙정부부터 지방정부까지 다양한 층위의 정부로부터 다양한 지원을 받았다. 약 300개에 이르는 NPO 센터가 대부분 보조금을 받거나 서비스 위탁을 받았다.

이다. 예를 들어 협동조합은 인구 과소 지역이나 재난 지역에 식량을 공급하는 원조 활동을 벌였다. 장애인과 과다 채무자, 노숙자, 소수 인종 등에 대한 사회적 배제에 대처하기 위한 특정한 NPO와 사회적경제기업의 설립도 도왔다. 이런 "오래된" 사회적경제조직과 "새로운" 사회적경제조직 간 협업은 사회적경제의 성장과 발전에 기여하고 사회적경제의 가시성을 높일 수 있다.

결론: 포괄적 통계자료 산출을 위한 도전 과제들

앞서 언급했듯이 사회적경제는 법률 행정 체계와 정치경제학적 요인 탓에 서로 분리되어 있다. 따라서 일본의 사회적경제조직 전체에 대한 통계를 내려면 몇 가지 도전해야 할 과제가 있다. 그래서 다음과 같은 권고 사항을 고려할 필요가 있다.

먼저 정책입안자와 연구자들이 널리 쓸 수 있는 사회적경제 전체에 관한 통계를 내려면 사회적경제조직의 자격 조건과 통계 방법론에 대해 논의해야 한다. RIETI 조사는 비영리조직과 협동조합을 넘어 훨씬 포괄적인 조직을 대상으로 하여 법인 형태별로 사회적경제조직의 일반적 경향을 이해하는 출발점이 될 수 있다. 따라서 이를 바탕으로 방법론을 개선하고 각 법인 형태의 대표성을 강화해야 한다.

둘째, 협동조합이 국민경제에서 차지하는 비중을 파악하려면 협동조합 위성계정을 작성해야 하고, 그래야 사회적경제조직 위성계정을 작성할 수 있다. 우리는 이미 국제연합의 『비영리단체 위성계정 핸드북』에 따라 작성한 비영리단체 위성계정이 있다. CIRIEC은 2006년에 『사회적경제기업 위성계정 작성 매뉴얼: 협동조합과 상호조합』을 발간했다. 국제노동기구와 식량농업기구 같은 국제연합 기구들도 이에 따른 후속 조치를 취할 것이다. 이와 관련하여 우리는 상호조합을 어떻게 처리할지도 논의해야 한다. 국제협동조합보험연합회의 『글로벌 500』 보고서에는 보험업법에 따라 '상호회사'라는 법인 지위를 가진 일본 생명보험회사들이 포함되어 있다. 그러나 협동조합들은 이런 회사들이 협동조합과 아무런 접점도 없고 오히려 협동조합과 대립한다고 주장했다. 그들이 협동조합이 보험업에 진입하는 것을 반대해 협동조합은 각 개별 협동조합법에 따라 보험회사를 설립해야 했기 때문이다. 소비자운동에서도 보험회사들이 보험 가입자들의 권리를 외면하고 소비자보다 경영진의 이익을 우선시한다고 비판했다. 그래서 일본협동조합보험연합회(보험협동조합의 연합회)는 국제협동조합보험연합회에 『글로벌 500』 보고서에 "설립 당시의 역사적 상황과 무관하다"라는 설명을 덧붙이도록 요청했다. 따라서 이런 회사들이 협동조합과 공통된 정체성이나 접점도 거의 없지만 국제적으로 비교할 수 있는 사회적경제 통계를 내려면 이 문제를 해결해야 한다.

셋째, 우리는 산업정책(통상, 제조, 광업, 서비스업 등)에 따라 서로 다른 부처에서 마련한 경제적 통계를 모두 통합하며 경제활동의 전체 상을 파악하기 위해 2009년에 시작한 경제총조사를 개선해야 한다. 경제총조사에서는 636만 개 사업체를 조사하여 GDP를 계산하거나 지역개발정책을 수립할 때 쓴다. 비영리조직과 협동조합 등은 "기타 법인"이라는 단일 범주에 포함되지만, 신뢰할 만한 사회적경제 통계를 내려면 그런 법인 형태들을 따로 분류해야 한다. RIETI 연구 집단은 경제총조사를 담당하는 통계청에 구체적 법인 형태를 묻는 질문을 추가하거나 부문별 통계를 작성하는 데 쓸 수 있는 개별 자료를 만들도록 요청할 계획이다.

참고 문헌

Aoki, M., "Beyond Bureau Pluralism," Opinions, Japanese Institute of Global Communication, Global communications platform, 2011, http://www.glocom.org/opinions/essays/200109_aoki_beyond/ [accessed June 8, 2015].

Barea, J. and Monzón, J. L., *Manual for Drawing up the Satellite Account in the Social Economy: Co-operatives and Mutual Societies*, CIRIEC, 2006.

Borzaga, C. and Defourny, J. (eds.), *The Emergence of Social Economy Enterprise*, London, Routledge, 2001.

Chavez, R. and Monzón, J. L., *The Social Economy in the European Union*, CIRIEC, 2007.

Deller, S. *et al.*, *Research on the Economic Impact of Co-operatives*, Madison, WI, University of Wisconsin Center for Cooperatives, 2009.

Economic and Social Research Institute, Cabinet Office, *National Accounts Quarterly*, No. 135, 2008.

Kurimoto, A., "Evaluation of Co-operative Performances and Specificities in Japan," in Bouchard, M. J. (ed.), *The Worth of the Social Economy: An International Perspective*, Brussels, Peter Lang, 2009, pp. 213-244.

―――, *Divided Third Sector in the Emerging Civil Society: Can DPJ Contribute to Changes?*, paper presented for workshop "Continuity and Discontinuity in Socio-Economic Policies in Japan: From the LDP to the DPJ," University of Sheffield, 4 March 2011.

―――, "Towards Statistical Grasp of the Social Economy in Japan," in Osawa, M. (ed.), *Future Developed by the Social Economy*, Minerva Shobo (Japanese), 2011.

Le Grand, J., *The Other Invisible Hand. Public Services through Choice and Competition*, Princeton University Press, 2007.

OECD (ed.), *The Changing Boundaries of Social Economy Enterprises*, OECD, 2009.

Pekkanen, R., "Japan's New Politics: The Case of the NPO Act," *Journal of Japanese Studies*, Vol. 26, No. 1, 2000, pp. 111-148.

Pestoff, V. A., *Beyond the Market and State: Social Economy Enterprises and Civil Democracy in a Welfare Society*, Alderhot, Ashgate, 1998, 2005.

Salamon, L. M. and Anheier, H. K., *The Emerging Sector: An Overview*, The Johns Hopkins University Institute for Policy Studies, 1994.

Salamon, L. M., Haddock, M. A., Sokolowski, S. W. and Tice, H. S., *Measuring Civil Society and Volunteering: Initial Findings from Implementation of the UN Handbook on Nonprofit Institutions*, Baltimore, Johns Hopkins University, Center for Civil Society Studies, Working Paper No. 23, 2007.

Salamon, L. M., Sokolowski, S. W., Haddock, M. A. and Tice, H. S., *The State of Global Civil Society and Volunteering, Latest Findings from the Implementation of the UN Nonprofit Handbook*, Baltimore, Johns Hopkins University, Center for Civil Society Studies, Comparative Nonprofit Sector Working Paper No. 49, March 2013.

United Nations, *Handbook on Non-Profit Institutions in the System of National Accounts*, New York, United Nations, 2003.

Ushiro, F., "Scope and Current Situation of the Third Sector in Japan," *RIETI Discussion Paper Series*, RIETI (Japanese), 2011.

——, "Current Situation and Challenges of the Third Sector Organizations in Japan," *RIETI Discussion Paper Series*, RIETI (Japanese), 2012.

——, "Current Situation of the Third Sector Organizations and Challenges to Build the Sector," *RIETI Discussion Paper Series*, RIETI (Japanese), 2013.

협동조합의 경제적 영향을 연구할 때 도전해야 할 과제들

니콜레타 우지
캐나다 웨스턴대학 아이비경영대학원 박사후 연구원

피오나 두기드
캐나다협동조합연구연합회 이사

1. 머리말

2008년 세계 경제 위기에 협동조합이 보인 회복탄력성[1](Birchall and Ketilson, 2009; Roelants *et al.*, 2012; Birchall, 2013) 덕분에 사람들은 협동조합 사업 모델과 이들 협동조합이 전체 경제와 그들이 활동하는 지역사회에 미치는 영향에 더욱 관심을 갖게 되었다. 2009년에 미국 위스

---

[1] 협동조합은 경제 위기뿐만 아니라 경제가 좋을 때도 성공한다(전 세계와 광범위한 산업에서 협동조합 사업 모델이 회복탄력성을 보여준 사례를 연구한 것으로는 Mazzarol *et al.*(2014)을 보라. 캐나다의 여러 주에서 협동조합의 생존율과 다른 사업체의 생존율을 비교 연구한 것으로는 Quebec Ministry of Economic Development, Innovation and Export(2008)와 Murray(2011), Stringham and Lee(2011)을 보라).

콘신대학 협동조합연구센터는 처음으로 폭넓은 협동조합 부문이 미국 경제에 얼마나 중요한지를 보여주는 일련의 포괄적인 전국 수준의 통계를 냈다(Deller *et al.*, 2009). 2010년에는 '협동조합 차별성 측정 연구 네트워크'에서 캐나다에서 활동하는 모든 협동조합이 사회와 환경, 경제에 끼치는 영향을 측정하기 위한 5개년 프로젝트에 착수했다(Measuring the Cooperative Difference Research Network, 2010). 또한 2012년에는 프랑스협동조합연합회에서 폭넓은 협동조합 부문이 프랑스 경제에 얼마나 기여하는지를 보여주는 첫 번째 통계를 냈다(Coop FR, 2012).[2] 이런 시도들이 이루어지기 전에는 협동조합의 경제적 영향에 대한 분석이 대개 주나 지방 경제[3] 수준에서 이루어지거나 단일 경제 부문 수준[4]에서 이루어졌다(우리가 아는 유일한 예외는 영국협동조합연합회다. 여기서는 2007년부터 영국 협동조합 부문을 전체적으로 검토한 결과를 내놓기 시작했다(Cooperatives UK, 2007)).

경제적 영향은 폭넓게 정의하면 특정 사업이나 부문이 지역 경제나 지방 경제, 국민경제, 또는 지역사회에 가져오는 경제적 혜택을 말한다. 협동조합 문헌에서는 대개 (a) 협동조합 조합원에게 돌아가는 혜택, 이른바 협동조합 내부 가치와 (b) 더 넓은 지역사회와 경제에 돌아가는 혜택, 이른바 협동조합 외부 가치를 구분한다(McKee *et*

---

2 최근에 협동조합의 경제적 영향을 연구한 것으로는 특히 세계 300대 협동조합을 연구한 IRE-CUS(2012)가 있다.

3 캐나다 사례로는 예를 들어 서스캐처원 주를 대상으로 한 Herman and Fulton(2001)을 보라. 미국 사례로는 예를 들면 대초원지대와 동부의 옥수수지대를 대상으로 한 McNamara *et al.*,(2001)과 미네소타 주를 대상으로 한 Folsom(2003), 위스콘신 주를 대상으로 한 Zeuli *et al.*(2003), 노스다코타 주를 대상으로 한 Coon and Leistriz(2005)를 보라.

4 예를 들면, 아이오와 주의 전기협동조합(Strategic Economics Group, 2006).

al., 2006). 〈표 1〉은 그런 혜택이 조합원 수준에서는 어떤 것들이 있고 지역사회 수준에서는 어떤 것들이 있는지를 보여준다.[5]

〈표 1〉 협동조합이 조합원과 지역사회에 미치는 경제적 영향을 보여주는 사례

수준	경제적 영향을 보여주는 사례
협동조합 조합원	더 나은 가격과 비용 절감으로 생기는 수익성 향상, 부가가치 활동을 통한 추가 소득, 시장 접근성의 제고(예를 들면, USDA, 2001; Leclerc, 2010; London Economics, 2008; Zeuli and Deller, 2007)
	협동조합이 없다면 제공되지 않을 제품과 서비스에의 접근(예를 들면, IRECUS, 2012; Leclerc, 2010; Folsom, 2003; Fulton and Ketilson, 1992; Zeuli and Deller, 2007)
	이용실적배당으로 인한 수입 증가(예를 들면, Deller *et al.*, 2009; Zeuli *et al.*, 2003; Cooperatives UK, 2014)
지역사회와 경제	사업 소득 / 판매량(예를 들면, Deller *et al.*, 2009; Folsom, 2003; Zeuli *et al.*, 2003; Ketilson *et al.*, 1998; Herman and Fulton, 2001; Bangsund *et al.*, 2011; Cooperatives UK, 2014)
	자본 투자 / 자산(예를 들면, Ketilson *et al.*, 1998; Herman and Fulton, 2001)
	부가가치 / 국내총생산(예를 들면, Zeuli *et al.*, 2003)
	고용; 임금과 급여 소득(예를 들면, Deller *et al.*, 2009; Folsom, 2003; McNamara *et al.*, 2001; Zeuli *et al.*, 2003; Ketilson *et al.*, 1998; Herman and Fulton, 2001; Leclerc, 2010; Bangsund *et al.*, 2011; The ICA Group, 2012; Cooperatives UK, 2014)
	정부의 세금 수입(예를 들면, Deller *et al.*, 2009; Folsom, 2003; Zeuli *et al.*, 2003; Leclerc, 2010; Bangsund *et al.*, 2011)
	제품 가격과 품질, 임금에 대한 경쟁을 촉진하는 효과 (예를 들면, USDA, 2001; Leclerc, 2010; The ICA Group, 2012; Zeuli and Deller, 2007)
	경제 안정성(예를 들면, IRECUS, 2012; The ICA Group, 2012; Zeuli and Deller, 2007)

지금까지 협동조합의 경제적 영향을 측정할 때 가장 흔히 사용된 척도로는 다음과 같은 것들이 있다. (a) 자산, (b) 매출액, (c) 조합원 수, (d) 이용실적배당액, (e) 임금과 급여, (f) 일자리(고용), (g) 세금. 협동조합의 경제적 영향을 완벽하게 측정하려면 다른 혜택도 측정해야 한다는 데는 합의가 이루어졌지만, 그런 혜택은 계량하기 어려워 지금까지는 경제적 영향 연구에서 그에 대한 논의만 이루어졌다(예를 들면, Fulton and Ketilson, 1992; Folsom, 2003; Leclerc, 2010; The ICA Group, 2012).

폭넓은 협동조합 부문의 경제적 영향 연구는 적어도 두 가지 이유에서 중요하다. 첫째, 이러한 성격의 연구는 협동조합이 경제에서 수행하는 역할을 이해하고 다른 형태의 사업 조직과는 다른 수준의 경제적 영향을 미치는지를 확인하는 데 도움이 된다. 협동조합 부문의 사업 규모와 경제적 영향을 평가한 추정치는 여러 이해관계자에게 유용하다. 예를 들어 정부기관에서는 그것을 통해 협동조합이 경제 성장의 원천이자 지역사회 경제 발전의 도구로서 얼마나 성과가 있는지 알 수 있다. 협동조합연합회는[6] 그것을 이용해 조합원의 중요성을 강조하고 협동조합의 발전을 위한 투자에 대한 정치적 지

---

5 경제적 영향을 조사할 때 고려해야 할 유형에는 세 가지가 있다. 직접 영향과 간접 영향, 파생 영향이 그것이다. 직접 영향은 협동조합의 활동에서 기인하는 영향으로, 예를 들면 산출물의 판매로 생기는 수입과 노동자와 소유자에게 지급되는 수입(예를 들면, 임금과 급여, 이용고 배당 등), 고용된 사람의 수, 세금 납부액 등이다. 간접 영향은 협동조합에 제품과 서비스를 공급하는 사업체의 활동으로 생기는 영향이다. 마지막으로 파생 영향은 조합원이 이용고 배당을 통해 얻은 수입이나 노동자가 노동을 통해 얻은 수입을 다시 일상생활에 필요한 소비재를 구매하는 데 씀으로써 생기는 영향을 말한다.
6 협동조합연합회로는 캐나다노동자협동조합연합회나 미국의 전국농촌전기협동조합협회, 유럽의 협동조합은행연합회 등이 있다.

원을 정당화할 수 있다. 비슷한 맥락에서 부가가치를 창출하는 협동조합 사업을 유치하거나 개발하는 일에 종종 관여하는 농촌 지역 지도자들은 그것을 이용해 인센티브 패키지를 정당화할 수 있다. 둘째, 경제적 영향 연구를 통해 협동조합 부문은 시간에 따른 성과뿐 아니라 다른 부문 대비 성과도 평가해 개선을 촉진할 수 있다.

그러나 협동조합의 경제적 영향을 평가하려면 도전해야 할 과제가 없지 않으며, 이런 과제가 있다는 것을 알고 그것을 해결하는 방법을 알면 분석을 계획하고 실제로 수행하는 데 도움이 되고 연구 결과의 질도 높일 수 있다. 그런데 경제 문헌에서나 협동조합 문헌에서나 이 주제에 대한 논의는 주로 어떤 맥락에서 경제적 영향을 평가할 때 어떤 방법을 쓰는 것이 가장 적절한지를 중심으로 이루어진다(예를 들면, Loveridge, 2004; Deller *et al.*, 2009; Leclerc, 2010; Uzea, 2014).[7] 우리가 아는 바로는 Mckee *et al.*(2006)를 제외하고는 협동조합 부문의 경제적 영향을 실제로 연구할 때 부딪힐 수 있는 다른 도전 과제들에 대한 연구는 거의 이루어지지 않았다.

이 장의 목표는 그 틈을 메우기 시작하는 것이다. 그래서 협동조합의 경제적 영향을 다룬 기존 문헌을 검토하여[8] 협동조합의 경제적 영향을 연구할 때 부딪힐 수 있는 난제들을 확인하고, 그것을 해결하는 방법에 대한 예비적 통찰을 얻고자 한다.[9] 〈그림 1〉에서 볼

---

7 경제적 영향 평가 방법은 저마다 자료 요건과 가정, 연산의 복잡성, 파악하는 영향의 정도/성격이 달라, 방법을 선택할 때 이러한 조건들 사이에 트레이드오프 관계가 생긴다. 더구나 일반적인 영향 평가 방법은 시장에서 경쟁을 촉진하고 협동조합이 없었다면 제공되지 않았을 제품과 서비스를 제공하고 지역의 경제적 안정에 기여하는 협동조합의 고유한 성과를 설명하지 못한다(Uzea, 2014).

8 문헌 검토는 영어와 프랑스어로 발표된 연구만 했다.

수 있듯이, 그런 난제들은 영향 분석의 세 단계에 따라 세 가지 주요 범주로 나뉜다. 즉 (1) 자료 수집과 관련된 것으로, 기존 미시자료에 접근할 수 있는 방법을 확보하고, 기존 자료집합에 있는 경제활동 자료를 표준화하고, 협동조합 모집단을 확인하고, 연구 대상이 되는 사업 기간을 정하고, 연구 대상 지역을 정하고, 협동조합을 조사하는 문제, (2) 자료 분석과 관련된 것으로, 분석 단위를 확인하고, 일 반적인 영향 평가 방법을 협동조합의 세부 특성에 맞게 고치고, 협 동조합의 고유한 성과를 설명하고, 영향의 분포를 조사하는 문제,

〈그림 1〉 협동조합 부문의 경제적 영향을 연구할 때 부딪히는 난제들

자료 수집과 관련된 문제	-기존 미시자료에 접근하는 문제 -여러 자료집합에 있는 경제활동 자료를 표준화하는 문제 -협동조합 모집단을 확인하는 문제 -연구 대상이 되는 사업 기간을 정하는 문제 -연구 대상 지역을 정하는 문제 -협동조합을 조사하는 문제
자료 분석과 관련된 문제	-분석 단위를 확인하는 문제 -일반적인 영향 평가 방법을 협동조합에 맞게 고치는 문제 -협동조합의 고유한 성과를 설명하는 문제 -영향의 분포를 조사하는 문제
결과 해석과 관련된 문제	-반사실적 상태를 정의하는 문제 -협동조합 부문의 경제적 영향을 비협동조합 부문의 경제적 영향과 비교하거나 시간의 추이에 따라 협동조합 부문의 영향을 비교하는 문제

9 이 연구에서 얻은 결과는 캐나다 '협동조합 차별성 측정 연구 네트워크'에서 주도한 프로젝트, 즉 전 국 협동조합 영향 연구(The National Study on the Impact of Cooperatives)에 직접 영향을 끼쳤다.

제2부
────
구체적 사례에서 무엇을 배울 수 있을까?

(3) 결과 해석과 관련된 것으로, 반사실적 상태를 정의하고, 협동조합 부문의 영향과 협동조합이 아닌 부문의 영향을 비교하거나 시간의 추이에 따라 협동조합 부문의 영향을 비교하는 문제 등이다. 다음 절에서는 이런 과제들을 논의하고 지금까지 협동조합 영향 연구에서는 그런 과제들을 어떻게 해결했는지를 논의한다. 마지막으로 결론 절에서는 핵심 연구 결과를 제시하고 몇 가지 주장과 앞으로 연구할 만한 주제들을 제시한다.

2. 도전 과제들

2.1. 자료 수집과 관련된 문제

협동조합 부문의 경제적 영향을 연구하려면 협동조합 모집단 전체의 경제활동에 관한 자료가 있어야 한다. 이런 자료를 쉽게 얻을 수 있다면 그것을 가지고 자료 분석을 하면 된다. 하지만 그런 일은 거의 없다. 그보다는 다음과 같은 세 가지 상황이 더 일반적이다. 즉 필요한 자료가 모두 있지만 여러 자료집합에 흩어져 있거나, 자료가 존재하지 않아 조사를 통해 수집할 필요가 있거나, 기존 자료를 조사 자료를 통해 보완할 필요가 있다.

2.1.1. 필요한 자료가 모두 있지만 여러 자료집합에 흩어져 있다

한 가지 상황은 자료가 이미 수집되었지만 협동조합경제의 전체

상을 그리려면 다수의 기존 자료집합을 모아서 편집할 필요가 있을 때다. 예를 들면, 캐나다에서는 1931년부터 농업농식품부에서 실시한 캐나다 협동조합 연례조사(Annual Survey of Canadian Cooperatives)가 풍부한 자료의 원천이다(역사적으로 70%에 달하는 응답률을 보였다). 그러나 이 연례조사에서는 비금융협동조합만 조사한다. 따라서 캐나다 협동조합 부문의 전체 상을 그리려면 이 자료집합을 협동조합 금융 부문에 관한 자료와 결합해야 했는데, 이것은 캐나다신용협동조합중앙회에 있다. 기존의 자료집합에 접근해 편집을 하려고 할 경우 일어날 수 있는 문제는 두 가지다. 기존 미시자료에 접근하는 문제와 아주 이질적인 자료집합에 있는 경제활동 자료를 표준화하는 문제다.

기존 미시자료에 접근하기. 기존 자료집합의 미시자료에 접근하는 것은 적어도 두 가지 이유에서 어려울 수 있다. 첫째, 기존 자료집합에서 협동조합의 지위를 가진 것들에 대한 자료를 찾는 것이 불가능하지는 않아도 어려울 수 있기 때문이다. 이것은 Deller *et al.*(2009)이 미국 주택협동조합의 자산평가액과 재산세에 관한 정부 자료를 찾으려고 했을 때 부딪힌 문제다. 둘째, 경제활동 자료를 굳이 드러내지 않을 경우 기존 미시자료에 접근하기가 어려울 수 있다. 예를 들면 어느 부문이나 지역에 협동조합이 많지 않을 때 이런 문제가 생길 수 있다.

여러 자료집합에 있는 경제활동 자료를 표준화하기. 이 단계는 관할 지역이나 경제 부문, 시간에 따라 경제활동을 보고하는 방식에 차이에 있을 때 문제가 된다. 그렇게 되면 서로 다른 자료집합 간에 일관성이 없기 때문이다. 예를 들어, 미국 전역에 있는 주택협동조합의 자산평가액과 재산세에 관한 정부 자료는 지방자치단체마다 자산을 평가하고 세금을 부과하는 방식이 다른 탓에 일관성이 없다 (Deller *et al.*, 2009). 캐나다 서스캐처원 주의 협동조합 조합원에 관한 사법부 자료도 한때는 협동조합이 조합원 전체를 보고하도록 했다가 나중에는 활동 조합원만 보고하도록 한 탓에 일관성이 없다(Herman and Fulton, 2001). 어떤 경제적 영향 평가 자료가 하나 이상의 자료집합에서 통째로 빠졌을 때도 문제가 된다.

2.1.2. 자료가 존재하지 않아 조사를 통해 수집할 필요가 있다

하지만 대부분의 경우는 자료가 존재하지 않아 조사를 통해 수집할 필요가 있고(Bhuyan and Leistritz, 1996; Coon and Leistritz, 2001, 2005; Zeuli *et al.*, 2003; Folsom, 2003; Deller *et al.*, 2009), 이 과정에서 협동조합 모집단을 확인하고, 연구 대상이 되는 사업 기간을 정하고, 연구 대상 지역을 정하고, 협동조합을 조사하는 문제 등 다양한 문제에 부딪힐 수 있다.

협동조합 모집단 확인하기. 협동조합 기업의 모집단을 모두 확인하려면 복잡할 수 있고, 전국 수준에서 그러려면 특히 그럴 수 있다. 주요 부문(예를 들어, 농업협동조합이나 신용협동조합)에서 활동하는 협동조합은 지역/중앙연합회가 조직되어 있어 파악하기가 비교적 쉽지만, 다른 협동조합은 산업 전체를 대표하는 기구가 없다. 따라서 이런 협동조합은 확인하기가 어려워 분석에서 빠질 수 있다. 예를 들어, Deller *et al.*(2009)은 미국 경제에서 활동하는 협동조합을 29,000개 넘게 확인했지만, 전국협동조합사업연합회(NCBA, 2005)는 쉽게 확인할 수 있는 사업 부문을 바탕으로 하여 협동조합이 21,000개 있다고 보고했다. Deller *et al.*(2009)은 연합회에서 관리하는 명부 외에 학계의 공동연구자와 웹 검색, 비영리조직 데이터베이스 검색을 통해 협동조합을 확인했다.

협동조합 모집단을 확인할 때는 협동조합 사업체를 다른 사업 모델과 구분하는 문제도 발생할 수 있다. 이는 협동조합 사업 모델 자체가 인지된 재무적 제약에서 벗어나기 위해 변화하고 있어 복잡한 문제가 될 것이다(예를 들면, Chaddad and Cook, 2004; Baarda, 2006).[10] 그래서 협동조합을 식별하는 기준을 정해야 하는데, 그 기준은 협동조합 기업 전체를 모두 조사할 수 있을 정도로 폭넓어야 하지만, 한 협동조합을 이중으로 계산할 정도로 그래서는 안 된다. 나아가 이런 기준을 부문이나 관할 지역, 시간이 달라도 언제나 사용할 수 있는 전략도 개발해야 한다.

협동조합 모집단을 구성할 때 대부분의 영향 연구(예를 들면, Zeuli *et al.*, 2003; Karaphillis, 2012; Bhuyan and Leistritz, 1996; Coon and Leistritz, 2001, 2006; McKee, 2011; Folsom, 2003)에서는 협동조합이라는 법인격으로 설립된 조직을 모두 고려했다. 하지만 Deller *et al.*(2009)이 주장한 대로, 협동조합의 기능을 하는 사업체가 유한책임회사나 일반 회사, 비영리조직으로 설립될 수도 있다. 따라서 법인격만으로는 협동조합 전체를 확인할 수 없다. 예를 들어 캐나다에서 최근에 전국 협동조합 영향

---

10 신세대협동조합과 기초자본출자제도, 공공에 일부 소유권이 있는 자회사, 공정을 추구하는 합작투자회사, 유한책임회사와 협동조합의 전략적 제휴, 영구자본출자제도 등 아주 다양한 협동조합 모델이 등장하고 있다. 소유 구조와 조합원 제도, 투표권, 거버넌스 구조, 잔여재산청구권, 혜택의 분배 등 이런 전통적이지 않은 협동조합 모델의 조직 속성을 논한 것으로는 Chaddad and Cook(2004)을 보라.

연구(National Study on the Impact of Co-operatives)를 할 때는 상호조합을 포함할지 여부를 결정해야 했다. 상호조합은 협동조합으로 설립되지 않았어도 협동조합과 거의 차이가 없어, 최근에 전국 수준에서 협동조합을 대표하는 기구에서 상호조합을 완전히 받아들였다.

그 밖에 협동조합인지를 확인하는 기준으로는 협동조합 원칙의 적용과 자기 확인, 납세자 유형, 소유 구조, 거버넌스 구조가 있을 수 있다. 그러나 이 가운데 어떤 것도 그 자체로 충분하지 않고, 때로는 서로 모순되기도 한다(Deller et al., 2009). 예를 들어 어떤 조직이 협동조합의 특성을 갖고 있고 협동조합의 원칙을 따르는지는 정관과 규약을 보면 알 수 있다. 그러나 이것은 협동조합 전체를 조사할 때 협동조합을 선별하는 메커니즘으로는 실용적이지 않다. 조직의 이름에 "협동조합"을 사용함으로써 스스로 협동조합이라고 하는 자기 확인도 조직이 협동조합임을 보여주는 신뢰할 만한 지표가 아니다. 협동조합으로 활동하지만 이름에 '협동조합'이라는 말을 사용하지 않는 조직도 있기 때문이다. 세금신고서 서식을 이용해 협동조합 전체를 확인할 수도 없다. 협동조합으로 운영되는 기업이라도 비조합원 사업 비중이 상당하거나[11] 협동조합으로서 세제 혜택을 받기에는 비조합원의 출자 지분이 높을 경우에는 일반 법인세 신고서를 작성할 수 있기 때문이다.[12] 면세 지위도 협동조합을 식별하는 신

---

[11] 이러한 문제는 비조합원 사업 비중이 50%가 넘을 때는 법에 따라 협동조합이 법률적 지위를 변경하도록 되어 있는 지역(예를 들면, 캐나다의 퀘벡 주)에서는 일어나지 않을 것이다.

[12] 미국에서 바이오연료와 소비재, 예술공예, 사회서비스와 공공서비스 분야에서 활동하는 기업을 조사했더니,ʾ(a) 표본에서 협동조합으로 설립된 기업 가운데 15%가 일반 사업체로 세금 신고를 했고, (b) 주식회사로 설립된 기업 가운데 26%가 협동조합으로 세금 신고를 한 것으로 드러났다(Deller et al., 2009).

뢰할 만한 여과장치가 아니다. 협동조합이 면세 지위를 갖는 부문에서 협동조합이 아닌 비영리조직도 활동하기 때문이다.

Deller *et al.*(2009)은 조직이 법인의 지위와 납세자 유형, 면세 지위, 조합원 활동 정보(즉, 조합원의 자격 기준과 이사 선출권, 이용고 배당, 경영진의 이사회 참여 제한) 같은 기준을 모두 충족해야 협동조합이라고 확인할 수 있다고 믿는다. 협동조합을 식별하는 일은 그렇지 않아도 복잡한데, 조직이 자격 기준 전체가 아니라 일부만 충족할 경우 더 어려워질 것이다.

연구 대상이 되는 사업 기간 정하기. 협동조합의 사업 기간이 적어도 얼마나 되어야 협동조합 모집단에 포함될 수 있는지도 정해야 한다. 미국 미네소타 주 서부에 있는 지방정부들의 협동조합인 WACCO(Western Areas Cities and Counties Cooperative)를 조사한 결과 "사업을 시작한 지 한참 뒤에도 많은 사람이 협동조합의 혜택을 인지하기 어려울 수 있다. WACCO는 예를 들어 지방정부 서비스의 비용 절감과 품질 향상에 기여했지만 그것이 지역 시민들에게 꼭 보이는 것은 아니"(USDA, 2001, pp. 81)라는 것이 드러났다. 마찬가지로 기업 구조의 변화(예를 들면, 탈상호화)가 일어난 지 최대 얼마나 지나야 협동조합 모집단에 포함하지 않을지도 정해야 한다. 달리 말하면, 연구 대상이 되는 사업 기간에 수행한 사업으로 얻을 수 있는 혜택을 충분히 얻었는지도 결정해야 한다.

연구 대상 지역 정하기. 지역 영향을 측정할 때 연구 대상 지역에서 활동하는 협동조합 가운데 본사가 다른 데 있거나 연구 대상 지역에서 설립되었더라도 국내나 국외에 있는 다른 지역에 계열사나 자회사가 있는 협동조합이 있는 상황이 생길 수 있다. 따라서 조사 대상에 연구 대상 지역에서 활동하는 협동조합은 모두 포함할지 아니면 그 지역에서 설립된 협동조합만 포함할지 결정해야 한다. 예를 들면 Folsom(2003)과 Zeuli et al.(2003)은 이 문제를 해결해야 했는데, 미네소타 주와 위스콘신 주에는 본사가 다른 곳에 있거나 주 바깥에서 하는 사업이 상당한 대규모 협동조합이 많았기 때문이다. Folsom(2003)은 미네소타 주에서 설립된 협동조합만 포함하고 이들에게 주 바깥에서 이루어지는 지출의 비율을 측정해달라고 했다. 그래서 협동조합에서 제공한 총수입액에서 그 비율만큼을 차감했는데, 그 비율이 대략 추정한 것이라서 완전히 정확한 결과가 아닐 수도 있다는 점은 인정했다. Zeuli et al.(2003)은 위스콘신 주에서 설립된 협동조합에만 초점을 맞추지 않고 이 주에서 활동하지만 다른 주에서 설립된 협동조합도 분석 대상에 포함했다. 그리고 위스콘신 주에서 활동하지만 다른 곳에 본사가 있는 협동조합에 위스콘신 주에서 하는 사업으로 발생하는 총매출액, 조합원과 직원 수, 급여액만 제공해달라고 했다.

본사의 위치에 상관없이 모든 협동조합을 고려할지 아니면 연구 대상 지역에 본사가 있는 협동조합에만 초점을 맞출지 결정할 때 두 가지 요인이 영향을 줄 수 있다. (a) 시설 수준에서 신뢰할 만한 자료를 이용할 수 있는지 여부와 (b) 연구 범위와 자료의 질(과 궁극적으로는 연구 결과의 질)의 트레이드오프 관계다. 분석 범위를 연구 대상 지역에서 설립된 협동조합으로 제한한 경우에는 협동조합의 영향이 과소평가되어, 분석자는 어느 정도나 과소평가되는지 짐작할 수 있도록 해줄 필요가 있다. 지금까지 경제적 영향을 연구한 것들은 기껏해야 연구 대상에서 제외된 협동조합의 수만 밝히고 그로 인해 과소평가된 경제적 영향이 얼마나 되는지는 제공하지 않았다(예를 들면, McKee, 2011).

협동조합의 경제적 영향 평가는 지역 수준보다 전국 수준에서 할 때 쉬울 것이다. 전국 수준에서는 여러 주나 지방에서 사업을 하는 협동조합이 주 수준에서 하는 사업을 계량할 필요가 없기 때문이다. 자료도 국내 수준의 자료와 국제 수준의 자료만 구분하면 되는데, 대부분의 협동조합이 국내에서만 활동하기 때문에 구분할 필요가 있는 자료도 미미한 수준일 것이다.

협동조합 조사하기. 협동조합 모집단이 확인되면 조사를 통해 수익과 고용, 임금과 수당, 직접 비용, 수익 배분, 납부 세금 같은 경제 활동 자료를 모아야 할 것이다. 협동조합에 고유한 조사에서는 조합원의 출자액과 거버넌스 참여 같은 협동조합에 고유한 자료뿐 아니라 사회적 영향과 환경 영향에 관한 자료도 수집할 수 있을 것이다. 하지만 너무 많은 정보를 요청해 응답률이 낮아지지 않도록 신경 써야 한다. 또한 측정 오차를 최소화하고 경제 부문 간 비교가 가능한 자료를 얻으려면 표준화된 조사 도구와 단일한 표본 추출 방법론을 사용할 필요가 있다(Deller *et al.*, 2009). 유용한 표본 추출 방식은 층화표본추출법이다. 즉, 비교적 소수의 협동조합이 활동하는 사업 부문에서는 모든 협동조합을 조사하고, 많은 협동조합이 활동하는 사업 부문에서는 층화표본추출법을 이용해 그 부문의 기본 분포가 반영되도록 하는 것이다.

여느 조사와 마찬가지로 협동조합기업을 조사할 때도 모집단에 대해 통계적으로 유효한 발언을 하려면 응답률을 충분히 올릴 수 있는 방법을 고민해야 한다. 다른 사회적경제 행위자들과 마찬가지로 협동조합도 직원이 충분하지 않은 곳이 많고, 특히 사회적 성격이 강한 곳일수록 그렇다(예를 들면, 주택이나 의료, 교육, 지역사회 서비스 분야 협동조합). 그래서 협동조합 경영진이나 이사진, 자원봉사자에게 접근해 조사하기가 어려울 수 있다. 일반적으로 전화 인터뷰가 온라인이나 전자메일, 우편, 팩스 조사보다 성공할 가능성이 높은데, 전화 인터뷰에서는 인터뷰하는 사람이 조사의 중요성을 더 잘 전달할 수 있고 조금만 시간을 내면 된다고 응답자를 안심시킬 수 있기 때문이다(London Economics, 2008). 하지만 반드시 미리 약속을 잡아 응답자가 실제로 전화 조사를 하기 전에 재무 정보를 수집할 시간을 주어야 한다(Deller et al., 2009). 그래도 참여도를 높이려면 조사에 관해 널리 알리는 것도 중요하다. 널리 알릴 때는 다음과 같이 다양한 방법을 쓸 수 있다. (a) 협동조합연합회에서 조합원에게 웹사이트와 회보를 통해, (b) 일반 우편이나 전자 우편으로, (c) 전화로 직접 조사에 응해달라고 요청하는 것이다(Deller et al., 2009). 가능하면 협동조합 재무보고서나 공공 데이터베이스에서 2차 자료를 얻어 조사를 통해 얻은 정보를 보완할 수도 있다. 하지만 이 경우에는 자료의 원천과 재무 정보 보고 방식의 이질성이라는 또 다른 문제가 생길 수 있다.

2.1.3. 기존 자료를 조사 자료로 보완할 필요가 있다

마지막으로, 어떤 부문이나 어떤 영향 평가에 관한 자료는 존재하는데 다른 부문이나 다른 영향 평가에 관한 자료는 존재하지 않는 경우도 있을 수 있다. 이때는 조사를 통해 자료가 존재하지 않는 부문이나 영향 평가에 관한 자료를 수집하여 기존 자료와 통합해야 할 것이다. 예를 들어, Julie *et al.*(2003)과 Folsom(2003)은 조사를 통해 협동조합에 관한 자료를 수집한 뒤 이것을 신용조합에 관한 기존 자료와 합쳤다. 이것은 가장 복잡한 상황이다. 새로운 자료도 수집하고 기존 자료에도 접근하여 서로 다른 자료집합을 한 데 모아야 하기 때문이다. 기존 자료에 접근하여 서로 다른 자료집합을 한 데 모으기가 얼마나 어려운가에 따라 이미 자료가 존재하는 부문이나 영향 평가에 관한 자료도 새로 수집하는 편이 더 나을 수 있다.

2.2. 자료 분석과 관련된 문제

자료 분석 단계에서는 다음과 같은 문제가 발생할 수 있다. 분석 단위를 확인하고, 일반적인 영향 평가 방법을 협동조합의 특성에 맞게 고치고, 협동조합의 독특한 성과를 설명하고, 영향의 분포를 조사하는 문제다.

분석 단위 확인하기. 영향 분석은 부문 수준이나 하위 부문 수준에서 하는 것이 중요하다. 모든 협동조합을 하나로 합쳐서 집계하면 편향이 일어나(협동조합도 부문에 따라 제품 믹스와 기술, 행동이 다르기 때문이다) 전체 영향 평가 결과가 바뀔 수 있다. 협동조합 유형에 따라 서로 다른 영향이 드러나지 않을 수도 있다. 하지만 경제 부문별이나 하위 부문별로 영향을 분석하는 것은 쉽지 않은 일이다. 모든 협동조합이 완전히 이 부문이나 저 부문에만 속하지 않기 때문이다(예를 들어, 협동조합은 대부분 농산물 판매나 농산물 생산에 필요한 투입 요소를 공급하는 부문에 있지만, 캐나다에 있는 핸살지역협동조합[13]은 곡물 판매로도 수익이 발생하고 농산물 생산에 필요한 투입 요소 공급을 통해서도 수익이 발생한다). 따라서 자료를 구분하는 기준을 정해야 한다. 게다가 Deller *et al.*(2009)이 발견한 대로 재무 정보를 보고하는 방식(예를 들면, 이용실적배당을 정의하는 방식)도 대개 부문별로 달라, 분석을 위해 서로 다른 자료를 표준화하는 문제도 생길 수 있다. 하지만 이런 어려움에도 대부분의 영향 연구는 협동조합 모집단을 주요 경제 부문별로 구분했다. 모든 협동조합을 한꺼번에 분석한 것은 몇 가지뿐이다(예를 들면, Leclerc, 2010).

일반적인 영향 평가 방법을 협동조합에 맞게 고치기. 어떤 사업 부문이 지역경제나 국민경제에 얼마나 기여하는지를 측정할 때 일반적으로 사용하는 방법론으로는 다음과 같은 것들이 있다. (a) "항목별 조사" 방법, (b) 투입–산출 모형, (c) 사회계정행렬 모형, (d) 연산가능일반균형 모형을 이용한 접근법이다.[14] 간단히 살펴보면, "항목별 조사"(head-count) 방법은 보유자산과 자본투자액, 발생 수익과 이익, 고용인원 수, 임금과 급여, 배당액 같은 지표를 조사해 어떤 부문의 상대적 규모를 평가할 때 사용한다.

투입–산출(input-output) 모형은 일정한 기간에 경제의 모든 부문들 사이에서 일어난 제품과 서비스의 판매와 구매를 균형체계로 설명하는 거래행렬로 시작된다.[15] 이 모형을 대수연산하면(즉 역행렬을 구하면), 모형을 만든 사람이 어떤 부문의 활동 증가가 경제 전체에 미

---

13 www.hdc.on.ca

14 Loveridge(2004)는 투입산출 모형, 사회계정행렬 모형, 연산일반균형 모형을 간단히 설명하고 비판적으로 검토했다(즉 일반적인 운영 원칙과 주요 단점, 적절한 용도에 관하여). 협동조합 부문의 경제적 영향을 평가할 때 이 모든 방법의 한계를 자세히 검토한 것으로는 Uzea(2014)를 보라.

15 따라서 각 경제 부문마다 총매출과 총지출이 같아야 한다.

치는 영향, 즉 승수효과를 계산할 수 있다. 그리고 이 승수를 이용해 경제활동의 증감에 따른 *직접 영향과 간접 영향, 파생 영향*을 추정할 수 있다. 투입-산출 모형의 주요 결함은 자원이 연구 대상인 산업과 관련 산업(즉 공급자 산업)으로 자유롭게 흘러간다고 가정하는 것이다. 따라서 이 자원이 다른 데서는 사용되지 않는다고 가정하기 때문에 다른 데서는 산출의 감소나 투입 가격의 증가가 일어나지 않는다.

사회계정행렬(social accounting matrix) 모형도 투입-산출 모형과 동일한 일련의 기본 가정과 해결 방법으로 작동된다. 그러나 사회계정행렬은 투입-산출 모형의 거래행렬보다 더 포괄적인 데이터베이스다. 사회계정행렬 모형에서는 거래에 제품과 서비스의 구매나 판매 외에 생산 과정에서 일어나는 거래(예를 들면, 중간재의 구매와 생산요소의 임차)와 제도 부문의 당좌계정거래[16](예를 들면, 제도 부문 간 이전과 다양한 세금 납부), 제도 부문의 자본계정거래(예를 들면, 저축과 투자), 국경을 가로질러 국제적으로 이루어지는 거래(예를 들면, 해외 직접 투자와 국제 무역 거래)도 포함된다. 사회계정행렬 모형에서 추정된 영향은 아주 세분된 산업으로 나누어지기 때문에, 이 모형은 어떤 부문의 경제활동의 증감에 따른 영향이 어떻게 분포되는지를 고려할 때 사용하기 좋다.

연산가능일반균형(computable general equilibrium) 모형에서는 사회계정행렬 표에서 일어나는 각 거래 흐름을 가격과 거래량이라는 두 가지 요소로 분리하여, 이것을 연구 대상 부문의 경제활동 증감에 따

---

16 여기서 제도 부문은 가계와 법인기업, 정부를 말한다.

방법	저자, 출간년도	연구 범위
"항목별 조사" 방법	Fulton *et al.*, 1991 Ketilson *et al.*, 1998	서스캐츠원 주의 다양한 부문 서스캐츠원 주의 다양한 부문
	Herman and Fulton, 2001 National Cooperative Business Association, 2005	서스캐츠원 주의 다양한 부문 미국의 다양한 부문
	Cooperatives UK, 2007-2014 Coop FR, les entreprises cooperatives, 2012, 2014	영국의 다양한 부문 프랑스의 다양한 부문
투입-산출 모형	Bhuyan and Leistritz, 1996	노스다코타 주의 다양한 부문
	Bangsund and Leistritz, 1998	노스다코타 주와 미네소타 주의 사탕무 산업
	Bhuyan and Leistritz, 2000	노스다코타 주의 비농업 부문
	McNamara *et al.*, 2001	대평원과 동부 옥수수지대의 농업
	Coon and Leistritz, 2001	노스다코타 주의 다양한 부문
	Folsom, 2003	미네소타 주의 다양한 부문
	Coon and Leistritz, 2005	노스다코타 주의 다양한 부문
	Deller *et al.*, 2009	미국의 다양한 부문
	Leclerc, 2010	뉴브런즈윅 주의 다양한 부문
	McKee, 2011 John Dunham & Associates, 2011 Frick *et al.*, 2012	노스다코타 주의 다양한 부문 버몬트 주의 식품산업 몬태나 주의 다양한 부문
	Karaphillis, 2012, 2014	노바스코샤 주의 다양한 부문
사회계정행렬 모형	Zeuli *et al.*, 2003	위스콘신 주의 다양한 부문
일반균형 모형	없음	

라 조정할 수 있다. 구체적으로 말하면, 연산가능일반균형 모형은 (a) 연립방정식 체계(즉, 경제 주체의 행위를 설명하는 수요와 공급 방정식)와 (b) 거시경제 제약 조건들(투자와 저축, 무역수지 같은 거시경제 변수와 차감 변수)로 구성되어 있다. 연산가능일반균형 모형은 정태적일 수도 있고(즉 시간 차원이 없음) 동태적일 수도 있으며(즉, 분명히 시간과 시간에 따른 조정을 고려할 수 있음), 균형 연산을 이용해 해를 구할 수 있다(즉, 모든 거시경제 제약 조건들을 충족시키면서 동시에 "모든 시장의 수요와 공급을 일치시키는" 가격 벡터가 발견되면 균형은 달성된다). 일반적인 연산가능일반균형 모형은 GDP에 미치는 효과를 통해 경제 산출에서 일어나는 전반적 변화를 측정할 수 있고, 개별 산업의 산출 결과도 제공한다. 고용이나 정부의 세입 같은 핵심 변수에 끼치는 영향도 이 모형을 통해 측정할 수 있다.

투입-산출 모형은 자료의 요건과 연산의 복잡성 사이의 트레이드오프 관계와 모형의 현실 적합성 덕분에 협동조합의 경제적 영향을 측정할 때 가장 널리 쓰는 도구가 되었다(〈표 2〉를 보라). 그러나 투입-산출 모형도 협동조합의 경제적 영향을 측정하는 데 여러 가지 한계가 있다는 사실에 주목할 필요가 있다(Zeuli and Deller, 2007).

지역 구매. 투입-산출 모형을 이용해 협동조합이 지역 경제에 얼마나 기여하는지 측정할 때 가장 큰 한계는 협동조합과 지역 경제의 고유한 관계를 설명할 수 없다는 것이다. 구체적으로 말하면, 일반 투입-산출 모형에서는 승수가 한 산업 부문에 있는 모든 기업 구

---

17 경제활동을 부문별로 분류할 때 사용하는 표준 체계는 북미산업분류체계(North American Industry Classification System)와 국제표준산업분류(International Standard Industrial Classification) 체계, 호주와 뉴질랜드 표준산업분류(Australian New Zealand Standard Industrial Classification) 체계, 영국표준산업분류(UKSIC, UK Standard Industrial Classification) 체계 등 여러 가지가 있다.

조에 똑같이 적용된다고 가정한다.[17] 하지만 협동조합 이론에서는 협동조합이 같은 산업으로 분류되는 부문에 있는 다른 유형의 기업보다 지역에서 투입재를 더 많이 구매할 가능성이 높다고 한다(Fulton and Ketilson, 1992; Fairbairn *et al.*, 1995). 협동조합의 소유자는 지역사회 거주자이기도 해서 지역 기업이 지역사회에 장기적으로 미치는 긍정적인 경제적 사회적 영향으로부터 혜택을 받을 수 있어 투입재의 지역 구매를 지지할 거라는 것이다(설사 그것이 더 비싸더라도 말이다). 협동조합기업이 다른 기업 구조에 비해 지역에서 구매할 때 경쟁우위에 있다는 경험적 증거도 있다(예를 들면, Enlow, Katchova, and Woods, 2011; Katchova and Woods, 2011).

협동조합 부문의 경제적 영향을 연구할 때 협동조합이 다른 기업 구조를 가진 비교 가능한 기업보다 지역에서 더 많이 구매한다는 가설을 검증하려면 구매 패턴을 조사할 필요가 있다.[18] 기업 구조에 따라 지출 패턴이 다르다면, 투입-산출 모형을 이용한 추정치에 편향이 생길 것이다. 편향되지 않은 추정치를 얻으려면, 표준 분류 체계에 기초한 경제 부문들을 기업 구조별로 더 세분할 필요가 있고(즉, 협동조합 대 비협동조합으로), 협동조합 기업에 맞은 새로운 승수를 계산해낼 필요가 있다.

이용실적배당. 투입-산출 모형은 이용실적배당의 영향을 분석하는 데도 한계가 있다. 협동조합은 주로 이용실적배당을 이용해 순이익을 조합원들 사이에 분배한다. 이는 투자자소유기업이 이용하

---

18 미국의 식품협동조합은 일반적인 소매업체보다 지역에서 더 많이 구매하는 것으로 나타났다(The ICA Group, 2012).

는 배당금과는 다른 메커니즘이다. 그러나 전국 투입산출표를 업데이트할 때 사용하는 전국기업조사에서는 이용실적배당이 아니라 배당금에 관한 정보를 요청한다. 이용실적배당은 배당금과 정확히 같지는 않아서 이런 조사는 이용실적배당에 관한 정확한 자료를 제공하지 않는다. 또한 자료를 모두 함께 집계하면 이용실적배당의 의미가 사라지고, 협동조합이 기업 전체 모집단에서 차지하는 비중이 작은 부문에서는 특히 그렇다. 이용실적배당을 제대로 고려하지 않으면 협동조합이 지역경제에 미치는 영향을 과소평가하게 된다. 즉 소유자가 나라 전역에 흩어져 있거나 국제적으로 흩어져 있는 영리기업과 달리 협동조합은 일반적으로 지역에서 소유해 배당금보다 이용실적배당이 지역경제에 더 많은 부가가치를 창출할 수 있는데도 말이다. 게다가 영리기업을 지역에서 소유하고 있을 때도, 소유권이 많은 사람에게 분산된 협동조합과 달리 영리기업은 소유권이 소수에게 집중된 경향이 있다(예를 들면, 가족 소유 기업).

이용실적배당 자료를 수집하더라도 그것을 분석하는 방법도 문제가 된다. 투입-산출 체계에서는 총수입이 개인소득과 재산소득으로 구성되고, 배당금은 재산소득에 포함된다. 그러나 Folsom(2003)이 지적했듯이 이용실적배당을 재산소득으로 취급하는 것은 맞지 않다. 그러면 이용실적배당이 배당금과는 다른 법인세율의 적용을 받을 수 있기 때문이다.[19] 더구나 일부 수익이 지역 밖으로 빠져나갈 수 있다(지역 투자자가 아닌 외부 투자자가 받는 투자수익 때문에)는 투입-산출

---

19 예를 들어 프랑스 법에서는 이용실적배당을 재산소득이 아닌 개인소득으로 간주한다. 따라서 이용실적배당은 개인소득세율의 적용을 받는다.

모형의 가정도 부적절할 수 있다. 협동조합의 이용실적배당은 모두 지역으로 환원될 수 있기 때문이다(Folsom(2003)은 지출의 100%가 지역에 머문다고 가정한다). 이용실적배당과 관련하여 Folsom(2003)은 그것을 개인소득으로 보기로 했다. Julie et al.(2003)은 이용실적배당이 최종 수요에 따라 영향을 미쳐 지역경제에 일련의 고유한 영향을 끼친다고 보았다(총수입과 세수의 측면에서).

하향식 대 상향식. 투입-산출 모형을 사용하여 지역 수준에서 경제적 영향을 측정할 때는 그것이 연구 대상 지역을 얼마나 잘 반영하는지 볼 필요가 있다. 투입-산출 모형 가운데는 전국 수준의 모형을 기준으로 삼아 2차 자료를 토대로 지역 수준의 모형을 세우는 "하향식" 모형도 많다. 이런 모형에서는 지역 생산 기술이 전국 평균과 같다고 암묵적으로 가정한다. 하지만 지역 경제가 독특해 전국 평균과 상당히 다른 생산 기술을 가지고 있다면(예를 들면, 지역에서 이용할 수 있는 다양한 제품이나 서비스 때문에) 그런 모형에서 나오는 결과는 정확하지 않을 것이다.

따라서 더 정확한 분석을 하려면 조사 자료를 이용해 "상향식"으로 모형을 세울 필요가 있을 것이다. 즉 분석하는 사람이 지역 산업을 대표하는 충분히 큰 표본을 조사해 지역 경제가 적절히 반영되도록 투입-산출 표의 기본 구조를 손보아야 할 것이다. 노스다코타에서 협동조합의 경제적 영향을 연구할 때 쓰는 "노스다코타 투입-산출 모형"(Coon et al., 1985; Coon et al., 1989)은 1차 조사 자료를 중심으로 세웠다. 하지만 그런 모형은 모형을 세우고 업데이트하는 데 비용과 시간이 많이 든다. 2차 자료와 함께 조사 자료도 쓰는 혼합 방법은 표의 정확성과 그것을 구성하는 비용 사이에서 균형을 맞출 수 있게 해준다(혼합 투입-산출 모형을 세울 때 사용할 수 있는 접근법과 모범사례에 관한 논의로는 Lahr(1993)을 보라).

협동조합의 고유한 성과 설명하기. 모든 영향 평가 방법이 협동조합을 그냥 다른 기업 구조를 가진 사업체와 같은 것으로 보아 협동조합의 경제적 영향을 엄격하게, 즉 세금 납부나 고용 기회처럼 지역사회나 이해관계자, 일반 대중에게 생기는 혜택만 측정한다는 점을 인식하는 것이 중요하다. 하지만 그래서는 시장에서 경쟁을 촉진하고 협동조합이 없었더라면 지역사회가 누리지 못했을 가치 있는 제품과 서비스를 제공하는 협동조합의 고유한 가치를 평가할 수 없다. 게다가 (동태적인 연산가능일반균형 모형을 제외하면) 대부분의 방법이 평면적으로 어떤 시점에서 분석한 경제의 모습만을 제시해 협동조합이 자신이 활동하는 지역사회의 장기적 성장과 회복탄력성에 기여하는 바를 고려하지 못한다. 그런데 이전의 연구들은 기껏해야 협동조합의 고유한 경제적 영향을 논의하는 데 그쳤다(예를 들면, Zeuli *et al.*, 2003; Leclerc, 2010; McKee, 2011; The ICA Group, 2012). 그러나 이러한 "더 깊은 영향"(Deller *et al.*, 2009)을 계량하지 못하면 지역 수준에서 협동조합이 경제에 미치는 영향을 과소평가하게 되고, 전국 수준에서도 과소평가의 크기는 더욱 커질 것이다. 따라서 협동조합이 창출하는 가치를 모두 더 정확히 평가하려면 추가 분석을 할 필요가 있다.

경쟁 촉진 효과. 협동조합은 일반적으로 시장에서 경쟁을 촉진하는 도구로 여겨진다(예를 들면, Nourse, [1922] 1992; Helmberger, 1964; Sexton, 1990; Innes and Sexton, 1994). 여기서 기본 생각은 협동조합이 "추가 경쟁"을 하도록 하여 영리기업이 더 경쟁력 있게 움직이지 않을 수 없도록 한다는 것이다. 협동조합은 예를 들어 농산물 생산에 필요한 투

입 요소의 공급 가격과 소비재의 가격을 낮추거나 농산물의 판매 가격을 높이거나 제품의 품질을 개선하거나 임금과 수당의 업계 표준을 높임으로써 경쟁을 촉진하는 영향을 끼칠 수 있다.

하지만 협동조합이 시장에서 경쟁을 촉진하는 효과가 있다는 것이 널리 받아들여지는 것 같지만, 이런 효과의 존재와 규모를 뒷받침해주는 경험적 증거는 거의 없다. 예를 들어, Jardine *et al.*(2014)은 협동조합이 제품의 품질을 개선하는 역할을 한다는 것을 경험적으로 확인해주는 몇 안 되는 연구 가운데 하나다. 협동조합이 가격에서 경쟁을 촉진하는 효과가 있다는 것을 뒷받침해주는 증거는 더 많지만, 그와 엇갈리는 증거도 있다. Fulton(1989)은 캐나다 서부의 비료산업을 분석해 협동조합이 기존 영리기업에 의한 진입 장벽 같은 다양한 이유로 경쟁을 촉진하는 역할을 하지 못할 수도 있다는 것을 보여주었다. Hoffman and Royer(1997)는 협동조합이 경쟁을 촉진하는 효과가 보편적이지 않고 시장구조와 협동조합 조합원의 행동에 민감하다는 것을 보여주었다. 이와 반대로 Rogers and Petraglia(1994)와 Zhang *et al.*(2007)은 경험적 증거로 협동조합이 시장에서 경쟁을 촉진하는 역할을 한다는 가설을 지지한다.

따라서 협동조합 부문의 경제적 영향에 관한 연구는 (1) 협동조합이 경쟁을 촉진하는 효과가 있는지를 확인하고, (2) 그것이 조합원(과 비조합원)의 복지에 끼치는 영향—예를 들면, 협동조합이 시장에 존재함으로써 조합원(과 비조합원)이 얻는 추가 수익이나 저축—을 측정할 필요가 있다.

협동조합이 없었다면 누리지 못했을 제품과 서비스. 협동조합은 흔히 투자자소유기업이 별로 매력을 느끼지 못하는 작은 지역 시장

에서 활동한다. Fulton and Ketilson(1992)이 정식으로 보여주듯이, 이는 기업이 제품이나 서비스를 공급하는 비용보다 소비자가 그것을 지역에서 구매할 수 있어서 얻는 편익이 더 크기 때문이다. 영리기업과 달리 협동조합은 이런 비용과 편익이 같은 집단(즉 조합원)에서 발생하기 때문에 경쟁력 있는 수익률을 누릴 수 없는 시장에서 계속 활동하며 지역사회에 가치 있는 제품과 서비스를 제공한다.

따라서 협동조합 부문의 경제적 영향을 연구할 때는 (1) 존재하는 협동조합이 영리기업이 지역사회를 떠나거나 다른 기업이 충족시키지 않는 지역사회의 필요가 있어 그에 대한 대응으로 설립되었는지를 확인하고, (2) 협동조합 조합원(과 비조합원)이 지역에서 필요한 제품과 서비스에 접근함으로써 얻는 추가 편익을 측정할 필요가 있다. 캐나다의 Fulton and Ketilson(1992)이나 미국의 Bhuyan and Leistritz(2000) 같은 연구는 협동조합기업은 영리기업이 제품과 서비스를 제공할 수 없거나 제공할 의지가 없을 때 생긴다는 증거를 제공했다. 하지만 협동조합이 지역사회에 협동조합이 없었다면 제공되지 않았을 제품과 서비스를 제공함으로써 발생하는 추가 편익을 측정하지는 않았다.

지역 경제 안정. 협동조합은 조합원에게 봉사한다는 사명 때문에 조합원들이 거주하는 지역에 "기반을 두는" 경향이 있다(Fairbairn et al., 1995). 이렇게 조합원과 가까이 있을 필요성 때문에 협동조합은 영리기업과 달리 값싼 원자재나 노동력이 있는 곳으로 이전할 가능성이 낮다. 협동조합이 지역 경제 안정에 기여한다는 주장을 뒷받침하는 것은 적어도 선진국에서 나온 증거에 따르면 협동조합이 영리기업보다 훨씬 생존율이 높다는 사실이다(예를 들면, Murray, 2011; Stringham and

Lee, 2011; Quebec Ministry of Economic Development, Innovation and Export, 2008).[20]

마지막으로 협동조합은 예를 들면 건강한 산업을 통해 지역에 추가 경제 활동(다른 협동조합이나 영리기업)을 유치하거나 보유하는 역할도 할 수 있다(Zeuli and Deller, 2007).

　협동조합이 지역 경제 안정이나 장기 성장과 회복탄력성에 얼마나 기여하는가가 아마 협동조합의 경제적 영향을 평가할 때 가장 중요한 척도일 것이다. 그러나 (동태적 연산가능일반균형 모형을 제외하면) 경제적 영향을 평가하는 방법은 대부분 어떤 시점에 포착된 협동조합의 경제적 영향만 제시한다. 그러나 협동조합이 지역사회의 회복탄력성에 미치는 영향을 측정하기 위해 협동조합의 수나 영향력만 다르고 다른 것은 서로 비슷한 일련의 지역사회의 경제지표를 충분히 오랜 기간에 걸쳐 비교할 수도 있을 것이다. 아니면 서로 비교할 수 있는 일련의 지역사회가 비슷한 지역 경제 위기에 대응할 수 있는 능력을 분석할 수도 있을 것이다.

　영향 분포 조사하기. 경기침체기에 협동조합 부문이 경제에 미치는 영향을 모두 안다면 특히 가치 있는 일일 것이다. 하지만 경기침체에 서로 다르게 타격을 입은 다양한 부문에 그 영향이 어떻게 분포하는지를 분석하는 것도 가치 있을 것이다. 마찬가지로 비교적 혜택받지 못한 농촌 지역과 도시 지역 간 영향의 차이를 아는 것도 유용하고, 협동조합에 의해 유지되는 일자리의 유형별(시간제 대 정규직,

---

20 예를 들어 2008년에 퀘벡(캐나다)에서 한 연구에 따르면 협동조합은 62%가 5년 후에도 살아남았고 44%는 10년 후에도 살아남았다. 이는 다른 기업조직 형태에서 5년 후 생존율과 10년 후 생존율이 각각 33%와 20%인 것과 비교된다(Quebec Ministry of economic Development, Innovation and Export, 2008).

숙련 노동 대 미숙련 노동) 영향을 분석하는 것도 유용할 것이다.

하지만 협동조합의 영향을 세분해서 분석한 몇 안 되는 연구에서 볼 수 있듯이 분석을 하는 데 필요한 자료의 요건 탓에 그럴 엄두가 나지 않을 수도 있다. Julie *et al.*(2003)과 John Dunham & Associates(2011)는 협동조합이 경제 전체에 미치는 영향이 농업과 제조업, 운송업, 건설업, 서비스업, 정부 등 다양한 부문별로 어떻게 다른지를 조사한 몇 안 되는 연구 가운데 하나다. 또한 Coon and Leistritz(2001)은 협동조합이 고용에 직접 미치는 영향을 분석하면서 정규직과 시간제 일자리에 미치는 영향을 구분했다.

2.3. 결과 해석과 관련된 문제

이 단계에서는 반사실적 상태를 정의하고, 협동조합이 아닌 부문이나 과거 영향과 비교하는 문제가 발생할 것이다.

반사실적 상태 정의하기. 결과를 해석할 때 도전해야 할 주요 과제는 반사실적 상태를 정의하는 것이다. 협동조합의 경제적 영향을 계산하려면 협동조합의 경제활동이 경제에 어떤 기여를 하는지 대답하고, 경제의 현재 (관찰 대상인) 상태와 반사실적(가설적) 상태, 즉 협동조합이 존재하지 않았다면 처했을 경제 상태를 비교할 필요가 있다(그림 2). 현재 경제 상태는 객관적 자료를 바탕으로 분석할 수 있지만, 반사실적 상태는 경제에 대한 이론적 모형에 따라 정의된다. 따라서 분석하는 사람은 경제에 대한 모형을 이용해, 예를 들면 만일 협동조합이 없었다면 협동조합이 경제에 부가하는 산출을 다른 기업 모델이 제공했을지, 아니면 협동조합이 없었다면 존재하지 않았을 서비스를 협동조합이 제공하는지 여부를 판단한다. 마찬가지로 만일 협동조합이 없다면 협동조합에서 고용한 사람들을 지역의 다른 기업이 고용할지, 아니면 그들이 지역 밖으로 나가거나 일자리를 잃을지도 판단한다.

<그림 2> 반사실적 상태 분석

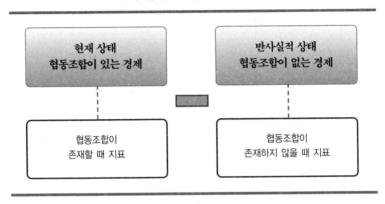

협동조합 부문의 경제적 영향을 분석한 연구에서는 대부분 협동조합기업이 존재하지 않았다면 경제에 제품과 서비스가 제공되지도 않고 존재하지도 않았을 거라고 암묵적으로 가정한다(고용에 관해서도 같은 가정을 한다). 하지만 협동조합이 없었다면 과연 그런 편익이 발생하지 않았을지 신중하게 고려할 필요가 있다. 반사실적 대안을 정의하기 위해 McNamara *et al.*(2001)은 협동조합 관리자들에게 협동조합이 활동하지 않았다면 지역 경제에서 지역 고용이나 기업이 어떤 영향을 받았을지 추정해달라고 했다. 저자들은 인디애나 주의 농촌 지역이 높은 인구밀도와 경제 다변화로 콜로라도 주 경제에 비해 고용과 기업 손실에서 영향을 덜 받았다는 것을 발견했다. Bangsund and Leistritz(1998)는 반사실적 상태를 고려한 다른 연구에서 어떤 상황에서는 다양한 산업을 포함하여 협동조합의 경제적 영향을 평가해야 한다는 것을 보여주었다. 구체적으로 말하면, 그 연구는 노스다코타 주와 미네소타 주의 사탕무 생산업과 가공업의 영향을 연계시켰는데, 두 산업은 서로 없으면 존재할 수 없었기 때문이다 (가공업은 완전히 협동조합이 소유했다). 반사실적 상태를 정의하는 일은 그 주관적 특성 탓에(Heckman(2005, p. 2)의 주장대로 "모형이 마음속에 있기" 때문에) 언제나 논란을 불러일으킬 수 있다. 서로 다른 가설이나 일련의 반사실적 상태에 대해 강건성 검증밖에 할 수 없기 때문이다.

협동조합의 경제적 영향을 비협동조합 부문의 경제적 영향과 비교하거나 시간의 추이에 따라 협동조합의 영향 비교하기. 결과를 해석하는 대안 방법으로 협동조합의 경제적 영향을 다른 기업 구조의 경제적 영향과 비교할 수도 있을 것이다(예를 들어, 금융협동조합 부문의 영향과 민간금융 부문의 영향을 비교할 수 있을 것이다). 하지만 그러려면 비협동조합 부문에 대해서도 같은 자료를 수집할 필요가 있어 자료 요건이 크게 늘어날 것이다. 비협동조합 부문에서 자체 영향을 평가한 연구가 있다면 문제가 덜 되겠지만, 그 결과를 이용하려면 두 부문의 연구에서 자료를 수집하고 보고한 방식과 경제적 영향을 분석한 방법, 연구 대상 기간과 연구한 영향을 서로 비교할 수 있어야 한다. 그러나 우리가 알기로는 협동조합의 영향을 분석한 연구 가운데 그런 비교를 한 연구는 없다.

시간의 추이에 따라 협동조합의 경제적 영향을 비교하려고 할 때도 비슷한 문제가 발생한다. Herman and Fulton(2001)은 캐나다 서스캐처원 주에서 협동조합의 경제적 영향을 반복해서 분석한 연구―서스캐처원대학 협동조합연구소에서 세 번째로 한 같은 종류의 연구[21]―에서 자료를 수집하고 보고하는 방식과 분석에서 일관성이 필요함을 인정했다: "우리는 교차 연구 비교가 가능하도록 앞선 연구의 방법론을 복제하려고 노력했다"(p. 39). 또한 서로 다른 시점 간 비교가 가능하도록 수익과 이익, 임금 같은 경제적 영향 척도를 인플레이션을 고려해 조정했다는 점도 유의할 필요가 있다.

3. 논의를 마치며

이 장에서는 특히 전국 수준의 연구에 초점을 맞추어 폭넓은 협동조합 부문의 경제적 영향을 연구할 때 도전해야 할 과제들에는 어떤 것들이 있는지 확인하고, 그런 과제를 해결하는 방법에 대한 예비적 통찰을 제공하고자 했다. 앞서 제시한 대로 그런 과제는 영향 평가 분석의 세 단계에 따라 세 가지 주요 범주로 나누어지는데, 그것은 자료 수집 단계에서 제기되는 과제들과 자료 분석 단계에서 제기되는 과제들, 조사 결과를 해석하는 단계에서 제기되는 과제들이다. 이 장에서는 그 결과를 정리하고, 몇 가지 주장과 함께 앞으로 연구할 만한 연구 주제를 제시한다.

이 장에서 분석을 통해 발견한 중요한 사실은 협동조합에 관해 수집하고 정리한 경제활동 자료가 부족하다는 것이다. 중앙에 있는 접근할 수 있고 이용할 수 있는 데이터베이스에서 협동조합의 경제

---

21 Fulton *et al.*(1991)과 Ketilson *et al.*(1998) 뒤에 한 연구.

활동 자료를 수집하고 정리하는 정부나 협동조합 중앙조직, 협동조합 부문이 아주 소수다. 접근할 수 있는 표준화된 자료가 없다면 협동조합 부문의 경제적 영향을 평가하는 일은 기껏해야 시간만 잡아먹을 뿐이고 최악의 경우에는 사실상 불가능하다. 따라서 그에 관한 연구도 소수다. 신뢰할 만한 협동조합 경제활동 자료의 중요성은 결코 과소평가할 수 없다. 따라서 이 장의 저자들은 이 일을 자료 수집에 능숙한 독립된 기구에서 맡아 앞서 논의한 난제들, 즉 협동조합의 모집단을 확인하고 연구 대상 기간과 지역을 정하고 협동조합을 조사하면서 빠질 수 있는 함정이나 난제를 피해야 한다고 주장한다.

또 하나 발견한 중요한 사실은 경제적 영향을 평가하는 일반적 방법(예를 들어, "항목별 조사" 방법, 투입-산출 모형, 사회계정행렬 모형, 연산일반균형 모형)은 협동조합의 경제적 영향을 정확히 측정할 수 없다는 것이다. 경제적 영향을 분석할 때 가장 일반적으로 사용하는 수단인 투입-산출 모형은 이용실적배당의 영향을 분석하거나 협동조합이 다른 구조를 가진 비교 가능한 기업보다 지역에서 투입재를 더 많이 구매할 가능성이 있다는 사실을 설명하는 데 한계가 있다. 게다가 대부분의 영향 평가 방법이 협동조합을 그냥 다른 기업 구조를 가진 사업체와 같은 것으로 보아 협동조합의 경제적 영향을 엄격하게 측정한다. 그래서 협동조합이 시장에서 경쟁을 촉진하고, 협동조합이 없었다면 제공되지 않았을 제품과 서비스를 제공하고, 지역의 경제적 안정에 기여하는 등 협동조합 조합원과 지역사회에 기여하는 고유한 가치를 평가할 수 없다.

이런 과제들 가운데 일부는 동태적 일반균형 모형으로 더 잘 해결할 수 있지만, 추가 자료 변수의 필요성과 연산의 복잡성 탓에 현재는 대부분의 협동조합 부문에 대해 그럴 수 없다. 하지만 그렇다고 해서 연구자들과 협동조합 부문이 어떻게든 "협동조합 부문 동태적 일반균형 모형"을 세워 다른 방법론의 한계에 대응할 수 없다는 말은 아니다. 한편 투입산출 모형은 자료의 요건과 연산의 복잡성 사이에 좋은 트레이드오프 관계가 있고 모형의 현실 적합성도 높다. 하지만 지역 구매와 이용실적배당의 영향을 제대로 평가하려면 이 장에서 논의한 조정이 이루어질 필요가 있다. 게다가 투입산출 모형은 협동조합이 시장에서 경쟁을 촉진하는 효과와 협동조합이 없었다면 지역사회에 제공되지 못했을 제품과 서비스의 가치, 지역의 경제적 안정에 기여하는 정도에 대한 분석으로 보완되어야 한다.

마지막으로, 협동조합 부문의 경제적 영향을 연구한 결과를 해석할 때 가장 중요한 문제는 반사실적 상태, 만일 협동조합이 없었다면 경제에 일어났을 거라고 가정되는 상태를 정의하는 것이다. 반사실적 상태를 정의하는 일은 그 주관적 성격 탓에 언제나 논란거리가 될 수 있다. 하지만 우리는 서로 다른 가설이나 일련의 반사실적 상태에 대해 강건성 검증밖에 할 수 없다. 따라서 대안으로 협동조합 부문의 경제적 영향을 비협동조합 부문의 경제적 영향과 비교할 수도 있을 것이다.

이 장은 협동조합 부문의 경제적 영향을 분석할 때 연구자들이 부딪힐 수 있는 난제들을 이해하는 데 조금이나마 도움이 될 것이다. 물론 이 분야에서 앞으로 연구해야 할 것은 광범위하다. 그러나 협동조합 부문에서 영향 연구가 많이 이루어질수록 연구자들이 어떻게 하면 그 일을 가장 잘 수행하고 난제를 피할 수 있는지 이해할 수 있고, 그래서 협동조합의 경제적 영향을 평가하는 연구를 가장 잘 수행할 수 있는 일반적인 방법을 찾을 수 있을 것이다. 그렇게 되면 미래 연구에서는 협동조합이 실제로 경제에 미치는 영향과 미칠 수 있는 영향을 가장 폭넓게 파악하기 위해 기존의 영향 평가 방법론을 확장하여 협동조합이 경쟁을 촉진하는 효과와 협동조합이 없었다면 제공되지 않았을 제품과 서비스의 가치, 협동조합이 지역 경제의 안정에 기여하는 바를 파악할 수 있을 것이다. 또한 영향 평가 방법론을 확대하면 협동조합이 사회와 환경에 미치는 영향도 더 잘 측정할 수 있을 것이다. 따라서 협동조합이 경제에 미치는 영향뿐 아니라 사회와 환경에 미치는 영향까지 포괄적으로 이해하면 협동조합의 풍경을 더욱 완벽하게 그릴 수 있을 것이다.

참고 문헌

Baarda, J. R., *Current Issues in Cooperative Finance and Governance: Background and Discussion Paper*, Washington, D.C., United State Department of Agriculture, Rural Development, Cooperative Programs, April 2006.

Bangsund, D. A. and Leistritz, F. L., *Economic Contribution of the Sugar Beet Industry to North Dakota and Minnesota*, Research Report 395, Fargo, ND, North Dakota State University, Department of Agricultural Economics, February 1998.

Bangsund, D. A., Olson, F. and Leistritz, F. L., *Economic Contribution of the Soybean Industry to the North Dakota Economy*, Research Report 678, Fargo, ND, North Dakota State University, Department of Agricultural Economics, Agricultural Experiment Station, January 2011.

Birchall, J., *Resilience in a Downturn: The Power of Financial Cooperatives*, Geneva, International Labor Organization, 2013.

Birchall, J. and Ketilson, L., *Responses to the Global Economic Crisis: Resilience of the Cooperative Business Model in Times of Crisis*, Geneva, International Labor Organization, 2009.

Bhuyan, S. and Leistritz, F. L., *Economic Impacts of Cooperatives in North Dakota*, Research Report AE96009, Fargo, ND, North Dakota State University, Quentin Burdick Centre for Cooperatives and Department of Agricultural Economics, December 1996.

———, "Cooperatives in Non-Agricultural Sectors: Examining a Potential Community Development Tool," *Journal of the Community Development Society*, Vol. 31, 2000, pp. 89-109.

Chaddad, F. R. and Cook, M. L., "Understanding New Cooperative Models: An Ownership-Control Rights Typology," *Review of Agricultural Economics*, Vol. 26, No. 3, 2004, pp. 348-360.

Coon, R. C. and Leistritz, F. L., *Economic Contribution North Dakota Cooperatives Make to the State Economy*, Research Report AE01002, Fargo, ND, North Dakota State University, Department of Agribusiness and Applied Economics, March 2001.

Coon, R. C. and Leistritz, F. L., *Economic Contribution North Dakota Cooperatives Make to the State Economy*, Research Report AAE05001, Fargo, ND, North Dakota State University, Department of Agribusiness and Applied Economics, January 2005.

Coon, R. C., Leistritz, F. L., Hertsgaard, T. A., and Leholm, A. G., *The North Dakota Input-Output Model: A Tool for Analyzing Economic Linkages*, Agricultural Economics

Report No. 187, Fargo, ND, North Dakota State University, Department of Agricultural Economics, 1985.

Coon, R. C., Leistritz, F. L. and Hertsgaard, T. A., *North Dakota Input-Output Economic Projection Model (NDIO/EPM): Documentation and User's Guide,* Agricultural Economics Software Series No. 4, Fargo, ND, North Dakota State University, Department of Agricultural Economics, 1989.

Coop FR, *Les entreprises coopératives (2012, 2014), Panorama sectoriel des entreprises coopératives et Top 100,* Paris, France, Coop FR, 2014.

Cooperatives UK, *Cooperative Review, Manchester,* UK, 2007-2009.

Cooperatives UK, *The UK Cooperative Economy 2013,* Manchester, UK, 2010-2014.

Deller, S., Hoyt, A., Hueth, B. and Sundaram-Stukel, R., *Research on the Economic Impact of Cooperatives,* Madison, WI, University of Wisconsin Centre for Cooperatives, March 2009.

Enlow, S. J., Katchova, A. L. and Woods, T. A., *The Role of Food Cooperatives in Local Food Networks,* Presented at the International Food and Agribusiness Management Association Annual World Forum and Symposium, Frankfurt, Germany, June 20-23, 2011.

Fairbairn, B., Bold, J., Fulton, M., Ketilson, L. and Ish, D., *Cooperatives and Community Development: Economics in Social Perspective,* Saskatoon, SK, University of Saskatchewan, Centre for the Study of Cooperatives, 1995.

Folsom, J., *Measuring the Economic Impact of Cooperatives in Minnesota,* RBS Research Report 200, Washington, DC, United States Department of Agriculture, Rural Business-Cooperative Service, December 2003.

Frick, M., Sheehy, J. and Nedanov, A., *Economic Contribution Montana Cooperatives Make to the State Economy,* Bozeman, MT, Montana State University, Division of Agricultural Education, February 15, 2012.

Fulton, M. E., "Cooperatives in Oligopolistic Industries: The Western Canadian Fertilizer Industry," *Journal of Agricultural Co-operation,* No. 4, 1989, pp. 1-19.

Fulton, M. E., Ketilson, L. and Simbandumwe, L., *Economic Impact Analysis of the Cooperative Sector in Saskatchewan,* Saskatoon, SK, University of Saskatchewan, Centre for the Study of Cooperatives, 1991.

Fulton, M. E. and Ketilson, L., "The Role of Cooperatives in Communities: Examples from Saskatchewan," *Journal of Agricultural Co-operation,* No. 7, 1992, pp. 15-42.

Heckman, J., "The Scientific Model of Casuality," *Sociological Methodology,* Vol. 35, No. 7, 2005, pp. 1-97.

Helmberger, P. G., "Cooperative Enterprise as a Structural Dimension of Farm Markets,"

Journal of Farm Economics, Vol. 46, No. 3, 1964, pp. 603-617.

Herman, R. and Fulton, M. E., An *Economic Impact Analysis of the Cooperative Sector in Saskatchewan:* Update *1998,* Saskatoon, SK, University of Saskatchewan, Centre for the Study of Cooperatives, 2001.

Hoffman, S. H. and Royer, J. S., *Evaluating the Competitive Yardstick Effect of Cooperatives on Imperfect Markets: A Simulation Analysis,* Presented at the Western Agricultural Economics Association Annual Meeting, Reno/Sparks, Nevada, July 13-16, 1997.

Innes, R. and Sexton, R. J., "Strategic Buyers and Exclusionary Contracts," *The American Economic Review,* Vol. 84, No. 3, 1994, pp. 566-584.

Institut de recherche et d'éducation pour les coopératives et les mutuelles de l'Université de Sherbrooke (IRECUS), *The Socio-Economic Impact of Cooperatives and Mutuals.* Presented at the 2012 International Summit of Cooperatives, Québec City, October 8-11, 2012.

Jardine, S. L., Lin, C.-Y. and Sanchirico, J. N., "Measuring Benefits from a Marketing Cooperative in the Copper River Fishery," *American Journal of Agricultural Economics,* Vol. 96, No. 4, 2014, pp. 1084-1101.

John Dunham and Associates, *Vermont Food Industry Economic Impact Study,* Prepared for the Vermont Grocers' Association, New York, 2011.

Karaphillis, G., *Economic Impact of the Cooperative Sector in Nova Scotia,* Interim Summary Report presented at the Conference to Celebrate the International Year of Co-operatives, Halifax, NS, November 20-22, 2012.

Karaphillis, G., Lake, A. and Duguid, F., *Economic Impact of the Co-operative Sector in Canada.* Measuring the Co-operative Difference Research Network Working Paper, 2014.

Katchova, A. L. and Woods, T. A., *Local Food Procurement and Promotion Strategies of Food Cooperatives,* Paper presented at the Southern Agricultural Economics Association Annual Meeting, Corpus Christi, Texas, February 6-9, 2011.

Ketilson, L., Gertler, M., Fulton, M., Dobson, R. and Polsom, L., *The Social and Economic Importance of the Cooperative Sector in Saskatchewan,* Saskatoon, SK, University of Saskatchewan, Centre for the Study of Cooperatives, June 1998.

Lahr, M. I., "A Review of the Literature Supporting the Hybrid Approach to Constructing Regional Input-Output Models," *Economic Systems Research,* Vol. 5, No. 3, 1993, pp. 277-293.

Leclerc, A., *The Socioeconomic Impact of the Cooperative Sector in New Brunswick,* Moncton NB, University of Moncton, June 2010.

London Economics, *Study on the Impact of Cooperative Groups on the Competitiveness of their Craft and Small Enterprise Members,* Final Report to European Commission D.G. Enterprise and Industry, January 2008.

Loveridge, S. A., "Typology and Assessment of Multi-Sector Regional Economic Impact Models," *Regional Studies,* Vol. 38, No. 3, 2004, pp. 305-317.

Mazzarol, T., Reboud, S., Mamouni Limnios, E. and Clark, D., *Research Handbook on Sustainable Cooperative Enterprise: Case Studies of Organizational Resilience in the Cooperative Business Model, Cheltenham,* UK, Edward Elgar, 2014.

McKee, G. J., *The Economic Contribution of North Dakota Cooperatives to the North Dakota State Economy,* Fargo, ND, Department of Agribusiness and Applied Economics, North Dakota State University, Research Report No. 687, October 2011.

McKee, G. J., Kenkel, P. and Henehan, B. M., *Challenges in Measuring the Economic Impact of Cooperatives,* Presented at the NCERA-194 Annual Meeting, Minneapolis, MN, November 2-3, 2006.

McNamara, K. T., Fulton, J. and Hine, S., *The Economic Impacts Associated with Locally-Owned Agricultural Cooperatives: A Comparison of the Great Plains and the Eastern Cornbelt,* Presented at the NCR-194 Research on Cooperatives Annual Meeting, Las Vegas, NV, October 30, 2001.

Measuring the Cooperative Difference Research Network, "A Big Boost for Coop Research," *Network Newsletter,* Vol. 1, No. 1, July 2010, p. 1.

Murray, C., *Co-op Survival Rates in British Columbia,* Canadian Centre for Community Renewal on behalf of the BC-Alberta Social Economy Research Alliance and British Columbia Cooperative Association, June 2011.

National Cooperative Business Association, *Cooperative Businesses in the United States: A 2005 Snapshot,* Washington, D.C., October 2005.

Nourse, E. G., "The Place of the Cooperative in Our National Economy," Reprinted in *Journal of Agricultural Co-operation,* Vol. 7, [1922] 1992, pp. 105-114.

Quebec Ministry of Economic Development, Innovation and Export, *Survival Rate of Cooperatives in Québec: Report Summary,* translated by the Ontario Co-operative Association, October 2008.

Roelants, B., Dovgan, D., Eum, H. and Terrasi, E., *The Resilience of the Cooperative Model: How Worker Cooperatives, Social Cooperatives, and Other Worker-Owned Enterprises Respond to the Crisis and Its Consequences,* CECOP-CICOPA Europe, June 2012.

Rogers, R. T. and Petraglia, L. M., "Agricultural Cooperatives and Market Performance in Food Manufacturing," *Journal of Agricultural Co-operation,* No. 9, 1994, pp. 1-12.

Sexton, R. J., "Imperfect Competition in Agricultural Markets and the Role of Cooperatives: A Spatial Analysis," *American Journal of Agricultural Economics*, Vol. 72, No. 3, 1990, pp. 709-720.

Strategic Economics Group, *Economic Impact Study of Iowa's Electric Cooperatives*, Prepared for the Iowa Association of Electric Cooperatives, Des Moines, Iowa, 2006.

Stringham, R. and Lee, C., *Co-op Survival Rates in Alberta*, Canadian Centre for Community Renewal on behalf of the BC-Alberta Social Economy Research Alliance and Alberta Community and Cooperative Association, August 2011.

The ICA Group, *Healthy Foods, Healthy Communities: Measuring the Social and Environmental Impact of Food Co-ops*, 2012.

United States Department of Agriculture, *The Impact of New Generation Cooperatives on Their Communities*, Rural Business Cooperative Service, RBC Research Report 177, 2001.

Uzea, N., *Methodologies to Measure the Economic Impact of Cooperatives: A Critical Review*, Measuring the Co-operative Difference Research Network Working Paper, 2014.

Zeuli, K. and Deller, S., "Measuring the Local Economic Impact of Cooperatives," *Journal of Rural Co-operation*, Vol. 35, No. 1, 2007, pp. 1-17.

Zeuli, K., Lawless, G., Deller, S., Cropp, R. and Hughes W., *Measuring the Economic Impact of Cooperatives: Results from Wisconsin*, United States Department of Agriculture, Rural Business-Cooperative Service, RBS Research Report 196, August 2003.

Zhang, J., Goddard, E. and Lehrol M., "Estimating Pricing Games in the Wheat-Handling Market in Saskatchewan: The Role of a Major Cooperative," *Advances in the Economic Analysis of Participatory and Labour-Managed Firms*, No. 10, 2007, pp. 151-182.

영국의 사회적기업 매핑
: 정의와 유형, 혼성 조직

로저 스피어
영국 오픈유니버시티 혁신공학과 교수

머리말

혼성이란 서로 다른 유형의 속성이 혼합된 것을 말한다. 제3부문과 사회적경제의 혼성에 접근하는 방식은 다양한데, 여기서 혼성이란 이른바 "사회적기업"은 비영리와 영리, 협동조합의 속성을 모두 가지고 있다는 것이고, 이는 그동안 기업가와 학계, 정책입안자의 상상력을 모두 사로잡았다.

이 장에서는 혼성 형태로 여겨지는 사회적기업을 매핑할 때 개념적으로나 방법론적으로 제기되는 난제들을 살펴본다. 이런 난제로는 조작적 기준을 정하는 문제, 다양한 표집틀에 맞추는 문제, 경계에 있는 사례에 대해 판단을 내리는 문제 등이 있다. 이 장에서는 이런 난제를 해결하려는 영국의 시도를 살펴보겠지만, 다른 나라의 경험과 국제적 경험에도 의지한다.

성공적 매핑을 위해 해결해야 할 주요 문제로는 네 가지가 있다. 첫째는 정의의 문제인데, 이는 특정한 조직 유형을 정의하는 기준이 언제나 적용하기 쉬운 것은 아니기 때문이다. 둘째는 모집단의 문제인데, 이는 정의된 유형을 어떤 조직의 모집단에서 찾을 수 있는지를 알아내는 것이 중요하기 때문이다. 셋째는 표집틀(과 표본 추출)의 문제인데, 이는 관심 대상인 조직의 모집단이 포함된 (다른 유형의 조직이 포함되어 있더라도) 하나 이상의 데이터베이스를 찾을 필요가 있기 때문이다. 마지막으로 넷째는 매핑 전략인데, 이는 삼각측량법으로 관심 대상인 조직의 유형에는 어떤 것들이 있는지 확인하는 방법이 여러 가지이기 때문이다.

물론 정의의 문제와 모집단의 문제는 서로 밀접하게 연결되어 있고, 두 문제는 표본 추출 문제와 연결되어 있다. 이 장에서는 사회적기업 부문 매핑에 대해 더 잘 이해하기 위해 비영리 부문과 사회적경제 부문을 매핑한 경험에도 의지한다. 예를 들면, 존스홉킨스대학 비영리 부문 비교 연구 프로젝트의 접근 방식을 정의의 문제를 해결하는 토대로 삼아 사회적기업 부문을 정의하는 문제도 진전시키고 경계 사례와 혼성 문제도 논의한다.

그래서 다음 절에서는 혼성과 경계 사례라는 두 가지의 핵심 개념을 소개하고(1절), 이를 통해 영국의 비영리 자원 부문의 매핑(2절)과 사회적기업의 매핑(3절)에 관해 논한다. 마지막으로 어떻게 하면 영국에서 사회적기업의 정의에 대한 조작화(operationalization)를 개선하여 이 부문의 매핑에 기여할 수 있는지 말하고 이 글을 마무리한다.

1. 혼성과 경계 사례: 사회적기업 매핑을 위한 두 가지 조작적 개념

사회적기업 분야는 사회적경제와 여러 가지 조직 형태를 공유해 분야 내부에서도 혼성화 경향이 강해지고 있지만 국가와 영리, 지역사회 부문과도 경계를 가로질러 혼성화 경향이 강해지고 있어, 이 분야를 매핑하기가 더욱 어려워지고 있다.

1.1. 혼성

혼성은 현재 많은 사회과학 분야에서 연구하는 주제다(예를 들면, Brah and Coombs, 2000). 혼성 조직 연구에는 다양한 접근 방식이 있다. 대부분은 혼성을 서로 인접한 다른 부문, 즉 공공 부문과 기업 부문, 제3부문의 특성이 혼합된 것으로 정의하는 접근 방식을 채택한다. 미국에서는 기업가적이고 상업적인 비영리단체에 관한 Young(1983)의 초기 연구 이후 비영리 부문과 기업 부문 사이에 있는 혼성 부문에 초점을 맞추었다. Battilana and Lee(2014)도 비슷한 곳에 주목하여, 아주 방대한 문헌(256개 학술지 논문)을 검토한 후 사회적기업을 기업과 자선단체의 혼성 형태로 개념화한다. 이들은 혼성의 유형을 세 가지, 즉 다수의 조직 정체성이 결합된 것과 다수의 조직 형태가 결합된 것, 다수의 제도적 논리가 결합된 것으로 분류한다. 그리고 문헌 조사를 바탕으로 혼성 조직이 되는 데 다섯 가지 차원이 있음을 밝히는데, 그것은 핵심 조직 활동과 노동력 구성, 조직 설계, 조직 간 관계, 조직 문화다. 이런 차원들은 사회적인 것과 상업적인 것 사이에서 아주 다양한 스펙트럼을 드러내며, 사회적기업은 이런 차이들을 분리나 통합을 통해 관리한다.

비슷하게 비영리조직이나 자원봉사조직에 초점을 맞춘 두 번째 접근 방식은 Billis(2012)의 방식이다. 그는 "주요 부문"(이념형)을 기본으로 하는 접근 방식을 개발했는데, 여기서 혼성은 이념형이 각색된 것이다. 그러나 그는 혼성 가운데는 서로 인접한 부문(공공 부문과 민간 부문, 제3부문)의 특성을 채택하는 것이 많아 때로는 이것이 서로 다른 부문이 겹치는 지대로 이행한다고 본다. 세 부문에 공통된 이념형의 차원은 소유권과 거버넌스, 운영상의 우선순위, 인적 자원, 기타 자원이다. 이런 차원들이 다른 부문으로 이행하는 것이 혼성 과정인데, 이때 이념형은 서로 다른 부문에서 또 다른 부문으로 이행하여 두 부문 사이에 있는 혼성 지대에 안착한다.

혼성에 대한 세 번째 접근 방식은 Evers(2005)와 Evers and Laville(2004) 등의 접근 방식인데, 이들은 혼성이 "각 구성요소와 이론적 근거가 갈수록 서로 뒤얽힌" 결과이고, 제3부문은 서로 인접한 복지의 삼각 축인 시장과 국가, 시민사회 부문의 자원과 목표, "조직을 운영하는 메커니즘"(거버넌스 원칙)이 혼합된 결과라고 주장한다.[1] 이러한 폭넓은 관점은 여러 부문의 속성이 결합된 혼성으로 나아간다.

이 세 번째 관점은 연대경제(또는 새로운 사회적경제)와 잘 맞는다. 이

---

1 주의: 시민사회에는 제3부문 조직이 포함되며, 서비스 제공에서 자원봉사자와 가족이 하는 역할을 고려하여 정책을 재편하면서 시민사회 부문은 갈수록 중요성이 커지고 있다.

것은 경제에 대한 칼 폴라니의 견해에 기초하여 사회적경제조직을 법령에 기초한 CMAF, 즉 협동조합(Cooperatives)과 상호조합(Mutuals), 결사체와 비영리단체(Associations/Non-profits), 재단(Foundations)으로만 보는 관점에서 벗어난다. 연대경제는 상호작용하는 세 가지 경제 동학, 즉 국가 자원의 재분배와 평등주의적 상호 관계, 시장 교환에 기반을 두고 있다. 그러나 강력한 결사체의 동학에도 영향을 받는데, 여기서는 연대경제가 사회정치적 수준에서 연대주의적 관계와 공공의 권위를 통해 시민의 민주적 행동을 조정하는 역할도 한다고 강조한다. 따라서 이러한 관점은 종래의 경제와 조직의 범주에 이의를 제기하고, 혼성과 이를 추동하는 과정에 대한 새로운 이해를 제공한다. 예를 들어 혼성 조직은 삼투성이 강한, 조직의 비공식/공식 경계 주변에서 형성된다.

사회적기업 혼성 조직이 갈수록 두드러지는 것과 관련해 Bode, Evers and Schulz(2006)는 이런 조직이 일련의 유사한 특성이 있다고 보는데, 그것은 다수의 목표와 다수의 자원, 다수의 이해관계자다(p. 237). Brandsen, van de Donk, and Putters(2005)도 이와 비슷한 견해를 밝혔는데, 이런 다양한 저자들은 제3부문과 사회적경제/연대경제는 제도의 논리와 공급의 논리 사이의 긴장을 해소하기 위해 노력할 수밖에 없어 혼성과 변화는 그들의 영원한 속성이라고 주장한다 (예를 들면, Lounsbury and Boxenbaum, 2013).

Spear(2012)도 이념형에 기반을 둔 접근 방식을 개발해, 조합원 제도와 재무, 경영 통제, 거버넌스의 변화 등 다양한 경향을 토대로 협동조합 부문의 혼성을 분석한다. 이것은 사회적경제 안에 있는 한 조직 형태의 혼성화 패턴을 보여주는데, 확인된 혼성화의 패턴은 대부분 기업 부문으로의 혼성화다. 그러나 사회적협동조합이라는 한 형태는 사회적경제 안에서 협동조합과 비영리 결사체가 혼합된 형태이다.

사회적경제 안에서 동형화 경향이 나타나 서로 다른 유형으로 구분되는 제3부문/사회적경제 조직들(CMAF)이 저마다 독특한 정체성을 강화하는 제도적 과정을 겪을 수도 있지만, 이보다는 혼성화 이후에 새로운 혼성 형태를 강화하는 제도화(예를 들면, 법제화)가 더 빈번하게 일어날 수도 있다. 예를 들어 이탈리아에서는 혼성화가 일어나 상당수의 사회적협동조합이 만들어지자 1991년에 이에 대한 법제화가 일어나고 정책 틀이 마련되었다. EMES 네트워크*도 일반적으로 사회적기업 혼성 조직을 부문 내부에서 일어난 현상으로 보는 접근 방식을 채택하여, 이를 비영리조직과 협동조합이 혼합된 것으로 본다(Borzaga and Defourny, 2001).

그러나 혼성(사회적기업의)은 서로 다른 부문 사이에서 나타난다고 보는 것이 더 일반적이며, 따라서 어떤 나라에서는 사회적기업이 영리와 비영리의 속성을 모두 지녔을 수 있다. 이탈리아에서는 1996년에 사회적기업에 대한 법제화도 이루어졌는데, 이것은 훨씬 폭넓은 혼성 형태라서 상업적인 기업 구조를 포함해 어떤 형태의 법률적 구조도 다른 기준을 충족하면 사회적기업이 될 수 있다. 영국에서도 공동체이익회사에 이와 비슷한 법률적 지위를 부여해, 이익 분

---

* EMES는 불어로 유럽의 사회적기업의 등장을 뜻하는 EMergence des Enterprises Sociales en Europe의 약자로, 1996년에 유럽연합의 후원으로 진행된 같은 이름의 대형 프로젝트 이후 출범한 유럽 사회적기업 연구 네트워크다 — 옮긴이 주.

배에 대한 제한은 있어도 공유 기반 구조와 제3부문 구조도 사회적 기업이 될 수 있다.

혼성화 과정도 연구 대상이었다. Borzaga and Defourny(2001)는 사회적기업은 새로 형성되기도 하지만 상황 변화(복지서비스 제공의 시장화 확대 같은)로 기존 조직이 영향을 받으면서 형성되기도 한다고 주장한다. Battilana and Lee(2014)도 혼성화가 부문의 이념형과 혼성의 경계가 뚜렷한 이분법적 형성 과정이라기보다는 서로 다른 부문을 가로질러 정도를 달리해 다양하게 일어난다고 본다. 그래서 핵심이 혼성인 것과 주변부가 혼성인 것을 구별해, "우리는 조직의 핵심이 기업형태와 자선단체 형태가 결합되어 있는 정도와 조직의 주변부가 그런 정도가 이분법적으로 완전히 구분되는 것이 아니라 그 정도의 차이가 하나의 연속체처럼 다양하다고 믿는다"(위의 책, p. 425)라고 한다.

따라서 비영리조직이 새로운 복지시장 안에서 동형화 경향으로 인해 갈수록 상업화될 수도 있고, 공공 부문 조직이 신공공관리 경향으로 인해 갈수록 사회적기업처럼 되어 공공 부문의 구조화된 시장 안에서 활동할 수도 있다(또는 공공 부문에서 완전히 분리되어 사회적기업이 될 수도 있다). Battilana and Dorado(2010)도 비정부조직에서 상업적인 소액금융조직이 분리되는 과정에 관해 언급한다.

요약하면, 혼성 조직은 서로 다른 두 부문 사이에서 혼성화가 일어나 두 부문의 속성을 겸비할 수도 있고, 여러 부문 사이에서 혼성화가 일어나 여러 부문의 속성을 겸비할 수도 있으며, 한 부문(CMAF 같은 부문) 안에서 혼성화가 일어나 그 부문에 있는 다양한 형태의 속성을 겸비할 수도 있다. 또한 혼성은 조직의 핵심에 있을 수도 있고 조직의 주변부에 있을 수도 있으며, 그 이행 과정이 일시적으로 일어날 수도 있고 영구적으로 일어날 수도 있다. 혼성은 어떤 분야나 부문 안에 있는 조직의 일반적 다양성을 증대하기도 하지만 다양한 부문 안에 있는 조직의 유형을 재검토하도록 하기도 하고, 갈수록 경계가 흐릿해져 경계 사례를 평가하기 어렵게 할 수도 있다.

1.2. 경계 사례

경계 사례는 어떤 것을 정의하는 기준의 경계에 있다. 그래서 예를 들면 공식 조직이라는 기준을 법률에 따라 등록된 것으로 조작화할 수도 있지만, 어떤 나라들에서는 등록되지 않은 조직이 규모가 커서 비공식 조직보다 공식 조직처럼 보일 수 있다. 어떤 기준은 다른 사례보다 경계 사례에 더 중요해 보인다. 그래서 존스홉킨스 대학 접근 방식에서는 민간이고 자율적이라는 기준이 특히 중요하다. "국가 서비스"가 시장으로 이동하고 있는 경우에는 정부로부터의 독립이 당면과제일 수 있기 때문이다. 그래서 예를 들어 영국에서는 대학이 공식적으로는 자선단체이고 병원은 신탁회사다. 그런가 하면 Pestoff(2005)가 도식으로 제3부문/사회적경제를 정의한 것에서는 경계를 가르는 기준이 영리/비영리, 공식/비공식, 공공/민간 세 가지밖에 없는데, 여기서는 아마 협동조합의 이익 분배 제한 규정이 경계 사례로 나타날 것이다. 그리고 EMES가 사회적기업을 아홉 가지 차원으로 정의한 것(이 장의 3.1절을 보라)에서는 아홉 가지 유형의 경계 사례가 있을 수 있지만, 경제활동과 공동체 이익 같은 어떤 기준들은 유급 노동이나 집합적 기업가정신 같은 다른 기준보다 사회적기업의 본질에 가까워 보인다. 유급 노동이나 집합적 기업가정신 같은 기준은 사회적기업이 설립되고 몇 년이 지나면 기준으로서 타당성을 잃을 수도 있기 때문이다. 그러나 이념형 접근 방식을 취할 때는 경계를 가르는 기준이나 차원의 기준을 배타적으로 적용하지 말고 다른 차원과 대비한 성과도 고려하여 폭넓게 판단을 내려야 한다.

사회적기업 같은 조직의 모집단을 조사할 때 그런 조직을 정의하는 기준을 이용해 모집단을 확인하는 매핑 연구에서는 경계 사례인 조직의 유형은 드러나지 않는다. 그런 조직은 분류하기 어렵거나 특정한 기준에 맞는지 판단하기 어렵기 때문이다. 그래서 군집 분석을 하면 경계 사례가 드러날 수도 있지만, 조직을 정의하는 각 기준에 맞는지 판단하기 어려운 문제를 해결하는 대안으로는 유형 분석이 있다. 유형 분석에서는 인지된 조직 유형을 각 기준에 따라 검토한다. 유형 분석은 서로 다른 법률적 형태를 토대로 할 수도 있다. 예를 들면 영국에서는 2005년에 사회적기업을 위한 새로운 법률이 통과되었는데, 이 공동체이익회사에 관한 법률은 영국의 사회적기업의 정의에 부합하도록 설계되었다. 그러나 대부분의 사회적기업은 다른 법률적 형태(예를 들면, 보증유한책임회사)로 설립되었고, 이런 법률적 형태들은 아주 다양한 제3부문/사회적경제 조직들도 사용하고, 그 가운데는 사회적기업으로 여겨지지 않을 수도 있는 법률적 형태도 있다. 유형 분석은 다른 비슷한 조직들과 집합적으로 연결되도록 조직들이 스스로 자신에게 이름 붙인 형태들을 확인하여 이를 토대로 할 수도 있다. 예를 들면 영국사회적회사(Social Firms UK)*는 노동통합 사회적기업으로 운영되는 조직들을 사회적회사라는 이름으로 한 데 모았다. 그러나 영국사회적회사에 속한 조직들은 아주 다양해, 영국의 사회적기업의 정의에 모두 맞지도 않을 것이다. 맥락을 달리 하면, 많은 동유럽 나라에서는 오래전부터 장애인을 고용하는 조직이 설립되었는데, 일반적으로 이런 조직들은 공식적으로 등록되어 표집틀을 제공한다. 따라서 처음에는 이런 유형을 사회적기업 매핑 연구에 포함할 것인지를 논의해야 하지만, 이 유형을 더 들여다보면 그 가운데 일부는 영리 기업이 되었고 일부는 비영리다. 달리 말하면 일부만 사회적기업의 기준에 부합할 가능성이 있다. 따라서 어떤 표집틀을 선택할지를 알려면 대개는 유형 분석을 할 필요가 있다.

일반적으로 사회적기업을 매핑할 때는 조사하기 전에 먼저 사회적기업이라는 현상을 정의하는 조작적 기준을 분명하게 명시하고, 둘째로 특히 경계 사례인 혼성에 초점을 맞추어 유형 분석을 하고, 셋째로 관심 대상의 모집단을 포괄하는 표집틀을 선택해야 한다.

2. 영국의 자원/비영리 부문 매핑*

이 절에서는 다섯 가지 기준을 이용해 비영리 부문을 정의한 존 스홉킨스대학 비영리 부문 비교 연구 프로젝트와 연결된 연구 프로그램의 틀 안에서 영국의 자원(비영리) 부문을 매핑하려고 한 시도를

* 사회적회사(social firms)는 영국에서 사회적기업 가운데서도 노동통합 사회적기업을 지칭하는 말이고, Social Firms UK는 그런 사회적회사들을 지원하는 기관이다 — 옮긴이 주.
* 이 글에서는 자원 부문(voluntary sector)과 비영리 부문(non-profit sector), 자원/비영리 부문이라는 용어를 혼용하고 있는데, 세 용어 모두 같은 범주의 조직을 가리킨다 — 옮긴이 주.

토대로 혼성과 경계 사례를 둘러싼 쟁점을 논의한다. 영국의 자원 부문을 매핑하려는 시도는 정의의 문제와 모집단의 문제, 경계 사례와 표집틀의 문제를 고찰하도록 했고, 이는 영국에서 자원 부문에 대한 광의의 정의와 협의의 정의를 낳았다. 존스홉킨스대학 연구에 참여한 나라들은 대부분 이와 비슷한 문제에 부딪혔는데, 이는 비영리 부문과 국가/지역사회/비공식/민간 부문의 경계에 다양한 유형의 조직이 있었기 때문이다.

"느슨하고 헐렁한 괴물"은 Kendall and Knapp(1995)이 자원 부문에 있는 조직이 다양한 것을 설명하려고 만들어낸 말이다. 정부의 규제와 계약 문화의 확산에도 이러한 개념화는 여전히 매우 적절하다. 그리고 다양한 형태의 사회적기업을 통해 갈수록 확대되는 혼성화 경향은 이러한 견해의 타당성을 강화할 뿐이다.

2.1. 정의의 문제

자원 부문을 정의하고 매핑하려는 시도는 이런 복잡한 다양성에 부딪힐 수밖에 없지만, 그래도 많은 나라에서 이 부문을 통계를 통해 전체적으로 개관하려는 시도가 상당히 진전되어 국가에서 이 부문을 정기적으로 평가해 결과를 제공하는 단계에 이르렀다. 존스홉킨스대학 비영리 부문 비교 연구 프로젝트는 많은 나라에서 표준 정의를 개발하고 비교할 수 있는 데이터베이스를 구축하는 데 도움이 되었다. 하지만 이 프로젝트의 접근 방식은 각 나라에서 이 부문을 정의하는 토대를 제공했지만, 그 과정에 이러한 다양성을 인식하면서 경계 사례를 논의할 필요성을 낳았다.

영국의 자원/비영리 부문에 대한 매핑은 존스홉킨스대학 비영리 부문 비교 연구 프로젝트에서 비영리조직의 구조와 운영 방식을 토대로 비영리 부문을 정의한 것에 영향을 받았다. 이 프로젝트에서 개발한 비영리조직에 공통된 다섯 가지 핵심 조작적 기준은 비영리조직은 어떤 구조와 규칙성이 있는 조직이고, 국가와 분리된 민간 조직이며, 이익을 분배하지 않고, 자율적이며, 자발적이어야 한다는 것이다(Salamon and Anheier, 1992; 1997).

주목해야 할 것은 공공 이익이나 사회적/자선 목적은 국제적 합의에 이르기 어렵다는 이유로 이런 일련의 기준에 포함되지 않았다는 것이다(Kendall and Knapp, 1996). 그런데 그것은 비교 관점에서도 문제가 되는 기준이지만, 시간에 따라서도 변화한다. 따라서 영국에서는 일련의 자선 목적이 진화해, 1601년부터는 교량과 항만, 항구, 둑길, 교회, 방파제, 공공도로를 보수하는 일이 여기에 포함되었는데, 나중에는 100년 넘게 자선의 목적에 빈곤 구제와 교육, 종교의 진흥, 지역사회에 도움이 되는 기타 목적을 위한 신탁 이렇게 네 가지 유형이 있었다. 그리고 2011년에 자선단체법이 제정된 뒤로는 자선 활동의 범주가 13개가 되었다.[2] 이는 사회적기업을 정의하는 기준을 정할 때도 똑같이 생길 수 있는 문제이고, 특히 "사회적"이라는 것이 무엇인지를 구체적으로 명시하는 데 도움이 되는 기준을 정할 때도 마찬가지다.

---

2 참고: http://www.charitycommission.gov.uk/Charity_requirements_guidance/Charity_essentials/Public_benefit/charitable_purposes.aspx.

2.2 모집단과 표집틀의 문제

비영리 부문을 매핑할 때 고려해야 할 모집단(과 표집틀)을 구체적으로 명시하려면 무엇보다도 비영리 부문에 포함할 조직의 유형도 논의해야 하지만 경계 사례도 논의해야 한다.[3] 비영리 부문을 정의하는 기준 가운데 일부는 적용하기 어려워 경계 사례에 대한 논의와 논쟁이 일어날 수밖에 없기 때문이다. 따라서 존스홉킨스대학 접근 방식에서는 당연히 그런 경계 사례를 확인하고 그것에 대해 결정을 내려야 했는데, 예를 들어 영국에서는 대학이 자선단체이지만 강력한 규제를 받기 때문에 제3부문에 속하는 조직이라고 보지 않을 수도 있다. 주택조합도 마찬가지다. 영국에서는 "정부가 규제 기관으로서 규칙을 정하고, 건물이나 토지, 시설을 구입하거나 유지하는 데 드는 비용을 지원하고, 임대 수입의 2/3를 차지하는 주택수당을 통제하고, 임대료 수준을 정하기"(Purkis, 2010, p.13) 때문이다. 모집단에 있는 다양한 유형의 조직을 검토해보면 논의할 경계 사례를 확인하는 데 도움이 된다. 유형을 검토하는 과정에 국제 분류 체계에 따라 모집단을 살펴볼 수도 있는데, Salamon and Anheier(1992)가 개발한 국제비영리단체분류(International Classification of Non-profit Organizatons: ICNPO)는 열두 가지 유형의 활동 분야(와 그에 딸린 하위 범주)를 토대로 비영리조직의 유형을 구분하는 중요한 토대가 된다.

영국에서는 이것이 자원 부문에 대한 광의의 정의와 협의의 정의를 낳았다(Kendal and Knapp, 1996). ICNPO 분류 체계가 상호부조와 옹

---

3 이 책에서 Bouchard, Cruz Filho and St-Denis가 쓴 장을 보라.

제2부
구체적 사례에서 무엇을 배울 수 있을까?

호 활동, 캠페인 활동보다 서비스 전달에 중점을 두는 탓이기도 하고, 다섯 가지 기준을 언제나 분명하게 적용할 수 있는 것은 아니라서 경계가 흐릿해지는 탓이기도 했다. 그래서 광의의 정의는 구조와 운영 방식을 토대로 했지만, 협의의 정의는 영국에서 일반 사람들이 이해하는 "자원 부문"에 더 가깝게 하려고 했다. 구조와 운영 방식의 다섯 가지 특징을 토대로 한 정의에는 자선단체의 공익성이나 이타주의와 관련한 기준은 포함되지 않았기 때문이다. 그래서 어떤 조직은 자원 부문에 속한다는 일반의 인식이 별로 없어 협의의 정의에서 배제되었다("영국에서 대부분의 사람들이 이해하는 자원 부문에는 아마 포함되지 않을 것이다"(Kendall and Knapp, 1996, p.21)).

2.3 경계 사례

이런 점은 레크리에이션 조직과 대학, 초중등학교 등 영국에서 경계 사례로 간주된 많은 사례를 보면 알 수 있다. 아래 유형의 조직들은 다음과 같은 이유로 협의의 정의에서 배제되었다.

- 레크리에이션 조직(스포츠클럽과 레크리에이션클럽, 사교클럽) : Kendall and Knapp(1996)은 일반적으로 이해하는 자원 부문에는 "이타주의라는 핵심"이 있어야 한다고 보는데, 이것이 없는 것 같기 때문이다.
- 초등교육과 중등교육 기관 : 이 부문의 일부는 사립학교인데, 사립학교는 자선단체라는 지위를 가지고 있지만 높은 수업료를 요구해 이타적이라기보다 배타적이고, 나머지는 시민의 통

제를 받지만 완전히 국가 자원에 의존해 국가 부문에 속하는 것으로 여겨졌기 때문이다.

- 고등교육 기관: 이런 기관은 대학을 포함해 대다수가 등록된 자선단체이지만 최근까지 운영자금의 대부분이 국가에서 제공되어 충분히 독립적이라고 할 수 없기 때문이다. 수업료가 많이 올라서 상황이 바뀌고 있지만 말이다.
- 동업조합, 직능단체, 노동조합: 일반적으로 자선단체가 아니고 "핵심 기준인 자선적 성격"이 없기 때문이다.

그러나 이런 것들이 자원 부문에 대한 광의의 정의에는 포함되었는데, 기준을 적용하기 어려운 탓에 예를 들어 주택조합과 대학은 둘 다 정부의 강력한 규제를 받는데 주택조합은 협의의 자원 부문에 속한다고 보았고 대학은 광의의 자원 부문에 속한다고 보았다. 따라서 이는 경계 사례와 혼성이 모든 부문에, 공공서비스와 사업체를 포함한 폭넓은 분야에 적용된다는 말일 수 있다. 다음의 다이어그램은 광의의 정의에 포함되는 다양한 조직 유형을 정리한 것으로, 공식성과 독립성, 이익 배분 금지 기준에 따라 경계 사례의 영역을 보여준다.

덧붙이면, 어떤 범주들(정치조직과 종교기관)은 통계적 이유로 협의의 자원 부문뿐 아니라 광의의 자원 부문에서도 배제되었다(역사적 이유로 배제된 것들도 있을 수 있는데, 이에 대해서는 Bouchard *et al.*, 2011을 보라).

따라서 예를 들면 자원 부문과 정부/국가 부문을 가르는 경계에는 표면상으로만 자율적인 준정부조직(quasi-autonomous non-governmental organization)으로 알려진 일군의 조직이 있는데(아래 글상자를 보라), 이런 국가 부문의 혼성 조직은 강력한 규제를 받는 자원 부문 혼성 조직과 상당히 닮았다. 가장 큰 차이점은 거버넌스인데, 이들 조직에서는 일반적으로 정부에서 이사진을 임명한다.

〈그림1〉 자원 부문 다이아몬드

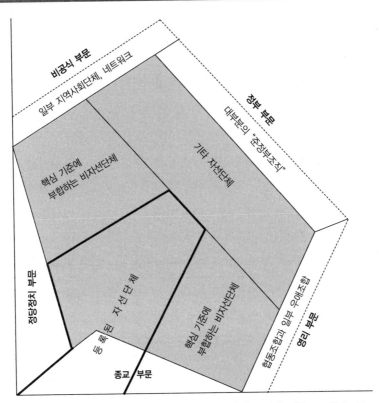

출처: Kendall and Knapp, 1996, p.19.

준정부조직의 성장

공직생활윤리위원회(Committee on Standards in Public Life)의 최초 보고서 (1995)는 놀란 경(Lord Nolan)의 책임 아래 작성되었는데, 이것은 네 개 장 가운데 한 장을 공공 부문의 경계에 있는 혼성 조직인 준정부조직에 할애했다. 국가보건의료서비스(NHS) 조직들을 포함해 이런 비정부 공공기관(non-departmental public body: NDPB)은 장관에게서 약간 떨어져서 정부 기능을 수행한다. 여기서 주요 관심사는 임명이다. 즉 정치적 고려에 지나치게 영향을 받는가, 충분히 개방적인가 하는 것이다. 두 번째 관심사는 직질성(개방성과 감사의 독립성, 책임성)이다. 그리고 NDPB의 수는 1979년에는 2,167개였던 것이 1994년에는 1,345개로 감소했는데, 이들의 공공 지출은 1994년 물가를 기준으로 그동안 85억 파운드에서 150억 8,000만 파운드로 거의 두 배가 되었다(주목할 것은 주요 NHS 조직만 모두 770개에 이르고, 이들이 250억 파운드를 지출한다는 것이다). 주요 NDPB로는 고등교육기금위원회와 주택공사법률자문단, 스코틀랜드 경제개발공사, 영국문화원, 웨일즈 주택공사, 영국문화유산관리위원회 등이 있다. 놀란 보고서는 또한 "독립적이며 자율적인데 공공 기금을 사용해 공공 기능을 수행하는" 준정부조직은 훨씬 광범위하게 존재한다고 한다. 여기에는 교육훈련/기업위원회, 지역기업조합, 주택조합, 평생교육공단, 중앙정부재정지원학교 등이 있다. 보고서에 따르면 여기에 속하는 조직들은 대개 법령에 따라 규제를 받거나 정부와 계약 관계에 있다.

시간의 흐름에 따라 종단적으로 보면 주택조합도 변화하는 경계 사례임을 알 수 있다. 주택조합은 인접한 공공 부문의 혼성 조직과 마찬가지로 강력한 규제를 받는 제3부문 조직인데, 준정부조직에 대한 개혁이 주택조합을 제3부문에 있는 경계 사례로 분류할지 아니면 공공 부문에 있는 경계 사례로 분류할지에 영향을 주었다. 다른 종단적 관점에서 보면 유형과 경계를 논의하는 과정에 경계 사례를 재분류하게 될 수도 있다(예를 들어 이탈리아에서는 비영리 부문 연구자들이 사회적협동조합을 비영리조직으로 다시 분류했다).

준정부조직은 최근의 혼성화 과정에서 발생하지만 여전히 자원 부문의 경계 바깥에 있다. 이탈리아의 사회적협동조합 같은 새로운 법률적 형태의 혼성 조직은 비영리조직의 특성도 일부 가지고 있고 협동조합의 특성도 일부 가지고 있다(그래서 존스홉킨스대학 연구 프로젝트에서는 분류를 다시 해 그런 형태를 비영리 분야에 재배치했다). 그러나 혼성화 과정에 경계 사례가 생기더라도 이것이 꼭 새로운 법률 제정으로 이어지는 것은 아니다. 기존 법률도 아주 유연하기 때문이다. 예를 들면 스웨덴에서는 연구자들이 제안하기를, 일반적으로 사회적협동조합이라는 새로운 혼성 형태는 흔히 비영리 부문에서 사용하는 비영리단체라는 법률적 형태를 사용하니 다른 형태의 동업조합과 함께 이런 "새로운 협동조합"은 스웨덴 비영리 부문의 정의에 포함하고 전통적인 협동조합운동 조직은 거기서 배제하자고 했다(Lundström and Wijkström, 1995, p. 13).

2.4 표집틀과 매핑의 문제

표집틀을 정할 때 주로 고려하는 것은 모집단을 이루는 조직들이 사용하는 법률적 구조다. 대개는 법률적 형태에 따라 등록 체계가 다르기 때문이다. 그래서 어떤 나라들에서는 제3부문/사회적경제의 모집단이나 그것을 구성하는 요소들(CMAF)과 조직의 모집단이 사용하는 법률적 형태가 동일할 수 있다. 그러나 영국 같은 다른 나라에서는 다양한 종류의 조직이 사용하는 법률적 구조가 소수라도 그것을 비영리/자원 부문이나 협동조합 부문과 연결시키기가 쉽지 않고, 영국에서 정의된 대로 사실상 어떤 법률적 형태도 사용할 수 있는 사회적기업 부문과는 특히 그렇다.

그래도 법률적 구조는 표집틀을 확인할 때 중요하게 고려해야 한다.[4] 영국 자원 부문에서는 다음과 같은 법률적 구조를 사용한다. 즉 보증유한책임회사(민주적 사단법인)가 가장 일반적 형태이고, 공익신탁(자선단체)과 재단(보조금 제공), 비법인단체(즉, 유한책임이 없음), 그 밖에 우애조합과 산업공제조합(특히 공동체 이익을 위한), 주택조합 같은 형태가 있는데, 이것들은 모두 저마다 별개의 법률적 구조를 가지고 있다.

이런 법률적 구조는 저마다 등록기관에서 관리하는 데이터베이스가 있지만, 이런 법률적 구조 가운데는 자원조직만을 위한 것이 아닌 것도 여럿이다. 예를 들어 보증유한책임회사는 자원조직뿐 아니라 협동조합에서도 가장 널리 사용하는 법률적 구조이고, 자선단체도 모두 등록하도록 되어 있는 것은 아니다(등록이 면제된 자선단체도

---

4 이 책에서 Archambault가 쓴 장을 보라.

있고 등록이 제외된 자선단체도 있다).

법률적 구조 대신 고용 통계를 토대로 표집틀을 정할 수도 있다. 어떤 나라에서는 정부가 산업별 고용 자료를 수집해 소유구조별로 분류한다. 그래서 이것이 프랑스와 독일, 미국에서는 통계 자료의 토대가 되었다. 그러나 영국에서는 그런 자료를 이용할 수 없었다.

1990년대에 비영리 부문을 매핑할 때는 관련된 다양한 법률적 형태의 등록부를 토대로 조사할 표집틀을 만들었는데, 그것은 위에서 말한 결함이 있었다. 그래서 표집틀을 개선해 지금은 이 부문을 매핑하기가 훨씬 쉽다. 신노동당 정부(1997년부터 2010년까지 토니 블레어가 이끈 노동당 정부)에서 제3부문이 정치적으로 상당한 지지를 받은 덕분이었다. 하지만 Kendall and Knapp(1996)은 1990년대 초에 매핑을 하면서 그런 어려움에 부딪히자 아래서 설명할 *삼각측량법 매핑 전략*을 채택했다.

포괄적인 좋은 표집틀이 없을 때는 매핑할 때 상당한 창의력을 발휘해 적절한 자료 수집 전략을 개발해야 한다. Kendall and Knapp(1996)은 모듈식 접근 방식을 개발하여 그것을 GUSTO라고 불렀다. **정부**(government) 통계자료와 자원 부문 **연합조직**(umbrella body)의 명부, 이런 자료에 대한 **2차** 분석(secondary analysis), 전체 상에 대한 가정을 교차 검증하거나 확인하기 위한 **지역** 조사(territorial survey), 일차적인(original) 조직 조사를 기반으로 했기 때문이다.

자료를 수집할 때는 예를 들어 규모나 사업 소득 등을 기준으로 등록 여부가 갈리기도 하기 때문에 서로 다른 데이터베이스의 비교 가능성을 고려하는 것도 중요하다.

3. 사회적기업 매핑

이 절에서는 계속해서 영국의 제3부문연구소에서 제3부문과 사회적기업을 매핑하려고 시도한 다양한 사례를 논의한다. 그런 시도들은 경계 사례와 혼성이라는 문제를 해결해야 했는데, 제3부문의 경우에 Mohan(2011, p. 4)은 "… 적어도 어느 정도 인정할 만한 수준의 조직을 갖춘 것을 대상으로 했을 때, 제3부문의 조직 수는 많게는 아홉 가지 요인에 의해 달라질 수 있다"라고 한다. Lyon and Sepulveda(2009)도 사회적기업에 대해 비슷한 양상을 보고했는데, 이것은 정부 조사와 관련해서였다. 전자의 경우에는 주로 공식적으로 등록되지 않아 "레이더망에 걸리지 않는" 조직들 때문이고, 후자의 경우는 영리 구조를 이용하는 사회적기업에 대한 정의가 그다지 명료하지 않은 탓이었다. 영국의 접근 방식에 대한 비판적 관점은 존스홉킨스대학 비영리 부문 비교 연구 프로젝트의 접근 방식뿐 아니라 아홉 가지 차원을 이용해 사회적기업의 이념형을 정의한 EMES 접근 방식에도 의지해 개발했다.

3.1 정의의 문제

영국에서는 사회적기업을 "주로 사회적/환경적 목표를 추구하고, 기본적으로 잉여를 주로 주주와 소유자에게 지급하기보다 그러한 목표를 위해 기업이나 지역사회에서 재투자하는 기업"으로 정의한다. 이것은 분명 기업 지향적 정의인데, 그것이 사회적기업을 담당하는 부서가 무역산업부에 있을 때 나온 것을 생각하면 놀라운 일은 아니다. 앞으로 보겠지만, 이런 기업 지향적 정의는 어떤 제3부문 조직들이 자신을 사회적기업으로 여기는 문제를 낳는다.

이 정의는 다음과 같이 조작화할 수 있다.

- 이 조직은 상거래를 하여, 수입의 일정 비율(25%나 50%)이 민간 시장이나 공공 시장에서 제품과 서비스를 거래함으로써 발생한다.
- 주된 목적은 순전히 이익만 추구하지 않고 사회적/환경적 목적을 추구하는 것이다.
- 이익/잉여를 조직이나 지역사회에 재투자해 더욱 사회적/환경적 목적을 추구한다(일반적으로 이익의 50% 이상을 재투자하는 것으로 조작화된다).
- 어떤 조사에서는 조직에 자신이 주로 사회적/환경적 목적을 추구하는 기업이라고 보는지 묻는 자가 확인 기준을 포함했다.

그럼 이제 이 조작적 정의를 EMES 접근 방식(Defourny and Nyssens, 2008)[5]과 비교해 비판적으로 검토한다.

첫 번째 기준—상거래—은 어떤 비영리단체는 상거래를 하지만 어떤 비영리단체는 하지 않는다는 것이다. 따라서 모든 사회적기업이 비영리가 아니라 일부만 비영리다.

두 번째 기준—사회적/환경적 목표—은 분명 가장 조작화하기 어려운 기준일 것이다. 그러나 실제로는 Kendall and Knapp(1996, p.

---

5 EMES 웹사이트를 보라: http://www.emes.net/about-us/focus-areas/social-enterprise/.

20)이 주장한 대로 "자원 부문에 포함되려면 당연히 '이타적'이거나 '공익'을 위해 운영되어야" 한다고 생각할 수 있다. 하지만 "이 기준은 나라 간 비교에 적용되지 **않았다**. 그것을 국제적으로 실제 어떻게 적용할지에 대해 합의를 이룰 수 없었기 때문이다." 하지만 매핑의 다음 단계, 즉 모집단을 정의하는 단계에서는 표준산업분류를 이용해 "사회적" 활동을 구체적으로 명시했고, 이때 국제비영리단체분류(ICNPO)가 토대가 되었다.

세 번째 기준—재투자 기준—은 49%의 이익 배분을 허용하는데, 이는 어떤 이익도 배분하지 않는 비영리 배분 기준에 비하면 아주 관대하다. 사회적기업이 혼성 조직인 것은 어떤 기업과 비슷한 요소가 있기 때문이라서 어쩌면 이익 배분이 당연할 수도 있고, 그래서 예를 들면 이익 배분을 제한하는 규정이 있는 협동조합도 일반적으로 사회적기업 부문에 속한다고 본다. 그러나 49% 이익 배분은 미국 스탠더드 앤드 푸어스(S&P) 주가지수에 등록된 기업들의 평균 이익 배당 수준에 비하면 아주 높은 수준이다. 이들 기업의 평균 "배당 성향"은 약 29%인데(JP Morgan, 2012), 사회적기업은 지난 23년 동안 평균 42%였다. 그리고 2006년에 영국에서 특별히 사회적기업을 위해 개발된 법률적 형태인 공동체이익회사에서 법률적으로 배분할 수 있는 이익의 한도와 이 재투자 기준 사이에도 약간의 불일치가 있다. 공동체이익회사에서 총이익 가운데 배분할 수 있는 이익의 상한은 현재 49%보다 낮은 35%이고, 투자된 자본을 기준으로 하면 그것의 20% 이상은 배당금을 지급하지 못하도록 되어있다(기준금리에 5%를 더한 수준에서 상향 조정되었다).

네 번째 기준—사회적기업이라는 자가 확인—은 정책 관점에서는 흥미롭지만, 그것을 이 분야의 모집단을 정의하는 과학적 토대로 삼는 일은 가장 드문 일일 것이다. 수년 동안 자원 부문에서 이루어진 사회적기업 활동의 양을 구체적으로 명시한 영국의 전국자원조직협의회(National Council for Voluntary Organizations: NCVO)의 영국 시민사회 연감(NCVO, 2009)에서도 증명되었듯이, 사회적기업이 새로운 사회적기업과 내부 요인이나 상황 요인 탓에 재편되거나 재구성되는 기존 조직으로 이루어진 새로운 분야임을 생각하면 특히 그렇다. 그리고 영국 연례중소기업조사(Annual Small Business Survey: ASBS)에서는 법에 따라 직원 없는 자영업자로 등록된 기업(조사 대상 기업의 50%를 약간 밑도는 수준)과 합명회사로 등록된 기업(15% 이상) 등 아주 다양한 법률적 구조를 사용하는 조직을 조사했는데, 여기서는 자신이 중소기업이라고 보느냐는 자가 확인 질문을 중소기업 모집단을 정의하는 데 사용하지 않았다.

그런데 이 밖에도 영국에서 사회적기업 부문을 정의하는 기준으로 명시되지는 않았지만 그런 기준으로 타당해 보이는 중요한 기준이 세 가지 있다. *공식적으로 조직되었다는 것*과 *민간이라는 것, 독립적이거나 자율적이라는 것*이다. 그런데 공식적으로 등록된 조직을 표집틀로 할 경우에는 이 기준 가운데 하나(공식적으로 조직되었다는 기준)는 이미 그 안에 포함되지만[6], 민간이라는 것과 독립적/자율적

---

6 비공식 조직의 표집틀은 일반적으로 존재하지 않아 이 기준(공식적으로 조직되었다는 기준)이 정책 입안자에게는 중요하고 연구도 용이하게 해주지만 이 "레이더망에 걸리지 않는" 결사체 활동 영역에 대한 관심도 상당하다(예를 들어 McCabe, Phillimore and Mayblin, 2010을 보라). 그래서 국제노동기구(ILO)에서는 비공식 활동을 측정하는 접근 방식을 개발했다(ILO: Measuring informality: A statistical manual on the informal sector and informal employment): https://www.ilo.org/stat/Publications/WCMS_222979/lang?en/index.htm.

이라는 것은 적용하기에 훨씬 문제가 많은 기준이다. 정부로부터의 독립과 관련해 경계 사례가 있을 수 있기 때문이고, 따라서 자원 부문에 대한 광의의 정의와 협의의 기준 중 어느 쪽을 이용해 표집틀을 구성할지 선택해야 할 수도 있다.

이보다 발전된 EMES 기준을 살펴보기 전에 소셜 비즈니스 이니셔티브(Social Business Initiative, 2011)와 관련한 유럽의 정의도 언급할 가치가 있는데, 여기에는 EMES 차원이 많이 포함되었다.

> 사회적기업은 사회적경제에서 활동하고, **주요 목표가** 소유자나 주주를 위해 이익을 창출하는 것이 아니라 *사회적 영향을 끼치는 것이다. 기업가적이고 혁신적인 방식으로 시장에 제품과 서비스를 제공하여 운영되고, 이익을 주로 사회적 목표를 달성하는 데 사용한다. 개방적이고 책임감 있는 방식으로 관리되고,* 특히 피고용인과 소비자, 자신의 상업적 활동에 영향을 받는 이해관계자가 운영에 참여하도록 한다.[7]

—EMES 비교

영국의 정의를 조작화한 것을 EMES 정의에 견주어보는 것도 유용하다. 국제적으로 널리 인정받는 EMES 정의는 이념형 접근 방식으로, 여러 나라의 사회적기업을 경험적으로 비교 연구한 것이 바탕이 되었다.

---

7 Communication from the Commission to the European Parliament, the Council, the European Economic and Social Committee and the Committee of the Regions, Social Business Initiative: Creating a favorable climate for social enterprises, key stakeholders in the social economy and innovation; COM(2011) 682; Brussels, 25.10.2011: https://www.fi-compass.eu/publication/other-resources/social-business-initiative-creating-favourable-climate-social.

사회적기업을 아홉 가지 차원에서 정의한 EMES 정의(Defourny and Nyssens, 2008)는 이념형의 관점에서 특정한 사회적기업과 사회적기업의 유형을 조사하기 위한 토대로 개발되었다. 그런데 조사 결과 사회적기업의 모집단과 비사회적기업의 모집단이 엄격하게 분리되지 않고, 혼성이 증가하는 세계에서는 혼성 조직의 스펙트럼이 훨씬 폭넓게 나타났다. 그래서 사회적기업의 모집단에서 핵심에 있는 것들은 모든 차원에서 기준에 잘 부합하지만, 주변부에 있는 것들은 어떤 차원에서는 기준에 부합하지만 다른 차원에서는 부합하지 않거나 경계 사례일 것이다. EMES 접근 방식은 사회적기업 분야를 조사할 때 쉽게 조작화할 수 있도록 개발되지 않았다. 그래도 EMES의 아홉 가지 차원은 사회적기업의 특성을 훨씬 풍부하고 완벽하게 나타내, 조작적 기준을 비판적으로 비교하고 개발하는 데 유용한 토대가 된다. 아래서는 어떻게 하면 EMES의 차원들을 더 조작적 방식으로 사용할 수 있을지 살펴본다.

그럼 이제 EMES 접근 방식의 각 차원을 조작화한 차원(operationalized dimensions: OD)을 개발하고 이용해 영국의 접근 방식을 비판적으로 검토해보자.[8]

EMES의 첫 번째 차원에서는 조직이 "지속적으로 제품을 생산하거나 서비스를 판매하는 활동"을 하는지 평가하고, 두 번째 차원에서는 상당한 수준의 경제적 위험을 감수하는지 평가하도록 한다. 그래서 두 차원은 모두 "상거래로 얻는 수입의 비율"로 조작할 수 있

---

8 이 장에서 제안한 조작화된 차원은 EMES 접근 방식에 있는 것이 아니라 저자가 개발한 것이다. 퀘벡에서 사회적기업을 매핑하면서 채택한 아주 포괄적 접근 방식도 보라(Bouchard *et al*, 2011).

다. 영국의 정의는 경제활동과 경제적 위험이 따르는 상거래를 강조하지만, EMES 틀에서는 다른 자원과 관련된 경제적 위험(보조금/지원금/기부금을 얻기 위한 경쟁 등)도 인정한다. 그런데 어떤 시장에서는 위험의 수준이 낮을 수도 있으므로(진입 장벽과 전속시장* 등으로 인해), 25%가 OD("상거래로 얻는 수입의 비율")의 하한으로 제안되었다.

EMES의 세 번째 차원은 "최소한의 유급 노동자 수"로 명시되었고, 제안된 것은 최소한 한 명의 전업노동 종사자(FTE)를 OD로 채택할 수 있다는 것이다. 이것이 영국의 정의에는 포함되지 않았지만, 영국에서 실시한 조사에서는 한 명 이상의 유급 노동자를 기준으로 삼았다.

EMES의 네 번째 차원—"명시적으로 공동체의 이익 추구"—은 영국의 정의보다 구체적이지만, 흥미롭게도 영국 공동체이익회사에 관한 규정에도 사회적 목적이 이런 식으로 명시되어 있다. EMES의 이 차원은 공동체의 이익을 추구하는 것을 주된 목표로 삼아야 한다는 것인데, 이것을 조작화하면 조사 응답의 주관성이라는 문제가 발생할 수 있다. 영국의 조사에서는 사회적/환경적 목적이라는 더 폭넓은 차원을 조사하고, 이것이 고위 관리자의 진술을 통해 설문지의 응답으로 조작화되었다. 그러나 두 접근 방식 모두 충분히 명확하지 않거나 선택할 수 있는 보기가 충분하지 않아 응답에 일관성이 없는 문제가 발생할 수 있다. 따라서 더 엄격한 대안으로 어떤 활동을 하는지 말해 달라고 하여 코딩 체계를 이용해 응답을 분

---

* 전속시장(captive market)은 공급자가 제한되어 있어 소비자가 어쩔 수 없이 특정 상품을 사지 않을 수 없는 시장을 말한다—옮긴이 주.

류할 수도 있을 것이다.

EMES의 다섯 번째 차원은 시민사회의 집합적 창업 과정—"일군의 시민이나 시민사회 조직의 주도로 시작된 이니셔티브"—을 말한다. 그런데 이것을 조작화하려면 창업을 조직이 한 것과 일군의 시민이 한 것, 개인이 한 것으로 분류할 필요가 있고, 창업도 새로운 창업과 기존 사회적기업의 사내 창업으로 더 분류할 수도 있을 것이다. 하지만 영국의 접근 방식에서는 이것이 적절하다고 본 것 같지 않으며, 오래된 조직일수록 이보다는 거버넌스가 더 적절한 차원일 수 있다.

EMES의 여섯 번째 차원—높은 수준의 자율성—은 민간인가 독립적이거나 자율적인가를 기준으로 삼은 비영리 부문의 접근 방식과 일치하며, 이에 대해서는 위에서 이미 논의했다.

EMES의 일곱 번째 차원은 "자본 소유권에 기반을 두지 않은 의사결정권"이고, 여덟 번째 차원은 "활동에 영향을 받는 다양한 이해관계자들의 참여적 성격"이다. 영국의 접근 방식에는 이러한 차원과 비슷한 조작적 차원이 하나도 포함되지 않았으나, 제3부문의 법률적 형태(보증유한책임회사 등)를 이용하는 사회적기업은 일반적으로 이러한 기준에 부합할 것이다. 그러나 다른 표집틀에는 이해관계자의 유형과 그들의 참여 수준(거버넌스를 포함하여)을 개발하여 사용할 필요가 있을 것이다.

마지막으로 EMES의 아홉 번째 차원—"이익 배분 제한"—은 49%의 이익 배분을 허용하는 영국의 재투자 기준에 몇 가지 문제를 제기한다. 49%는 "이익 배분 제한"에 대해 일반적으로 이해하는 수준을 웃돌기 때문이고, 앞서 언급했듯이 이익 배분 한도가 더 낮은(35%) 공동체이익회사와도 차이가 난다.

마지막으로, 대체로 EMES의 접근 방식은 영국의 접근 방식보다 거버넌스를 더 강조하고, 덜 기업 지향적이며, 혼합화된 자원 기반에 더 개방적이고, 후자의 결과로 비공식적 구조, 특히 연대경제에서 나타나는 비공식 구조를 인정하는 데 더 개방적이다.

또한 사회적기업을 정의할 때도 사회적기업이 수행하는 다양한 활동을 고려하지만, 비영리부문유형분류체계(ICNPO)와 비슷한 유형 분류 체계를 개발하여 적용하기가 어렵다. 사회적기업은 훨씬 폭넓은 부문에서 활동하기 때문이다. Bouchard *et al.*(2008)도 ICNPO 분류 체계가 동질적이지 않아 그 안에 사회적 활동도 있고 사회적 사명도 있다고 주장한다.

─자가 확인 기준

영국에서는 사회적기업을 조사할 때 스스로 사회적기업이라고 보는지 묻는 질문을 이용했는데, 그 내용을 살펴보면 다음과 같다. "사회적기업은 주로 사회적 목표를 추구하는 기업으로, 기본적으로 잉여를 사회적 목표를 위해 기업이나 지역사회에 재투자하며, 따라서 주주와 소유자의 이익을 극대화할 필요성에 따라 운영되지 않는다. 이것은 여러분의 조직을 설명하는가, 그렇지 않은가?"(2010년 제3부문 조직 전국조사 38번 문항).

그런데 응답자의 모집단에 이 질문에 대답하기 어려운 하위 범주가 둘 있다. 사회적기업을 정의하는 이 세 가지 기준에는 부합하지 않지만 자신을 사회적기업이라고 보는 범주와, 세 가지 기준에 모두 부합하지만 자신을 사회적기업이라고 보지 않는(여러 가지 이유에서)

범주다.

사회적기업이 되는 데는 두 가지 길이 있다. 새로운 사회적기업을 만들거나 비영리조직 같은 기존 구조를 재구성해 사회적기업처럼 만드는 것이다. 따라서 조직이 자신을 사회적기업이라고 하지 않는 이유가 여러 가지 있을 수 있다. 사회적 목적의 정의가 문제가 되는 경우도 있을 수 있다(Lyon and Sepulveda, 2009). 하지만 자가 확인을 요청하는 질문이 조직에 자신이 기업인지 아닌지 확인하도록 요구하는 식일 수도 있다. 그래서 사회적기업을 정의하는 다른 기준에 부합하는 많은 조직이 사회적기업 활동을 상당히 많이 하는데도 자선단체로 등록되어 있어 자신은 기업이라고 하지 않을 수도 있다.

어떤 연구자들(Lyon, Teasdale, and Baldock, 2010, p. 9)은 자가 확인 질문을 영국에서 사회적기업의 모집단을 정의하는 토대로 삼아야 한다고 주장한다. 하지만 이러한 주장은 위에서 말한 이유로 문제가 될 것 같다. 그렇다면 대안으로 질문을 달리하거나 사회적기업의 정의를 예를 들어 갈수록 기업처럼 되어 가는 제3부문의 조직들을 더 많이 포용할 수 있도록 고칠 필요도 있을 것이다. 예를 들면 그들에게 자신을 "기업"의 범주에 넣어야 한다고 주장하지 말고 "사회적기업은 사업 소득이 있는 조직으로, 주로 사회적 목표를 추구하고, 기본적으로 잉여를 사회적 목표를 위해 기업이나 지역사회에 재투자하며, 따라서 주주와 소유자의 이익을 극대화할 필요성에 따라 운영되지 않는다"라고 정의할 수도 있을 것이다.

아니면 제3부문을 더 많이 포용할 수 있도록 질문을 잘 다듬고, 사회적 목적 기업과 자원 부문 사회적기업, 지역사회 사회적기업 등 다양한 유형의 사회적기업을 구체적으로 명시할 수도 있을 것이며,

거기에 "제3부문 사회적기업" 같은 용어를 통해 자선단체의 성격을 띤 혼성 조직을 포함할 수도 있을 것이다. 또는 일련의 질문을 제시해 어떤 부문에 속하려면 어떤 속성이 있어야 하는지 깊이 생각해 보도록 할 수도 있을 것이다.

3.2 사회적기업의 모집단 정의

1절에서 언급한 대로 혼성 조직은,

- 서로 다른 두 부문 사이에서 혼성화가 일어나 두 부문의 속성을 겸비할 수도 있고,
- 여러 부문 사이에서 혼성화가 일어나 여러 부문의 속성을 겸비할 수도 있고,
- CMAF 같은 한 부문 안에서 혼성화가 일어나, 그 부문 안에 있는 다양한 형태의 속성을 겸비할 수도 있다.

사회적기업의 모집단을 정의하는 한 가지 접근 방식은 사회적기업 부문이 사회적경제 안에 있다고 주장하는 것이고, 이것이 EMES 네트워크의 입장이다. 그래서 여기서는 처음에는 한 부문 안에서 혼성화가 일어나 사회적기업이 비영리조직과 협동조합의 속성을 겸비하고 있다는 견해를 취했다(그러나 최근에는 여러 부문의 속성을 겸비하고 있다는 접근 방식을 취했다(Evers and Laville, 2004)). 이런 관점에서는 모집단을 정의할 때 사회적경제 안에 있는 것들 가운데 사회적기업이 아닌 것을 배제하는 문제를 숙고할 필요가 있다. 그래서 (소득의 일정 비율이 상거래를 통한 사업 소득이어야 한다는 기준에 따라) 상거래를 하지 않거나 충분

히 시장에서 활동하지 않는 조직을 확인할 필요도 있고, 충분히 사회적이라고 생각되지 않는 조직을 배제할 수도 있을 것이다. 설립된 지 오래되어 일반 기업과 동형화가 일어난 대규모 협동조합과 상호조합을 어느 정도까지 사회적기업으로 간주하고 그들이 지닌 사회적기업의 특성 중 어떤 것이 바뀌거나 퇴색했는가 하는 논쟁도 그동안 빈번하게 일어났다.

〈그림 2〉 사회적경제와 사회적기업 분야

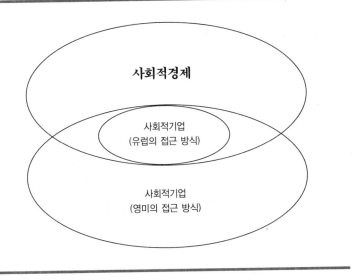

출처: Monzón and Chaves(2012)

하지만 표집틀의 폭을 넓히자는 견해도 있다. 사회적 목적을 토대로 사회적기업을 좁게 정의해 사회적 가치를 강조하는 연대경제로 그 폭을 제한해야 한다는 주장도 있지만(특히 유럽 사회적경제에서),

이와 반대로 영미의 접근 방식(〈그림 2〉의 아래 부분을 보라)과 유럽 대륙 바깥의 접근 방식은 사회적기업이 서로 다른 두 부문이 혼합되어 비영리 자선단체와 기업의 요소를 겸비하고 있다는 견해를 취하곤 했다. 이렇게 보면 모집단에 사회적경제 안에 있는 조직뿐 아니라 사회적경제 밖에 있는 조직도 포함되어, 사회적인 것을 지향하는 기업 구조가 모두 포함된다. 그리고 혼성이 조직의 핵심에 있을 수도 있고 주변부에 있을 수도 있고 이행이 일시적으로 일어날 수도 있고 영구적으로 일어날 수도 있어 경계가 상당히 흐릿해진다.

영국에서는 사회적기업의 모집단에 대한 핵심 이해관계자들의 견해가 서로 충돌하지는 않아도 다르다. 그래서 이 분야에 대한 견해가 이렇게 다르다 보니 조사 자료도 서로 많이 달랐고, 경계 사례도 서로 다르게 나타났다. 영국의 조사(〈표 1〉에서 ASBS)에서는 영리 사회적기업을 경계 사례로 보는 유럽 대륙(EMES)의 관점과 대조적인 영미의 관점으로 인해 영리 사회적기업의 비율이 아주 높은 것으로 확인되었다(여기에는 고용된 직원이 하나도 없는 영리 사회적기업도 포함되었는데, 유급 고용이 없다는 이유로 결국 경계 사례로 배제되었다). 반면에 두드러진 유형일 거라고 생각할 수도 있는, 제3부문의 법률적 구조(예를 들면 보증유한책임회사)를 사용하는 사회적기업은 전체에서 차지하는 비중이 낮은 것으로 나타났고, 이는 주로 중소기업 표집틀을 선택한 탓이기도 했다. 그리고 완전히 다른 관점에서 보면 동유럽 나라들에서는 국가 조직의 점진적 개편 탓에 준공공 사회적기업을 경계 사례로 볼 수도 있을 것이다.

Mohammed Yunus(2009)는 또 다른 접근 방식을 제안하는데, 그는 이익을 모두 재투자하는(배당금을 분배하지 않는) 영리 사회적기업과 가

난한 사람들이 소유한 협동조합이라는 사회적기업의 두 범주를 명시하고, 후자에서는 취약계층이 중요한 핵심 이해관계자라고 강조한다.

3.3 표집틀의 문제

영국에서는 사회적기업이 아주 다양한 법률적 구조를 사용할 수 있지만, 특별히 사회적기업만을 위해 마련된 법률적 구조는 공동체이익회사 하나밖에 없다. 사회적기업이 사용할 수 있는 법률적 구조는 유한책임주식회사와 상장주식회사, 합명회사, 산업공제조합, 보증유한책임회사, 우애조합, 공동체이익회사다.

영국에서 최근에 사회적기업을 조사한 것들은 대조적인 두 접근 방식을 취해, 제3부문의 표집틀을 채택하거나 아니면 기업 표집틀을 사용했다. 그래서 제3부문 사회적기업과 민간 부문 사회적기업이라는 두 가지 폭넓은 사회적기업 유형을 토대로 상당히 뚜렷이 구분되는 두 가지 모집단이 추정되었다.

3.4 매핑 전략과 결과

Lyon, Teasdale, and Baldock(2010)이 정리한 대로, 영국에서 2005년부터 조사를 통해 추정한 사회적기업의 모집단은 적어도 다섯 가지인데, 이것들은 서로 사뭇 다르다. 그래서 이런 다양성에 대해 폭넓게 보는 관점과 좁게 보는 관점을 개발할 수도 있겠지만, 그보다 먼저 제3부문 사회적기업과 민간 부문 사회적기업 사이에 어떤 유

자료의 출처	기준	표본 정보	조직 수 (단위 : 천 개)	매출액 (단위 : 십억 파운드)	고용 인원 수 (단위 : 천 명)	비고
IFF 2005	사업소득이 25% 이상이고 스스로 사회적기업이라고 정의하는 기업	보증유한책임 회사와 산업공제조합만 대상	15	18	475	
ASBS 협의의 정의 (2005-7)	피고용인이 있는 사회적기업	민간 부문이 지배적, 사회적 경제 과소대표	70	15.5	248	제3부문 법률적 형태를 가진 것은 8,000개뿐
ASBS 광의의 정의 (2005-7)	사회적기업 기준에 부합하는 모든 기업	위와 같음	234	23.6	410	제3부문 법률적 형태를 가진 것은 10,000개뿐
NSTSO 협의의 정의 (2008-9)	사업 소득이 50% 이상이고 스스로 사회적기업이라고 정의하는 기업	제3부문만	16	8.5	227	
NSTSO 광의의 정의 (2008-9)	사업 소득이 50% 이상이지만 스스로 사회적기업 이라고 정의하지 않는 조직도 포함	위와 같음	21	10.7	272	
NCVO (2009)	사회적기업 활동	시민사회 전체	77			
Delta (2010)	변화를 추구하는 기업	설립된 지 2년 미만, 수입 20만 파운드 이상 민간 조직	232	97		자가 확인 테스트를 하지 않음

제2부

구체적 사례에서 무엇을 배울 수 있을까?

출처: Lyon, Teasdale, and Baldock, 2010에 있는 표를 목적에 맞게 수정함.

주: IFF: 전국 사회적기업 조사(A Survey of Social Enterprises Across the UK)

ASBS: 연례 중소기업 조사(Annual Small Business Survey)

NSTSO: 전국 제3부문조직 조사(National Survey of Third sector Organisations)

NCVO: 전국자원조직협의회(NCVO)의 영국 시민사회 연감(UK Civil Society Almanac)

Delta: 숨은 사회적기업 조사(Hidden Social Enterprises)

형의 차이가 있는지 인식해야 할 것이다.

영국에서는 사회적기업을 정의할 때 서로 다른 기준을 적용했지만, 사회적기업의 모집단을 추정한 다양한 조사에서 적용한 기준을 조정해 일치시킬 수도 있다(〈표 1〉을 보라).

〈표 1〉에 있는 조사들 가운데 중소기업에 관한 공식 자료에 초점을 둔 것은 두 가지(ASBS)뿐이라서 조사한 것들에서 제3부문 조직을 비교적 쉽게 확인할 수 있다. 그래서 세 가지 주요 조작적 기준(사업소득이 전체 소득에서 차지하는 비중이 50% 이상이고[10], 이익의 대부분을 재투자하고, 사회적 목적을 추구하는 것)을 이용하면, 모집단의 조직 수가 2005년에는 15,000개였는데 2010년에는 21,344개로 증가하고, 이것이 제3부문 사회적기업의 모집단이 된다(위에서 주장한 이유로 자가 확인 테스트는 배제했다). 이보다 모집단을 더 폭넓게 추정할 수도 있겠지만, 그러면 아마 여기에 앞서 언급한 폭넓은 자원 부문 조직의 일부(대학 등)가

---

9 출처: IFF: IFF Research(2005), A Survey of Social Enterprises Across the UK, London: Small Business Service; NSTSO: Ipsos MORI(2009), National Survey of Third Sector Organizations: Technical report, UK Data Archive Study Number 6381: National Survey of Third Sector Organizations, 2008-2009; Delta: Delta Economics(2010), Hidden Social Enterprises. London: Delta Economics/IFF Research. http://www. deltaeconomics.com/Uploads/Misc/HSE2010final4.pdf.

10 가장 최근에 영국에서 사회적기업을 조사한 것(BMG, 2013)에서는 혼란스럽게도 사업 소득의 기준을 75%로 올렸다.

포함될 것이다.

조사된 다른 모집단은 기업 표집틀인데, 표본에서 소수의 제3부문 조직을 배제하고 결과를 세 가지 기준에 따라 표준화하면—특히 50% 이상 사업 소득이 반영되도록 조정하면—사회적기업의 수가 62,000개에서 59,520개로 줄어들고, 이것은 민간 부문 사회적기업이 된다.

그래서 영국의 사회적기업을 모두 합하면 80,866개가 된다(대략 2010년 기준). Lyon, Teasdale, and Baldock(2010)이 언급한 대로 정부 정책은 제3부문의 역량 강화와 사회적기업의 개발을 지향하는 것 같지만 62,000개 사회적기업은 주로 민간 부문 사회적기업이다. 따라서 같은 저자들의 2013년 보고서(Lyon, Teasdale, and Baldock, 2013)에서는 더욱 비판적 견해를 가지고 이 부문의 성장 정도에 의문을 제기한다. 사실 조작적 기준을 바꾸면 시간에 따른 성과 분석이 상당히 어려워진다.

민간 부문 사회적기업이 59,520개라는 것은 더 많은 연구를 통해 사회적 목적을 검토하고, 공동체이익회사의 이익 배분 한도가 35%인데 그보다 높은 50%라는 재투자 기준이 적절한지도 검토하도록 한다.

3.5 요약

사회적기업을 매핑하려는 영국의 시도에 대한 논평으로 마무리하면, 다음과 같은 조치를 취하면 영국의 정의의 조작화가 개선될 것이다.

- 공식적으로 조직되고, 민간이고, 자율적이라는 세 가지 기준이 중요함을 인식해야 하고, 그러면 그것이 포함된 더 완벽한 일련의 조작적 기준을 마련할 필요가 있을 것이다.

- 일관된 "사업소득 비율" 기준을 개발해야 한다. 영국에서는 그것이 25%에서 50%로 바뀌더니 가장 최근에는 다시 75%가 되었다. 경제적 위험이 상거래에서만 발생하지 않는다는 것을 인식하는 것도 중요하다. EMES 틀에서는 다른 자원과 관련된 경제적 위험도 인정하며, 그러면 사업 소득 비율의 하한을 25%로 해도 괜찮을 수 있다.

- 영국에서 이 부문의 통계를 보고할 때는 한 명 이상의 전업 노동 종사자(FTE)라는 기준이 적용되었다는 것을 분명히 해야 한다.

- 충분히 명확하지 않거나 선택할 수 있는 보기가 충분하지 않은 사회적 목적 기준을 개선해 일관된 응답이 나오도록(그리고 공동체이익회사의 "공동체 이익"이라는 기준과도 연결되도록) 해야 한다.

- 서로 다른 유형의 사회적기업에 대한 기준에 일관성이 있어야 한다. 영리기업 표집틀을 사용할 때는 특히 그렇고, 거버넌스와 관련해서도 마찬가지다. 이해관계자의 유형과 그들의 참여 수준(거버넌스에의 참여 수준을 포함하여)도 개발하여 이용해야 한다.

- 영국의 재투자 기준은 49%의 이익 배분을 허용하는데, 이는 "제한적 이익 배분"에 대한 일반적 이해 수준을 넘어서는 것이며, 상장주식회사의 이익 배당 수준보다도 훨씬 높다. 35% 이상 이익 배분을 하지 못하도록 되어 있는 공동체이익회사의 기

준과도 차이가 난다.

나아가 위에서 언급한 대로 사회적기업 활동을 상당히 펼치는 기존의 제3부문 조직을 더 포용할 수 있도록 사회적기업의 정의를 손볼 수도 있을 것이다. 그런 조직을 이 분야가 재구성되면서 나타나는 사회적기업 혼성 조직으로 볼 수 있어, 스스로 사회적기업이라고 확인하기도 쉬워질 것이다(자가 확인이 이 부문의 범위를 정의하는 엄격한 기준 같지는 않지만). 그래서 예를 들면 사회적기업의 정의를 다음과 같이 바꿀 수도 있을 것이다.

> 사회적기업은 사업 소득이 있는 조직으로, 주로 사회적 목표를 추구하고, 기본적으로 잉여를 사회적 목표를 위해 기업이나 지역사회에 재투자해, 주주와 소유자의 이익을 극대화할 필요성에 따라 운영되지 않는다.

결론: 혼성과 유형, 경계

이제 이 장의 주요 결론을 내리면, 혼성 조직은 주로 두 가지 방식으로 나타날 수 있는데, 새로운 조직이 나타나거나 아니면 기존 조직이 바뀌는 것이다. 이런 두 가지 경로를 조사할 때 혼성이 조직의 핵심에 있을 수도 있고 주변부에 있을 수도 있으며, 그런 이행이 일시적으로 일어날 수도 있고 영구적으로 일어날 수도 있다는 것을 인식하면 도움이 된다.

혼성 조직은 여러 부문 사이에서 혼성화가 일어나 여러 부문의 속성을 겸비할 수도 있지만, 한 부문(CMAF 같은) 안에 있는 다양한 형태들 사이에서 혼성화가 일어나 다양한 형태의 속성을 겸비할 수도 있다. 사회적경제 연구자들은 이런 패턴이 사회적경제 안에서 나타나는 혼성화를 설명해주고 사회적기업은 이 부문 안에서 비영리조직과 협동조합이 결합해 나타난 것이라고 주장했다. 그러나 두 부문 사이에서 혼성화가 일어나 비영리와 일반 기업의 속성을 겸비한 혼성 조직을 확인한 연구자들도 있으며, 이런 사례는 서로 다른 모집단 사이에서 혼성 조직이 나타나 연구하는 데 문제가 될 수 있다.

갈수록 혼성화 추세도 나타나지만 동형화 경향도 나타나 사회적기업을 매핑하기가 더욱 어려워질 수 있다. 그로 인해 혼성 조직의 안정성이 영향을 받기 때문이다. 그러나 새로운 법제화나 정책 등으로 제도화가 일어나면서 혼성 조직이 나타나는 양상이 강화되어 사회적경제 안에서뿐 아니라 다른 부문과의 경계에서도 새로운 유형이 나타날 수 있다.

그래서 다음과 같은 주장이 제기되었다.

> 기존 조직의 혼성화 과정에는 *상황 요인*과 *내부 요인*이라는 두 가지 요인이 작용한다. 내부 요인에는 사회적 사명을 갖게 하는 강력한 동기와 더 기업처럼 행동해 시장 자원에 접근하고 싶은 욕망 등이 있고, 과두제 경향(경영자와 직원의 권력 강화)과 구성원의 참여 하락, '상품화된' 구성원 관계의 증가, 기업 활동과 사명과 관련한 활동 간 긴장(과 예를 들면 사업 보조금이나 이사진 역할을 통한 양자의 분리) 같은 유형의 요인도 있다(Spear, 2010, p. 4).

상황에 따른 혼성화 과정에는 새로운 법률적 형태의 제도화가 있을 수 있는데, 이는 영국에서처럼 사회적기업을 진흥하려는 정책의 일환으로 일어날 수도 있지만, 시민사회 주도로 제도 개혁이 일어나 그것이 새로운 혼성 조직이 될 정도로 널리 복제되어 결국 법률적으로 인정받게 되면서 일어날 수도 있다(예를 들면, 1991년에 이탈리아에서 사회적협동조합이 법제화된 것처럼). 상황에 따른 혼성화 과정은 공공서비스를 제공하는 유사 시장이나 기부 시장의 등장, 개인 예산제 등으로 활동 영역이 갈수록 시장화하면서 일어날 수도 있다.

이 장에서는 사회적기업 같은 어떤 부문을 매핑할 때는 정의의 문제와 모집단의 문제, 표집틀과 매핑 전략의 문제 같은 어려운 문제가 있다는 것을 보여주었다. 이런 문제와 관련해 어떤 선택을 하느냐에 따라 서로 다른 경계 사례와 혼성 조직에 초점을 맞추게 되는데, 이때 유형 분석은 서로 다른 종류의 혼성 조직을 드러내는 데 도움이 된다.

사회적경제 안에서 제도화된 혼성 조직(예를 들면, 협동조합과 비영리조직의 요소를 함께 지닌 사회적협동조합)이 제도화가 덜 된 새로운 혼성 조직보다 그런 문제를 해결하기가 쉽다. 스스로 이름 붙인 회원 조직처럼 제도화가 덜 된 새로운 혼성 조직들은 상당히 이질적일 수 있기 때문이다. 따라서 시민사회 행위자와 정책입안자가 모두 제도화 과정에 기여해야 한다. 그러나 연구자들도 혼성화 경향을 확인하는 데 도움이 된다. 예를 들면, Buckingham(2011)이 언급한 대로 공공서비스 위탁 계약에 참여하는 비영리조직을 그런 계약에 참여하는 것을 편하게 생각하는 유형과 그냥 추세에 순응하는 유형, 그것을 조심스럽게 생각하는 유형으로 분류할 수도 있을 것이며, 그렇다면 이런 비영리 사회적기업 혼성 조직을 더 세분할 수도 있을 것이다.

정의의 문제는 일반적으로 연구자들에게 어려운 문제다. 새로운 분야에 대한 합의에 이르려면 다른 연구자뿐 아니라 정책입안자와 시민사회 행위자들과도 토론하고 협의해야 하기 때문이다. 영국 사회적기업 매핑에 관한 논의(Teasdale, Lyon, and Baldock, 2013)에서 지적한 대로, 조사를 할 때 접근 방식에 일관성이 없고 정연한 논리가 없으면 정책입안자들이 "물을 흐릴" 수 있기 때문이다.

경계 사례 가운데 주요 부문인 공공과 민간, 사회적경제 부문에 걸쳐 있는 것이 더 문제가 된다는 사실도 인식해야 한다. 무엇보다도 세 부문이 경합할 수 있는데, 영국에서처럼 주요 표집틀을 이루는 영리 사회적기업은 정책 수준에서 거의 논의되지 않고 제3부문 사회적기업이 정책 담론에서 주요 주제가 되기 때문이다. 그러나 조사 자료와 담론이 이렇게 서로 연결되지 않는 것을 모르는 사람이 많고, 그런 사람들은 영리 사회적기업이라는 개념에 대해 강한 의구심을 가질 것이다. 하지만 이렇게 사회적기업의 유형과 경계 사례를 깊이 들여다보고 논의하면 갈수록 혼성화하는 부문을 정의하는 데 도움이 될 것이다.

참고 문헌

Battilana, J., Dorado, S., "Building sustainable hybrid organizations: The case of commercial microfinance organizations," *Academy of Management Journal,* No. 53, 2010, pp. 1419-1440.

Battilana, J. and Lee, M., "Advancing Research on Hybrid Organizing Insights from the Study of Social Enterprises," *The Academy of Management Annals,* Vol. 8, No. 1, 2014, pp. 397-441.

Billis, David (ed.), *Hybrid Organizations and the Third Sector: Challenges for Practice, Theory and Policy.* Basingstoke: Palgrave Macmillan, 2010, pp. 46-69.

Bode, I., Evers, A., Schulz, A., "Work Integration Social Enterprise in Europe: Can Hybridization Be Sustainable?," in Nyssens, M. (ed.), Social enterprise: *At the Crossroads of Market, Public Policies and Civil Society,* London, Routledge, 2006, pp. 237-258.

BMG Research, *Small Business Survey 2012: SME Employers,* UK Government, Department for Business, Innovation, and Skills (BIS), 2013.

Borzaga, C., and Defourny, J., *The Emergence of Social Enterprise,* London, Routledge, 2001.

Bouchard, M. J., Cruz Filho, P., St-Denis, M., *Cadre conceptuel pour définir la population statistique de l'économie sociale au Québec,* Cahier de la Chaire de recherche du Canada en Economie sociale, Collection Recherche No. R-2011-02, 2011.

Brah, A., Coombes, A. E. (eds.), *Hybridity and its Discontents: Politics, Science, Culture,* London, Routledge, 2000.

Brandsen, T., van de Donk, W., Putters, K., "Griffins or Chameleons? Hybridity as a Permanent and Inevitable Characteristic of the Third Sector," *International Journal of Public Administration,* Vol. 28, No. 9-10, 2005, pp. 749-65.

Buckingham, H., "Capturing Diversity: A Typology of Third Sector Organisations' Responses to Contracting Based on Empirical Evidence from Homelessness Services," *Journal of Social Policy,* Vol. 41, No. 3, 2011, pp. 569-589.

Committee on Standards in Public Life, *Standards in Public Life: First Report of the Committee on Standards in Public Life,* London, UK Government, Her Majesty's Stationary Office, 1995.

Cornforth, C. J., Spear R., "Hybrids and Governance: Social Enterprise," in Billis, D. (ed.), *Hybrid Organizations and the Third Sector: Challenges of Practice, Policy and Theory,* London, Palgrave MacMillan, 2010.

Côté, D. (ed.), *Les holdings coopératifs. Evolution ou transformation définitive?* Brussels,

De Boeck Université, 2000.

Defourny, J., and Nyssens, M., "Social Enterprise in Europe: Recent Trends and Developments," *Social Enterprise Journal,* 2008, Vol. 4, No. 3, pp. 202-228.

Defourny, J., and Nyssens, M., "The EMES Approach of Social Enterprise in a Comparative Perspective," *EMES European Research Network,* 2012, WP No. 12/03.

Evers, A., "Mixed Welfare Systems and Hybrid Organizations: Changes in the Governance and Provision of Social Services," *International Journal of Public Administration,* 2005, Vol. 28, No. 9, pp. 737-48.

Evers, A., and Laville, J.-L., "Defining the Third Sector in Europe," in A. Evers and Laville, J.-L. (eds.), *The Third Sector in Europe,* Cheltenham, Edward Elgar, 2004, pp. 11-37.

Kendall, J and Knapp, M. R. J., "A loose and baggy monster: boundaries, definitions and typologies," in Davis Smith, J. Rochester, C. and Hedley, R. (eds), *An Introduction to the Voluntary Sector,* GB, London, 1995, pp. 66-95.

Kendall, J., and Knapp, M., *The Voluntary Sector in the United Kingdom,* Manchester University Press, Manchester, 1996.

Lounsbury, M., and Boxenbaum, E., *Institutional Logics in Action,* Bingley, Emerald Books, 2013.

Lyon, F., and Sepulveda, L., "Mapping Social Enterprises: Past Approaches, Challenges and Future Directions," *Social Enterprise Journal,* Vol. 5, No. 1, 2009, pp. 83-94.

Lyon, F., Teasdale, S. and Baldock, R., *Approaches to Measuring the Scale of the Social Enterprise Sector in the UK,* Third Sector Research Centre Working Paper No. 43, 2010.

Lundström, T. and Wijkström, F., *Defining the Non-profit Sector: Sweden,* Working Papers of the Johns Hopkins Comparative Non-profit Sector Project, WP16, 1995.

McCabe, A., Phillimore, J. Mayblin, L., "'Below the Radar' Activities and Organisations in the Third Sector: A Summary Review of the Literature," *Third Sector Research Centre Briefing Paper* 2010, No. 29.

Mohan, J., *Mapping the Big Society: Perspectives From the Third Sector Research Centre,* Third Sector Research Centre Working Paper, No. 62, 2011.

Monzón, J. L., and Chaves, R., *The Social Economy in the European Union. Presentation to European Economic and Social Committee,* Brussels, 3 October 2012. http://www.eesc.europa.eu/resources/docs/presentation-bydr-mr-monzon.pdf.

Morgan, J. P., *Distribution Policy: Dividend and Share Repurchase Facts and Trends,* Corporate Finance Advisory, 2012. https://www.jpmorgan.com/cm/BlobServer/JPMorgan_CorporateFinanceAdvisory_2012DistributionPolicy.pdf?blobkey=id&blobwhere=1320577225001&blobheader=application%2Fpdf&blobheadername1=Cache-

Control&blobheadervalue1=private&blobcol=urldata&blobtable=MungoBlobs.

NCVO, *UK Civil Society Almanac,* London, National Council of Voluntary Organisations, 2009.

Ostrom, E., *Self-Governed Common-Pool Resource Institutions,* Cambridge, Cambridge University Press, New York, 1990.

Pestoff, V., *Beyond the Market and State. Civil Democracy and Social Enterprises in a Welfare Society,* Aldershot, UK and Brookfield, NJ: Ashgate, 1998 & 2005.

Purkis, A., *Housing Associations in England and the Future of Voluntary Organisations,* London, The Baring Foundation, 2010.

Spear, R., *Co-operative Hybrids. Keynote presentation* at "Co-operatives' contributions to a plural economy," Conference of Research Committee of the International Co-operative Alliance with the CRESS Rhone-Alpes and the University Lyon 2; 2-4 September 2010.

Spear, R., "Hybridité des coopératives," in Blanc, J. and Colongo, D. (eds.), *Les contributions des coopératives à une économie plurielle,* Paris, L'Harmattan, Les cahiers de l'économie sociale, Entreprendre autrement, 2012.

Teasdale, S., Lyon, F., Baldock, R., "Playing with Numbers: A Methodological Critique of the Social Enterprise Growth Myth," *Journal of Social Entrepreneurship,* 2013, Vol. 4, No. 2, pp. 113-131.

Young, D. R., *If Not For Profit, For What? A Behavioral Theory of the Nonprofit Sector Based on Entrepreneurship,* Lexington, Mass., Lexington Books, 1983.

Yunus, M., *Creating a World without Poverty: Social Business and the Future of Capitalism,* New York, Public Affairs, 2009.

결

론 ────────────── **마리 J. 부샤**
캐나다 퀘백대학 몬트리올 캠퍼스 정교수

다미앙 루슬리에
프랑스 아그로캉퓌스웨스트 대학 정교수

사회적경제 통계
연구 의제

자료와 자료의 구성에 관해 성찰적으로 질문하는 저자일수록 오히려 독자들에게 비판과 의심, 의혹을 받기 쉽다. 이와 반대로 아무런 성찰 없이 자료를 사용하기 좋아하는 저자는 독자들을 아주 사실주의적인 수준에 영원히 머물게 하여 어떤 비판이나 의혹도 사전에 차단해 버린다 (Lahire, 2006: 133).

이 책은 대개 국가 통계기관이나 사회적경제 행위자들과 함께 또는 그들을 위해 어떤 지역이나 나라 또는 국제적 수준에서 사회적경제 통계를 내는 데 직접 또는 간접적으로 참여한 저자들이 쓴 글을 묶은 것이다. 각 장에서 저자들의 글은 벨기에와 브라질, 캐나다(퀘벡), 스페인, 영국, 프랑스, 일본, 영국의 사례를 분석하여 제시해 이 문제를 국제적 시각에서 바라볼 수 있게 해준다. 저자들에게는 사용한 방법론에 대해서는 각 장의 기본이 되는 연구에 이미 잘 설명되어 있으니 방법론에 대해 자세히 설명하기보다는 다양한 접근 방식의 기여와 한계를 지적하고 공공정책에 대한 함의를 논해달라고 부탁했다. 이 책의 목적이 통계의 블랙박스를 열어 어떤 과학적 선택을 했는지 밝히고, 재현 가능성의 조건을 이해하고, 실천적 결과를 이끌어내는 것이었기 때문이다. Pascal Rivière(2002: 145)가 강조했듯이, 이러한 유형의 자료를 사용하는 비전문가들은 이런 문제를 대체로 과소평가한다. "비전문가들에게는 기업에 관한 통계를 내는 것이 아주 단순한 일처럼 생각될지 모른다. 그저 '사실을 모으기'만 하면 되는 것처럼 보이기 때문이다." 따라서 이 장의 서두에서 Bernard Lahire(2006)가 지적한 것처럼 위험이 없지 않은 이 투명성 게임에 참여하는 데 동의한 저자들에게 감사한다. 각 장의 편집은 현실적 필요를 충족시키는 데 도움이 되도록, 즉 사회적경제의 통계적 초상을 그리는 작업을 개관하여 연구자와 이해관계자, 정책 입안자들에게 도움이 되도록 했다.

전반적으로 이 책은 사회적경제(와 그것의 변형태) 통계를 내는 일이 갈수록 복잡해졌다는 것을 보여준다. 사회적경제 통계를 내는 일은 단순하지 않다. 그것에는 방법론적 차원과 이론적 차원, 정치적 차원 등 다양한 차원이 있고, 이 결론에서 우리가 다루는 다음과 같은 문제들도 제기한다. (1) 사회적경제 통계를 내는 것은 왜 중요한가? (2) 사회적경제 통계는 어떻게 내는가? 우리는 이 결론 전체에서 현재 사용되는 방법론과 지표들의 기여와 한계를 지적하고 아직 명확히 해결되지 않은 몇 가지 질문을 환기시킨다. 그리고 (3) 이 책을 읽으면서 떠오르는 핵심 권고 사항 몇 가지를 요약함으로써 글을 마무리한다. 이 권고 사항들은 연구자와 공공정책 모두를 위한 것이다.

1. 사회적경제 통계를 내는 것이 왜 중요한가?

최근 몇 년 동안 사회적경제의 범위와 영향을 더 잘 이해하고 싶다는 요청이 늘어났다. 이러한 요청은 이런 경제 형태에 새로이 관심을 보이는 국가 공공기관이나 초국가적 공공기관에서도 오고, 자기들이 미치는 영향이 좀 더 눈에 보이고 더 널리 인식되기 바라는 사회적경제 행위자들에게서도 온다. 아직 초기 단계지만 이런 과제를 해결하기 위한 조치들은 취해졌다. 그러나 사회적경제의 규모와 비중을 확인하는 기존 방법을 평가하는 데 초점을 둔 연구는 아직 없었다.

오늘날 사회적경제에 대한 인식이 널리 확산된 것은 학계에서 처음 개발하고 국가 차원에서나 국제적 차원에서 인정하고 채택한 다양한 방법론을 통해 사회적경제의 중요성을 보여줄 역량이 있었기 때문이다. 비영리단체 위성계정 핸드북(Salamon et al.이 쓴 장을 보라)과 협동조합과 상호조합 위성계정 매뉴얼(Fecher and Ben Sedrine-Lejeune이 쓴 장을 보라)이 그랬고, 사회적경제 행위자들이 연구자와 국가 통계기관의 도움을 받아 수행한 관찰과 전국조사(Demoustier et al.이 쓴 장과 Gaiger가 쓴 장을 보라)도 그랬다. 이러한 일들은 사회적경제가 거의 모든 산업과 사회경제적 상황에 존재하고 신뢰재(credence goods)의 생산과 집합적 서비스 생산에 크게 기여한다는 것을 보여준다. 그래서 사회적경제는 지속 가능한 발전과 더 공평한 부의 분배, 지역 개발, 기타 여러 문제에 대한 혁신적 해결책을 찾는 데 중요한 역할을 해야 하고, 또 그럴 수 있다. 하지만 사회적경제를 측정하는 일에 비교적 최근에야, 그러니까 겨우 20년에서 30년 전에야 관심을 기울이기 시작해, 이 분야에 대한 체계적 통계 생산은 아직 완성되지 않았고, 국가 통계 시스템에서는 더욱 그렇다. 사실 사회적경제는 그 실천이나 역할뿐 아니라 이론에도 다양한 측면이 있고 계속해서 진화하고 있다(Hiez and Lavilluniere, 2014; Draperi, 2012; Leroux, 2013). 그래서 이런 과제에 섣불리 도전하기가 어려워 보일지 몰라도 이를 받아들여야 한다(DiMaggio, 2001). 이것도 본질적으로는 새로운 정보 기술이나 지속 가능한 발전 같은 새로운 사회적 과정이나 현상과 관련해 지난 10년 동안 확인된 과제들과 다르지 않다(Custance and Hillier, 1998; Jeskanen-Sundström, 2003).

사회적경제 부문은 전체 경제에서 차지하는 비중—추정치에 따르면 약 10%[1]—도 무시할 수 없을 정도이지만, 경제의 전반적 조정에도 기여해 경제에서 중요한 행위자다. 예를 들면, 사회적경제는 생산자와 시장 사이에서 중재자 역할을 하고(예를 들면, 농업), 수요가 있지만 수익이 낮은 부분에서 공급을 확대하고(예를 들면, 은행업), 시장 지배력에 대해 균형추 역할을 하고(예를 들면, 식품 소비와 주택), 정보의 비대칭성을 줄이고(예를 들면, 대인서비스), 기업과 지역의 통제와 지시를 민주화하고(예를 들면, 노동자협동조합, 지역개발 협의체), 새로운 활동 영역에서 혁신적 역할을 한다(예를 들면, 재생과 재활용, 재생에너지). 사회적경제는 또한 경제 시스템이 부드럽게 운영되도록 돕고 변동성에 대해 균형추 역할을 함으로써 경제 시스템의 안정성을 강화한다(Ansart, Artis and Monvoisin, 2014). 사회적경제는 또 경제 위기에 대한 대응책(Demoustier and Colletis, 2010; Draperi, 2011)이나 자본주의의 대안(Jeantet, 2008)으로도 볼 수 있고, 아니면 적어도 경제뿐 아니라 사회 전체에 침투한 신자유주의 이데올로기에 대한 방벽(Leroux, 2013)으로도 볼 수 있다.

하지만 경험적 증거도 제시하려고 하지 않고 이런 유형의 주장을 하기는 어렵다. Pierre Bourdieu(2002)의 말대로 사회적경제 연구자가 "예언자도 아니고 구루(guru)도 아니기" 때문이다. 따라서 사회적경제를 과학적으로 이해하고 사회적경제 이론의 타당성을 검증하려면 신뢰할 수 있고 장기적이며 재현 가능한 자료가 필요하고, 그런

---

1 이는 최선의 시나리오로, 현행 방법론적 관례에 따른 것이다.

자료가 뒷받침되어야 이러한 이론적 논쟁에 기여할 수 있다. 이미 이러한 방향에서 시도된 연구들로는 노동자협동조합의 설립이 경기 변동이나 정치 변동과 어떤 관계가 있는지를 보여주는 연구 (Pérotin, 2006; Ingram and Simons, 1997)와 농업협동조합의 생존 능력에 관한 연구(Nunez-Nickel and Moyano-Fuentes, 2004; Rousselière and Joly, 2012), 정부 보조금이 비영리조직의 시장 수입에 미치는 영향에 관한 연구(Smith, 2007; Bouchard and Rousselière, 2011), 사회적경제기업의 다원적 성과와 성장에 관한 연구(Backus and Clifford, 2013)를 들 수 있다. 이 모든 연구의 공통점은 공공 자료와 특정한 조사를 통해 얻은 자료를 활용할 수 있었다는 점이다.

사회경제적 조정과 관련해 사회적경제의 성격과 역할, 위치를 더 잘 이해해야 한다는 것은 오랫동안 사회적경제의 학문적 정치적 의제 가운데 하나였다(Demoustier, 2014). 우리는 통계 생산에 접근하면서 이런 연구들을 기반으로 하여 현재 사회적경제 통계 생산이 기여한 바와 그것의 한계, 그것이 도전해야 할 과제를 확인하고자 한다.

2. 사회적경제 통계는 어떻게 내는가?

사회적경제 통계의 일차적 기능은 이 유형의 경제가 전체 경제에서 차지하는 상대적 비중과 참여도, 즉 국내총생산(GDP)과 고용, 여러 활동 부문에서 차지하는 몫을 측정하는 것이다. 어떤 현상을 통계를 통해 나타내는 것은 그 현상의 규모를 측정하고, 그 현상을 구성하는 주요 요소들과 그 요소들 간의 상대적 중요성을 드러내고,

그 현상을 이루는 여러 하위 부문들 가운데 일부를 기록하고, 현상이 시간에 따라 어떻게 변화하는지 추적하고, 가능하면 그것을 다른 현상과 비교하기 위해서다. 그리고 경제의 한 부문의 범위와 규모를 측정하려면 첫 번째로 그 부문에 속한다고 볼 수 있는 개체들의 유형을 정의하여 조사하고, 두 번째로 그것이 전체 경제에 얼마나 기여하는지 측정해야 한다(예를 들면, 중소기업 조사에 관해서는 Rivière, 2002를 보라). 첫 번째 일을 하려면 개체 수를 세야 하고, 두 번째 일을 하려면 그들의 부가가치를 측정해야 한다. 이 두 가지는 겉보기에는 단순해 보여도 사회적경제에 도전해야 할 몇 가지 문제를 제기한다.

2.1. 선별과 분류

어떤 통계를 낼 때나 가장 먼저 해야 할 것은 통계 모집단을 어떻게 설정할지 규칙을 정해(질 높은 공식 통계 절차에 관한 조사에 관해서는 Baffour et al., 2013을 보라) 측정할 "대상"이나 "개체"를 정의하는 것이다(Desrosières, 1993). 사회적경제를 구성하는 개체를 확인하려면 세 가지 주요 과제를 수행해야 하는데, 그것은 1) 사회적경제조직이 포함될 가능성이 가장 높은 경제 부문과 활동 부문에 있는 개체들을 확인하고, 2) 그것들을 법률적 지위에 따라 분류하고, 3) 일정한 자격 기준을 토대로 사회적경제조직이라는 법률적 지위 보유에 관계없이 사용된 제도적 (국가적) 정의에 따라 사회적경제에 속하는 것으로 확인되는 개체를 선별하는 것이다. 이러한 선별 과정의 질은 다섯 가지 요소에 달려 있다. 그것은 연구 모집단의 포괄성, 선별된 개체의 신뢰성(활동성), 자료의 이용 가능성, 연구의 비교 가능성, 연구의 복제 가능성을 뜻하는 연구의 지속가능성(지속성)이다. 분류 체계는 모든 개체를 포함할 정도로 빠짐이 없을 때, 비교가 가능할 때, 하나의 동질적 차원에 따라 자료를 조직할 때, 상호 배타적인 범주를 제공할 때, 정교한 분석이 가능할 정도로 상세하면서도 자료를 집계하는 구조를 제공할 때 강력하다고 본다(Bouchard *et al.*, 2008).

사회적경제에 대한 통계 연구는 일반적으로 사회적 목적이 경제활동보다 우위에 있음을 강조한다(Bouchard *et al.*이 쓴 장을 보라). 이러한 우위성은 사회적경제의 조직 구조와 운영 방식에서 경험적으로 발견되는 전형적 특징으로, 사회적경제를 나머지 경제와 구분해준다. 그 결과 사회적경제 통계를 낼 때 사용되는 개념적 틀은 대개 먼저 어떤 유형의 개체와 법률적 지위, 활동 부문이 배제되는지 정하고, 그런 다음 사회적경제 조직의 일련의 자격 기준과 통계 지표를 확인한다. 통계적 초상에서는 사회적경제 전체를 포착하거나(예를 들면, 국가적 정의를 이용할 때(Demoustier *et al.*이 쓴 장)) 아니면 그것의 구성 요소(예를 들면, 비영리 자원 부문이나 협동조합과 상호조합 부문)나 변종(예를 들면, 브라질의 연대경제(Gaiger가 쓴 장))을 포착한다.

통계적 초상에서 또 하나 중요한 요소는 개체들을 적절한 집단으로 분류하여 각 집단이 특정한 활동 유형에 얼마나 기여하는지를 확인할 수 있게 하는 것이다. Archambault가 쓴 장에서 설명했듯이, 사회적경제 조직은 시장 생산자든 비시장 생산자든 국제표준분류체계에 포함되어야 하고, 완벽하게는 아니어도 실제로 포함된다. 따라서 이러한 분류에는 장단점이 있다. 하지만 국민계정에는 두 가지 대체할 수 없는 귀중한 가치가 있다. 첫째는 다양한 인간 활동을 비교하고 그것들을 공통의 양적 척도로 측정할 수 있게 해준다는 것이다. 둘째는 보편적으로 받아들여지는 일종의 문법으로서 복잡한 현실이나 불완전하게 이해된 상호 의존성을 공식화하고 추정하여 분명하게 설명할 수 있게 해준다는 것이다.

2.2. 선별과 분류의 한계와 과제

사회적경제 통계를 낼 때 부딪히는 어려움 가운데 하나는 프랑스 같은 몇몇 예외(Demoustier *et al.*이 쓴 장을 보라)는 있어도 대체로 국가 통계 시스템에 경제의 이 부분집합을 분명하게 식별하거나 구분할 수 있게 표시해주는 것이 없다는 점이다. 이는 대부분의 나라에서 아직도 사회적경제가 공공정책의 한 분야로 명확히 자리매김하지 못한 탓도 있다(Kurimoto가 쓴 장을 보라). 게다가 나라마다 기원과 문화적 정치적 관습, 국가의 제도적 틀이 달라 사회적경제와 그 구성 요소들이 나라마다 서로 다른 일련의 법률적 정의와 기능, 행동 양식에 따라 운영된다(DiMaggio and Anheier, 1990; Kyriakopoulos, 2000). 따라서 비교 가능성 문제가 제기될 수밖에 없다. 또 한 가지 어려움은 사회적경제조직을 명명하는 방식이나 일정한 자격 기준에 따라 선별하는 방식이 언제나 일관되지는 않는다는 사실에 있다. 예를 들면 사회적경제조직의 이름이 문제의 지역에서 이 부문을 명명하는 방식에 따라(예를 들면, 유럽에서는 사회적경제, 라틴아메리카에서는 연대경제나 민중경제), 조직 구조와 운영 방식에 따라(예를 들면, 미국의 비영리조직 대 프랑스의 결사체), 또는 이들을 추동하는 가치에 따라(벨기에의 인증 협동조합과 미인증 협동조합) 달라질 수 있다. 다수의 비공식 기업이 특징인 브라질의 연대경제 같은 경우에는 통계를 내려면 눈덩이 표집(snowballing) 같은 노동집약적 방법론이 필요하다(Gaiger가 쓴 장을 보라). 세 번째 어려움은 사회적경제의 경계가 분명하지 않고 투과성이 있다는 점이다. 그래서 흔히 사회적경제는 "단단한 중핵"을 이루는 요소와 "주변부"(Desroche, 1983)를 이루는 요소 또는 "혼성"(Spear가 쓴 장을 보라)인 요소로 구성되어, 중핵을 둘러싼 "다공성 경계"를 조직이 존재하는 동안 결국 가로지를 수 있다고 본다.

마지막으로, 사회적기업이나 소셜 비즈니스, 사회적기업가 같은 개념이 새로이 등장하고 국제적 비교 가능성이 필요해지면서 전통적으로 사회적경제 하면 떠오르는 협동조합이나 비영리조직, 결사체, 상호조합, 재단 같은 법에 명시된 조직 너머에서 사회적경제의 경계를 찾게 되었다. 하지만 앞서 말한 새로운 개념들은 아직 패러다임 이전 단계(Nicchols, 2011)에 있다. 게다가 현재까지 법에 명시되지 않은 사회적기업과 주류 경제 주체 사이에 뚜렷한 차이가 존재한다는 것을 보여주는 경험적 증거도 없다. 최근 연구에서 연구자들은 "국민경제 구조와 복지 및 문화 전통, 법률체계가 다양하고" "유럽 전역의 사회적기업에 대한 통계 정보를 이용할 수도 없고 통계 정보의 일관성도 없어" 유럽 전역의 사회적기업을 측정하고 비교하는 일은 여전히 도전 과제임을 인정했다(Wilkinson, 2014: 1). 각 대륙의 사회적기업을 측정하고 비교하는 일은 말할 것도 없다. 이러한 과제의 해결책은 오직 강력한 방법론을 통해서만 얻을 수 있다.

2.3. 산출물 측정

이 책에 있는 장들에서는 사회적경제를 이루는 서로 다른 부문에 적용된 다양한 방법론을 제시한다. 사회적경제가 다양한 조직 형태를 취하고 나라마다 서로 다른 경제적 제도적 환경에 놓여 있지만, 여기서 논의된 모든 연구는 그것을 전국 통계로 조사해야 할 특정한 분야로 인식한다. 이는 무엇보다도 사회적경제를 나머지 경제와 구분할 가치가 있을 정도로 그것이 추구하는 목표가 뚜렷이 구분되기 때문이다. 그러나 같은 이유로 표준 측정 방법은 사회적경제에서도 나머지 경제와 비슷한 측면만 보여주는 경향이 있다. 그런 측정 도구가 원래 나머지 경제를 위해 개발된 탓이다. 그래서 비교는 할 수 있지만, 사회적경제에서 특히 중요한 부문, 즉 "사회적" 측면이 배제된다.

사회적경제 통계는 사회적경제가 민간 부문이나 비금융법인기업 제도 부문 같은 다른 형태의 경제와 같은 종류의 완전한 경제 주체라는 것을 보여준다(Artis *et al.*이 쓴 장을 보라). 사회적경제 통계는 산출의 측면에서는 이런 유형의 경제가 부의 창출에 기여하는 바를 밝히고, 다양한 활동 부문에서 어떤 역할을 하는지 확인해준다. 투입 측면에서는 사회적경제가 다양한 경제에서 경제활동인구에 상당히 많은 일자리를 제공한다는 것을 보여준다. 덕분에 국가 통계 시스템에서 비영리조직의 비시장 생산을 측정할 수 있게 되었다(Salamon *et al.*이 쓴 장을 보라). 이런 접근 방식은 지역에서 일어나는 사회적경제 활동의 계량화와 지역화를 통해 사회적경제의 지리적 분포도 드러낼 수 있다(사업체의 수와 일자리의 양, 활동 부문의 측면에서).

사회적경제는 이렇게 구조적 지리적으로 나타낼 수도 있지만 그
것이 동원하는 자원을 통해 들여다볼 수도 있다. 그래서 예를 들면
사회적경제가 민간 시장 자원(판매)과 공공 준시장 자원(정부와의 계약),
비시장 민간 자원(기부), 공공 자원(보조금) 같은 다양한 자원을 이용
하고 이런 자원들이 서로 맞물려 있다는 것도 보여준다. 사회적경
제에 관한 이런 수치를 관찰하면 이 부문이 본질적으로 보조금에 의
존하고 있다는 생각을 확인할 수도 있고, 그런 생각을 배제하고(브라
질이나 스위스의 경우처럼) 사회적경제가 경제 영역에서 차지하는 위치를
재확인할 수도 있다. 하지만 (캐나다나 프랑스에서처럼) 국가 통계기관에
서 공공에서 오는 다양한 자원을 항목별로 설명하지 않고 그냥 뭉
뚱그려 보조금으로 말하는 경우가 많다. 하지만 보조금의 감소와 입
찰이나 공공서비스 계약의 증가 같은 공공 관리의 변화로 사회적경
제와 공공 부문이 상호 작용하는 방식이 달라지는 경향이 있다. 그
래서 사회적경제 통계를 내면 국가기관은 물론 사회적경제 행위자
도 자신이 활동을 위해 동원하는 재원의 유형을 인식하는 방식을 개
선할 수 있다.

2.4. 산출물 측정의 한계와 과제

일반적 방법으로 활동의 범위를 확인하면, 예를 들면 프랑스 같
은 사회에서는 사회적경제가 전체 경제에서 차지하는 비중은 약
10%이고 공공 부문은 20%, 자본주의 경제 부문은 70%라는 것을
알 수 있다(Leroux, 2013). 하지만 이 10%라는 수치는 다소 부정확하
다. 전업노동 종사자 기준(최저임금이나 대체비용[2], 기회비용)으로 측정하더

라도 자원봉사활동을 무료노동으로 계량할 수 없는 탓이다. 자원봉사자가 기여하는 것에는 "값으로 매길 수 없는" 측면이 있기 때문이다. 통계에서 이런 측정과 관련된 문제(Archambault and Prouteau, 2010을 보라)를 차치하더라도 자원봉사활동을 자원으로만 보면 그것이 지역 안에서 사회적 유대를 낳는 역할을 하고 개인이 시민으로서 사회에 헌신하는 것을 보여주는 지표라는 사실을 간과하게 된다(Demoustier, 2002). 이는 사회적경제가 실제로 기여하는 바를 측정하거나 평가할 수 있는가 하는 문제를 제기한다.

사회적경제 통계는 이 경제가 창출하는 부가가치를 거의 완전히 보여줄 수 없다. 예를 들어 사회적경제조직의 집합적 창업 형태나 내부 거버넌스는 다른 무엇보다도 접근성과 이익 분배, 경제적 대항력 측면에서 경제 민주화를 이끌어내지만, 일반적으로 그런 기여는 제대로 고려되지 않는다.

또한 사회적경제조직이 다른 부문에 미치는 파급 효과와 구조적 영향에 대한 이해에서도 여전히 진전이 이루어져야 한다. 다른 영향도 평가할 필요가 있고, 따라서 새로운 유형의 지표도 필요하다(Archambault가 쓴 장을 보라). Mertens and Marée가 쓴 장에서는 시장 지표에 기초한 관습적 측정 방식으로는 이익 창출을 주된 목표로 삼지 않는 기업에 부합하는 경영 지표(수익률과 구성비 등)를 만들어 내거나 거시경제 수준의 통계를 내기 어렵다는 사실을 드러낸다. 관습적 측정 방식은 대개 사회적경제기업이 생산하는 것이나 사회적경

---

2 관찰된 시장 임금을 이용하는 대체비용 방법에 기반하면, 전 세계 자원봉사활동의 경제적 가치는 "나라로 친다면 전 세계에서 두 번째로 성인 인구가 많은 나라이고, [⋯] 세계에서 일곱 번째로 경제 규모가 큰 나라"일 것이다(Salamon et al., 2011: 217).

제 활동이 직접 소비자가 아닌 사람들에게 미치는 영향에 대한 정확한 양적 이해를 제공하기에 별로 적합하지 않다. Uzea and Duguid가 쓴 장에서는 이 문제가 협동조합 사례와 관련해 다루어진다.

우리가 사회적경제가 산출하는 것에서 보여주기 어려운 부분은 나머지 경제에서도 마찬가지다. 외부 효과와 파급 효과, 분배 효과, 요컨대 경제에 포함된 "사회적" 측면은 경제를 측정하는 고전적 통계 방식으로는 잘 측정되지 않아 통계학자와 경제학자들 사이에서 계속 논쟁거리였다.[3] 그러나 "사회적인" 것이 사회적경제에는 무엇보다도 중요하다. 그것이 사회적경제의 존재 이유이기 때문이다. 따라서 이 주제에 관한 연구에서 어떤 연구 결과가 나오든 그것은 결국 사회적경제와 고전적 경제에 모두 도움이 된다. 경제 일반이 사회 복리에 어떻게 기여하는지 또는 기여하지 않는지를 한층 폭넓게 밝혀주기 때문이다.

2.5. 위성계정과 조사

현재 사회적경제 통계는 주로 두 가지 접근 방식으로 생산된다. 위성계정과 관찰이나 조사 연구다. 위성계정은 국가 통계 시스템에 기초한 방법론으로, 이미 수집되고 표준화되어 다른 경제 영역과 비교할 수 있는 자료를 이용한다는 장점이 있다. 이 방법론은 1995년에 스페인에서 사회적경제 연구를 위해 개발되었고(Barea and Monzón,

---

[3] 예를 들면, Martinez-Alier and Ropke(2008)가 펴낸 *Handbook on Recent Developments in Ecological Economics*을 보라. 이것은 이 문제에 대한 최신 논평을 제공한다.

1995), 미국에서는 비영리경제 연구를 위해 개발되었다(Salamon et al., 1995). 오늘날 이 방법론은 많은 나라에서 이용되고(Fecher, Ben Sedrine-Lejeune가 쓴 장을 보라), 사회적경제의 특정한 부문도 연구할 수 있게 해준다(Monzón가 쓴 장을 보라). 주요 장점 중 하나는 한 나라의 경제 전체에서 사회적경제가 차지하는 비중을 나라 간 비교도 할 수 있고 시기별로도 비교할 수 있다는 것이다. 쉽게 국제 비교를 할 수 있는 이유는 비영리 부문에서는 2003년에 국제연합에서 채택한 위성계정 매뉴얼을 사용하고, 협동조합과 상호조합 부문에서는 2006년에 국제연합 집행위원회에서 의뢰한 보고서와 매뉴얼에 따라 통계를 내기 때문이다(Barea and Monzón, 2006). Monzón이 쓴 장에서는 연구자들의 작업이 특히 유럽에서 어떻게 사회적경제의 개념적 정의와 통계적 정의를 찾는 데 기여했는지 보여준다. Salamon et al.이 쓴 장은 비영리 부문 비교 연구 프로젝트에서 어떤 단계를 밟아 비영리 부문을 국제적으로 비교할 수 있게 되었는지를 설명한다. 또한 Demoustier et al.이 쓴 장과 Gaiger가 쓴 장은 왜 방법론이 사회적 구성물이고, 그것이 논의된 사례에서 연구자와 통계기관, 사회적경제 행위자들의 신중한 협의와 적극적 공동 연구를 통해 어떻게 개발되었는지 보여준다. 비영리 부문 비교 연구 프로젝트와 자원봉사활동 측정 프로젝트(Salamon et al., 1996; 2011), 사회적경제라는 더 폭넓은 스펙트럼을 측정하는 프로젝트(Barea and Monzón, 1995; 2006)에서 나타난 것처럼, 그런 사회적 구성물은 공식 통계 생산 방법의 발전에 기여하고, 특히 분류에 기여할 수 있다(Monzón이 쓴 장을 보라).

2.6. 위성계정과 조사의 한계 및 과제

그러나 위성계정 방법도 활동을 분류하고 명명하는 방식(Archambault가 쓴 장)이나 소규모나 혼성 조직의 명부를 만들고 조사하는 문제(Bouchard et al.이 쓴 장과 Spear가 쓴 장), 사회적경제가 실제 산출하는 것을 측정하는 문제(Mertens and Marée가 쓴 장)에서 국민계정이 지닌 한계(Artis et al.이 쓴 장)를 그대로 물려받았다. 관찰과 조사를 통해 통계를 내는 방법은 표준화되지 않은 지표를 이용해 특정한 자료를 수집하는 경향이 있다. 그래서 사회적경제의 목적에는 잘 맞아도, 일반적으로 관찰자들 사이에 일정한 규약이 있지 않으면 한 연구에서 집계한 자료와 다른 연구에서 집계한 자료를 비교하기 어렵다(Demoustier et al.이 쓴 장). 딜레마는 Garfinkel(1972)이 정의한 대로 사회과학 연구에 내재된 지표성(indexicality)이다. 그래서 일반화(국가 간이나 시기 간)의 가능성이 줄어들 위험이 있더라도 사회적경제의 특수성을 고려할 수 있도록 먼저 방법과 도구, 정의를 구체적으로 밝힐 필요가 있다. 거꾸로 나라마다 사회적경제가 독특한 점을 고려할 수 있도록 일반적인 도구(국민계정과 설문조사 등)를 개발할 필요도 있다. 예를 들어 전국 사업체 조사를 할 때 협동조합 부문을 제대로 측정하려면 협동조합 조사에 조합원 제도에 관한 질문이 체계적으로 포함되도록 해야 한다. 이런 딜레마는 공공 통계에서도 모르지 않아서 (Desrosières, 2014), 유럽연합 통계국의 권고에 따라 농업 부문을 조사할 때도 그것을 고려한다.[4] 하지만 공공기관에 존재하는 절차로 인해 관성에서 벗어나지 못하는 바람에 최소한의 발전밖에 이루어지지 않아 딜레마는 여전히 존재한다. 그래도 양질의 절차를 통해 사회적경제 조사의 반복 가능성과 결과의 비교 가능성을 높일 수 있을 것이다. 위성계정에는 그런 양질의 절차가 존재하며, 매뉴얼의 출판을 통해 그것이 가능해졌다. 하지만 사회적경제에 대한 조사나 관찰의 경우에는 대부분 아직 그런 매뉴얼이 나오지 않았다. 이 점에서 최근에 공식 통계와 관련해, 그런 양질의 절차에 관한 연구(예를 들면, Blasius and Thiessen, 2012)가 이루어진 것은 고무적이다.

3. 앞으로 어떻게 하면 사회적경제를 더 잘 이해할 수 있을까?

이 책에 제시된 연구는 사회적경제 통계의 필요성도 확인해주지만, 연구자와 국가 통계기관들이 이런 필요성을 충족시키기 위해 나름대로 효율적인 방식으로 잘 해나가고 있다는 것도 확인해준다. 다양한 방법론을 통해 사회적경제가 기여하는 바를 말해주고 측정해주는 숫자와 수치들이 생산되고 있기 때문이다. 그래도 이 책에서 나타난 세 가지 일반적인 연구 결과와 관련해 제기된 문제들은 앞으로 연구할 필요가 있다. 첫 번째 연구 결과는 사회적경제(와 그 변형 태)를 측정하는 방법이 연구마다 크게 다르지만 저마다 사회적경제

---

4 유럽연합 통계국(Eurostat)에서는 각 나라 국가기관에서 통계를 낼 때 되도록 10년마다 한 번씩 하는 농업총조사 방식에 맞추도록 했다. 그래서 일반적 결과를 나라끼리 비교할 수 있도록 했지만, 어떤 요소들은 각 나라의 재량에 맡기려고 했다. 그래서 예를 들어 프랑스에서는 와인 협동조합과 농기계 협동조합에는 추가 질문을 하기로 했는데, 다른 나라에서 실시한 조사에는 그런 질문이 없었다. 마찬가지로 새롭게 나타나는 현상(식품공급망 단축 등)도 나라에 따라 서로 다른 방식으로 다룬다(예를 들면 프랑스에서는 매출액에서 차지하는 비율을 조사하고, 아일랜드에서는 농업다각화실천을 조사한다).

의 특정한 차원들을 밝혀준다는 것이다. 두 번째 연구 결과는 사회적경제가 중요한 경제 행위자인데도 사회적경제가 기여하고 산출하는 것 가운데 일부는 아직도 통계를 통해 제대로 측정되지 않는다는 것이고, 이는 통계 도구가 사회적경제를 제대로 파악할 수 있는가 하는 의문을 제기한다. 세 번째 연구 결과는 계량화(와 계량화하는 다양한 방식)가 사회적경제의 정의를 바꿀 정도로 큰 영향을 끼쳐 사회적경제를 제도화하는 데 기여한다는 것이다. 이런 차원들은 서로 연결되어 있어 서로 영향을 끼친다. 따라서 사회적경제의 정의와 측정, 일반의 인식이 서로 영향을 주고받는다.

이 책에서는 사회적경제의 이질성이 제기하는 많은 문제도 드러냈는데, 그것은 무엇보다도 일정한 자격 기준에 따라 선별하고 분류하는 문제와 관련이 있다. 일반적으로 사용된 범주는 사회적경제 전체 수준에서 타당하고 일반화할 수 있을 정도로 폭이 넓어야 하지만, 조직과 조직의 활동 수준에서도 현실을 반영할 수 있을 정도로 폭이 좁아야 한다(Archambault; Bouchard *et al.*; Salamon *et al.*; Mertens and Marée가 쓴 장). 또한 이질성은 다양한 법률적 지위(Gaiger가 쓴 장과 Spear가 쓴 장)와 행정 데이터베이스(Artis *et al.*이 쓴 장과 Kurimoto가 쓴 장)를 넘어 사회적경제를 확인하기 어렵고, 일정한 법률적 지위 안에서도 어떤 주체가 사회적경제에 참여하는지 확인하기 어려운(Fecher와 Ben Sedrine-Lejeune가 쓴 장) 순전히 경험적인 문제도 제기한다. 예를 들면 어떤 사회적 집단이 한국의 의료생활협동조합 같은 아주 유연한 법률적 지위를 예기치 않게 사용해버리면 나중에 그 가운데서 사회적경제에 속하는 집단을 따로 확인해야 하는 문제가 생긴다(Bidet and Eum, 2014을 보라). 우리는 이렇게 주먹구구식으로 확인하는 방식(예를 들면, 연합회의 명부에 있는 협동조합)은 문제가 많아 자료의 질을 높이기 위해 상당히 노력해야 한다는 것을 안다. 이는 명부를 가진 조직이 연합회처럼 회원 수에 따라 영향력이 결정될 경우 명부에서 오류 가능성을 제거하는 데 직접 관심을 기울일 필요가 없다는 사실 때문일 수도 있다. 몬트리올의 사회적경제를 조사한 우리 연구(Bouchard et al., 2008)에서도 이런 종류의 접근 방식에 기초해 "유령" 조직이나 오랫동안 명부에서 빠진 조직, 중복 등록된 조직, 그냥 사회적경제 조직이라고 해서 등록된 조직의 존재 같은 다양한 유형의 오류가 드러났다. 연구자들이 이러한 문제를 통제하지 못하면 연구 결과에 상당한 편향이 일어날 수 있고, 이보다는 덜하지만 표본 추출 방식도 마찬가지다.

그래서 우리는 국가 통계 방식에 따라 사회적경제의 상을 그릴 때 이용할 수 있는 도구의 장점과 단점을 관찰하고, 거꾸로 사회적경제에 관한 통계에 결과적으로 영향을 미치는 국가 통계의 한계도 관찰한다. 예를 들면, 브라질에 관한 장(Gaiger가 쓴 장)에서는 비공식 경제가 사회적경제의 일부(연대경제)를 이루는 문제를 제기하고, 영국에 관한 장(Spear가 쓴 장)에서는 결국 핵심 부문인 민간 부문과 공공 부문, 사회적경제 부문의 경계를 흐리는 다양한 형태의 혼성화에 관해 이야기한다. 과거에는 비시장 활동을 계량화하는 방법을 찾는 것이 문제였다면, 오늘날의 문제는 법률적 지위 간 경계가 흐려지는 것과 관계가 있다. 다른 장에서는 국가 통계에서 사회적경제의 존재를 더 잘 포착하고(Archambault가 쓴 장), 사회적경제가 충족되지 않는 필요를 충족시키고 지역 경제를 안정화할 수 있는 능력을 더 잘 평가하고(Uzea and Duguid가 쓴 장), 사회적경제 활동의 비시장 차원과 영향을 더 잘 측정할 수 있게(Mertens amd Marée가 쓴 장) 지표를 개발하거나 개선할 필요성에 초점을 맞춘다.

이 책에서는 모집단의 변화와 시간의 흐름에 따라 사회적경제를 모니터링할 수 있는 신뢰할 만한 자료를 확보하는 문제도 논의한다 (Spear가 쓴 장). 사회적경제의 경계와 정의가 정치적 사건과 흐름에 따라 변화할 수 있다는 것을 알기 때문이다. 그래서 연구자들도 사회적경제의 새로운 차원을 고려하여 그에 따라 자신의 방법을 계속 수정해야 할 수도 있다. 그러나 그렇게 수정할 경우 시간에 따라 방법의 일관성이 위협받을 수도 있어(Salamon *et al.*이 쓴 장), 방법을 다시 사용할 수 있도록 설계해야 하고, 그러려면 어떤 방법을 어떻게 썼는지를 투명하게 밝힐 필요가 있다(Gaiger가 쓴 장과 Kurimoto가 쓴 장).

Artis *et al.*이 쓴 장에서 언급했듯이, 사회적경제 통계를 낼 때 부딪히는 어려움 하나는 이 경제가 전체 경제에서 차지하는 비중을 국제 비교를 할 수 있는 방식으로 계량하는 것이다. 또 하나 어려움은 앞의 문제와 모순되어 보이지만 이 유형의 경제가 지닌, 말 그대로의 엄격한 의미에서 경제적이지 않은 측면들과 이 경제가 저마다 뿌리 내린 서로 다른 상황에서 수행하는 역할을 성공적으로 전달하는 것이다. 사회적경제를 그저 정부의 도구나 평범한 시장 주체에 지나지 않는 것으로 판단하지 않게 하려면 이것이 중요하다(DiMaggio and Powell, 1983). 그래서 사회적경제 통계와 관련해 나타나는 방법론적 문제들은 1) 특수한 지표 대비 일반적 지표의 질(Archambault가 쓴 장과 Mertens and Marée가 쓴 장), 2) 특정한 현실이나 지역 현실을 자세히 천착하는 접근 방식 대비 한 나라의 나머지 경제나 다른 나라의 사회적경제와 비교할 수 있게 폭넓게 접근하는 방식의 장점(Demoustier *et* *al.*이 쓴 장), 3) 목표 대비 서로 다른 방법론의 비용 대비 편익 비율 (Bouchard *et al.*이 쓴 장)과 관계가 있다.

마지막으로, 계량화와 관련한 문제는 사회적경제의 제도화 문제와도 관련이 없지 않다. 일본 사례(Kurimoto가 쓴 장)는 국가 통제가 너무 강력하면 사회적경제에 대한 인식에 부정적 영향을 끼치고 이는 국가 통계에서도 마찬가지라는 것을 보여준다는 점에서 교훈적이다. 영국에서는(Spear가 쓴 장) 사회적기업을 정의하는 기준을 다르게 적용함으로써 이 부문의 성장 정도에 대한 의문을 낳았다. 실제로 조작적 기준을 바꾸면 시간에 따른 성과 분석이 상당히 어려워지기 때문이다(Teasdale *et al.*, 2013). 프랑스에 관한 장(Demoustier *et al.*이 쓴 장)에서는 사회의 발전 단계와 연합회의 유무, 집권 정당, 서로 다른 수준에 따라 사회적경제 통계를 낼 때 부딪히는 어려움이 어떻게 다를 수 있는지 보여준다. 현재 대부분의 연구에서 제시한 사회적경제의 정의에는 일련의 법률적 지위(협동조합과 비영리조직, 상호조합, 재단)와 활동 부문이 결합되어 있다. 하지만 일부 행위자들은 규모가 큰 상업적 협동조합과 상호조합은 배제하여 영리를 추구하지 않고 이익 분배를 제한하는 조직들로 범위를 제한해야 한다고 말한다.[5] 그러나 법률에 따른 사회적경제기업과 "사회적 책임을 지는" 민간 영리회사를 동등하게 보는 경향이 있는 훨씬 폭넓은 스펙트럼을 사용해야 한다고 촉구하는 연구자들도 있다. 심지어 구체적으로 일일이 명시하는 방식을 모두 버리고 그냥 "사회적기업"이나 "사회적기업가정신"

5　"제3부분 영향"(The Third Sector Impact) 연구 프로그램에서 제안한 정의를 보라: http://thirdsectorimpact.eu/documentation/first-tsi-policy-brief-defining-third-sector/

같은 모호한 개념을 쓰자며 갈수록 경계가 흐려지는 "유동적인 제도적 공간"에 대한 선호를 드러내는 연구자들도 있다(Nicchols, 2011: 612). 이는 사회적경제 통계가 오늘날에도 사회적경제의 제도화를 둘러싼 논쟁에서 얼마나 핵심적 주제인지를 보여준다. Nicchols(2011)가 지적한 대로 그러한 논쟁은 사회적경제 분야의 외부에 있는 사회적 행위자들—대규모 재단이나 대학의 경영학부 등—이 누구보다도 자신의 행위와 구조를 정의하는 데 관심이 있는 사람들을 주변화하는 결과를 낳기도 한다.

4. 맺음말

여기서 언급해야 할 것은 이 책에서는 사회적경제 통계에 관한 것을 모두 다루려고 한 것이 아니라 사회적경제 통계에 관한 우리의 지식과 우리가 그것을 낼 수 있는 역량, 사회적경제 통계를 낼 때 부딪히는 방법론적 문제 가운데 일부를 개관하려고 했다는 것이다. 어떤 나라들은 사회적경제라는 개념이 존재하지 않거나 사회적경제를 이루는 구성원들이 서로를 사회적경제라는 더 큰 전체의 일부로 인식하지 않는다는 사실도 언급할 필요가 있다. 예를 들어 미국에서는 사회적기업이라는 개념이 자원/비영리 부문과 이 부문이 기업가적인 방향으로 전환되는 것을 가리키고,[6] 연대경제라는 개념은

---

6 미국 사회적경제네트워크(Social Economy Network)의 정의를 보라: http://www.socialeconomynetwork.org/.

자본주의에 저항하는 시민 주도의 움직임을 가리키며,[7] 협동조합과 상호조합은 서로 다른 전국연합회로 묶인다.[8] 한국이나 일부 동유럽 나라 같은 데서는 어떤 연구자들이 "사이비 사회적경제"를 설명할 때 정부 주도의 대규모 협동조합들이 도마에 오른다(Bidet, 2009; Monzón and Chaves, 2012). 마지막으로, 오스트레일리아처럼 사회적경제 개념이 처음에는 비영리 부문과만 연결되었다가 나중에야 주로 사회적 목표를 추구하고 잉여를 주로 그런 목표에 재투자하는 광범위한 사업체까지 아우르는 개념으로 확장된 나라도 있다.[9]

이 책에서는 2차 연구(이용 가능한 자료를 가지고 실제로 한 것을 검토하는 연구)에 관한 것도 다루어지지 않았다. 학술지를 훑어보면 알겠지만 이 응용통계학 분야가 지금 아주 역동적이다. 계량경제학 방법이 그동안은 일반적으로 선형적이고 일차원적인 현상을 분석하는 데만 적용되었는데(Van Staveren, 1999), 지금은 어느 때보다도 사회적경제의 특수성을 살피는 데 쓰일 가능성이 높다. 계량경제학 방법은 예를 들어 잠재계층분석(Rousselière and Bouchard, 2011; Hustinx et al., 2014)과 분위회귀분석(Christensen, 2004; Clemente et al., 2012)을 통해 사회적경제의 이질성을 분석하고, 다중산출모형으로 목표의 다수성도 고려하며(Becchetti and Pisani, 2015), 연립방정식을 통해 교차인과효과를 고려할 수 있게 해주었다(Pennerstorfer and Weiss, 2012). 또한 혼합연구방법론이나 크

---

7 미국 연대경제네트워크 참조: http://ussen.org/

8 미국의 전국협동조합사업연합회와 전국상호보험회사연합회를 보라: http://www.ncba.coop/; http://www.namic.org/

9 오스트레일리아의 사회적기업부문연구보고서(Finding Australia's Social Enterprise Sector)를 보라: http://www.socialeconomy.net.au/.

로스오버 연구 일반에 대한 관심이 커지면서 질적 분석과 양적 분석을 함께하는 방법도 따를 만한 유망한 방법으로 떠오르고 있다.

예를 들어 Francesconi and Ruben(2014)은 질적 분석(표적집단)과 양적 시계열 분석을 결합하여 통계적 선택의 정당성도 확보하고 공정무역이 협동조합의 성과에 미치는 영향을 분석한 결과도 훌륭하게 해석할 수 있었다.

유망하지만 아직 사회적경제에 적용되지 않은 이 영역의 연구 방법 가운데는 이 책에서 지적한 현행 연구 방법의 한계에 부딪히는 것도 있을 것이다. 그러한 맥락에서 우리는 최근에 나온 베이즈의 조건부가치평가법 같은 도구를 이용해 분석에 성찰성을 도입하고 측정 오류도 고려하도록(Balcombe et al., 2007) 추천하고, 사회적경제의 가치와 영향을 평가할 때 이전의 투입-산출 모형을 넘어서는 다중에이전트나 마이크로 시뮬레이션 방법(Diaz, 2011; Lennox and Armsworth, 2013) 을 쓰는 것도 추천한다. 조사 방법론으로는 공공 통계에서 개발된 혼합방법론과 참여방법론을 추천한다(Willis et al., 2014).

이 책을 미래 연구의 출발점으로 삼는다면, 이 책을 통해 현재 사용되는 온갖 다양한 접근법과 이 다루기 힘든 주제가 제기하는 질문들을 개관할 수 있다. 따라서 이 책은 그런 도전 과제 가운데 몇 가지를 해결하여 현재 알려진 접근법의 한계를 극복해 보라는 초청장이다. 이 책은 궁극적으로는 두 가지를 제안하는데, 하나는 공공 당국을 위한 것이고 하나는 연구자를 위한 것이다. 사회적경제 통계를 내는 일은 과학적인 것이지만 통계 결과가 공공과 민간 행위자들에게 의사결정 도구가 된다는 의미에서 정치적인 것이기도 하다. 그러나 계량 기법은 처음 나올 때부터 비판의 대상이었다

(Desrosières, 2014: 62). 그 이유 중 하나는 이렇다.

> 계량화가 측정된 현실을 변형하고 고착시킨다. 계량화는 일련의 동등한
> 규칙과 관행을 개발하여 제시하면 비교와 협상, 타협, 번역, 명문화, 성
> 문화, 성문화해 반복 가능한 절차와 계산을 통해 숫자가 나온다고 가정
> 한다. 따라서 측정은 그런 규칙과 관행이 안정적으로 실행된 결과로 뒤
> 에야 온다(Desrosières, 2014: 38).

지금은 사회적경제가 많은 입법기관에서 공식적으로 인정되어, 통계기관에서도 새로운 지표를 개발하거나 기존 지표를 수정해 사회적경제의 현실을 포착하려고 한다. 이미 지적했듯이 사회적경제를 조사하려면 비용이 많이 든다. 다른 유형의 조사에 비해 더 많은 측면을 고려해야 하기 때문이다. 그래서 모든 측면이 공식 통계에 포함되게 하려면 비용을 치러야 한다. 먼저 공공기관에서 내는 통계가 발전해야 한다. 그러려면 처음에는 연구자에 대한 지원이 필요할 것이고, 그런 뒤에야 행위자와 전문 연구자들 사이에 권한이 분산될 것이다. 또한 국가 통계기관에서 의무적으로 하는 설문조사와 조사에서 이 부문과 관련된 자료가 눈에 보이고 접근 가능하게 할 여지도 찾아야 할 것이다.

연구자의 직업윤리도 더 관심을 기울일 만한 주제다. 연구자는 자료 생산자로서 자신이 연구하는 분야의 이해관계자이기 때문이다. 이것은 사회적경제에서 중요한 차원이다. 객관성이 요구되는 통계 자료를 생산하려면 언제나 윤리규범을 준수해야 한다(Biemer and Lyberg, 2003: 375에서 논의된 국제통계협회의 통계인 윤리강령을 보라). 기타 권고 사

항으로는 사회적경제 연구에서 추구할 어떤 길을 찾더라도 민감도 검사를 수행하여 연구 결과가 다른 방법론을 선택해도 달라지지 않는지를 보는 것이 중요하다는 점을 고려해야 한다고 말하고 싶다. 이런 민감도 검사가 의학이나 정치학 등 다른 분야에서는 갈수록 널리 쓰이는데, 사회적경제 연구에서는 대개 빠져 있기 때문이다(Ince, 2012; Gelman, 2013).[10] 또 Desrosières and Lahire의 많은 연구에서 강조한 대로, 위험해 보이더라도 사용한 방법에 관해 블랙박스를 열 필요가 있다. 우리 책은 실제로 조사한 방법을 투명하게 공개하면 얻을 게 많다는 것을 보여준다. 마지막으로 우리 책은 자료와 방법론을 제공하고 밑바탕에 있는 가설을 분명하게 제시해 연구를 재생산할 수 있도록 하기가 어려운 점도 보여준다.

통계는 사회적경제를 측정하고 사회적경제에 대한 인식을 높이는 유일한 방법이 아니다. 조직이나 부문에서 공공 정책이나 사업 전략, 사회적경제운동 내부의 가치에 따라 사회적경제가 산출하는 것을 평가하는 다른 방법도 존재한다(Bouchard, 2009를 보라). 사회적경제 부문이 더 선명하게 눈에 보이도록 하려면 이 부문을 둘러싼 네트워크와 클러스터, 연합회, 생태계도 중요하다. 그래도 사회적경제 전체를 이해하고 사회적경제의 경계와 조직 형태, 사회적경제가 경제 전체에 기여하는 정도를 확인하고 그것을 나라별 지역별 시기별로 비교할 수 있는 방안을 마련하고 싶다면, 통계를 통해 사회적경

---

10 예를 들면, 무응답이 최종 결과에 미치는 영향을 범위에 관한 다양한 가정에 따라 또는 결측값을 대체하는 많은 기법을 이용해 검토할 수 있다(Van Buuren, 2012). 응답할 때 사회적으로 바람직한 것을 선택하는 현상으로 인한 측정 오류의 존재도 시험해볼 수 있다(Blackwell *et al.*, 2015).

제를 나타낼 필요가 있다. 이는 정부가 경제 행위자들에게 갈수록 사회적 유용성이 있는 제품과 서비스 생산에 참여하도록 요청한다는 점에서 더욱 중요해지고 있다.

이 책은 그 점에서 중요한 교훈을 제공한다. Bouchard *et al.*이 쓴 장에서는 사회적경제에 관한 공식 통계를 내려는 모든 노력이 관심을 가질 만한 선별 방법으로, 행정 자료에서 통계 모집단을 확인하는 효율적인 접근법을 상세히 기록한다. Archambault가 쓴 장과 Mertens and Marée가 쓴 장에서는 경제에 관한 통계를 낼 때 일반적으로 토대가 되는 것들을 드러낸다. 이것은 거시경제학에서 계속 논쟁을 불러일으키는 주제다. Heckman(2005)을 따라 Uzea and Duguid가 쓴 장에서는 어떤 인과론적 추론에 따른 조사도 이론적이지 않을 수 있다는 것을 보여준다. 따라서 연구자들은 자신의 이론적 가정을 분명히 밝혀야 한다. 사실 데이터 마이닝이나 데이터 피싱*(Lovell, 1999)은 "자료가 스스로 말하게 하는" 척하지만 그 밑바탕에 있는 가정과 반대로 "숫자는 스스로 말하지 않는다"라고 Sala-mon *et al.*이 쓴 장에서는 경고한다. 또한 벨기에(Fecher and Ben Sedrine-Lejeune)와 브라질(Gaiger), 영국(Spear), 일본(Kurimoto), 프랑스(Demoustier *et al.*) 사례를 구체적으로 연구한 장에서는 사회적 쟁점에 관한 공공 통계를 내려면 통계기관뿐 아니라 공공 당국과 사회운동, 학계 등 다양한 이해관계자들이 참여해 협력해야 한다고 강조한다.

---

* 데이터 마이닝(data mining)이나 데이터 피싱(data fishing)은 선험적 가설이 없는 상태에서 자료를 분석하는 방법으로, 많은 자료에서 그 안에 숨어 있는 유용한 상관관계를 발견하여 미래에 실행 가능한 정보를 추출하고 의사결정에 이용하는 과정을 말한다ー옮긴이 주.

우리는 국가 통계에서 사회적경제 통계를 내는 방식이나 관찰과 조사를 통해 통계를 내는 방식 모두 개선하려는 노력이 이루어져야 한다고 믿는다. 그러려면 연구자들과 사회적경제 행위자들이 이런 통계가 과학적으로 엄격하게 이루어져 모든 이해관계자들 사이에서 정당성을 확보할 수 있도록 함께 노력해야 한다. 이 주제에 대한 연구 결과들은 사회적경제에도 도움이 되지만 사회적경제 활동이 더 넓은 스펙트럼에 미치는 영향을 측정하려는 연구에도 도움이 될 것이다. 이는 정책입안자나 외부 이해관계자들에게 사회적경제를 알기 쉽게 설명하는 데도 도움이 될 것이다.

결론

참고 문헌

Ansart, S., Artis, A. and Monvoisin, V., "Les coopératives: agent de régulation au coeur du système capitaliste?," *La Revue des Sciences de Gestion,* 2014/5, Vol. 269-270, pp. 111-119.

Archambault, E. and Prouteau, L., "Un travail qui ne compte pas? La valorisation monétaire du bénévolat associatif," *Travail et Emploi,* Vol. 24, 2010, pp. 57-67.

Backus, P. and Clifford, D., "Are Big Charities Becoming More Dominant? Cross-sectional and Longitudinal Perspectives," *Journal of the Royal Statistical Society,* Series A (Statistics in Society), Vol. 176, No. 3, 2013, pp. 761-776.

Baffour, B., King, T. and Valente, P., "The Modern Census: Evolution, Examples and Evaluation," *International Statistical Review,* Vol. 81, No. 3, 2013, pp. 407-425.

Barea, J., and Monzón, J. L., *La Cuenta Satélite de la Economía Social en España: Una Primera Aproximación, Valencia,* CIRIEC-España, 1995.

Barea, J. and Monzón, J. L. (eds.), *Manual for Drawing up the Satellite Accounts of Companies in the Social Economy: Co-operatives and Mutual Societies,* Brussels, European Commission, D.G. for Enterprise and Industry and CIRIEC, 2006.

Becchetti, L. and Pisani, F., "The Determinants of Outreach Performance of Social Business: An Inquiry on Italian Social Cooperatives," *Annals of Public and Cooperative Economics,* Vol. 86, No. 1, 2015, pp. 105-136.

Bidet, É., "La difficile émergence de l'économie sociale en Corée du Sud," *RECMA, Revue internationale de l'économie sociale,* Vol. 310, 2009, pp. 65-78.

Bidet, É. and Eum, H., "Nouvelles formes de protection sociale: Entreprises sociales et coopératives médicales en Corée du Sud," *Revue française des affaires sociales,* Vol. 3, 2014, pp. 84-97f.

Biemer, P. P. and Lyberg, L. E., *Introduction to Survey Quality,* Hoboken, Wiley, Wiley Series in Survey Methodology, 2003.

Blackwell, M., Honaker, J. and King, G., "A Unified Approach to Measurement Error and Missing Data: Overview," *Sociological Methods & Research,* 2015, forthcoming.

Blasius, J. and Thiessen, V., *Assessing the Quality of Survey Data,* London, Sage Publications, 2012.

Bouchard, M. J., *The Worth of the Social Economy, An International Perspective,* Brussels, Peter Lang, CIRIEC collection Social Economy and Public Economy, 2009.

Bouchard, M. J., Ferraton, C., Michaud, V. and Rousselière, D., *Base de données sur les organisations d'économie sociale. La classification des activités,* Montreal, Université du Québec à Montréal, Chaire de recherche du Canada en économie sociale, Collection Recherche no R-2008-1, 2008.

Bourdieu, P., *Interventions (1961-2001). Sciences sociales et action politique,* Marseille, Agone, 2002.

Christensen, E. W., "Scale and Scope Economies in Nursing Homes: A Quantile Regression Approach," *Health Economics,* Vol. 13, 2004, pp. 363-377.

Clemente J., Diaz-Foncea, M., Marcuello, C. and Sanso-Navarro, M., "The Wage Gap Between Cooperative and Capitalist Firms: Evidence from Spain," *Annals of Public and Cooperative Economics,* Vol. 83, No. 3, 2012, pp. 337-356.

CNCRES (Conseil National des Chambres Régionales de l'Economie Sociale) and Observatoire national de l'ESS, *Atlas commenté de l'économie sociale et solidaire,* 2014.

Custance, J. and Hillier, H., "Statistical Issues in Developing Indicators of Sustainable Development," *Journal of the Royal Statistical Society,* Series A (Statistics in Society), Vol. 161, No. 3, 1998, pp. 281-290.

Demoustier, D., "Le bénévolat, du militantisme au volontariat," *Revue française des affaires sociales,* 2002, Vol. 4, No. 4, pp. 97-116.

Demoustier, D., "Le rôle régulateur visible et invisible des coopératives," in *Le pouvoir d'innover des coopératives. Québec 2014. Sommet international des coopératives,* 2014. www.sommetinter.coop/files/live/sites/somint/files/pdf/Articles%20scientifiques/2014_04_Demoustier.pdf.

Demoustier D. and Colletis, G., "L'économie sociale et solidaire face la crise: simple résistance ou participation au changement?," *RECMA, Revue internationale de l'économie sociale,* Vol. 325, 2010, pp. 21-35.

Desroche, H., *Pour un traité d'économie sociale,* Paris, Coopérative d'information et d'édition mutualiste, 1983.

Desrosières, A., *La politique des grand nombres: histoire de la raison statistique,* Paris, Éditions La Découverte & Syros, 1993 (ed. 2010).

Desrosières, A., *Prouver et gouverner. Une analyse politique des statistiques publiques,* Paris, La Découverte, 2014.

DiMaggio, P. J., "Measuring the Impact of the Nonprofit Sector on Society Is Probably Impossible but Probably Useful. A Sociological Perspective," in P. Flynn and V. A. Hodgkinson (eds.), *Measuring the Impact of the Nonprofit Sector,* New York, Kluwer Academic/Plenum Publishers, 2001, pp. 249-270.

DiMaggio, P. J. and Anheier, H. K., "The Sociology of Nonprofit Organizations and Sectors," *Annual Review of Sociology,* Vol. 16, 1990, pp. 137-159.

Draperi, J.-F., *L'économie sociale et solidaire, une réponse à la crise? Capitalisme, territoires*

결론

et démocratie, Paris, Dunod, 2012.

Francesconi, G. N. and Ruben, R., "Fair Trade's Theory of Change: An Evaluation Based on the Cooperative Life Cycle Framework and Mixed Methods," *Journal of Development Effectiveness*, Vol. 6, No. 3, 2014, pp. 268-283.

Gelman, A., "Ethics and Statistics: Is It Possible to Be an Ethicist Without Being Mean to People?," *Chance*, Vol. 26, No. 4, 2013, pp. 52-55.

Heckman, J., "The Scientific Model of Casuality," *Sociological Methodology*, Vol. 35, No. 7, 2005, pp. 1-97.

Hiez, D. and Lavillunière, É. (eds.), *Théorie générale de l'économie sociale et solidaire*, Luxembourg, Larcier, 2014.

Hustinx, L., Verschuere, B. and De Corte, J., "Organisational Hybridity in a Post- Corporatist Welfare Mix: The Case of the Third Sector in Belgium," *Journal of Social Policy*, Vol. 43, No. 2, 2014, pp. 391-411.

Ince, D., "The Problem of Reproductibility," *Chance*, Vol. 25, No. 3, 2012, pp. 4-7.

Jeantet, T., *L'économie sociale. Une alternative au capitalisme*, Paris, Economica, 2008.

Jeskanen-Sundström, H., "ICT Statistics at the New Millennium – Developing Official Statistics – Measuring the Diffusion of ICT and its Impact," *International Statistical Review*, Vol. 71, No. 1, 2003, pp. 5-15.

Kyriakopoulos, K., *The Market Orientation of Cooperative Organizations. Learning Strategies for Integrating Firm and Members*, Breukelen, The Netherland Institute for Cooperative Entrepreneurship, 2000.

Lahire, B., *La culture des individus*, Paris, La Découverte / Poche, 2006.

Lennox, G. D. and Armsworth P. R., "The Ability of Landowners and Their Cooperatives to Leverage Payments Greater Than Opportunity Costs from Conservation Contracts," *Conservation Biology*, Vol. 27, No. 3, 2013, pp. 625-634.

Leroux, A., *L'économie sociale. La stratégie de l'exemple*, Paris, Economica, 2013.

Lovell, M. C., "Data Mining," in S. Kotz, Read, C. B. and Banks D. L., *Encyclopedia of Statistical Sciences*, Thousand Oaks, Wiley, 1999, pp. 1567-1568.

Martinez-Alier, J. and Ropke, I. (eds.), *Recent Developments in Ecological Economics*, Cheltenham, Edward Elgar, 2008.

Monzón, J. L. and Chaves, R., *The Social Economy in the European Union*, Brussels, European Economic and Social Committee, 2008 and 2012.

Nicchols, A., "The Legitimacy of Social Entrepreneurship: Reflexive Isomorphism in a Pre-Paradigmatic Field," *Entrepreneurship Theory and Practice*, Vol. 34, No. 4, 2010, pp. 611-633.

Nunez-Nickel M. and Moyano-Fuentes J., "Ownership Structure of Cooperatives as an

Environmental Buffer," *Journal of Management Studies,* Vol. 41, No. 7, 2004, pp. 1131-1152.

Ortega Diaz, A., "Microsimulations for Poverty and Inequality in Mexico Using Parameters from a CGE Model," *Social Science Computer Review,* Vol. 29, No. 1, 2011, pp. 37-51.

Pennerstorfer, D. and Weiss, C. R., "Product Quality in the Agri-Food Chain: Do Cooperatives Offer High-Quality Wine?," *European Review of Agricultural Economics,* Vol. 40, No. 1, 2012, pp. 143-162.

Rao, J. N. K., "On Measuring the Quality of Survey Estimates," *International Statistical Review,* Vol. 73, No. 2, 2005, pp. 241-244.

Rivière, P., "What Makes Business Statistics Special?," *International Statistical Review,* Vol. 70, No. 1, 2002, pp. 145-159.

Rousselière, D. and Bouchard, M. J., "À propos de l'hétérogénéité des formes organisationnelles de l'économie sociale: isomorphisme vs écologie des organisations en économie sociale," *Canadian Review of Sociology/Revue Canadienne de Sociologie,* Vol. 48, No. 4, 2011, pp. 414-453.

Rousselière, D., and Joly, I., "À propos de la capacité à survivre des coopératives agricoles: Une étude de la relation entre âge et mortalité des coopératives agricoles françaises," *Revue d'études en agriculture et environnement/Review of Agricultural and Environmental Studies,* Vol. 92, No. 3, 2012, pp. 259-289.

Salamon, L. M. and Anheier, H. K., "Social Origins of Civil Society: Explaining the Nonprofit Sector Cross-Nationally," Comparative Nonprofit Sector Working Paper #22, USA, The Johns Hopkins Center for Civil Society Studies, 1996.

Salamon, L. M. and Sokolowski, W., "The Third Sector in Europe: Towards a Consensus Conceptualization," TSI Working Paper Series No. 2, Brussels, Third Sector Impact, 2014.

Salamon, L. M., Sokolowski, S. W. and Haddock, M. A., "Measuring the Economic Value of Volunteer Work Globally: Concepts, Estimates, and a Roadmap to the Future," *Annals of Public and Cooperative Economics,* Vol. 82, No. 3, 2011, pp. 217-252.

Small, M. L., "How to conduct a mixed methods study: Recent trends in a rapidly growing literature," *Annual Review of Sociology,* 37, 2011, pp. 57-86.

Smith, T. M., "The Impact of Government Funding on Private Contributions To Nonprofit Performing Arts Organizations," *Annals of Public and Cooperative Economics,* Vol. 78, No. 1, 2007, pp. 137-160.

Starr, M. A., "Qualitative and mixed-method research in economics: Surprising growth,

결론

promising future," *Journal of Economic Surveys,* Vol. 28, No. 2, 2014, pp. 238-264.

Teasdale, S., Lyon, F. and Baldock, R., "Playing with Numbers: A Methodological Critique of the Social Enterprise Growth Myth," *Journal of Social Entrepreneurship,* Vol. 4, No. 2, 2013, pp. 113-131.

Van Buuren, S., *Flexible Imputation of Missing Data,* Boca Raton, Chapman & Hall/CRC, 2012.

Van Staveren, I., "Chaos Theory and Institutional Economics: Metaphor or Model?," *Journal of Economic Issues,* Vol. 33, No. 1, 1999, pp. 141-167.

Willis, G. B., Smith, T. W., Marco-Shariff S. and English N., "Overview of the Special Issue on Surveying the Hard-to-Reach," *Journal of Official Statistics,* Vol. 30, No. 2, 2014, pp. 171-176.

Wilkinson, C., *A Map of Social Enterprises and their Eco-Systems in Europe. Executive Summary,* Report submitted by ICF Consulting Services, Brussels, European Union, 2014.

에디트 아르샹보(Édith Archambault)는 파리 1대학(팡테옹-소르본)에서 경제학과 사회학, 정치학을 공부하고, 경제학 박사학위를 받았다. 주로 파리 1대학에서 학자로서 경력을 쌓아, 여기서 사회적경제연구소 소장과 경제학부 학장을 지냈으며, 2004년부터는 명예교수로 있다. 연구 분야는 국가 회계와 비영리 부문 경제학이다. 존스홉킨스대학 비영리 부문 비교 연구 프로젝트의 프랑스 지역 연구자였고, 두 비영리 부문 측정 매뉴얼(UN과 ILO)에도 전문가로 참여했다. 2010년에는 프랑스 국가통계정보위원회의 의뢰로 『비영리 부문에 관한 지식』(*Knowledge of Nonprofits*)이라는 보고서를 냈다. 250가지가 넘는 출판물의 저자이고, 레지옹도뇌르훈장과 국가공로훈장을 관장하는 직책에 있다.

아멜리 아르티스(Amélie Artis)는 프랑스 그르노블 국립정치학교 부교수다. 사회적경제 석사과정 책임자이고, 프랑스 국립과학연구센터의 연구소인 PACTE (Politiques publiques, ACtion politique, Territoires)의 연구원이다. 조직 연구(협동조합과 결사체)와 경제사상사, 금융과 은행, 지역 개발 등을 연구한다. 역사적 제도적 접근 방식을 통해 협동조합이 경제 시스템에서 지속과 갱신 사이를 오가며 진화하는 것을 분석한다. 2013년에 『연대금융 입문』(*Introduction a la finance solidaire*, Presses Universitaires de Grenoble)을 출간했다.

와파 벤 세드린-르젠(Wafa Ben Sedrine-Lejeune)은 1991년에 튀니지 고등상업대학을 졸업하고, 1993년에 벨기에 리에주대학에서 경제학 석사학위를 받았다. 리에주대학에서 선임연구원으로 일하며 고등학교 교사로도 일했다. 주로 보건경제학과 공공의료, 협동조합경제학에 관해 연구하고 저술한다.

마리 J. 부샤(Marie J. Bouchard)는 캐나다 퀘벡대학 몬트리올 캠퍼스의 정교수다. 프랑스 사회과학고등연구원에서 사회학 박사학위를 받았다. 사회혁신연구소의 정회원으로, 현재 여기서 사회 혁신과 공동사업체 연구 분야를 이끈다. 2000년부터 2010년까지 지역사회-대학 사회적경제 연구 동맹의 지역사회 주택 연구 파트너십의 공동 책임자였다. 2003년부터 2013년까지 캐나다 사회적경제 연구소를 맡아, 사회적경제와 사회 혁신, 평가를 개념적 통계적으로 나타내는 데 헌신했다. 2015년에는 CIRIEC 인터내셔널의 "사회적경제와 협동조합경제" 과학위원회 위원장에 임명되었다. 최근에 『퀘벡에서 다르게 살기』(*Se loger autrement au Québec*, Editions St-Martin, 2008)와 『사회적경제의 가치』(*The Worth of the Social Economy*, Peter Lang, 2009), 『혁신의 매개, 사회적경제: 퀘벡의 경험』(*L'économie sociale, vecteur d'innovation: L'expérience du Québec*, 2011)를 냈다. 맨 마지막 책은 2013년에 토론토대학 출판부에서 『혁신과 사회적경제: 퀘벡 경험』(*Innovation and the Social Economy: The Quebec Experience*)으로도 출판되었다.

엘리사 브랄레(Élisa Braley)는 프랑스 사회연대경제지방회의 전국위원회의 전국사회연대경제연구소 책임자였다. 『2012년 해설이 딸린 사회연대경제 지도』(*Atlas commente de l'Économie sociale et solidaire, 2012*)의 전문 편집자였다. 이것은 여섯 가지 주요 주제(기업인구통계, 행위자, 경제, 지역, 활동 부문, 도전과 변화)로 구성되어 프랑스에서는 사회연대경제가 무엇인지를 포괄적으로 이해할 수 있게 해주고, 그것의 진화 과정도 개관해준다.

파울로 R. A. 크루즈 필류(Paulo R. A. Cruz Filho)는 캐나다 퀘벡대학 몬드리올 캠퍼스에서 행정학 박사과정에 있다. 주로 전략경영과 사회적경제를 연구한다. 브라질 FAE 경영대학원 전략 담당 교수이며, 여기서 대학원 과정으로 사회적기업가정신 과정과 지속가능성 과정을 운영한다. 2008년부터 2013년까지 캐나다 사회적경제연구소에서 일하며, 퀘벡 사회적경제의 통계 모집단을 정의하는 개념 틀을 공동으로 만들었다. 전 세계 사회적기업 모델과 그것의 제도화 과정을 비교하려는 국제 사회적기업 모델 비교 연구(International Comparative Social Enterprise Models) 프로젝트의 정식 연구원이다. 라틴아메리카의 사회연대경제 연구자 네트워크인 사회연대경제연구소 회원이기도 하다.

다니엘 드무스티에(Danièle Demoustier)는 프랑스 그르노블 국립정치학교의 경제학자이다. 여기 대학원 과정에서 "사회적경제기업과 활동 개발 정책" 과목을 담당했다. 학자로서 사회적경제기업과 조직을 위한 많은 교육훈련 세미나에 참여했고, 정기적으로 그런 기업과 조직의 정기총회에도 참여한다. "사회적경제 결사체와 협동조합 연구팀"(Équipe de Socio-Économie Associative et Coopérative)과 "불안정한 상황에서의 부의 창출 연구팀"(Création de richesses en contexte de précarité)의 일원이며, 사회연대경제에 관한 많은 출판물의 저자이다. 2003년에 『사회연대경제: 다르게 기업하기 위한 협업』(L'économie sociale et solidaire. S'associer pour entreprendre autrement, La Decouverte)이라는 저서를 내고, 2012년에 나딘 리셰 바테스티(Nadine Richez-Battesti), 장 프랑수아 드라페리(Jean-François Draperi)와 공동으로 『전국 사회연대경제 지도』(Atlas national de l'économie sociale et solidaire)를 냈다. 2013년에는 피터랭 출판사에서 사회적경제와 공공경제 시리즈로 내는 『공공 정책에서 부상하는 사회적경제』(Emergence of the Social Economy in Public Policy/ L'émergence de l'économie sociale dans les politiques publiques)를 라파엘 차베스(Rafael Chaves)와 공동 편집했다.

피오나 두기드(Fiona Duguid)는 캐나다 토론토대학에서 성인교육과 지역사회개발 연구로 박사학위를 받았다. 캐나다 정부의 농촌과 협동조합 담당 비서관을 위해 수석 정책 연구 분석가로 일한 뒤 캐나다협동조합연합회에서 연구원으로 일했다. 현재는 협동조합과 사회적경제, 지속가능성, 지역사회 경제 개발을 중점적으로 연구한다. 현재 전국 협동조합 영향 연구(캐나다)와 캐나다 협동조합의 새로운 발전 연구, 세계은행에서 자금을 지원하는 터키 여성협동조합에 관한 연구 프로젝트를 코디네이팅하고 있다. 국제협동조합연맹에서 최근에 진행하는 협동조합의 지속가능성 연구에도 기여했다. 캐나다협동조합연구연합회의 이사이자 캐나다협동조합연구네트워크의 경영위원회 위원이며, 협동조합 차별성 측정 연구 네트워크에도 참여하고 있다. 세인트메리대학의 협동조합기업 경영 프로그램의 강사이며, 현재 오타와재생에너지협동조합의 자문위원회에서도 일한다.

파비엔 페셰(Fabienne Fecher)는 1996년에 리에주대학 인문사회과학부 정교수가 되었다. 루뱅가톨릭대학에서 경제학 석사학위를 받고, 1991년에 리에주대학에서 "생산성과 효율성, 기술 변화. 실증 연구"라는 논문으로 경제학 박사학위를 받았다. 일반경제학과 국가회계, 사회정책, 보건경제학을 가르친다. CIRIEC 벨기에의 연구책임자, 『공공 경제와 협동조합 경제 연보』(Annals of Public and Cooperative Economics, Wiley-Blackwell) 편집장, 『공공 경제와 사회적 경제, 협동조합 경제 저널』(Revista de Economia publica, social y cooperativa)의 편집진, 피터랭 출판그

룹의 "사회적경제와 공공경제" 시리즈의 심사위원회 위원, 루앙과 르아브르 대학 출판부의 "공공경제와 사회적경제" 시리즈의 편집진이다. 연구 분야는 보건경제학(의료체계의 성과)과 사회적경제(평가와 공공 정책)이다.

루이스 이냐시오 가이거(Luiz Inácio Gaiger)는 사회학 박사학위를 받았고, 브라질 국가과학기술연구회 연구원이며 브라질 우니시노스대학 사회과학부 정교수다. 시민 참여와 사회운동, 연대경제, 사회적기업가정신을 연구한 경험이 있다. 조제 루이스 코라지오(아르헨티나 사르미엔토 국립대학) 교수와 함께 "라틴아메리카 사회적경제 연구자 네트워크"를 꾸리고, 학술지 『다른 경제』(*Otra Economia*)의 공동 책임자이다. 최근 저서에 『국제 다른 경제 사전』(*Dicionário Internacional da Outra Economia*, by A.D. Cattani, Jean-Louis Laville, L.I. Gaiger, Pedro Hespanha, 2009, Coimbra: Almedina), 『브라질 연대경제: 국가 자료 분석』(*A Economia Solidária no Brasil: uma análise de dados nacionais*, 2014, Sao Leopoldo: Oikos) 등이 있다.

토마 게랭(Thomas Guérin)은 프랑스 CRESS PACA(프로방스알프코트다쥐르 사회연대경제 지역회의 프로젝트) 코디네이터이다. 마르세유대학에서 사회적경제 석사학위를 받았다. 주로 사회적경제조직의 특수성을 분석한다. 나딘 리셰 바테스티와 프랑수아 루소의 지속적 지원으로 지방연구소를 구상하여 설립했고, 프랑스 국가 통계기관인 국립경제통계연구소에서 사용하는 국가 통계 방법론의 발전에 참여했을 뿐 아니라 다양한 행동 연구에도 참여했다. 특히 부의 새로운 지표를 연구했다. 2015년에는 LEST-CNRS와 함께 『PACA 지역의 사회 혁신을 이해하고 특징짓고 발전시키기 위한 사회혁신 안내서』(*Guide de l'Innovation Sociale: comprendre, caracteriser et developper l'innovation sociale en PACA*)〉를 공동 저술했다. 공익협동조합(societe coopérative d'interet collectif-societe anonyme: SCIC-SC)인 프랑스 재생에너지 공급회사 ENERCOOP PACA의 관리자기도 하다.

메건 A. 해덕(Megan A. Haddock)은 존스홉킨스대학 시민사회연구소 국제 연구 프로젝트 관리자이다. 전 세계 비영리 부문과 자원 부문에 대한 현재 이해 수준을 높이려는 일련의 야심찬 국제 프로젝트를 전략적으로 설계하고 실행하는 일을 책임지고 관리한다. 2011년에 나온 국제노동기구의 『자원봉사활동 측정 매뉴얼』의 주요 필자이다. 이것은 국가기관에서 전국 수준에서 자원봉사활동의 규모와 역할, 성격에 관한 자료를 개발할 수 있는 시스템에 관한 첫 공식 안내서다. 존스홉킨스대학 공공정책연구소에서 공공정책 석사학위를 받고, 칼턴대학에서 국제관계와 정치학 학사학위를 받았다.

쿠리모토 아키라(Akira Kurimoto)는 도쿄 호세이대학 연대기반사회연구소 교수이며, 일본생협총합연구소 이사다. 2001년부터 2005년까지 국제협동조합연맹(ICA) 연구위원회 위원장을 지냈고, 현재 ICA 아시아연구위원회 부위원장이자 ICA 원칙위원회 위원이다. 출판물로는 "일본소비자생협운동: 비교 검토"(*Robert Owen and the World of Cooperation*, 1992에 실림), "보건과 사회돌봄, 지역공동체 건설에서 협동조합의 역할"(*Social Capital in Asian Sustainable Development Management*, 2003에 실림), "제도 변화와 소비자협동조합: 일본 대 유럽 모델"(*Consumerism versus Capitalism*, 2005에 실림), "평화와 협동: 일본소비자생협의 노력에 대한 고찰"(*Co-operatives and Pursuit of Peace*, 2007에 실림), "보건의료협동조합"(*L'Économie sociale, une alternative planétaire*, 2007에 개제), "네트워크 구조와 거버넌스: 프랜차이징과 협동조합 체인 사례"(*Strategy and Governance of Networks*, 2008에 실림), "일본 협동조합 성과 평가와 특수성"(*The Worth of the Social Economy*, 2009에 실림), 『오늘날 협동조합 연구에 대하여: 일본소비자생협의 관점』(*Toward Contemporary Cooperative Studies: Perspectives from Japan's Consumer Co-ops*, 2010)이 있다.

미셸 마레(Michel Marée)는 리에주대학 HEC-경영대학 사회적경제연구소 선임연구원이다. 리에주대학에서 경제학 석사학위를 받았고, 파리 1대학 팡테옹-소르본에서 공공경제학 석사학위를 받았다. 사회적경제에 대한 개념적 평가와 정량적 평가, 사회적기업의 사회적 영향 분석 전문이다. 주로 사회적 영향 평가에 관해 연구한다. 리에주대학 학사과정과 석사과정에서 기업금융과 사회적경제, 지속가능발전도 가르친다.

시빌 메르텐스(Sybille Mertens)는 벨기에 리에주대학 HEC-경영대학 부교수로, 석사과정에서 "사회적기업 경영" 강좌를 이끌고 있다. 리에주대학에서 경제학 박사학위를 받았고, 2004년까지 비영리조직 국민계정 통계 평가 개선에 참여했다. 사실 벨기에 정부에서 그녀의 박사학위 연구 논문 결과를 활용해 벨기에에서 처음으로 해마다 비영리단체 위성계정을 내기 시작했다. 학자로서 HEC-경영대학 사회적경제연구소와 EMES 네트워크에 참여하고 있다. HEC-경영대학에서 협동조합과 사회적기업가정신 CERA Chair 교수이고, 많은 학술 출판물의 저자이다. 현재 연구 프로젝트는 사회적기업의 자금 조달과 글로벌 성과 평가 방법, 사회적기업의 비즈니스 모델, 사회적기업가정신이 경제 시스템 변화에서 하는 역할에 초점을 두고 있다.

호세 루이스 몬손(José Luis Monzón)은 벨렌시아대학 응용경제학 교수이자 CIRIEC 스페인의 과학위원회 의장, CIRIEC 인터내셔널 부의장, CIRIEC 스페인의 『공공경제와 사회적경제, 협동조합경제 저널』 책임자, 여러 스페인과 국제 학술지의 편집진이다. 스페인 사회적경제연구소와 이베로아메리카 사회적경제연구소 소장이다. 사회적경제와 협동조합경제, 직업훈련, 노동시장에 관한 여러 국내외 연구 프로젝트를 관리하며 전문가로서 유럽연합 집행위원회 및 유럽사회경제위원회와 협력했다. 아주 많은 출판물의 저자이다. 가장 최근에 발표된 것들 가운데 손꼽히는 것은 라파엘 차베스와 함께 쓴 『유럽연합의 사회적경제』(*The Social Economy in the European Union*)와 호세 바레아와 함께 쓴 유럽연합 집행위원회의 『사회적경제기업 위성계정 작성 매뉴얼』이다. 『스페인 사회적경제의 주요 통계』(*Las grandes cifras de la economía social en España*)와 『2008년 스페인 협동조합과 상호조합, 상호공제조합 위성계정』(*Las cuentas satélite de las cooperativas, mutuas y mutualidades de previsión social en España. Año 2008*), 『스페인 재단 위성계정』(*Las cuentas satélite de las fundaciones en España*)을 이끌었다. 스페인 고용부에 사회적경제법을 발전시키도록 촉구하는 보고서도 지휘했다. 2014년에 스페인 재정연구소와 CEU 상파울루대학에서 주는 첫 번째 호세-바레아 메달을 받았다.

다니엘 로(Daniel Rault)는 프랑스 DIISES(혁신과 사회적실험, 사회적경제 관련 부처 간 대표회의) 기술고문이었고, 여기서 그가 맡은 일을 나중에 경제부 산하 사회적경제 담당 국가사무국에서 넘겨받았다. 1998년에 장-마리 니블레와 함께 국가통계정보위원회에서 낸 『1901년 법의 지배를 받는 결사체』(*Associations regies par la loi de 1901*)라는 보고서를 함께 썼다. 이것은 프랑스에서 통계가 결사체에 미치는 영향을 보고한 것이다. 『사회연대경제의 역동성』(*Les dynamiques de l'Économie sociale et solidaire*, eds., by Jean-Noel, Chopart, Guy and Daniel Rault Neyret, 2006)이라는 책으로 출간된 폭넓은 연구 프로젝트도 조직했다. 2011년에 에디트 아르샹보와 제롬 아라르도, 브라힘 라우이셋의 이름으로 나온 『결사체에 대한 이해』(Connaissances des associations)라는 보고서를 낸 국가통계정보위원회 연구 집단의 일원이었다.

다미앙 루슬리에(Damien Rousselière)는 프랑스 아그로캉퓌스웨스트 대학(앙제와 렌에 있는 국립농학대학) 경제학 정교수이며, 캐나다 퀘벡대학 몬트리올 캠퍼스 객원교수(2010년부터)다. 전에 그로노블대학 조교수였고, 그로노블대학에서 산업조직 박사학위를 받았다. 캐나다 사회적경제연구소에서 박사후 연구원(2007년)으로 일하면서 몬트리올 사회적경제 통계조사에 기여했다. 경제협력개발기구 환경국 외부 컨설턴트로서, 사회적경제와 특히 농업협동조합에 적용되는 양적 방법의 전문가다. 『캐나다 사회학 리뷰』(Canadian Review of Sociology)와 『국제 사회학 리뷰』(International Review of Sociology), 『경제적 행위와 조직 저널』(Journal of Economic Behavior and Organization) 등 많은 학술지에 기고했다. 프랑스 농업협동조합연합회(Coop de France)와 베제폴리스(Végépolys: 프랑스의 원예와 종자, 도시조경 클러스트)의 과학위원회에서 일하고, CIRIEC 인터내셔널 "사회적경제와 협동조합경제" 과학위원회 위원이다.

레스터 M. 샐러먼(Lester M. Salamon)은 미국 존스홉킨스대학 교수이자 존스홉킨스대학 시민사회연구소 소장이며, 모스크바 고등경제대학 국제비영리부문연구소의 연구책임자다. 미국에서 비영리 부문에 대한 경험적 연구를 선도하고, 이 연구를 세계의 다른 지역으로 확대했다. 20권이 넘는 책의 저자와 편집인이며, 비영리 부문에 관한 책으로는 이제 대학 수준의 미국 비영리 부문 강좌에서 표준 교과서로 사용되는 『NPO란 무엇인가?』(America's Nonprofit Sector: A Primer)와 『비영리의 국가 미국』(The State of Nonprofit America, Volume 2, Brookings Press, 2012), 『통치의 도구: 새로운 거버넌스에 대한 안내서』(The Tools of Government: A Guide to the New Governance, Oxford University Press, 2002), 『회복력 있는 부문: 비영리의 국가 미국』(The Resilient Sector: The State of Nonprofit America, Brookings Press, 2003), 새로운 형태의 자선활동을 탐구하는 두 권의 책인 『선을 위한 지렛대: 새 지평을 여는 자선사업과 사회적투자 입문서』(Leverage for Good: An Introduction to the New Frontiers of Philanthropy and Social Investment)와 『자선사업의 새로운 지평: 전 세계 자선사업과 사회적투자를 개조하는 새로운 도구와 주체 안내서(New

Frontiers of Philanthropy: A Guide to the New Tools and Actors Reshaping Global Philanthropy and Social Investing, Oxford University Press, 2014) 등이 있다. 『뉴욕타임스』와 『볼런타스』(*Voluntas*), 『공공·협동조합경제학 연보』, 『스탠포드 사회 혁신 리뷰』, 『비영리 계간』 등에 아주 많은 글이 실렸다.

S. 보이치에흐 소콜로프스키(S. Wojciech Sokolowski)는 존스홉킨스대학 시민사회연구소 선임 연구원이다. 미국 럿거스대학에서 사회학 박사학위를 받았다. 미국 국방부 외국어대학과 하트넬대학, 럿거스대학, 모건주립대학에서 가르쳤다. 『동유럽 시민사회와 직업: 폴란드 사회변화와 조직(*Civil Society and the Professions in Eastern Europe: Social Change and Organization in Poland*, Plenum/Kluwer, 2001)의 저자이고, 『자원봉사활동 측정하기: 실용적 툴킷』(*Measuring Volunteering: A Practical Toolkit*, Independent Sector/United Nations Volunteers, 2001)과 『글로벌 시민사회』(*Global Civil Society, volumes 1 and 2*, Kumarian Press, 2004), 『자원봉사활동 측정 매뉴얼』(*Manual for Measuring Volunteer Work*, ILO, Geneva, 2011)의 공동 저자다. 미국과 외국의 국가 통계기관에 비영리단체에 관해 보고하는 자료 체계의 개발에 관해 조언해왔다. 『볼런타스』와 『공공경제와 협동조합경제 연보』, 『비영리 경영과 리더십』, 『노스웨스턴 국제인권 저널』, 『시민사회 저널』, 『국제 현대 사회학 저널』, 『국제 문화정책 저널』 등 많은 학술지와 여러 책에 글이 실렸다.

로저 스피어(Roger Spear)는 사회적기업가정신 분야 교수이며, CIRIEC 인터내셔널 "사회적경제와 협동조합경제" 과학위원회 위원이고, 사회적기업 연구 네트워크인 EMES의 창립 멤버이자 부회장이다. 영국 오픈유니버시티 혁신공학부에서 조직체계와 연구방법을 가르친다. 제3부문, 그중에서도 특히 사회적기업의 혁신과 발전에 관한 연구로, 유럽 여러 나라의 노동통합에 관한 연구와 두 번에 걸친 유럽 사회적기업 비교 연구(www.emes.net 참고), 거버넌스와 사회적기업에 관한 주요 연구가 있다. 유럽연합 집행위원회의 후원으로 진행된 CIRIEC의 고용과 제3체제에 관한 주요 연구 프로젝트의 코디네이터 가운데 하나였다. 그 밖에 영국 정부의 사회적기업 전략 평가 프로젝트와 동유럽과 과거 독립국가연합의 사회적기업에 관한 프로젝트, 두 건의 유럽연합 집행위원회 프로젝트(적극적 포용의 관점에서 본 사회적경제에 관한 것과 프랑스 사회적경제에 관한 것), 한

국과 슬로베니아, 세르비아의 사회적경제에 관한 OECD 프로젝트 세 가지 등
이 있다. 기타 정책 연구로 이집트에서 사회적기업가정신에 관해 연구한 세계
은행 프로젝트와 유럽 사회적기업 매핑 프로젝트가 있다. 현재 덴마크 코펜하
겐에 있는 로스킬데대학에서 객원교수로 있으면서 "사회적기업가정신 분야의
국제 석사학위" 과정을 만드는 데 기여하고 있다.

마르탱 생드니(Martin St-Denis)는 캐나다 퀘벡대학 몬트리올 캠퍼스에서 경제학 석
사학위를 받았다(2014년). 2010~2013년에는 캐나다 사회적경제연구소에서,
2013~2014년에는 인적자본 연구집단에서 보조연구원으로 활동했다. 사회적경
제 통계 생산을 위한 개념 틀에 관해서도 연구한다. 다양한 유형의 탁아소가 초
기 아동 발달에 미치는 영향에 관한 학위논문도 썼다. 현재 사회적경제기업과
노동조합을 위한 컨설팅 회사인 MCE 위원회의 경제학자로 일한다.

니콜레타 우지(Nicoleta Uzea)는 캐나다 서스캐처원대학에서 농업경제학 박사학위
를 받았고, 현재 캐나다 웨스턴대학 아이비경영대학원에서 박사후 연구원으로
있다. 협동조합 분야에서 전문 영역은 협동조합 거버넌스와 협동조합의 자본 조
달, 협동조합 부문의 경제적 영향 등이다. 한 예로 협동조합 차별성 측정 연구
네트워크(MCDRN)를 위해 경제적 영향 평가 방법론을 비판적으로 분석한 것
은 캐나다에서 처음으로 실시한 전국 협동조합 영향 연구에 영향을 끼쳤다.
MCDRN의 NSIC 자문 위원회에서 일했다. 『지속가능한 협동조합기업 연구 핸
드북: 협동조합 비즈니스 모델의 조직 회복탄력성 사례 연구』(*Research Handbook
on Sustainable Co-operative Enterprise: Case Studies of Organizational Resilience in the Co-
operative Business Model*), 『농촌 협동조합 저널』(*Journal of Rural Co-operation*), 『국
제 식품과 농기업 경영 리뷰』(*International Food and Agribusiness Management Review*)
등에 협동조합에 관해 연구한 것이 실렸다.

이상윤, 윤길순

2017년 여름, 벨기에 르뱅 가톨릭대학은 강렬한 햇볕으로 뜨거웠다. 사회적경제기업을 연구하는 전 세계 학자들이 모인 EMES[1] 학회에서 마리 J. 부샤 교수를 사회적금융 세션에서 우연히 처음 만났다. 그런데 몇 시간 뒤에 로비에서 마리 J. 부샤 교수 본인이 다미앙 루슬리에 교수와 함께 편저자로 참여한 이 책을 아주 저렴한 가격(아마 20유로였을 것이다)에 팔고 있었다. 학회 세션에서 서로 논문을 발표하고 토론했기에 이미 얼굴은 익숙했던 터라 서로 이야기를 나누다가 이 책을 펴낸 의도를 알게 되었고, 바로 번역 의사를 밝혔다.

EMES 학회에서 마리 J. 부샤 교수를 만난 이상윤은 이 책을 성공회대학교 일반대학원 협동조합경영학과 박사과정에서도 다루었다.

---

[1] EMES는 전 세계에서 사회적기업을 연구하는 대학 연구소와 개인 연구자들의 연구 네트워크이다. EMES는 1996년부터 1999년까지 "유럽에 등장한 사회적기업"(The Emergence of Social Enterprises in Europe)을 광범위하게 연구한 연구 프로젝트의 프랑스어 약자이다.

그때 박사과정에서 공부하던 윤길순이 이 책을 번역하고 싶다는 의사를 밝혔다. 그 전에 한국보건사회연구원에서 수행한 "사회적경제의 사회·경제적 가치 측정을 위한 통합 지표 개발 연구"(2018)에 참여하여 사회적경제 통계와 통계 방법론에 대한 연구의 필요성을 느끼고 있었는데, 이 책은 사회적경제가 발달한 나라들에서도 비교적 새로운 분야인 사회적경제 통계에 관해 그동안 깊이 고민하며 논의하고 연구한 것들이 집적되어 있었고, 따라서 아직 사회적경제 전체에 대한 통계도 없을 뿐더러 사회적경제 통계 방법론에 대한 연구도 제대로 되지 않은 우리나라에 분명히 소개할 만한 책이라고 생각한 것이다. 그래서 함께 번역하기로 했고, 번역은 2018년 초부터 본격적으로 추진되었다. 무엇보다도 이 책의 번역 출판을 제안했을 때 이를 기꺼이 수락한 아이쿱협동조합연구소 덕분이었다.

이 책은 사회적경제 통계를 내는 것이 왜 중요한지, 사회적경제 통계는 어떻게 내야 하는지, 사회적경제 통계를 낸 구체적 사례들로부터 무엇을 배울 수 있는지 이야기한다.

먼저 사회적경제 통계를 내는 것은 왜 중요할까? 통계를 내는 맥락에 따라 다양한 이유가 있겠지만, 무엇보다도 이 책의 저자들이 밝힌 대로 어떤 현상을 측정하는 것은 이를 통해 그것이 사회적으로나 정치적으로 인정받고 그래서 그에 대한 정부의 지원을 정당화하기 위해서다. 그동안 우리나라는 물론 많은 나라에서 사회적경제는 일자리를 창출하고 유지할 뿐 아니라 사회를 결속하고 혁신하며 농촌과 지역을 개발하고 환경을 보호하는 등 사회에서 중요한 역할을 한다고 알려져 있었다. 나아가 사회적경제가 경제 위기에 대한 대응책이나 자본주의의 대안으로도 여겨진다. 그러나 저자들이 말한 대로 이에 대한 경험적 증거를 제시하지 않고 이런 유형의 주장을 하기는 어렵다. 경험적 증거를 토대로 사회적경제를 과학적으로 이해하고 사회적경제 이론의 타당성을 검증할 필요가 있고, 그러려면 통계 생산을 통해 신뢰할 수 있는 장기적이고 재현 가능한 자료를 축적할 필요가 있다. 그래야 선험적 추론이나 추측에 머물지 않고 경험적 토대나 사실에 바탕을 둔 지속 가능한 이론을 세우고, 이를 바탕으로 제대로 된 정책도 세울 수 있다. 브라질의 사례가 말해 주듯이, 사회적경제에 대한 체계화된 자료가 없으면 사회적경제에 대한 연구도 사례 연구를 통한 질적 접근 방식이 주를 이루어, 사회적경제의 구조적 경향이나 의미 있는 특성 변화를 확인하는 포괄적인 경험적 분석을 하기 어렵다.

그렇다면 사회적경제 통계는 어떻게 내야 할까? 만일 사회적경제가 어떤 주어진 현실이라면 사회적경제 통계를 내는 일이 그리 복잡하지 않을지도 모른다. 그러나 이 책에서 설명한 대로, 사회적경제도 여느 현상과 마찬가지로 사회적 구성물이고, 통계도 마찬가지다. 사회적경제가 사회적 구성물이라는 것은 나라나 지역마다 사회적경제가 존재하는 사회적 경제적 정치적 맥락이 다르고 발전 모델에 따라 사회적경제에 요청하는 역할이 다를 뿐 아니라 사회적경제가 제도화하는 길이 달라 사회적경제에 대한 개념이 다른 데서도 알 수 있다. 그래서 서로 비슷하지만 포괄하는 범위나 성격이 다른 사회적경제와 사회연대경제, 연대경제라는 개념이 공존한다. 통계가 사회적 구성물인 것은 역시 저자들이 밝힌 대로 어느 경우에나 통계 지표는 제도적 타협의 산물, 즉 어떤 사회경제적 사회정치적 사회문화적 상황에서 이루어진 선택의 결과이기 때문이다. 한 나라의 경제를 측정하는 국제 표준 도구로 개발된 국민계정체계에서 관습적으로 사용하는 지표들도 어떤 시기에 지배적인 경제 개념을 표준화한 방식으로 표현하는 수단이다. 따라서 사회적경제 통계를 내는 일은 과학적 문제이면서도 정치적 문제이다. 사회적경제에 대한 개념적 정의를 어떻게 내리고, 그에 따라 사회적경제의 범위를 어떻게 정하고, 어떤 통계 지표에 따라 측정하느냐에 따라 그 결과 생산되는 사회적경제의 표상이 달라지고, 그에 따라 사회적경제에 대한 견해와 정책도 달라질 수 있기 때문이다.

이 책에서 알 수 있듯이, 사회적경제 통계를 낼 때 일반적으로 사회적경제 통계를 내는 목적이나 목표에 따라 어떻게 접근할지 선택하게 되지만, 오늘날에는 많은 나라에서 주로 두 가지 접근법을 취한다. 하나는 위성계정을 통한 접근법이고, 또 하나는 관찰과 조사연구를 통한 접근법이다. 전자는 국제적으로 널리 받아들여지는 국민계정체계를 바탕으로 하여 국제 비교를 하기 좋을 뿐 아니라 국민계정체계로는 파악할 수 없는 사회적경제의 특수성도 반영할 수 있는 장점이 있지만, 각 지역이나 나라의 특수한 맥락을 충분히 반영하기 어려운 단점이 있다. 이에 반해 후자는 각 지역이나 나라의 상황에 맞게 사회적경제의 정의와 범위를 정하여 사회적경제의 경제적 가치뿐 아니라 사회적 가치도 비교적 충분히 측정할 수 있는 장점이 있지만, 지역이나 나라마다 사회적경제의 정의와 범위가 다르고 조사 단위나 자료도 이질적이라 국제 비교를 하기 어려운 단점이 있다. 하지만 어떤 접근법을 택하든 위에서 말한 것처럼 사회적경제가 사회적 구성물이라는 점에서 한 나라나 한 지역의 사회적경제 통계를 낼 때는 정부와 시민사회를 비롯한 사회적경제의 다양한 이해관계자들이 사회적경제의 개념적 정의와 범위, 측정 방법을 놓고 함께 논의하고 협의할 필요가 있다.

이 책에서는 사회적경제 통계를 낸 구체적 사례들로부터 무엇을 배울 수 있는지도 보여준다. 그 중에서도 위성계정을 통해 사회적경제 통계를 내는 방법으로 개발된 『사회적경제기업 위성계정 작성 매뉴얼』을 토대로 사회적경제 통계를 낸 벨기에 사례는 사회적경제에 대한 개념적 정의를 어떻게 내리고 이에 따라 사회적경제의 모집단을 어떻게 확정하고 사회적경제조직에 관해 어떤 자료를 수집하여 이런 자료를 국민계정체계에 맞게 고치기 위해 어떤 절차를 거쳤는지 등을 상세히 보여준다는 점에서 특히 주목할 만하다. 유럽에서는 유럽에서 통용되는 사회적경제 개념에 따라 사회적경제를 대표하는 조직으로 흔히 협동조합과 상호조합, 결사체, 재단을 들지만, 브라질에는 유럽의 결사체에 해당하는 조직의 전통이 없을 뿐 아니라 사회적경제에서 비공식조직이 차지하는 비중이 크고 사회적경제조직이 수행하는 역할도 다르다. 따라서 유럽의 사회적경제나 사회연대경제라는 이름 대신 연대경제라는 이름을 쓰고, 연대경제 통계를 내는 방식도 그런 특수한 상황에 맞는 방법을 쓴다. 따라서 국가와 시민사회, 학계의 공동 연구로 이루어진 브라질의 연대경제 매핑 사례는 브라질 연대경제의 특징과 함께 왜 나라나 지역마다 사회적경제 통계 방법론이 다를 수밖에 없는지를 잘 보여준다. 영국의 사회적기업 통계 사례도 마찬가지다. 새로운 사회적경제조직으로 부상한 사회적기업은 혼성조직이라는 점에서 그것을 정의하고 유형을 분류하기가 쉽지 않고, 따라서 정책적 목표에 따라 그것을 어떻게 정의하고 측정하는가에 따라 사회적기업이 전체 경제에서 차지하는 비중이나 역할에 대한 평가도 달라질 수 있다. 그리고 이 책의 편저자인 마리 J. 부샤 교수가 한국어판 발간에 부쳐온 글에서도 말했듯이, 사회적기업이라는 새로운 존재는 오랫동안 역사적으로 구성된 사회적경제 개념에 도전한다는 점에서 사회적경제 통계를 낼 때는 이에 대한 비판적 검토가 필요할 것이다.

우리나라는 아직 사회적경제 전체에 대한 통계도 없고 사회적경제 통계 방법론에 대한 연구도 많이 이루어지지 않았다. 그런 점에서 이 책은 좋은 출발점을 제공한다. 이 책에서는 위에서 언급한 것들 외에도 사회적경제 통계를 낼 때 사회적경제에 대한 개념적 정의에 따라 사회적경제조직을 선별하는 방법과 국민계정체계 안에서 그것을 분류하는 방법, 사회적경제조직이 넓은 의미에서 생산하는 것과 그것을 측정하는 방법, 사회적경제조직 중에서도 특히 협동조합의 경제적 영향을 평가하는 방법 등에 관한 깊이 있는 논의를 제공한다. 따라서 통계 분야에서는 비교적 새로운 분야인 이 사회적경제 통계와 통계 방법론을 둘러싼 논의와 연구가 국제적으로 현재 어떤 수준에 있는지를 조망하고, 이를 바탕으로 우리나라에서도 사회적경제 통계와 통계 방법론에 대해 본격적으로 논의할 수 있는 단초를 마련해준다.

특히 이 책에서는 위성계정을 통해 사회적경제 통계를 내는 방법에 대해 많은 지면을 할애하고 있다. 앞서 지적한 대로 위성계정을 통한 사회적경제 통계 생산은 국제 표준인 국민계정체계를 바탕으로 한다는 점에서 국제 비교를 하기 좋지만 각 지역이나 나라의 특수한 맥락을 충분히 반영하기 어려운 단점이 있다. 또한 나라마다 사회적경제에 대한 개념적 정의와 범위가 달라 위성계정을 통해 국제 비교를 하는 것은 언제나 위험하고 한계가 있을 수밖에 없다. 사회적경제가 생산하는 것을 그 영향까지 포함해 모두 화폐가치로 환산하기도 어렵고, 주로 집계 자료를 이용하는 것도 편리하지만 한계가 있을 수 있다. 하지만 『사회적경제기업 위성계정 작성 매뉴얼』의 토대가 된 『비영리단체 위성계정 핸드북』을 개발하고 많은 나라에서 지역 연구자들과 함께 비영리 부문 위성계정을 낸 존스홉킨스대학 시민사회연구소의 경험은 적어도 통계 역량이 중간 수준은 되는 나라에서는 공식 통계에 시민사회 조직에 대한 자료가 흔히 믿는 것보다 훨씬 많이 있고, 기존 통계 기록에서 비영리와 시민사회 단체를 확인하는 것도 가능하다는 것을 보여주었다. 물론 그 과정에 비영리 부문에 맞는 측정 도구를 개발하기 위해 국제노동기구(ILO)와 함께 『자원봉사활동 측정 매뉴얼』도 만들어야 했고, 자료를 성공적으로 수집하려면 이해관계자들 간 협력이 중요했으며, 또한 숫자는 스스로 말하지 않으니 자료를 해석하는 문제에도 도전해야 했다. 하지만 그것은 그대로 성과로 남았고, 이를 통해 비영리 부문을 연구하는 연구자 네트워크도 형성되었다.

　『사회적경제기업 위성계정 작성 매뉴얼』이 개발되고서 유럽연합은 유럽의 다섯 개 나라에서 이를 바탕으로 사회적경제 통계를 내는 일을 지원했고, 그 후로 많은 나라에서 사회적경제 위성계정을 냈다. 특히 포르투갈에서는 사회적경제기본법에 따라 지속적으로 사회적경제 위성계정을 내도록 되어 있고, 이것이 유럽연합에서 모범이 되는 사회적경제 공공 정책의 하나로 꼽혔다. 우리나라에서는 그동안 위성계정을 개발하려는 연구가 여럿 있었으나, 2018년 10월에 공식 통계로는 처음으로 통계청에서 "가계생산 위성계정"을 개발하여 무급가사노동의 가치를 측정했다. 따라서 위성계정은 사회에 중요한 현상을 측정하는 도구로서 충분히 의미가 있고, 우리나라에서도 사회적경제 통계 방법론에 대한 연구와 함께 사회적경제 위성계정을 내기 위한 노력을 시작한다면 사회적경제에 대한 체계적인 통계를 지속적으로 낼 수 있는 바탕이 마련되고 그 과정에 사회적경제를 둘러싼 다양한 이해관계자들이 협력하는 시스템도 마련될 수 있을 것이다. 사회적경제 위성계정을 내려면 국가 통계기관과 사회적경제 관련 부처의 참여가 절대적으로 필요할 뿐 아니라 그 과정에 사회적경제 활동가와 연구자가 함께 노력해야 하기 때문이다. 물론 이런 다양한 이해관계자의 참여와 협력은 사회적경제 위성계정뿐 아니라 관찰과 조사 연구를 통한 통계 생산에도 반드시 필요하며, 이 책이 그러한 노력에 보탬이 되었으면 하는 것이 우리가 이 책을 번역한 주요 동기 가운데 하나였다. 우리가 사회가치연대기금 추진단과 대통령 직속 일자리위원회 사회적경제자문위원회 활동에 직간접적으로 참여하고 국제연합 지속가능발전연구소(UN-RISD)에서 사회적경제 공공정책 연구 프로젝트를 진행하는 것도 사회적경제 통계 생산을 위한 노력의 하나이기도 하다.

마지막으로 이 자리를 빌려 사회적경제 분야로 이끌어주시고 늘 응원해주시는 성공회대학교 박윤규 교수님과 이상훈 교수님, 장승권 교수님, 최우석 교수님, 박상선 교수님에게 감사의 말씀을 드리며, 다양한 의견으로 신선한 연구와 교육 과제를 제시하는 일반대학원 협동조합경영학과와 사회적경제대학원 학생과 동료들에게도 감사의 마음을 전한다. 끝으로 이 책의 출판을 위해 물심양면 지원을 아끼지 않은 아이쿱협동조합연구소의 김형미 소장님과 신창섭

국장님을 비롯한 여러분에게도 감사를 표하며, 이 책이 세상에 나
올 수 있게 애써준 이름 모를 모든 노동자 분들에게도 감사의 마음
을 전한다.

사회적경제의 힘: 통계 방법론과 해외 사례들

초판 1쇄 발행 2019년 5월 22일
초판 2쇄 발행 2019년 7월 26일

엮은이   CIRIEC, 마리 J. 부샤, 다미앙 루슬리에
옮긴이   이상윤, 윤길순
펴낸이   윤유진

펴낸곳   (재)아이쿱협동조합연구소
출판등록 2010년 12월 20일 제25100-2010-000062호
주소   07317 서울 영등포구 영등포로62길 1 아이쿱신길센터 1층
전화   02-2060-1373
팩스   02-6499-1372
이메일   icoop-institute@daum.net
홈페이지 www.icoop.re.kr

편집·디자인 잇다
제작 아람P&B

ISBN 978-89-98642-45-7 03320

* 이 도서의 국립중앙도서관 출판예정도서목록(CIP)은 서지정보유통지원시스템 홈페이지
  (http://seoji.nl.go.kr)와 국가자료공동목록시스템(http://www.nl.go.kr/kolisnet)에서 이용하실 수
  있습니다. (CIP제어번호: CIP2019018696)
* 이 책은 (재)아이쿱협동조합연구소가 펴냈고, (주)알마가 유통을 합니다.